普通高校文化传播类专业系列教材
编委会

主　　编　杨柏岭

执行主编　秦宗财

编　　委（按姓氏笔画先后排列）

马　梅	王玉洁	王艳红	王霞霞
卢　婷	刘　琴	阳光宁	苏玫瑰
杨龙飞	杨柏岭	杨振宁	肖叶飞
张书端	张军占	张宏梅	张泉泉
陆　耿	陈久美	罗　铭	周建国
周钰橺	赵忠仲	胡　斌	秦　枫
秦宗财	秦然然		

首批部校共建新闻学院系列成果

普通高校文化与传播类专业系列教材

文化创意产业品牌
理论与实践

主　编　秦宗财
副主编　王霞霞　王艳红

中国科学技术大学出版社

内 容 简 介

本书从理论与实践两个层面探讨文化创意产业品牌相关问题。首先,从理论层面上探讨文化创意产业品牌的基本内涵、产业核心竞争力、战略规划、执行与管理等基本理论。其次,从国内外文化创意产业发展的宏观背景出发,分别选取影视产业、新闻出版产业、动漫创意产业、艺术品产业、文化旅游产业、新媒体产业等领域,分析其产业发展现状,判断其未来发展趋势。在此基础上,进一步考察其品牌实践,印证和拓展理论研究。本书可供高校文化产业及新闻传播类专业学生使用。

图书在版编目(CIP)数据

文化创意产业品牌:理论与实践/秦宗财主编. —合肥:中国科学技术大学出版社,2021.1
ISBN 978-7-312-05008-4

Ⅰ. 文… Ⅱ. 秦… Ⅲ. 文化产业—品牌营销—高等学校—教材 Ⅳ. G114

中国版本图书馆 CIP 数据核字(2020)第 115607 号

文化创意产业品牌:理论与实践
WENHUA CHUANGYI CHANYE PINPAI:LILUN YU SHIJIAN

出版 中国科学技术大学出版社
安徽省合肥市金寨路96号,230026
http://press.ustc.edu.cn
https://zgkxjsdxcbs.tmall.com

印刷 合肥皖科印务有限公司

发行 中国科学技术大学出版社

经销 全国新华书店

开本 787 mm×1092 mm 1/16

印张 18.25

字数 467千

版次 2021年1月第1版

印次 2021年1月第1次印刷

定价 50.00元

总　序

　　文化传播是人类社会的本质属性,也是人类社会形成的基本途径。一部人类发展史就是一部文化传播史,走进历史和现实深处,我们便会发现,人类发展的历史就是文化传播的历史。文化传播随着人类的产生而产生,随着社会的发展而发展。文化为人们提供了宝贵的精神财富,是连接民族情感、增进民族团结的重要纽带,承载着不同国家、不同民族、不同地域各具特色的文化记忆。文化借助各种传播手段,使得人们增长见闻,了解不同时间、不同地域的历史文化,满足精神消费的需求。文化本身具有的历史和价值对于人们的生存和发展具有重要意义,不断汲取文化价值是人们获得更好发展的客观需求。文化传播与人类文明互动互进、休戚相关。没有文化传播,便没有人类的文明。

　　文化是人类社会发展动力系统中的重要一环。马克思辩证唯物主义认为,经济、政治、文化、社会、生态文明五位一体的动力系统,构成了人类社会发展的驱动力。经济动力是社会发展的基础性的、决定性的动力因素。"仓廪实而知礼节",当物质生产水平和物质生活水平极大提高以后,物质需求就不能完全满足人们的生活需要,精神需求便日益成为人们的主导需要。在此情境下,文化传播的功能已不仅仅是人们精神交往的需要了,精神娱乐和价值实现的需求更加凸显,文化因素对社会生产力的影响作用迅速增大。文化生产虽然依托于有形的物质载体(即媒介),但其核心要素是无形的精神(人的创意思维),其满足的不仅仅是视听审美,更在于提高人的科学文化水平、思想道德素质,塑造人的世界观、人生观和价值观。

　　有鉴于当代大学生亟须培养文化传播的基本素质和能力,编委会组织编写这套"文化与传播"系列教材,目的是一方面帮助大学生学习并理解社会生活中传播的现象、表现形式、发生发展规律及其社会功能等,关注传播与社会政治、经济、文化、生活的相互关系,认识传播媒介对人的作用、传播与社会发展和社会阶层的互动关系等;另一方面培养大学生文化传播的思维,以期让学生从文化传播的视角对社会发展尤其是文化的繁荣创新有更深入的了解,提高认识社会文化、理解文化传播的水平,提升分析媒体、运用媒体的能力。

　　"普通高校文化产业管理专业系列教材"为本套教材奠定了前期基础。编委会2013年组织编写面向文化产业管理专业的系列教材,由中国科学技术大学出版社陆续推出,成为全国普通高校新闻学、广告学、文化产业管理、广播电视学、旅游管理等相关专业学生的专业教材,同时也成为相关科研工作者重要的参考资料。为更好地适应新时代文化繁荣发展新形势,更好地满足高校相关专业教学研究需要,编委会决定对"普通高校文化产业管理专业系列教材"从内容到形式进行大幅度修订。

经过充分吸收前期教材使用者的反馈意见,并细致地调研国内外"文化与传播"类相关高校教材,在系统分析此类教材的共性与差异的基础上,力求编写一套既重基础,又突出差异化、特色化的系列教材。基于此,编委会经过多次邀请同行专家深入讨论,决定从文化与传播的基本理论素养、媒介与传播、文化与产业三大方面,构建"文化与传播"的知识体系。经过精心遴选,确定11部教材作为建设内容,定名为"普通高校文化与传播类专业系列教材"。本套教材编写启动于2017年7月,计划在2021年12月全部完成出版。本套教材包括《文化与传播十五讲》(杨柏岭等主编)、《数字影视传播教程》(秦宗财主编)、《广播电视新闻学教程》(马梅等编著)、《文化资源概论》(秦枫编著)、《影视非线性编辑教程》(周建国等编著)、《传媒经营与管理》(肖叶飞著)、《文化产业项目策划与实务》(陆耿主编)、《文化市场调查与分析》(阳光宁等主编)、《文化创意产业品牌:理论与实践》(秦宗财主编)、《文化企业经营与管理》(罗铭等主编)、《文化旅游产业概论》(张宏梅等主编)。在丛书主编统一了编写体例之后,由各分册主编组织人员分工编写,并由各分册主编负责统稿。最后由丛书主编、执行主编审稿。本套教材有幸入选了2017年安徽省高等学校省级质量工程"规划教材"立项项目(项目编号:2017ghjc043)。由于水平和时间的限制,书中一定存在着某些不足与错误,敬请学界、业界同行以及广大读者批评指正。

杨柏岭　秦宗财
2020年5月

前　言

发展文化创意产业是提升文化软实力的重要途径，21世纪以来世界各国均高度重视推动本国文化创意产业的发展。在我国，文化创意产业近20年的快速发展，取得了令人瞩目的成就。进入新时代，随着我国社会主要矛盾的变化，文化创意产业发展亟须转型。党的十九大报告中准确作出中国特色社会主义进入了新时代的重大判断，明确提出当前我国社会主要矛盾转变为"人民日益增长的美好生活需要和不平衡不充分的发展之间的矛盾"，充分表明新时代下人民日益增长的需要发生了质的变化，由"物质文化需求"转向"美好生活需求"，因而我国文化产品供给有了新的转向，即人们美好生活的满足需要两方面：一是消费产品数量上极为庞大且多元化、多样化和多层次化，二是消费产品品质上不断升级增效。在人们的需求发生重要转向的新时代下，文化创意产业发展的目标、要求、方向有了新的发展，即文化创意产业必须走提质增效之路。而当前我国文化创意产业亟须走品牌化之路。

文化品牌是文化产业高质量发展的基础和保证。通过对国内外众多文化品牌文献的研究发现，目前国内关于文化品牌理论的研究还处于含义、要素、定位、特征、意义等初级阶段，对于文化品牌的管理以及文化品牌资产评估等理论研究不足，并缺少对文化企业及其文化产品或文化服务品牌的案例研究，对于国外发达国家文化品牌的实证研究也比较欠缺。这与当前我国文化创意产业高质量发展的现实需要不相适应，与文化创意产业高水平人才培养的迫切需要也不相适应。

基于上述认识，我们着手组织一批与文化创意产业品牌相关教学、研究的高校教师和研究者，共同研究并编写一套适合当前文化创意产业发展实际需要的新教材。恰逢2017年12月安徽省省级质量工程项目发布申报通知，本人将所负责的"普通高校文化产业管理专业系列教材"（中国科学技术大学出版社2013～2015年出版），修订为"普通高校文化传播类专业系列教材"，由杨柏岭教授任主编，本人任执行主编，整体申报安徽省级质量工程中"规划教材"。该项目于2018年5月正式获批（获批编号2017ghjc043）。值此规划教材修订之际，系列教材中由本人领衔编著的《文化创意产业营销：理论与实践》（2013年出版）一书中大部分内容已经滞后，遂决定将此书重新编写。我们密切结合当前文化创意产业发展的重要转向，紧扣"高质量发展"这个关键词，经反复研讨，最后确定教材名称为《文化创意产业品牌：理论与实践》，教材编写的主旨、框架和具体内容均焕然一新。

本教材从理论与实践两个层面探讨文化创意产业品牌相关问题。首先从理论层面上，探讨文化创意产业的基本概念和内涵外延，品牌与文化创意产业发展的内在关系，文化创意产业品牌的定位、创建、战略、运行等基本问题，揭示文化创意产业品牌的内涵、外延及其发展的基本规律。其次分别选取新闻出版产业、影视产业、动漫创意产业、文旅产业、艺术品产业、新媒体产业等文化创意产业的重点领域，分析其产业发展现状，判断其未来趋势，在此基础上，进一步考察其品牌建设实践，并与理论相结合，印证和拓展理论研究。

本教材在编写上充分展现了自身的特色：一是编写者大都长期从事相关教学与研究，积累了丰富的教案成果和实践案例，在学科架构上具有独创性。教师在日常教学中，注重搜集国内外相关经典实践，已形成原创且体系较为完备的教案，为编写工作奠定了良好的前期基础。二是精选产业领域最新实践成果，在研究内容上具有前沿性。本教材在精选实践案例时，密切关注文化创意产业最新动态以及营销实践形式的更新，充分运用实践分析的手段，阐述了文化创意产业品牌理论与实践策略，介绍了可供借鉴的诸多经验。让读者在掌握基本理论的基础上，能与现实密切结合，达到学以致用。

在本书编撰过程中，我们吸收了目前学术界的相关研究成果，在此表示衷心感谢。本教材的编写和出版得到了扬州大学出版基金的资助，中国科学技术大学出版社的领导和编辑为本书的出版倾注了大量心血，在此深致谢意。参与本书编撰的人员有安徽师范大学王霞霞、扬州大学王艳红、上海大学张子铎、扬州大学戴蕾、扬州大学冯诗琪、暨南大学谷学强等。由于编者水平有限，本书在体例、内容和文字上或许还存在一些疏漏和错误，欢迎读者朋友批评指正，以便再版时修订。

秦宗财
于扬州大学荷花池校区
2020 年 8 月 20 日

目录 CONTENTS

总序 ·· (i)
前言 ·· (iii)

第一章　文化创意产业品牌概述 ·· (1)
 第一节　文化创意产业概述 ··· (2)
  一、文化创意产业的基本内涵 ··· (2)
  二、文化创意产业的主要特征 ··· (14)
  三、文化市场与文化创意产业营销 ·· (15)
 第二节　品牌与文化创意产业高质量发展 ··· (20)
  一、品牌的起源与发展 ·· (20)
  二、品牌的基本内涵 ··· (21)
  三、国内外关于品牌的研究 ··· (22)
  四、品牌战略是推动文创产业高质量发展的有力抓手 ······························ (25)
 第三节　品牌与文化创意产业竞争力 ·· (27)
  一、品牌价值与文化产品 ·· (27)
  二、品牌认知与消费者购买决策 ··· (29)
  三、品牌资产与文化创意产业市场竞争力 ··· (31)
 第四节　文化创意产业品牌与国家形象 ··· (40)
  一、国家形象 ··· (40)
  二、文化创意产业品牌与国民文化认知 ··· (41)
  三、文化创意产业品牌与民族文化传播 ··· (41)
  四、文化创意产业品牌与国家形象传播 ··· (42)

第二章　文化创意产业品牌定位与创建 ·· (45)
 第一节　文化创意产业品牌的识别与确立 ··· (46)
  一、消费者认知与文化创意产业品牌识别 ··· (46)
  二、消费者定位与文化创意产业品牌确立 ··· (48)
  三、文化创意产业品牌确立的原则与方法 ··· (52)
 第二节　文化创意产业品牌的定位 ··· (54)
  一、品牌定位理论 ·· (54)
  二、文化创意产业品牌定位的指导原则 ··· (58)
  三、文化创意产业品牌定位的策略和方法 ··· (60)
 第三节　文化创意产业品牌的创建 ··· (62)
  一、选择文化创意产业品牌元素 ··· (62)

二、文化创意产业品牌元素的整合与形象设计 …………………………………（66）

第三章　文化创意产业品牌战略的运行 ……………………………………………（71）
第一节　文化创意产业品牌战略的规划 ………………………………………（72）
　　一、品牌战略策划 …………………………………………………………（72）
　　二、品牌营销战术策划 ……………………………………………………（74）
　　三、文化创意产业品牌营销规划的流程 …………………………………（78）
　　四、文化创意产业品牌营销规划的方法 …………………………………（78）
　　五、品牌营销策划书的撰写 ………………………………………………（79）
第二节　文化创意产业品牌营销活动的执行 …………………………………（80）
　　一、品牌营销方案执行的过程 ……………………………………………（80）
　　二、营销方案执行中常出现的问题 ………………………………………（81）
　　三、营销方案执行技能 ……………………………………………………（82）
第三节　文化创意产业品牌营销过程的控制 …………………………………（83）
　　一、控制的程序 ……………………………………………………………（83）
　　二、控制的方法 ……………………………………………………………（84）
第四节　文化创意产业品牌营销绩效的评估 …………………………………（86）
　　一、基于顾客心智的评估模型 ……………………………………………（86）
　　二、基于市场业绩的评估模型 ……………………………………………（87）

第四章　新闻出版产业品牌 …………………………………………………………（90）
第一节　新闻出版产业的内涵与特点 …………………………………………（91）
　　一、新闻出版产业的内涵 …………………………………………………（91）
　　二、新闻出版产业的特性 …………………………………………………（92）
第二节　新闻出版产业品牌建设 ………………………………………………（93）
　　一、新闻出版品牌的内涵 …………………………………………………（93）
　　二、新闻出版产业品牌建设的方法 ………………………………………（93）
第三节　我国新闻出版产业现状 ………………………………………………（95）
　　一、我国新闻出版产业的发展现状 ………………………………………（95）
　　二、我国新闻出版产业存在的问题 ………………………………………（100）
　　三、我国新闻出版产业面临的挑战 ………………………………………（102）
第四节　新闻出版产业的发展趋势与亮点 ……………………………………（104）
　　一、新闻出版产业的发展趋势 ……………………………………………（104）
　　二、新闻出版产业的发展亮点 ……………………………………………（107）
第五节　经典作品的再次解读:《淘气包马小跳》品牌营销 …………………（109）
　　一、理念创新,为出版发展寻找新机遇 …………………………………（109）
　　二、根据市场需求,及时应变 ……………………………………………（110）
第六节　数字有声读物:喜马拉雅FM《好好说话》的品牌营销 ……………（111）
　　一、有声读物的市场发展现状 ……………………………………………（111）
　　二、知识付费:延伸喜马拉雅虚拟价值链 ………………………………（112）
　　三、《好好说话》:有声读物的知识变现 …………………………………（113）

  第七节 少儿图书品牌建构:小中信的童书品牌探索之路 ……………… (114)
    一、品牌建构:少儿图书世界的核心竞争力 ……………………………… (115)
    二、品牌塑造:小中信与大世界 …………………………………………… (115)
    三、小中信的品牌传播策略 ………………………………………………… (117)

第五章 影视产业品牌 ……………………………………………………… (120)
  第一节 中国影视产业发展现状 ………………………………………… (121)
    一、中国电影产业发展现状 ………………………………………………… (122)
    二、中国电视产业发展现状 ………………………………………………… (126)
  第二节 中国影视产业品牌发展趋势 …………………………………… (129)
    一、电影产业品牌发展趋势 ………………………………………………… (129)
    二、电视产业品牌发展趋势 ………………………………………………… (131)
  第三节 刚强血性,勇者无敌:电影《战狼2》品牌营销 ………………… (133)
    一、电影《战狼2》基本概况 ………………………………………………… (133)
    二、电影《战狼2》品牌营销策略 …………………………………………… (134)
    三、电影《战狼2》品牌营销启示 …………………………………………… (136)
  第四节 刚正不阿,公平正义:电视剧《人民的名义》品牌营销 ………… (138)
    一、电视剧《人民的名义》基本概况 ……………………………………… (138)
    二、营销基础:"内容为王"与精准定位 …………………………………… (139)
    三、电视剧《人民的名义》品牌营销策略 ………………………………… (140)
    四、电视剧《人民的名义》品牌营销启示 ………………………………… (143)
  第五节 择一事,终一生:纪录片《我在故宫修文物》品牌营销 ………… (144)
    一、纪录片《我在故宫修文物》基本概况 ………………………………… (144)
    二、纪录片《我在故宫修文物》品牌营销策略 …………………………… (145)
    三、纪录片《我在故宫修文物》品牌营销启示 …………………………… (148)

第六章 动漫创意产业品牌 ………………………………………………… (152)
  第一节 中国动漫创意产业现状 ………………………………………… (153)
    一、中国动漫创意产业高速崛起 …………………………………………… (154)
    二、中国动漫产业发展的制约因素 ………………………………………… (155)
  第二节 动漫创意产业发展趋势 ………………………………………… (157)
    一、动漫产业发展趋势 ……………………………………………………… (158)
    二、动漫产业发展特点 ……………………………………………………… (159)
  第三节 动漫创意产业品牌理论 ………………………………………… (161)
    一、动漫产业品牌定位 ……………………………………………………… (161)
    二、新媒体与品牌营销 ……………………………………………………… (162)
    三、动漫产业品牌叙事 ……………………………………………………… (163)
  第四节 动漫创意产业品牌营销实践 …………………………………… (163)
    一、品牌创建:漫威的品牌营销 …………………………………………… (163)
    二、多元联动:《魔道祖师》品牌营销 ……………………………………… (166)
    三、国漫崛起:《一人之下》品牌营销 ……………………………………… (168)

第七章　文化旅游产业品牌 (172)

第一节　文化旅游产业发展概述 (173)
一、文化旅游产业的基本内涵 (173)
二、文化旅游产业融合的政策背景 (174)
三、文化旅游产业发展现状 (176)

第二节　文化旅游产业品牌发展概述 (179)
一、文化旅游产业品牌发展趋势 (179)
二、文化旅游产业品牌发展重点 (182)

第三节　"故宫出品,必属精品":故宫文化旅游品牌营销 (183)
一、以品牌思维助推文化遗产保护与利用 (183)
二、故宫文化旅游融合发展概况 (186)
三、故宫文化旅游融合品牌营销 (187)
四、故宫文化旅游品牌营销启示 (188)

第四节　"来过,未曾离开":乌镇文化旅游品牌营销 (189)
一、乌镇文化旅游产业发展的概况 (189)
二、乌镇文化旅游产业品牌的建设 (190)
三、乌镇文化旅游产业品牌的启示 (195)

第五节　"无文创,不旅行":台湾文化旅游产业品牌营销 (196)
一、台湾文创之旅概况 (196)
二、台湾文化旅游产业品牌营销策略 (199)

第六节　"心想狮城":新加坡文化旅游产业品牌营销 (200)
一、"心想狮城",诠释狮城真谛 (200)
二、新加坡文化旅游产业品牌营销策略 (201)
三、新加坡文化旅游产业品牌营销启示 (202)

第七节　"原乡文化":乡村文化旅游品牌的定位与塑造 (203)
一、新时代乡村文化旅游品牌化建设背景 (203)
二、乡村文创品牌塑造的核心、基点和要求 (204)
三、赢取心智:乡村文创品牌塑造的路径 (206)

第八章　艺术品产业品牌 (211)

第一节　我国艺术品产业的发展现状与趋势 (212)
一、我国艺术品产业的发展现状 (212)
二、我国艺术品产业的发展趋势 (219)

第二节　中国艺术品市场营销主体 (221)
一、艺术品市场中的经纪人 (221)
二、艺术品市场的拍卖 (223)
三、网上交易平台 (224)
四、艺术品市场中的画廊(店) (225)
五、艺术品博(展)览会 (227)
六、艺术品市场的国家营销 (228)

第三节　艺创城市品牌:北京打造艺术品市场中心城市 …………………… (230)
　　一、依托生产优势 ………………………………………………………… (230)
　　二、依托资源优势 ………………………………………………………… (231)
　　三、依托消费优势 ………………………………………………………… (231)
　　四、依托资本优势 ………………………………………………………… (232)
　　五、依托政策优势 ………………………………………………………… (232)
第四节　拍卖行业品牌:中国嘉德引领国内艺术品拍卖市场 …………… (233)
　　一、高纪录赢取轰动效应 ………………………………………………… (234)
　　二、好口碑博得广泛赞许 ………………………………………………… (234)
　　三、善创新持续吸引藏家 ………………………………………………… (235)
　　四、抓服务夯实营销根基 ………………………………………………… (236)
第五节　书画市场品牌:齐白石书画作品营销策略 ……………………… (237)
　　一、产品策略:紧跟市场、创作破格 …………………………………… (238)
　　二、定价策略:润格明细、拒绝砍价 …………………………………… (238)
　　三、关系策略:借交友创自身名牌 ……………………………………… (239)
　　四、分销策略:直销代销、双管齐下 …………………………………… (239)
　　五、品牌策略:自行打假、维护品牌 …………………………………… (239)

第九章　新媒体产业品牌 ……………………………………………………… (241)
第一节　新媒体产业发展现状 ……………………………………………… (242)
　　一、新媒体的概念 ………………………………………………………… (242)
　　二、新媒体的特征 ………………………………………………………… (243)
　　三、新媒体产业的概念 …………………………………………………… (244)
　　四、新媒体产业的类型 …………………………………………………… (245)
　　五、我国新媒体产业发展的现状 ………………………………………… (246)
第二节　新媒体产业发展的困境 …………………………………………… (250)
　　一、新媒体产业同质化现象较为严重,产品缺乏原创性 …………… (250)
　　二、新媒体产业结构分布不均 …………………………………………… (250)
　　三、新媒体产业行业监管与内部管理力度不够 ……………………… (251)
　　四、新媒体产业品牌管理与营销人才供给不足 ……………………… (252)
第三节　我国新媒体产业发展趋势 ………………………………………… (252)
　　一、新技术将成为新媒体产业发展的主要驱动力 …………………… (253)
　　二、新媒体企业兼并、合并、收购成为常态 …………………………… (254)
　　三、新媒体产业加快与传统产业的融合发展 ………………………… (255)
　　四、新媒体产业品牌营销向国际化、IP化迈进 ……………………… (256)
第四节　新媒体产业品牌营销理论 ………………………………………… (257)
　　一、新媒体产业与品牌营销 ……………………………………………… (257)
　　二、新媒体产业品牌营销理论 …………………………………………… (258)
第五节　用视频记录美好生活:抖音创意短视频品牌营销 …………… (261)
　　一、精准的产品定位 ……………………………………………………… (262)
　　二、社交化传播:抖音短视频的互动模式 …………………………… (264)

三、算法推荐＋人工挑选：抖音短视频的内容传播机制 …………………（264）
　　四、整合营销：多元主体共同参与营销 ……………………………………（265）
第六节　标记你的生活：跨境电商平台小红书的品牌营销 ……………………（267）
　　一、"小红书社区＋电商"的社群营销模式 …………………………………（267）
　　二、创新UGC营销：借助明星效应，发展粉丝经济 ………………………（268）
　　三、"种草神器"：小红书的口碑营销实践 …………………………………（269）
第七节　内容、社群、场景：学术志微信公众号的品牌营销 ……………………（270）
　　一、品牌定位：专注目标受众群体，抓住核心细分市场 ……………………（271）
　　二、PUGC＋OGC：多元化生产模式下的内容营销 ………………………（272）
　　三、"互动＋关系"：学术志的社群营销模式 ………………………………（273）
　　四、移动定制化模式下的场景营销 …………………………………………（274）

参考文献 ……………………………………………………………………………（277）

第一章　文化创意产业品牌概述

本章结构图

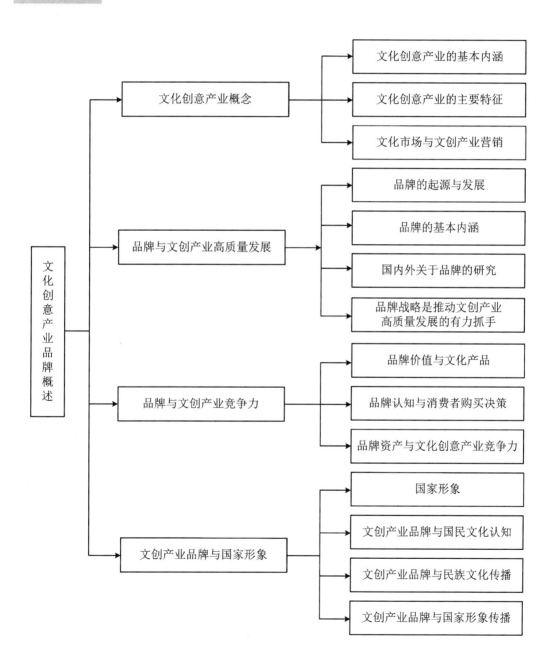

> **学习目标**
>
> 1. 掌握文化创意产业的概念、内涵和主要特征；了解文化创意产业品牌的产生是文化市场发展的结果。
> 2. 了解品牌的起源与发展，掌握其基本内涵；理解新时代下品牌战略是推动文化创意产业高质量发展的重要途径。
> 3. 理解品牌与文化创意产业竞争力之间的关系。
> 4. 理解文化创意产业品牌在国家形象传播中的作用。

第一节 文化创意产业概述

一、文化创意产业的基本内涵

关于"文化创意产业"的概念、内涵，国内外学术界虽有一定的共识，但受文化创意的广泛性和地域特殊性制约，至今还没有统一、严格的界定。基于它是从文化产业和创意产业两种概念的基础上发展而来的，因此，本书在文化产业与创意产业的认识基础上，进一步解读文化创意产业的内涵。

(一) 文化产业与创意产业

1. 文化产业

文化产业有时也被称作或引申为"文化工业"(cultural industry)、"大众文化"、"通俗文化"、"创意产业"(creative industries)、"媒体文化"、"内容产业"(content industries)、"版权产业"(copyright industries)等。这些或宽泛或狭义的称谓充分反映了文化产业概念本身的丰富性和不确定性。

"文化产业"概念的提出起源于对"大众文化"的争议。法兰克福学派的阿多诺(Theodor Adono)和霍克海默(Max Horkheimer)在1947年出版的《启蒙的辩证法》一书中首次提出了"文化产业"的概念，从艺术和哲学价值评判的双重角度对文化产业进行了否定性的批判。由于他们是在单数的意义上使用"产业"(industry)一词，因此"文化产业"的中文也常译为"文化工业"，以区别于复数的"产业"(industries)。阿多诺和霍克海默认为，文化产品在工厂中凭借现代科学技术手段，以标准化、规格化的方式被大量生产出来，并通过电影、电视、广播、报纸、杂志等大众传播媒介传递给消费者，最终使文化不再扮演激发否定意识的角色，反而成为统治者营造满足现状的社会的控制工具[①]。不过与阿多诺和霍克海默对文化工业的批判立场不同，同属法兰克福学派的本雅明(Walter Benjamin)就对文化产业和大众文化持乐观态度，承认大众文化的积极价值和历史意义。

芬兰教育部文化事务顾问汉娜尔·考维恩(Hannele Koivunen)对西方学者关于"文化

---

① 阿多诺,霍克海默.启蒙的辩证法[M].重庆:重庆出版社,1990.

产业"本质内涵的认识历程做了较为完整的回顾:"20世纪40年代,法兰克福学派的阿多诺和霍克海默首先使用了'文化产业'这个词……紧接着本雅明看出了艺术和技术的进步为民主和解放提供了机会。根据他的观点,艺术品的复制可以把艺术从宗教仪式的古老传统中解放出来。这两种观点——阿多诺和霍克海默对文化产业的消极定义与本雅明强调自由的定义,引发了战后对大众文化的争论。1965年,马克拉伯(Machlup)基于他对信息技术对于国民经济贡献的认识,提出了'知识工业'这一概念。随后,德国诗人和随笔作家汉斯·马格涅斯·恩泽斯伯格(Hans Magnus Enzensberger)在1968年写作了《意识工业》一书。这之后,斯坦福大学研究人员正式提出了'信息工业'的概念。早在20世纪60年代,赫伯特·席勒(Herbert I. Schiller)和阿芒德·马特拉特(Armand Mattelart)就已表明将革新中的传统文化融入全球资本主义的利益和进步中去具有何等的重要性。欧洲委员会和联合国教科文组织(UNESCO)使用了'文化产业'的复数形式。欧委会还使用了另一个词:'内容产业'。"①这表明随着科学技术的飞速发展和经济全球化的进程,与文化产业相关的一系列概念应运而生,信息产业、媒体产业、内容产业、版权产业等概念相继登场,人们对文化产业的态度发生了彻底的转变,不再"把它当成一件'好事'或'坏事',而是把它与经济、社会和文化的某些根本性变化联系起来看待,这些根本性变化我们既不能简单地置之不理,也不能一味攻击"。这种转变促进了文化产业理论研究的开展和繁荣。

澳大利亚昆士兰技术大学创意产业研究和应用中心主任斯图亚特·坎宁安则更加简洁地将文化产业的概念运动史划分为四个阶段:一是20世纪30~40年代法兰克福学派的否定性观点;二是20世纪70~80年代重新用文化来界定已成型的商业产业;三是撒切尔时期城市重建等实用艺术的实践;四是新古典主义经济学对艺术的应用。他还反对英国政府把文化产业归结为创意产业的做法,认为二者是有区别的,并对这两个概念作了区分。他指出:"在文化产业与创意产业之间无疑具有关联性,但是我更愿意认为它们之间的差异可以归结为创意产业正在试图描绘出一个历史性的变化,即从被资助的'公共艺术'和广播时代的媒体转变为对创意的新的和更广泛的应用。""'创意产业'是一个相当新的学术、政策和产业论述范畴。它可以捕捉到大量'新经济'企业的动态,这是诸如'艺术''媒体'和'文化产业'等词汇所无法做到的。""创意产业就其本质来说可以认为是新经济的重要元素。"②

除此之外,一些专家学者还从不同角度对文化产业的概念和范畴作了界定。英国曼彻斯特大学大众文化研究所执行主任贾斯廷·奥康纳(Justin O'connor)认为:"文化产业是指以经营符号性商品为主的那些活动,这些商品的基本经济价值源自于它们的文化价值。""它首先包括了我们称之为'传统的'文化产业——广播、电视、出版、唱片、设计、建筑、新媒体,以及'传统艺术'——视觉艺术、手工艺、剧院、音乐厅、音乐会、演出、博物馆和画廊。"③

1983年英国著名媒体理论家尼古拉斯·加纳姆(Nicholas Garnham)把文化产业的概念囊括进了地方经济政策及计划。根据他的定义:"文化产业指那些使用同类生产和组织模式

---

① 汉娜尔·考维恩. 从默认的知识到文化产业[M].//林拓,等. 世界文化产业发展前沿报告(2003~2004). 北京:社会科学文献出版社,2004.

② 斯图亚特·坎宁安. 从文化产业到创意产业:理论、产业和政策的涵义[M].//林拓,等. 世界文化产业发展前沿报告(2003~2004). 北京:社会科学文献出版社,2004.

③ 贾斯廷·奥康纳. 欧洲的文化产业和文化政策[M].//林拓,等. 世界文化产业发展前沿报告(2003~2004). 北京:社会科学文献出版社,2004.

如工业化的大企业的社会机构,这些机构生产传播文化产品和文化服务。如报纸、期刊和书籍的出版部门,影像公司,音乐出版部门,商业性体育机构等。"①

澳大利亚麦觉里大学(Macquarie University)经济学教授、前国际文化经济学会主席大卫·索斯比(David Throsby)在《经济与文化》一书中用一个同心圆来界定文化产业的行业范畴。按照索斯比的划分,音乐、舞蹈、戏剧、文学、视觉艺术、工艺等创造性艺术处于这一同心圆的核心,并向外辐射;环绕这一核心的是那些既具有上述文化产业的特征同时也生产其他非文化性商品与服务的行业,包括电影、电视、广播、报刊和书籍等;处于这一同心圆最外围的则是那些具有文化内容不多的行业,包括建筑、广告、观光等。② 芬兰学者芮佳莉娜·罗马在《以益格鲁-萨克逊方式解读文化产业》一文中对索斯比从核心到周边的同心圆概念作了详细的解说。③

同样,世界各国官方和国际组织对文化产业概念的界定和行业的分类也存在着明显的差异。例如,在日本,文化产业被统称为娱乐观光业。而致力于发展文化产业的英国布莱尔政府则把文化产业称作创意产业。之所以用"创意"代替"文化"一词,是为了强调人的创造力,强调文化艺术对经济的渗透和贡献。基于这一理念,创意产业被定义为:"源于个体创造力、技能和才华的活动,而通过知识产权的生成和取用,这些活动可以发挥创造财富和就业的潜力。"在此概念下,英国的创意产业包括了广告、建筑、艺术和古董市场、手工艺、设计、时尚设计、电影、互动休闲软件、音乐、电视和广播、表演艺术、出版、软件这13个部门。④

作为一个有着悠久文化传统的国家,法国仍然沿用文化产业的概念,它对文化产业的定义是:"传统文化事业中特别具有可大量复制性的产业"。

在澳大利亚,对文化产业概念的理解十分宽泛。澳大利亚文化部长委员会按照联合国教科文组织的标准将澳大利亚的文化产业(包括娱乐业)划分为四大类:遗产类、艺术类、体育和健身娱乐类、其他文化娱乐类。而澳大利亚塔斯马尼亚州文化产业委员会在为本州的文化产业规划未来时认为:"从流行艺术——诸如主流电视剧、电影及音乐,到曲高和寡的各类艺术都包括在文化产业的范围内。虽然不同种类的艺术创造具有不同层面的吸引力,但无以数计的联系及各类艺术的各个方面都在支持并加强着彼此的发展。"该委员会还对它们所认同的文化产业的范畴进行了界定:包括音乐、戏剧、舞蹈、视觉艺术、文学艺术、设计、手工艺制作、艺术教育、出版电影、影像艺术、艺术管理、绘画设计、节日庆典、博物馆、土著及当地的居民艺术及其手工制作、社区及年轻人的艺术作品。该委员会同时认为,文化产业还包括上述行业的创作人员和艺术服务人员,并且不排除新兴媒体的出现,但委员会把图书馆和建筑业排除在文化产业的范畴之外,理由是这两个行业不计入艺术产业的审计部分。⑤

加拿大遗产部在其职能框架中对加拿大的文化产业做了如下概述:文化产业包括以国

---

① 汉娜尔·考维恩.从默认的知识到文化产业[M].//林拓,等.世界文化产业发展前沿报告(2003~2004).北京:社会科学文献出版社,2004.
② David Throsby. Economics and Culture[M]. Cambridge University Press,2001.
③ 芮佳莉娜·罗马.以益格鲁—萨克逊方式解读文化产业[M].//林拓,等.世界文化产业发展前沿报告(2003~2004).北京:社会科学文献出版社,2004.
④ 斯图亚特·坎宁安.从文化产业到创意产业:理论、产业和政策的涵义[M].//林拓,等.世界文化产业发展前沿报告(2003~2004).北京:社会科学文献出版社,2004.
⑤ 澳大利亚塔斯马尼亚州文化产业委员会.塔斯马尼亚州的产业计划[EB/OL].澳大利亚塔斯马尼亚州网站,http://www.tasmaniatogether.tas.gov.au.

家社会、经济及文化为主题的出版、广播、电影、电视、图书、杂志、音像等在内的印刷、生产、制作、广告及发行;包括表演艺术、视觉艺术、博物馆、图书馆、档案馆、书店、文具用品商店等在内的服务,之后又在其中增加了信息网络、多媒体等内容。

美国没有文化产业的官方界定,但根据《版权法》的立法内容,最核心的是强调版权是财产的一种形式,从立法层面保证版权人才的合法权益,从而使得版权产业为美国的经济发展做出了卓越贡献,创造了大量的就业机会,是出口创汇最多的产业之一。以版权为核心的文化产业是美国国民经济主导产业之一,分为四个层次:核心版权产业、部分性版权产业、非专用支持性版权产业和相互依赖性版权产业。① 就行业范围而言,美国的文化产业主要包括了文化艺术业(含表演艺术、艺术博物馆)、影视业、图书业和音乐唱片业。

联合国教科文组织将文化产业定义为:"结合创造、生产与商品化等方式,运用本质是无形的文化内容。这些内容基本上受到著作权的保障,其形式可以是货品或服务。"并在1980年召开的蒙特利尔专家会议上对文化产业产生的条件进行了说明:"一般来说,文化产业形成的条件是,文化产品和服务在产业和商业流水线上被生产、再生产、储存或者分销,也就是说,规模庞大并且同时配合着基于经济考虑而非任何文化发展考虑的策略。"以上述定义为基础,联合国教科文组织认为文化产业包括了以下内容:印刷、出版和多媒体,视听、唱片和电影的生产,以及工艺和设计。此外,在一些国家文化产业还包括建筑、视觉和表演艺术、体育、乐器的制作、广告和文化旅游。②

欧盟在其2000年的信息规划中提出了"内容产业"的概念。根据欧盟的定义,内容产业是指那些"制造、开发、包装和销售信息产品及其服务的产业",它包括"各种媒介上所传播的印刷品内容(报纸、书籍、杂志等),音像电子出版物内容(联机数据库、音像制品服务、电子游戏等),音像传播内容(电视、录像、广播和影院),用做消费的各种数字化软件等"。所以有人认为,内容产业就是视听传媒业。

而日本政府则把电影、电视、影像、音响、书籍、音乐、艺术都归入内容产业,并专门成立了"媒体与信息内容产业科"。日本异常发达的漫画、游戏、动画片等都属于内容产业。澳大利亚学者坎宁安则认为,内容产业就是生产数字内容的产业,并对内容产业进行了分类。③

此外,新西兰、韩国、新加坡以及芬兰等北欧比较重视文化产业发展的国家对文化产业也有各自不同的界定和行业划分。总的来说,"文化产业"这一概念可以分成"文化"和"产业"两个层面来理解。在文化这个层面上主要包含着艺术、创造性等精神内容,在产业这个层面上主要包含着经济的内容。我们可以把后者理解为对前者的发展和历史延伸。

20世纪80年代,法兰克福学派的观点开始在我国传播。20世纪90年代"文化工业"的概念引起了学界的热议。学者们在热议"文学边缘化"的同时,文化产业的快速发展很快将这场争论湮没在产业实践的浪潮中,人们也开始认识到文化产业的积极意义。我国学者对"文化产业"概念提出了不同见解:①"精神产品和服务"说,把文化产业划分为三个门类,即

---

① World Intellectual Property Organization. Guide on Surverying the Economic Contribution of Copyright-Based Industries [C]. WIPO Publication No. 893(E),2003.

② 张斌,孔令云."文化产业"界定研究综述[J].滨州学院学报,2011(4):105-111.

③ 斯图亚特·坎宁安.从文化产业到创意产业:理论、产业和政策的涵义[M].//林拓,等.世界文化产业发展前沿报告(2003~2004).北京:社会科学文献出版社,2004.

主体行业、前沿行业和边疆行业[①];②"内容产业"说,指出文化产业可以划分为三个层次,包括文化创造业、文化制作和传播业、以文化意义为基础的产业[②];③"版权产业核心"说认为,文化产业的本质是版权产业,版权是精神产品和服务的核心部分[③];④ 根据"文化生产活动的集合"说对文化产业的定义,文化产业是指为社会公众提供文化产品和文化相关产品的生产活动的集合[④]。

我国的文化产业概念是从20世纪80年代伴随国家大力发展第三产业而迅速壮大起来的。2000年10月,党中央在《中共中央关于"十五"规划的建议》中,正式提出"文化产业"这一概念。2003年9月,文化部制定下发的《关于支持和促进文化产业发展的若干意见》将文化产业界定为:"从事文化产品生产和提供文化服务的经营性行业。文化产业是与文化事业相对应的概念,两者都是社会主义文化建设的重要组成部分。文化产业是社会生产力发展的必然产物,是随着中国社会主义市场经济的逐步完善和现代生产方式的不断进步而发展起来的新兴产业。"2004年,国家统计局在与中宣部及国务院有关部门共同研究的基础上制定了《文化及相关产业分类》,将文化及相关产业分为"核心层""延伸层""外围层"三大类。2012年,国家统计局根据新的《国民经济行业分类》(GB/T 4754—2011)和联合国教科文组织《文化统计框架—2009》对2004年《文化及相关产业分类》进行修订。修订把文化及相关产业的定义进一步完善为:"指为社会公众提供文化产品和文化相关产品的生产活动的集合"。根据定义,文化及相关产业包括了四个方面的内容,即文化产品的生产活动、文化产品生产的辅助生产活动、文化用品的生产活动和文化专用设备的生产活动。其中文化产品的生产活动构成文化及相关产业的主体,其他三个方面是文化及相关产业的补充。

为了适应当前我国互联网时代文化新业态不断涌现的新形势,满足文化体制改革和文化发展规划的需要,2018年,国家统计局发布了《文化及相关产业分类(2018)》。这次的新标准根据国民经济行业分类对《文化及相关产业分类(2012)》进行了修订,将原来的大类由10个修订为9个,中类由50个修订为43个,小类由120个修订为146个。其中,9个大类主要分为两方面:

(1) 文化核心领域:以文化为核心内容,为直接满足人们的精神需要而进行的创作、制造、传播、展示等文化产品(包括货物和服务)的生产活动。包括6个大类:新闻信息服务、内容创作生产、创意设计服务、文化传播渠道、文化投资运营和文化娱乐休闲服务。

(2) 文化相关领域:为实现文化产品的生产活动所需的活动。包括3个大类:文化辅助生产和中介服务、文化装备生产、文化消费终端生产(包括制造和销售)。

具体产业类别和行业代码见表1-1、表1-2:

---

① 张晓明,胡惠林,章建刚. 迎接中国文化产业发展的新时代[M]. 北京:社会科学文献出版社,2002.
② 唐任伍,赵莉. 文化产业:21世纪的潜能产业[M]. 贵阳:贵州人民出版社,2004.
③ 张斌,孔令云. "文化产业"界定研究综述[J]. 滨州学院学报,2011(4):105-111.
④ 国家统计局. 文化及相关产业分类(2018)[EB/OL]. [2018-5-9]. http://www.stats.gov.cn/tjsj/tjbz/201805/t20180509_1598314.html.

表1-1 文化及相关产业的类别名称和行业代码

代码(大类)	类别名称	代码(中类)	类别名称
文化核心领域	01 新闻信息服务	011	新闻服务
		012	报纸信息服务
		013	广播电视信息服务
		014	互联网信息服务
	02 内容创作生产	021	出版服务
		022	广播影视节目制作
		023	创作表演服务
		024	数字内容服务
		025	内容保存服务
		026	工艺美术品制造
		027	艺术陶瓷制造
	03 创意设计服务	031	广告服务
		032	设计服务
	04 文化传播渠道	041	出版物发行
		042	广播电视节目传输
		043	广播影视发行放映
		044	艺术表演
		045	互联网文化娱乐平台
		046	艺术品拍卖及代理
		047	工艺美术品销售
	05 文化投资运营	051	投资与资产管理
		052	运营管理
	06 文化娱乐休闲服务	061	娱乐服务
		062	景区游览服务
		063	休闲观光游览服务
文化相关领域	07 文化辅助生产和中介服务	071	文化辅助用品制造
		072	印刷复制服务
		073	版权服务
		074	会议展览服务
		075	文化经纪代理服务
		076	文化设备(用品)出租服务
		077	文化科研培训服务

续表

代码(大类)	类别名称	代码(中类)	类别名称
08	文化装备生产	081	印刷设备制造
		082	广播电视电影设备制造及销售
		083	摄录设备制造及销售
		084	演艺设备制造及销售
		085	游乐游艺设备制造
		086	乐器制造及销售
09	文化消费终端生产	091	文具制造及销售
		092	笔墨制造
		093	玩具制造
		094	节庆用品制造
		095	信息服务终端制造及销售

(来源：国家统计局关于印发《文化及相关产业分类(2018)》的通知，国统字〔2018〕43号)

表1-2 文化及相关产业的产业类别划分

产业类别	小类名称	行业分类代码	小类名称	行业分类代码
文化制造业	雕塑工艺品制造	2431	专业音响设备制造	3934
	金属工艺品制造	2432	应用电视设备及其他广播电视设备制造	3939
	漆器工艺品制造	2433	电影机械制造	3471
	花画工艺品制造	2434	娱乐用智能无人飞行器制造	3963*
	天然植物纤维编织工艺品制造	2435	幻灯及投影设备制造	3472
	抽纱刺绣工艺品制造	2436	照相机及器材制造	3473
	地毯、挂毯制造	2437	舞台及场地用灯制造	3873
	珠宝首饰及有关物品制造	2438	音响设备制造	3952
	其他工艺美术及礼仪用品制造	2439	露天游乐场所游乐设备制造	2461
	陈设艺术陶瓷制造	3075	游艺用品及室内游艺器材制造	2462
	园艺陶瓷制造	3076	其他娱乐用品制造	2469
	文化用机制纸及纸板制造	2221*	中乐器制造	2421
	手工纸制造	2222	西乐器制造	2422
	油墨及类似产品制造	2642	电子乐器制造	2423
	工艺美术颜料制造	2644	其他乐器及零件制造	2429

续表

产业类别	小类名称	行业分类代码	小类名称	行业分类代码
	文化用信息化学品制造	2664	文具制造	2411
	书、报刊印刷	2311	笔的制造	2412
	本册印制	2312	墨水、墨汁制造	2414
	包装装潢及其他印刷	2319	玩具制造	2451-2456
	装订及印刷相关服务	2320		2459
	记录媒介复制	2330	焰火、鞭炮产品制造	2672
	印刷专用设备制造	3542	电视机制造	3951
	复印和胶印设备制造	3474	影视录放设备制造	3953
	广播电视节目制作及发射设备制造	3931	可穿戴智能文化设备制造	3961*
	广播电视接收设备制造	3932	其他智能文化消费设备制造	3969*
	广播电视专用配件制造	3933		
文化批发和零售业	图书批发	5143	广播影视设备批发	5178
	报刊批发	5144	照相器材零售	5248
	音像制品、电子和数字出版物批发	5145	舞台照明设备批发	5175*
	图书、报刊零售	5243	乐器批发	5147
	音像制品、电子和数字出版物零售	5244	乐器零售	5247
	首饰、工艺品及收藏品批发	5146	文具用品批发	5141
	珠宝首饰零售	5245	文具用品零售	5241
	工艺美术品及收藏品零售	5246	家用视听设备批发	5137
	艺术品、收藏品拍卖	5183	家用视听设备零售	5271
	艺术品代理	5184	其他文化用品批发	5149
	文化贸易代理服务	5181*	其他文化用品零售	5249
文化服务业	新闻业	8610	电影和广播电视节目发行	8750
	报纸出版	8622	电影放映	8760
	广播	8710	艺术表演场馆	8820
	电视	8720	互联网文化娱乐平台	6432*
	广播电视集成播控	8740	文化投资与资产管理	7212*
	互联网搜索服务	6421	文化企业总部管理	7211*
	互联网其他信息服务	6429	文化产业园区管理	7221*
	图书出版	8621	歌舞厅娱乐活动	9011

续表

产业类别	小类名称	行业分类代码	小类名称	行业分类代码
	期刊出版	8623	电子游艺厅娱乐活动	9012
	音像制品出版	8624	网吧活动	9013
	电子出版物出版	8625	其他室内娱乐活动	9019
	数字出版	8626	游乐园	9020
	其他出版业	8629	其他娱乐业	9090
	影视节目制作	8730	城市公园管理	7850
	录音制作	8770	名胜风景区管理	7861
	文艺创作与表演	8810	森林公园管理	7862
	群众文体活动	8870	其他游览景区管理	7869
	其他文化艺术业	8890	自然遗迹保护管理	7712
	动漫、游戏数字内容服务	6572	动物园、水族馆管理服务	7715
	互联网游戏服务	6422	植物园管理服务	7716
	多媒体、游戏动漫和数字出版软件开发	6513*	休闲观光活动	9030
	增值电信文化服务	6319*	观光游览航空服务	5622
	其他文化数字内容服务	6579*	摄影扩印服务	8060
	图书馆	8831	版权和文化软件服务	7520*
	档案馆	8832	会议、展览及相关服务	7281-7284
	文物及非物质文化遗产保护	8840		7289
	博物馆	8850	文化活动服务	9051
	烈士陵园、纪念馆	8860	文化娱乐经纪人	9053
	互联网广告服务	7251	其他文化艺术经纪代理	9059
	其他广告服务	7259	婚庆典礼服务	8070*
	建筑设计服务	7484*	票务代理服务	7298
	工业设计服务	7491	休闲娱乐用品设备出租	7121
	专业设计服务	7492	文化用品设备出租	7123
	图书出租	7124	社会人文科学研究	7350
	音像制品出租	7125	学术理论社会(文化)团体	9521*
	有线广播电视传输服务	6321	文化艺术培训	8393
	无线广播电视传输服务	6322	文化艺术辅导	8399*
	广播电视卫星传输服务	6331		

(来源:国家统计局关于印发《文化及相关产业分类(2018)》的通知,国统字〔2018〕43号)

2. 创意产业

创意产业、创意经济(creative industry 或 creative economy)或译"创造性产业",是一种在全球化的消费社会的背景中发展起来的,推崇创新、个人创造力,强调文化艺术对经济的支持与推动的新兴的理念、思潮和经济实践。

何谓创意产业?早在1986年,著名经济学家罗默(P. Romer)就曾撰文指出,新创意会衍生出无穷的新产品、新市场和创造财富的新机会,所以新创意才是推动一国经济成长的原动力。而将其作为一种国家产业政策和战略的创意产业理念的明确提出者是英国创意产业特别工作小组。1998年,该小组在《创意产业专题报告》中首次对创意产业进行了如下定义:"源于个人创造力与技能及才华,通过知识产权的生成和取用,具有创造财富并增加就业潜力的产业"。[①] 强调创意产业有别于传统产业,具体包括广告、建筑、艺术品与古董市场、工艺、设计、流行设计与时尚、电影及录像带、休闲软件与游戏、音乐、表演艺术、出版、软件及计算机服务、广播电视等行业。新西兰、新加坡等国也使用这一概念。

此概念一经提出,即为多个传统的英语国家、欧洲国家以及亚洲的英联邦国家和地区采用。但是,在实际的政策运用或政府的产业统计中,由于各个国家和地区的经济社会发展阶段以及文化背景的不同,对创意产业的内涵与外延界定也存在一定的差异。

与国外相比,我国创意产业总体尚处于起步阶段。"创意产业"概念被引入我国的时间较短,学术界和业务部门对其内涵、外延等方面的认识还不够成熟。同时,我国也尚未把创意产业纳入正式的统计范畴和指标核算体系之中。[②]

纵观各国创意产业发展历史与现状,其概括起来大致有三种类型:

一是以英国和美国为代表的欧美型,其创意产业以文化产业为主体,较多地涵盖精神产品层面;

二是以日本、韩国为代表的亚太型,其创意产业以文化产业和产业服务为主体,兼顾了精神产品和物质产品两个层面;

三是以中国大陆地区为代表的本土型,其创意产业以产业服务为主体,更突出地强调物质产品层面。

3. 文化产业与创意产业的关系

表1-3 创意产业和文化产业涵盖范围

学者		表述
创意产业涵盖范围(由于尚未有统一的界定,所以选取几种典型的界定)	《英国创意产业路径文件》	① 广告、② 建筑、③ 艺术与股东、④ 工艺、⑤ 设计、⑥ 时尚策划、⑦ 影像、⑧ 互动休闲软件(网络制作、网络游戏等)、⑨ 音乐、⑩ 表演艺术、⑪ 出版、⑫ 软件和计算机服务、⑬ 电视类广播
	约翰·霍金斯《创意经济:人们如何从思想中创造金钱》	版权、专利、商标和设计产业四个部分共同构建了创意产业和创意经济

[①] 斯图亚特·坎宁安. 从文化产业到创意产业理论、产业和政策的涵义[M].//林拓,等. 世界文化产业发展前沿报告.北京:社会科学文献出版社,2006.

[②] 厉无畏. 创意产业导论[M].上海:学林出版社,2006.

续表

学者	表述
美国国际知识产权联盟(简称 IIPA)2004 年度报告	1. "核心版权产业",是指那些主要为了受版权保护的作品或其他物品的创造、生产与制造、表演、宣传、传播与展示或分销和销售的产业。这些产业包括:出版与文学;音乐、剧场制作、歌剧;电影与录像;广播电视;摄影;软件与数据库;视觉艺术与绘画艺术;广告服务;版权集中学会。 2. "交叉版权产业",是指那些生产、制造和销售其功能主要是为了促进有版权作品的创造、生产或使用的设备的产业。这些产业包括:电视机、收音机、录像机、CD机、DVD机、电子游戏设备以及其他相关设备。交叉版权产业包括这些设备的制造与批发零售。 3. "部分版权产业",是指那些主要为了便于受版权保护的作品或其他物品的宣传、传播、分销或销售而又没有被归为"核心版权产业"的产业。如为发行版权产品的一般批发与零售;大众运输服务;电讯与因特网服务
上海创意产业中心	研发设计、建筑设计、时尚消费、艺术传媒、执行策划共5类
文化产业涵盖范围——我国国家统计局《文化及相关产业分类2018》	1. 文化核心领域:以文化为核心内容,为直接满足人们的精神需求而进行的创作、制造、传播、展示等文化产品(包括货物和服务)的生产活动。包括6个大类:新闻信息服务、内容创作生产、创意设计服务、文化传播渠道、文化投资运营、文化娱乐休闲服务。 2. 文化相关领域:为实现文化产品的生产活动所需的文化辅助生产和中介服务、文化装备生产和文化消费终端生产(含制造和销售)等活动。包括3个大类:文化辅助生产和中介服务、文化装备生产、文化消费终端生产

从表 1-3 中可以发现,文化产业与创意产业在覆盖的具体产业领域上存在着交叉和重复,但两者并不是同一概念。从提出的时间上看,文化产业的提出远早于创意产业;从逻辑上看,文化产业与创意产业虽存在一定交集,但两者所属范畴不同,创意产业不只局限于文化产业,也与其他产业相关联。[①] 文化产业与创意产业的关系,在众多的论释与界定中,以新加坡所提出的最为明确:认为文化是创意的基础与平台,是创意产业价值链的上游,文化提供创意所需素材,而创意是激发想象创造的能力或力量。创意产业基于使用新科技与系统,超脱了传统文化产业,使得其范围更为广泛也更为复杂。澳洲学者斯图亚特认为创意产业是一个新的学术、政策和产业论述范畴,它涵盖大量新的经济商业活动,这是媒体、艺术或文

---

① 张京成. 中国创意产业发展报告[M]. 北京:中国经济出版社,2006.

化所无法精确描述的。

文化产业把文化变成商品;而创意产业不仅包括把文化变成商品这一单向过程,还在商品中融入创意的元素,并使之成为该商品的主导和标志性元素,以提高该商品的附加值,即融入创意的商品比原有商品大幅度增值。

文化产业在内涵上更强调文化的工业化复制和商品化推广,强调文化与经济的双向互融,体现了文化的经济化和经济的文化化。而创意产业不是对文化产品的简单复制,它更强调创造性,强调文化艺术创造性地推动经济的新兴理念和经济实践,注重生产领域提升产品的附加值和经济发展提升产业结构的要求。

(二) 文化创意产业

我国较早使用"文化创意产业"概念的是台湾地区。2002年,台湾把发展文化创意产业放到一个非常重要的地位提出来,制定了文化创意产业的发展规划和行动方案,并将其描述为"源自于创意或文化积累,透过智慧财产的形式与运用,具有创造财富与就业机会潜力,并促进整体生活提升之行业"。随后,香港特别行政区也提出大力发展文化创意产业。2005年10月曾荫权在就任香港特区行政长官的第一份施政报告中,强调文化创意产业的重要性,并于同年11月成立策略发展委员会,为香港文化创意产业的长远发展定下了全面的策略。2006年9月13日,中共中央办公厅、国务院办公厅印发了《国家"十一五"时期文化发展纲要》,"文化创意产业"这一概念首次出现在党和政府的重要文件之中。此外,在我国北京、上海、深圳等城市相继建成了一批文化创意产业基地和产业园区,北京的"十一五"规划中也明确提出要使文化创意产业成为经济发展的支柱产业。

随着近年来国内外文化产业发展出现的新情况、新变化,新业态不断涌现,国家统计局在总结近年来各地区、各部门统计工作实践经验的基础上,对现行"文化及相关产业"分类进行了必要调整。通过对比分析《文化及相关产业分类》2018版与2004版、2012版可以发现,新版延续了旧版的分类原则和方法,主要在类别结构方面作了重大调整,把全部分类内容进一步组合成文化制造业、文化批发和零售业、文化服务业,以产业链条的生产、流通和服务等环节来反映文化建设和文化体制改革情况。2018年版还特别新增了"文化投资运营"大类,下设"投资与资产管理"和"运营管理"2个中类。

众所周知,经济战略对经济普查标准具有重大影响。由于党和国家把发展"文化产业"作为国家经济发展战略,所以,作为全国性国民经济统计口径的"文化及相关产业分类",必然会潜在地把"文化创意产业"纳入"文化产业"的范围内。同时,我们来研究分析"北京现象":北京地区把"文化创意产业"作为区域性经济发展战略,因而在新版《北京文化创意产业分类标准(2011)》中,"文化创意产业"主要包括文化艺术、新闻出版、广播电视电影、软件网络及计算机服务、广告会展服务、艺术品交易、设计服务、旅游休闲娱乐服务以及其他辅助服务9大方面内容,这更与国际接轨,更具开放性、实践性。可见,要厘清我国"文化创意产业"的产业结构,界定其概念,需要综合考量。

综上,"文化创意产业"的称谓应是对我国文化、政治、历史、经济的一种高度融合,既要扩充文化产业的内容,又不能对英国创意产业进行简单模仿,更要切实符合我国当前的实际状况和发展需要。文化创意产业的起点,是人的文化与创意。文化和创意本身不能够直接变成财富,它必须经过一个技术化和产业化的过程,才能成为市场上受欢迎的大量商品和服务。文化创意产业,比较原有的文化产业更加着重强调了人的智慧和文化积淀所带来的一种市场因素,或是通过市场来转化为物质财富的因素。因此,本书将"文化创意产业"的概念界定为依靠创意人的智慧、技能和天赋,借助于高科技对文化资源进行创造与提升,通过知识产权的开发和运用,产生出高附加值产品,形成具有规模化生产和市场潜力的,具有创造财富和就业机会的产业。这个概念包含了文化、创意、产业三个内容,分别代表了文化创意产业既有区别又相互关联的三个阶段,三位一体,共同构成了文化创意产业的内涵。

二、文化创意产业的主要特征

任何一种文化创意活动,都要在一定的文化背景下进行,但创意不是对传统文化的简单复制,而是依靠人的灵感和想象力,借助科技对传统文化资源的再提升。

(一) 依据文化创意的视角

从文化创意的视角来看,文化创意产业具有如下一般特征:

第一,高知识性。文化创意一般以文化资源为基础,以创新创造理念为核心,是人的知识、智慧和灵感在特定行业的外化表现。文化创意产业与信息技术、传播技术和自动化技术等的广泛应用密切相关,呈现出高知识性、智能化的特征。

第二,高附加值性。文化创意处于技术创新和研发等产业价值链的高端环节,是一种高附加值的知识创新扩散活动,其科技和文化的附加值比例明显高于普通的产品和服务。

第三,强融合性。文化创意产业是经济、文化、科技、资本等相互融合的活动,涵盖了更为广阔的文化经济活动,具有高度的融合性、较强的渗透性和辐射力。文化创意的根本观念是通过"越界"促成不同行业、不同领域的重组与合作。科技是文化创意的支撑,文化是文化创意的原动力,经济是文化创意的基础,资本是文化创意的重要保障。

第四,知识产权性、品牌化特性。文化创意与知识产权息息相关,不讲知识产权,创意无从谈起;不讲知识产权保护,文化创意产业无所发展。拥有知识产权是发展文化创意产业之根,加强知识产权保护是发展文化创意产业之本。而品牌就是一个创意,原因在于知识产权、技术等都靠品牌增加附加值。

第五,文化创意产业最核心、最本质的就是创意。文化创意产业是以文化资源为基础,以创意为核心,将抽象的文化直接转换成具有高度经济价值的产品或服务的精致产业。这种创造产值的活动改变了过去必须要有实体才能生产与制造的状况,将一个抽象的、无形的产品当作产业链的一环,这种特殊的生产方式,为那些具有文化内涵的传统产业提供了无限的发展潜力。

(二) 依据产业运行和市场消费的视角

从产业运行和市场消费的视角来看,文化创意产业又具有如下特征:

第一,文化消费者需求的不确定性。文化消费者对文化创意产品的消费是为了满足其精神上的需求。正所谓"有一千个观众就会有一千个哈姆雷特",同一文化创意产品所承载的内容在不同的消费者心里可能演绎出意义完全不同的世界,因而没有人能够确定消费者如何评价新推出的文化创意产品。新产品可能得到消费者的认可,带来比生产成本高且多的巨额财富;也可能找不到认可的买家;况且文化创意产业是否成功,是否满足现在的要求很少能够根据过去的经济发展形势进行判断。

第二，文化创意者特别注重产品的独特性和差异性。经济学家们通常认为，雇佣人员并不关心他们所生产产品的特点和性能，他们更多考虑的是工资水平、工作条件及所花费的精力。文化创意产业由于行业的特殊性，决定了从业人员主要是知识型劳动者。若文化创意者比较关注自己的原创产品，其创作的产品则更具有个性、特殊性。而文化创意产品正是凭借其独一无二的个性和与其他同类产品的差异来吸引消费者的。

第三，文化创意产品使用价值的构成形式具有特殊性。虽然绝大多数的文化创意产品都有物质载体，但其物质形态所承载的产品的有用性成分与一般商品不同。一般商品的物质形态所承载的有用性与其材质本身是一致的，比如粮食是用来充饥的，衣服是用来蔽体的，等等，它们直接为人类的衣食住行服务；而文化创意产品的物质形态所承载的有用性与它的材质本身是不一致的，比如一部《梁山伯与祝英台》，既可以是民间传说，也可以是舞台表演艺术（越剧）；既可以被搬上银幕，也可以是音乐家奏出的小提琴协奏曲。因而文化创意产品使用价值的构成形式具有其特殊性。

第四，文化创意产品具有生命周期的持久性、盈利的长期性。一般物质产品的消费是消费者对其物的占有和直接的消耗性消费，如再昂贵的服装，穿旧了、穿破了，它的价值也就消耗尽了，它的生命周期也就终结了。而文化创意产品则不同，文化消费者对其进行的不是物质上的消费，而是追求精神上的满足，文化创意产品内容的价值含量越高，其生命力就越持久。文化创意产品意义世界魅力的这种永久性，是一般物质产品的生命力所不具备的。正因为具备这种持久的生命周期，文化创意产品通常可以长期盈利，当然，这是建立在产品本身丰富的内容价值含量的基础之上的。

第五，文化创意产品价值实现机制的双重性。文化创意产品的潜在价值能否转化为交换价值，取决于两个因素：一是社会的文化背景，二是文化创意产品的社会运作机制。正如美国学者K·彼得·埃茨科恩所说的，"……一要借助于社会结构，而社会结构自有其运行规律；二要通过社会集体，而社会群体要以文化上的若干标志来标明自己的范围"。[①] 一方面，文化创意产品价值的实现必须要遵从社会的文化背景，要能够克服民族文化的偏见；另一方面，文化创意产品的社会运作是影响其价值实现的另一重要机制，市场营销是推动文化创意产品潜在价值实现的有力手段。

三、文化市场与文化创意产业营销

（一）文化市场的相关概念

1. 文化市场及其特点

文化市场是市场的有机组成部分，是市场体系中的一个行业市场。与市场的概念相对应，文化市场概念在理论上也有以下三种表述方式：

就表现形式而言，文化市场是以文化商品和文化服务为交换对象的场所。即以商品形式向消费者提供精神产品和有偿文化娱乐服务的场所。

就实质内容而言，文化市场是文化商品和文化服务交换过程中所反映的文化生产者、文化经营者和文化消费者之间各种经济关系的总和。

---

① K·彼得·埃茨科恩. 论音乐实践和社会群的社会学[J]. 国际社会科学杂志，1985(2)：3-10.

就消费主体而言,文化市场是由具有一定的购买能力,对某种文化商品或文化服务具有特定需求和欲望,并愿意通过交换来满足需求和欲望的所有现实和潜在消费者所组成的群体。

文化市场与一般市场相比,具有以下特点:

第一,交易主体具有复杂性。与一般物质商品满足消费需求的特点不同,文化产品主要是满足消费者的精神需求,因而具有更加复杂的功能和作用。这决定了文化市场上的交易主体购买文化产品的目的具有多样性和复杂性。

第二,交易内容以精神产品为主,物质产品为辅。与一般市场以物质产品交易为主不同,文化市场交易的内容更多以精神产品为主。这些精神文化产品虽然有的也以物质形态方式存在,如图书、光盘、字画等,但这只不过是精神文化产品的载体。消费者购买这些文化产品,并非是为了消费其物质材料本身,而是消费其内在的精神内容和欣赏价值。

第三,交易过程一般不发生所有权转移。一般的物质商品市场在商品交换过程中,交换行为一旦结束,商品的所有权就从销售者手中转移到购买者手中。而大多数精神文化产品在市场交换过程中只是发生使用权的转移,而非所有权的转移。如电视制作公司卖给电视台的大多是电视剧的播放权,而电视剧的所有权仍然控制在自己手里。

2. 文化市场环境

文化市场环境泛指一切对文化企业的文化市场营销活动及其目标实现起影响、制约作用的各种因素。任何文化企业都生存于一定的环境之中,其营销活动不可能脱离周围环境而孤立进行,因此重视研究文化市场环境及其变化,是文化企业营销活动的最基本课题。

文化市场环境包括宏观环境和微观环境两个层面。宏观环境是指影响文化企业营销活动的一系列巨大的社会变量,主要包括人口、经济、政治、法律、科学技术、社会文化以及自然生态等因素。宏观环境是文化企业不可控的因素,但文化企业并非只能消极、被动地改变自己来适应宏观市场环境,而是既可以以各种方式来强化自己适应环境的能力,避免来自宏观环境的威胁,同时也可以在变化的环境中为自己寻找机会,并尽可能在一定条件下改变环境。

微观环境是指对文化企业营销活动构成直接影响的各种力量,包括文化企业自身、文化市场营销渠道企业、客户、竞争者及社会公众等。微观环境是文化企业营销活动的参与者,它与企业紧密相连,直接影响和制约文化企业的营销能力,与文化企业有着或多或少的经济联系。微观环境与宏观环境一起,共同构成多因素、多层次、多变化的文化企业市场营销环境的综合体。

3. 文化市场调研、细分、选择、定位

文化市场调研就是运用科学的方法,有目的、有计划地收集、整理和分析研究有关文化市场营销方面的信息,了解文化市场现状、发展趋势以及营销环境,发现机会与问题,并将其作为市场预测和营销决策依据的过程。文化市场调研主要包括文化市场环境调研、文化市场需求调研、文化市场产品资源调研、文化市场营销活动调研等方面的内容。文化市场调研对于文化企业正确分析和把握市场机会、开展市场营销活动和做好营销控制工作有着十分重要的意义。

文化市场细分是指文化企业根据文化消费者需求的差异性,立足于其中某个或某些特征或变量,进而把整体文化市场划分为若干消费者群的过程。其目的是使文化企业选择和确定目标市场,实施有效的市场营销组合,从而以最少的成本取得最佳的营销成果。文化市

场细分的依据主要有地理因素、人口因素、消费者的需求偏好、消费者的行为要素等。

文化市场选择,就是文化企业根据自身特点和外界因素,选择与本企业生产特点相适应的服务对象,作为自己从事生产经营活动的目标市场的过程。文化企业选定了自己的目标市场后,就可以针对这类顾客的特点和需求来设计、生产自己的产品,开展一系列的营销活动。文化企业目标市场的选择方法有单一选择、专门产品选择、专门市场选择、多重选择、全面选择等。

市场定位,也被称为产品定位或竞争性定位,是根据竞争者现有产品在细分市场上所处的地位和顾客对产品某些属性的重视程度,塑造出本企业产品与众不同的鲜明个性或形象并传递给目标顾客,使该产品在细分市场上占据强有力的竞争位置。[1]而文化产品和文化服务具有不同于一般产品和服务活动的特殊性,这决定了文化企业的市场定位是一个复杂的工作过程。文化企业不同于一般的物质性生产企业,在加工对象、经营目标和价值追求等方面,都与物质性生产企业有着本质的区别,体现在文化企业必须顾及文化产品的特点和消费者对文化产品的精神需求等方面,在产品和服务的目标市场定位过程中,鲜明而突出地传达其正确的产品价值导向和精神追求。

4. 文化市场竞争者、文化市场消费者

竞争是市场经济的基本特性。市场竞争所形成的优胜劣汰,是推动市场经济运行的强有力的力量,它迫使企业不断研究市场,开发新产品,改进生产技术,降低生产成本,提高经营效率和管理水平,获取最佳效益并推动社会进步。文化市场竞争也是如此。"知己知彼,百战不殆",文化企业要想在激烈的市场竞争中不被淘汰,直至长期立于不败之地,就必须深入了解和科学分析竞争者,认真研究竞争者的优势与劣势、竞争者的战略和策略,明确自己在市场竞争中的地位,有的放矢地制定竞争战略。文化企业在制定竞争战略时应当充分考虑到企业自身条件、产品性质、市场的同质性、产品的生命周期、外部环境等因素。

前面的定义中已经提到,文化市场是由对某种文化商品或服务具有一定的购买能力和购买欲望的所有现实和潜在消费者所组成的群体。因而从根本上来说,文化市场营销的最终目的并不是击垮竞争对手,而是向文化消费者提供更符合其需求和利益的文化产品或服务。文化消费者是文化企业能否获取竞争优势的最终决定者,也是文化企业营销活动成功与否的最终评判者。这是因为,"只有顾客,通过其对商品或服务的购买,才能使经济资源转化为财富,物品转化为商品……企业想生产什么并非十分重要……顾客想购买什么,什么是他们所认为的价值,那才是决定性的……"。[2]文化企业要想在市场竞争中取胜,就必须在开展市场营销活动之前对文化消费者进行充分的分析和研究,把握文化消费者的精神需求、行为特点、消费规律等,并在市场营销活动的开展过程中始终坚持以文化消费者价值为导向。

(二)文化创意产业营销战略

1. 文化创意产业营销战略的特征及目标

"战略"一词本来是军事术语,原意指事关战争全局性、决定性的谋划和策略。后来被广泛引入社会生活的各个领域,泛指带有全局性、重大问题的谋划和决策。把战略的概念应用在市场营销活动中,就称为营销战略。

---

[1] 吴健安. 市场营销学[M]. 北京:高等教育出版社,2007:211.
[2] 彼得·德鲁克. 管理实践[M]. 毛忠明,译. 上海:上海译文出版社,1999:40-41.

文化创意产业作为新兴的朝阳产业,既充满激烈竞争和风险,也存在大量的发展机遇。文化创意产业营销战略的选择对于企业的生存和发展起着至关重要的作用。一般来说,文化创意产业营销战略具有以下基本特征:

第一,全局性和长远性。文化创意产业营销战略的制定,一定要最大限度地为全局服务。它规定的是营销总体活动,追求的是营销总体效果,着重的是营销总体发展。这体现了其全局性。长远性是指文化创意产业营销战略是对企业未来较长时期(一般是5年以上)营销发展或营销活动的谋划,它着眼于未来,谋求企业的长远发展,主要关注企业的长远利益。

第二,指导性和纲领性。指导性和纲领性是指营销战略的统帅作用。文化创意产业营销战略的全局意义,决定了它具有指导作用,营销战略中所规定的战略目标、战略重点、战略对策等都具有方向性、原则性,是文化创意企业营销发展的纲领,对企业具体的营销活动具有权威性的指导作用。营销战略是文化创意企业领导者对重大营销问题的决定,是企业营销发展过程的指路明灯。

第三,相对稳定性和应变性。文化创意产业营销战略必须在一定时期内具有稳定性,才能在企业营销实践中具有指导意义。由于文化创意企业营销实践活动是个动态过程,因而指导企业营销活动的战略也应是动态的,以适应外部环境的多变性。所以,文化创意企业市场营销战略的稳定性是相对的稳定性。企业可以根据内外部环境的变化,对营销战略适时加以调整,以适应变化。这就是文化创意产业营销战略的应变性。

第四,竞争性和风险性。文化创意产业营销战略指导文化创意企业如何在激烈的市场竞争中与竞争对手抗衡,如何迎接来自各方面的冲击、压力、威胁和挑战。这就是营销战略的竞争性。此外,随着外部环境与内部因素可能发生的突然变化,文化创意产业营销战略在实施过程中也会有局部的修正,营销战略的这一应变性正说明了它的风险性。

文化创意产业营销战略目标是文化创意企业在某一时期经营战略的对象化和定量化。在文化市场环境下,文化创意产业营销战略目标基本类似于一般商品的战略设想,即以增加利润为主,同时包括其他重要的目标,如社会形象目标、增强文化创意产品的创新力、提高文化创意产品及其作者的知名度等,而这些目标之间往往又是相辅相成的。

2. 文化创意产业营销战略的内容

西方营销学专家曾在二十世纪五六十年代的研究中指出,市场营销战略的内容主要包括市场细分化战略、市场发展战略和营销组合战略。如今,随着创意经济在市场经济中扮演的角色越来越重要,文化创意产业营销战略逐渐变得复杂化和多层次化,如竞争战略、发展战略以及营销组合战略被相继提出。

(1) 文化创意产业市场竞争战略。根据文化创意企业的不同实力,可以采用不同形式的竞争战略:

① 市场领先者营销竞争战略。西方营销学专家认为,作为领先者的企业应该掌握同类行业中40%的市场。在市场上处于领先地位的文化创意企业可以采用高瞻远瞩战略、权变战略、以攻为守战略等,充分发挥自己创新能力上的优势,在产品上不断推陈出新,击败对手。

② 市场挑战者营销竞争战略。市场挑战者所占的市场份额应在20%~40%。作为挑战者的文化创意企业的竞争手段包括多种,例如依靠创新产品的进攻战略,利用文化创意产品创作者即将成为大牌明星的效应而制定的战略,还有步步为营的蚕食战略等。

③ 市场追随者营销竞争战略。市场追随者所占的市场份额不足20%,但它们的数量往

往占同行企业的40%以上。作为追随者的文化创意企业最好是坚持追随原则以避免竞争风险,但在某些特殊条件下,可以制定自己独特的竞争战略,以逐步成长为新的挑战者。

(2) 文化创意产业市场发展战略。文化创意产业市场发展战略,是指文化创意企业在现有市场的基础上,进一步开发新市场,扩大企业再生产的基本方针战略。在这种发展战略的指导下,文化创意企业的发展有两个主要内容,一是开发新产品,二是开拓新市场。文化创意产业发展战略主要包括密集型增长战略、一体化增长战略和多角化发展战略。

(3) 文化创意产业营销组合战略。文化创意产品的非物质消费特征决定了其营销方式的特殊性。这种特殊性首先表现在产品具有内在的创新性和独特的艺术价值;其次表现在消费方面,文化创意产品具有显著的精神娱乐功能。随着时间的流逝和时代的变迁,文化创意产品的价值或衰降或跃升,而后者的可能性往往又很大,因此文化创意产品的销售具有很大的偶然性。基于上述分析,文化产品从创制到销售,其中间环节更是文化商们包括文化经纪人和文化创意企业需要费尽心机去考虑的,营销季节、营销地点、价格及流通渠道都要经过宏观考察和微观研究,精心决策。因此,如何进行优化的营销组合是文化创意企业需要重点解决的内容。具体来说,文化创意产业营销组合战略与一般物质产品的营销组合方式是基本一致的,即所谓的营销组合的四种基本策略,简称4P策略。

3. 文化创意产业营销战略的管理过程

文化创意产业营销战略管理即文化创意企业为了使自己的营销活动能够动态适应变化的内外部环境,从而保证营销活动的顺利开展,进而实现企业营销战略的目标而进行的一系列战略适应的管理过程,如图1-1所示。

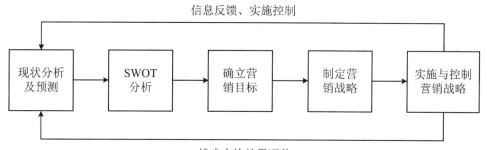

图1-1 文化创意产业营销战略管理过程

(1) 现状分析及预测。市场现状分析及预测是文化创意企业在战略和战术上制订营销计划的基础,其主要作用是让企业及早发现市场营销机会,并结合企业自身实力做出正确有效的营销决策。文化创意企业现状分析主要包括四个方面的内容:一是企业内部现状分析,包括员工素质水平、经营状况等;二是市场形式分析,分析主要顾客群的消费特色,以掌握其需求的发展趋势;三是竞争形式分析,分别分析竞争对手产品的特色、营销状况等,以判明竞争对手可能构成的威胁与影响;四是宏观环境分析,分析企业所处客观环境中的强制性因素,以预测这些因素发生变化可能带来的机会或威胁。

(2) SWOT分析

SWOT分析是企业进行营销分析的基本方法之一,它为企业综合评估所获得的市场信息提供了一种有用的模式。文化创意企业通过这一分析工具可以对自身内部的优劣势和外部环境的机会与风险进行综合分析,以便在进行营销决策时能够把握市场机会,尽量避免或减少风险。

(3) 确立营销目标。营销战略目标指决策者通过分析而确定的文化创意企业在未来一段时期内能够取得的销售业绩。切实可行的营销目标应具备以下四个条件:① 建立在 SWOT 分析和市场趋势预测的基础上,且与企业发展战略相吻合;② 得到具体实施营销计划的管理者的认同;③ 在产品和细分市场方面要明确定位,以制订详细的营销活动计划,并做出相应的费用预算;④ 在销售量、销售收入和市场份额指标上应尽可能量化。

(4) 制定营销战略。制定营销战略包括两项最基本的内容:一是编制营销预算。只有做出合理的财务预算,文化创意企业才能按营销活动方案投入资金以达到既定的销售量和收入。二是设计营销活动方案。营销活动方案就是营销组合方案,即文化创意企业围绕特定产品——市场组合对各种可控营销变量所做的总体安排。营销组合方案由广告宣传、营业推广、人员销售、中间商分销和其他营销活动组成,其目的在于影响和刺激消费者购买一定数量的特定文化创意产品。而且,在实施营销活动的过程中,文化创意企业应根据市场环境的变化,及时对营销组合进行调整,以发挥各营销因素的最大效用。

(5) 实施与控制营销战略。营销控制是规划、组织和实施营销的自然延续(科特勒,1984)。文化创意企业应尽可能将营销目标和营销预算做得详细具体,其主要目的是便于有效评估和控制营销战略的实施。营销战略控制的基本原理是文化创意企业根据营销业绩的测评结果,发现营销活动中存在的问题,并对营销计划进行适当调整,从而保证营销目标的实现。其主要方法是差异分析法,具体包括销售差异分析、市场份额差异分析、营销费用差异分析以及顾客满意度差异分析。

第二节　品牌与文化创意产业高质量发展

党的十九大报告指出,中国特色社会主义新时代的主要矛盾是人民日益增长的美好生活需要和不平衡不充分的发展之间的矛盾。这意味着当代中国已从站起来、富起来向强起来转换,且当代中国人的需求也在发生深刻变化,已由主要满足物质需求转化为主要满足精神需求。这说明,在中国特色社会主义新时代,文化建设的地位愈发重要,作用更加凸显。

以文化自信为主题,以加快文化品牌建设为主线,是关系我国发展全局的战略抉择。为此,必须要适应国内外文化创意产业形势新变化,加快形成新的文化创意产业发展方式。品牌建设作为文化创意产业发展新战略,正成为传统文化创意产业结构优化升级、跨越转型的助推器。在当前,如何推进文化品牌建设与产业模式创新是文化创意产业营销的迫切问题。

一、品牌的起源与发展

品牌已以各种各样的形式存在几个世纪了。品牌化的初衷是手工艺人或其他人用以标识他们的劳动果实,以便顾客能轻而易举地认出它们。品牌(或至少是商标)最早可以追溯到古代的陶器和石匠的标记。它们被标在手工商品上,以说明其来源。由于陶器或泥制灯有时是在距离出产地很远的地方出售的,所以购买者会寻找高水平的陶艺人的标记以确保质量。在中国古代的瓷器,古希腊、古罗马出土的陶罐,以及公元前1300年的印度商品上,都发现了这种标记。

在中世纪,除了陶艺人的标记,又增加了印刷匠的标记、纸上的水印、面包上的标记,以及各种各样的手工协会的标记。这些标记不仅可以用来吸引买主以忠实于个别手工制造者,还可以用来管制侵害行业、企图垄断的人以及找出低劣产品的制造者。如1266年通过的一项英国法律就要求面包师在每一块出售的面包上作记号,"目的是如果有人短斤缺两,就可以马上知道是谁"。金匠和银匠也被要求在商品上作记号,包括他们的签名或私人印记,以及金属材质的质量说明。1597年,就有两位金匠因被判定在金器上作假标记而被钉上了颈手枷。法律也对冒用他人标记的人规定了类似的严厉惩罚。

当欧洲人开始在北美定居时,他们也带来了品牌化的传统和实践。专利药品生产者和烟草制造商是早期美国品牌化的先驱。早在美国内战之前,诸如Swaim的灵丹妙药Panacea、Fahnestock的杀虫剂、Perry Da-vis的植物止痛剂等药品就已经家喻户晓了。专利药品被包装在小瓶子里。由于当时人们没把它们当做生活必需品,所以生产商必须积极地开展促销。为了进一步吸引消费者在商店里选择它们的产品,这些药物生产商印制了精美独特的标签,通常是将自己的画像放在标签的中心位置。

17世纪早期,烟草制造商就开始出口他们的作物了。到19世纪早期,成捆烟草的包装上都有诸如Smith's Plug或Brown and Black's Twist等此类标签。19世纪50年代,许多烟草商意识到了诸如Cantaloupe、Rock Candy、Wedding Cake以及Lone Jack等更有创意的名字对烟草产品的销售更有帮助。19世纪60年代,烟草商开始直接向消费者出售小包装产品。渐渐地,吸引人的包装愈发受到了人们的重视,其结果便是图形标签、装饰物和符号的诞生。

二、品牌的基本内涵

现代企划鼻祖Stephen King曾说过:"产品是工厂里生产的东西,品牌是由消费者带来的东西。产品可以被竞争者模仿,品牌却是独一无二的;产品极易过时落伍,但成功的品牌却能持久不坠。"那么品牌究竟是什么?

以科特勒为代表的传统营销理论认为:品牌是"一种名称、术语、标记、符号或设计,或是它们的组合运用";品牌的目的是"借以辨认某个销售商或某群销售者的产品或服务,并使之同竞争对手的产品和服务区分开来";品牌的要点是"销售者向购买者长期提供的一组特定的特点、利益和服务"。从理论上说,只要营销者创造了一个新的名称、标识,或者新的产品符号,那么也就创造了一个品牌。品牌形象理论的代表者大卫·奥格威对品牌曾做出这样的定义,"品牌是一种错综复杂的象征,它是品牌的属性、名称、包装、价格、历史、声誉、广告风格的无形组合。"

定位理论中对品牌的定义与传统科特勒营销或奥美营销有所不同。上述两者均是自内而外的品牌概念,而定位理论认为,品牌就是某个品类的代表或者说是代表某个品类的名字。建立品牌就是要实现品牌对某个品类的主导,成为某个品类的第一。当消费者一想到要消费某个品类时,立即想到这个品牌,那么此品牌就真正意义上建立起来了。定位理论着重强调的是如何在顾客认知中与众不同,如何应对竞争、赢得顾客。

结合定位理论对"品牌"所下的定义,我们也就可以理解,当从事实际工作的营销经理提到品牌时,其品牌定义并不仅仅是指在市场上实际创造品牌的认知、声誉、知名度等。因而,美国市场营销协会和企业界两者之间对"品牌"的定义存在区别,前者是以小写字母 b 为首的品牌本身"brand",后者是以大写字母 B 为首的品牌内涵"Brand"。[①]《新品牌——品牌识别经营管理》一书中提到:品牌不仅仅是不同企业产品的标识,更多的是营销价值资讯的载体。特定品牌往往代表特定的产品品质、产品风格、服务水平、流行风尚等方面的资讯,这些资讯逐渐被市场广泛了解和接受,进而在消费者心里成为特定的消费价值、消费情感的代表。从消费者心理的角度来看,品牌又可以被认为是"消费者所掌握的商品、服务和企业相关知识的总和",这些知识不仅是现有的系统性信息,同时还能作为"线索",消费者能够通过品牌名称、符号标识等品牌现有信息,对其他相关信息进行检索,从而提高消费行动效率。[②]认识到这种差别很重要,因为对品牌原理或品牌战略的不同理解通常都与品牌定义的不同内涵相关。

品牌营销是市场经济不断发展的产物,是消费观念升级的表现,是继生产营销、产品营销、推销营销、市场营销、社会营销之后的又一大营销观念。品牌已不单单指企业或产品的名称、标志,而是上升为企业至关重要的无形资产。近年来,品牌概念与营销策略不断被普及和深化。品牌的价值愈发被营销专家看好,同时也引来了企业的关注,促使他们逐步把品牌应用到实际营销过程中,形成了今天我们所了解到的品牌营销。对于品牌营销,长久以来,营销专家们并未形成一个较为明确的定义。一般认为,品牌营销是基于品牌的营销模式,是指企业针对消费者对产品的诉求,通过大力宣传其产品质量或产品独特性、企业文化等,来使用户形成对企业品牌的价值认可,并获得品牌效益的营销策略和过程。

三、国内外关于品牌的研究

品牌通过名称、术语、标志等显性识别要素揭示出消费者的深层次、情感性价值需求,并形成与竞争者的差异化,从而有效地发展与消费者的长期关系和实现其价值增值。品牌理论研究经历了品牌概念、品牌战略、品牌资产、品牌管理和品牌关系五个阶段,从不同的层面丰富了品牌理论成果。

(一) 国外的研究

自 1931 年尼尔·麦克尔罗伊(Nei Mcelroy)提出品牌经理制以来,随着品牌管理实践的深入开展,围绕"什么是品牌""如何创建品牌""什么是品牌资产以及如何评估品牌资产""如何开展品牌管理"和"什么是品牌关系"五个逐步递进的研究主题,品牌理论研究发展经过了品牌观念、品牌战略、品牌资产、品牌管理和品牌关系五个阶段。

1. 关于品牌的概念和内涵

大卫·奥格威(David Ogilvy,1955)认为,"品牌是一种错综复杂的象征。它是品牌属性、名称、包装、价格、历史、声誉、广告方式的无形总和。品牌同时也因消费者对其使用者的

[①] 凯文·莱恩·凯勒. 战略品牌管理[M]. 3 版. 吴本龙,何云,译. 北京:中国人民大学出版社,2009:3-4.

[②] 郑欢. 广告学[M]. 上海:华东师范大学出版社,2013:321.

印象,以及自身的经验而有所界定。"伯利·B.加德纳(Burleigh B. Gardner,1955)和西德尼·J.尼维(Sidney J. Levy,1955)提出情感性品牌和品牌个性思想,认为"品牌具有理性价值和情感价值,品牌创建需要超越差异和功能主义,注重开发一种个性价值,使顾客享受满意服务。"美国营销学会定义委员会(AMA,1960)认为,"品牌是一种名称、术语、标记、符号或设计,或是它们的组合运用,其目的是借以辨认某个销售者或某群销售者的产品及服务,并使之与竞争对手的产品和服务区别开来。"这一定义得到学术界的广泛接受。也就是说品牌是一种符号,消费者就是通过符号来识别品牌的。

2. 关于品牌战略

代表性理论是美国罗瑟·瑞夫斯(Rosser Reeves,1961)的独特销售主张(Unique Selling Proposition,U.S.P)理论,美国大卫·奥格威(Davd Ogilvy,1962)的品牌形象(Brand Image,B.I)理论,美国阿尔·里斯(Al Ries,1972)和杰克·特劳特(Jack Trout,1972)的品牌定位理论。

3. 关于品牌资产

美国学者大卫·艾克(David A. Aaker,1991)、美国学者凯文·莱恩·凯勒(Kevin Lane Keller,1993)等分别提出了品牌资产概念,世界品牌实验室(World Brand Lab,1990)、英国英特品牌咨询公司(Interbrand,1992)等分别提出了品牌资产评估模型。品牌形象是消费者对特定品牌的综合感知,是消费者对品牌的感觉、态度和评价的组合,被认为是消费者购买决策的重要影响因素。众多研究学者(Blawatt,1995;Kapferer,2004;Nandan,2005)将品牌形象视为消费者信息处理过程的重要组成部分,以及品牌沉淀在消费者心智中的无形资产。

4. 关于品牌管理

代表理论是美国学者凯文·莱恩·凯勒(Kevin lane Keller,1998,2003,2008)的战略品牌管理理论,美国学者大卫·艾克(David A. Aaker)的品牌领导理论(1998)和品牌组合理论(2004)。

5. 关于品牌关系

代表理论是美国学者马斯·布莱克斯通(Max Blackston,1995)的品牌互动关系理论,美国学者汤姆·邓肯(Tom Duncan,1999)和桑德拉·莫里蒂(Sandra Moriaty,1999)的品牌关系指标理论,美国学者苏珊·弗尼尔(Susan Fournier,2001)的品牌关系关联理论。

(二) 国内的研究

20世纪90年代起,中国的品牌传播研究伴随相关实践兴起。早期的品牌传播研究倾向于对西方品牌传播理论的引进、借鉴与应用,之后基于中国品牌传播的实践,中国品牌传播研究逐步建立起了自己的研究范畴和研究特色。随着经济全球化和互联网技术的发展,中国的品牌传播研究进入到新阶段,品牌的国际化问题和互联网时期新的品牌关系的建立成为研究的重点和主题。

1. 关于品牌价值的研究

品牌价值来源经历了从品牌资产理论到顾客价值理论,再到利益相关者价值理论的演化过程(张燚,2010)。不同行业的品牌价值形成机理是各不相同的,其品牌价值形成的侧重点也有所不同(钱良群,2005)。品牌价值的形成是一个由多个主体控制的系统过程。企业创造出品牌价值,将其转化成消费者易于接受的品牌要素,并构成影响其品牌购买行为的关键因素,最终实现了品牌价值的"企业－消费者"流动过程;与此同时,企业通过调查所得消费者品牌购买行为的影响因素进行聚类分析和重要性测度,将其作为企业品牌战略的发展方向,指导着企业具体品牌策略的制定,这一流程属于信息的"消费者－企业"逆向传递过程(王月明,2007)。

2. 关于品牌形象的研究

罗子明(2001)认为品牌形象由品牌认知、产品属性认知、品牌联想、品牌价值、品牌忠诚构成。焦璇等(2004)实证检验了不同产品类别(牙膏、运动鞋和随身听)的品牌形象的构成因素。范秀成和陈洁(2002)提出品牌形象分产品、企业、人性化和符号四维度。尽管关于品牌形象构成的研究较多,但都没有充分考虑品牌形象构成要素的形成机理和作用机制。同时,有关的研究大多基于不同的文化背景,导致研究的结论缺乏普遍适应性。因此,应针对不同文化背景深入探讨品牌形象构成要素的来源和作用机理。

3. 关于品牌定位的研究

学界不仅将品牌定位看作一个系统,还从战略和策略层面对品牌定位系统进行结构性探索。邱红彬(2001)提出和分析了品牌定位系统的基本框架结构。吴斯睿和王枫(2004)构建和分析了品牌定位战略模型,并从战略视角对品牌定位系统模型及结构进行了分析。高定基和罗辉杰(2003)进一步扩展了品牌定位方式,包括功效定位、品质定位、情感定位和企业理念定位、自我表现定位、高级群体定位、首席定位、质量/价格定位、生活情调定位、类别定位、档次定位、文化定位、对比定位、概念定位、历史定位、比附定位、形态定位、情感定位和消费群体定位。张锐(2006)将品牌定位方式界定为档次定位、USP 定位、形状定位、消费者定位、类别定位、感情定位、比附定位、情景定位、文化定位和附加定位。尽管关于品牌定位方式的认识不尽统一,表述不尽相同,但品牌定位的基本方式还是得到了广泛认可,如功效定位、利益定位、情感定位、文化定位。企业可根据需要合理选择上述品牌定位方式。

4. 关于品牌延伸策略

一般而言,品牌延伸的策略类型基本划分为向上延伸、向下延伸和水平延伸三种。同时,围绕品牌延伸的利益和弊端视角,学界对品牌延伸策略也进行了更广泛的探讨。杨兔珍(2006)从品牌延伸关键要素的角度分析了品牌延伸的主要策略,周静和李雁晨(2005)从战略角度考虑了品牌延伸决策问题。谢奉军和罗明(2006)认为核心品牌因素、消费者因素、市场因素、营销因素对品牌延伸有重要影响。王建玲等(2007)将品牌延伸成功影响因素归纳为公司因素、环境因素、母品牌特征、消费者特征和营销策略。谢庆红(2006)从产品关联性、母品牌价值、子品牌定位、延伸成本、竞争环境五个方面分析了品牌延伸影响因素的程度。符国群(2003)回顾了西方关于品牌延伸对原品牌、广告和市场效率所产生的影响,并发现了西方学术界对品牌延伸给原品牌带来的潜在影响,尤其是对可能产生的负面影响进行了多方面探究。

5. 关于品牌资产

王海忠等(2006)发现公司能力是中国消费者品牌联想的主渠道,是构成品牌资产的重要维度;品质是品牌资产的核心要素,质量标准是品质的最普遍要求。可见,品牌资产的构成要素往往具有很强的消费者导向和烙印,即充分体现了消费者与品牌的紧密关系,反映了消费者在品牌资产中的核心地位。王连森(2005)借鉴全面质量管理中的"PDCA 循环法",提出在品牌资产创建与积累中应注重"能力-效应观",实现品牌识别设计与定位、品牌支撑与传播、品牌形象测评等环节的相互连接,形成周而复始的循环上升模式,使品牌资产不断提升。

6. 关于品牌结构

周志民和卢泰宏(2004)根据品牌要素和人际关系结构理论,并通过实证分析得出广义品牌结构包括获得承诺/相关度、归属/关注度、熟悉/了解度、信任/尊重度、联想/再认度五大因子。

7. 品牌传播研究的热点

学者姚曦等借助 CitespaceVI 软件对品牌传播研究的相关文献进行了核心作者分析、科研机构计量分析、科研合作网络分析、核心关键词频次分析、核心关键词共现分析以及核心关键词历时性演变分析,得出我国关于文化品牌传播研究的热点主要体现在三个方面[①]:

一是从科研合作网络分析来看,从事中国文化品牌传播研究的学者以新闻与传播学科为主,且其所在大学是主要的研究机构。作者与研究机构之间的合作较少,多为独立发表,研究团体相对分散,尚未形成具有代表性的核心作者群和极具凝聚力的科研群体。

二是通过对品牌传播研究领域的高频关键词进行聚类分析,得出当前五大研究主题:① 新媒体环境下的品牌传播研究,包括新媒体对品牌传播的影响研究、社会化媒体与品牌传播、自媒体与品牌传播以及口碑传播;② 品牌的国际传播研究,包括国际品牌的跨文化传播策略和路径、中国品牌的国际传播问题、广告的跨文化传播功能;③ 国家形象和国家品牌研究,集中于国家形象和国家品牌传播的本体论研究、文化传播和文化产业中的国家形象和品牌传播的建构路径、媒体宣传和广告宣传片中的国家形象和国家品牌的传播策略、国家自主品牌与国家形象和国家品牌之间的内在关系;④ 城市形象与城市品牌传播,涉及新媒体环境下城市形象和城市品牌传播的策略、城市品牌国际化传播、媒介传播(电影、电视剧、城市形象宣传片、新闻报道等)与城市形象、体育赛事与城市形象传播、民族文化和地方文化与城市形象和城市文化传播、旅游产业与城市形象等;⑤ 媒介品牌传播,集中于对电视品牌的探讨,围绕应用于媒体品牌研究的品牌理论、新媒体和媒介融合发展对媒体品牌建构的影响、媒体品牌国际化等问题展开。这五大主题在呈现各自的研究特点的同时,又有相互交融之处。

三是借助关键词共现时区视图和关键词突现检测,发现我国学者对文化品牌传播的研究热点在 1999 年至 2017 年有如下演进状况:缓慢发展阶段(1999~2007),研究主题相对单一,主要针对品牌传播相关理论和媒体品牌展开;繁荣发展阶段(2008~2011),电视品牌、媒体品牌跨文化传播、城市形象和城市品牌是这一时期的主要研究热点;稳定发展阶段(2012~2017),品牌传播研究的主题进入更加集中和具体的阶段,总体可归结为两大研究趋势:一是对移动互联网时代的社交媒体以及媒介融合趋势的关注;二是对"一带一路"视野下品牌的国际传播和对外传播的研究。

四、品牌战略是推动文创产业高质量发展的有力抓手

经过改革开放 40 多年的发展,我国已经告别了短缺经济时代,进入中国特色社会主义新时代,人民群众对生活品质产生了更多需求,特别是文化领域成为提升消费体验和生活品质的重要支撑。文化产业在国民经济中的比重反映了一个国家或地区文化产品及服务的整

---

① 姚曦,李娜. 中国品牌传播研究的学科知识可视化分析[J]. 现代传播,2018(5):116-122.

体发展状况。据国家统计局统计公报显示：2018年我国文化产业实现增加值38737亿元[①]，比2004年增长10.3倍；文化产业增加值占GDP比重由2004年的2.15%提高到2018年的4.30%，在国民经济中的占比逐年提高。从对经济增长的贡献来看，2004~2012年，文化产业对GDP增量的年平均贡献率为3.9%，2013~2018年进一步提高到5.5%。文化新业态发展势头强劲。文化产品和服务的生产、传播、消费的数字化、网络化进程加快，数字内容、动漫游戏、视频直播、视听载体、手机出版等基于互联网和移动互联网的新兴文化业态成为文化产业发展的新动能和新增长点。发展文化创意、智慧广电、网络视听、数字出版、动漫游戏、数字创意等新兴文化产业，既是顺应新时代经济发展的要求，也是社会结构转型和文明变迁的必然结果。从文化消费的终端到文化产品的生产，从消费者对网络的依赖到文化产业的大数据分析，都反映出"互联网+文化"以及数字文化产业的巨大变化，这样的发展趋势契合了公众对文化生活的新需求，也愈加显现出文化创新和品质提升的迫切性。

文化创意产业品牌是消费者对文化企业及其相关产品的认知，是文化企业产品和企业文化的映射，是连接消费者和企业的纽带，也是企业重要的无形资产。对于文化企业来说，拥有网络的正外部性，消费结点越多，传播维度越广，品牌产生的价值和效能也就越高。文化企业大部分是轻资产型，其核心资产在于品牌、版权等无形资产，这些核心资产对企业来说是急需保护、管理、应用和拓展的。文化产业品牌可以提高文化产品的附加值，从而提高文化产品的竞争力，塑造出成功的文化产业品牌，也可以为文化企业创造出更大的利润空间。而强势品牌、知名品牌就意味着高附加值、高利润、高市场占有率，如在电影市场上，知名导演、知名演员都是电影票房的基本保证，具有极高的品牌认知度。一旦消费者认可了某一品牌内含的文化价值，这个品牌也就牢牢吸引住了消费者的经济消费取向。据2017中国文化企业品牌年会中相关数据显示：我国最具品牌价值的文化企业50强，价值总和为5242.3亿元，相比2016年增长12.5%。从行业构成上看，游戏、影视、新闻出版和网络文化是四个最具品牌优势的行业，占比都达到20%以上。文化品牌之所以特殊，也在于其能以独特的文化价值，超越国界、民族、意识形态，吸引全世界人民共同消费。目前，越来越多的国外文化品牌涌入中国，市场竞争日趋激烈，要想提高我国文化产业的竞争力，必须全力打造我国自主的文化品牌，这也是衡量文化产业是否实现高质量发展的重要标尺。针对我国国情，创建具有自主知识产权的文化品牌，形成以产品为核心、以口碑为标尺的品牌自信，必须积极吸纳优秀传统文化元素；通过设立文化创意产业园区，组建文化产业集团，充分发挥文化产业规模效应，积极打造优势文化品牌，才能增强文化企业整体竞争力[②]。

[①] 2018年全国文化及相关产业增加值占GDP比重为4.48%[EB/OL].[2020-1-21].http://www.gov.cn/xinwen/2020-01/21/content_5471196.htm.

[②] 丁元.推动新时代文化产业高质量发展路径初探[J].行政与法，2018(11)：71-79.

第三节　品牌与文化创意产业竞争力

一、品牌价值与文化产品

（一）品牌价值

1. 品牌价值的含义

在传统理论看来，品牌价值的实质是品牌力或品牌权力，是品牌的法律权力和市场权力的有机统一。① 随着文化产业引领全球经济发展，文化产业品牌价值的社会权力问题进入了大众的视域，人们开始意识到，文化产业品牌价值的实质是品牌的法律权力、市场权力和社会权力的三位一体，且品牌的社会权力高于并制约其市场权力和法律权力。②

塑造品牌价值，包括塑造品牌精神价值、企业文化品牌和品牌核心价值理念。第一，塑造品牌精神价值，是文化企业品牌战略的核心，是文化企业品牌战略的重中之重。文化品牌中独特的文化价值内涵，是征服消费者的利器。第二，塑造文化企业的企业文化品牌，是发展文化产业的另一个重要战略。把企业文化向顾客传达，树立文化产品的良好公众形象和口碑，是积累品牌内涵和宣传品牌精神的重要方式。第三，塑造品牌核心价值理念，是统帅文化企业经济活动的重要战略。品牌文化是文化企业整体形象在外部市场上的表现，其目的是让目标消费者在文化价值观上对文化产品产生共鸣，获得消费者的文化认同，从而促进销售。

2. 品牌价值的来源

目前学界对品牌价值来源的主流看法有三种，即企业视角下的资产价值理论、顾客视角下的品牌价值理论及利益相关者视角下的品牌价值来源理论。

在现代市场经济中，高价值的品牌可以使市场营销活动更有效，能够带来更高的品牌忠诚度和溢价、更成功的新产品，以及更大的贸易杠杆作用，从而带来更强的竞争优势。Aaker认为，品牌价值是一组品牌的资产和负债，它们与品牌的名称、标志有关，可以增加或减少产品和服务的价值，也会影响企业的消费者和客户。③ Upshaw 认为，品牌价值是指品牌的净值、财务状况及其他相关部分，它包括两个方面，即品牌评价和品牌特征。④ 其中，品牌评价是指对直接表现品牌价值的那些要素所进行的评价，品牌特征是品牌定位和品牌个性的产物。总之，品牌资产被认为是一种超越生产、商品和所有有形资产以外的价值，品牌资产可视为将商品或服务冠上品牌后，所产生的额外的收入——附加值。

顾客视角下的品牌价值理论是在我国确立发展市场经济、企业树立营销观念之后才开

---

① 中国营销总监职业培训教材编委会. 品牌营销[M]. 北京：朝华出版社，2004：15.
② 欧阳友权，刘纯. 文化产业品牌价值的社会权利解读[J]. 湖南社会科学，2009(1)：146.
③ Aaker D A. 管理品牌资产[M]. 奚卫华，董春海，译. 北京：机械工业出版社，2005：10-15.
④ Vpshaw L B. 塑造品牌特征[M]. 戴贤远，译. 北京：清华大学出版社，2001：32-38.

始受到重视,并展开研究的。范秀成等指出,品牌价值是指品牌给企业带来的未来增量收益,它取决于顾客未来的购买意向和购买行为,而顾客的购买意向和购买行为依赖于企业以往的营销努力所产生的品牌对顾客心理的影响。Gronroos 认为,品牌价值来源于消费者与品牌接触而形成的品牌关系,这种关系包含着消费者对品牌的感知与认可,这种感知与认可是相对于其他竞争品牌而言的,通过感知与认可的比较而形成品牌价值。① 不少学者对顾客导向的品牌价值评估进行了大量研究,同时也有很多国际品牌评估公司在实践这些方法,其核心思想就是通过评估顾客对一个品牌的知晓度、态度、联想和忠诚度等因素来评价品牌价值。

20 世纪 80 年代以来,随着服务经济、服务贸易,以及信息网络化的发展,公司、顾客和其他利益相关者之间的相互影响越来越大,合作越来越密切,企业品牌塑造的成败越来越取决于利益相关者的积极回应和互动参与程度。为此,Winkler 指出,在某个特定的品牌生态环境中,随着相关的参与者和品牌越来越多,创建品牌关系时只考虑消费者和竞争因素已经远远不够。② 张燚等指出,由于受"物理"视角的长期影响,人们已习惯于把品牌关系当作品牌-顾客关系而对品牌理论与方法进行研究,但随着网络经济的发展,基于物理视角下的品牌关系理论的思维缺陷已经严重束缚了企业品牌塑造实践。③ Foley 等认为,每个利益相关者都是从他们个人的和专业的价值方面来判断公司的表现,这种判断综合起来就反映出公司品牌和声誉的力量;当某一公司价值与利益相关者价值不一致时,就会出现麻烦;多数公司由于仅仅专注销售和品牌活动,导致他们忽视了那些对塑造强力品牌和声誉具有重要影响的核心利益相关者的价值需求。因此,品牌的"价值承诺"要有利于利益相关者的价值实现,这样才能充分整合和发挥利益相关者的资源,最终实现企业和利益相关者之间的共赢④。

(二) 文化产品

根据联合国教科文组织对文化产业的定义,我们可以得出,文化产品一般包括印刷、出版、多媒体视听、录音和电影制品、手工艺品和工艺设计等行业所生产能够供给市场,被人们使用和消费,并能满足人们某种需求的任何东西,包括有形的物品,无形的服务、组织、观念或它们的组合。在一些国家,这个概念也包括建筑、视觉和行为艺术、体育运动、乐器制造、广告和与文化有关的旅游业所生产的产品。

文化产品有两种基本的物化形态:一是形成既有物质形态又有文化符号并用于交换的文化产品,如书画、摄影、音像、工艺制品等;二是以交换为直接目的向社会提供劳务形态的文化服务,它除了传统的艺术表演外,还包括文化设计、经纪、策划、咨询、公关、代理等广泛的文化服务。文化服务是现代文化商品中的重要内容,它既可以满足直接的文化需求,也可以通过有形的文化服务将无形的文化内涵、文化构思、文化形象和文化象征等文化因素渗透到其他产业及产品中去,从而实现普通商品的文化增值。

---

① Gronroos C. 服务管理与营销:基于顾客关系的管理策略[M]. 2 版. 韩经伦,等译. 北京:电子工业出版社,2000:219.

② Winkler A. 快速建立品牌[M]. 赵怡,等译. 北京:机械工业出版社,2000:183-193.

③ 张燚. 品牌价值来源及其理论评析[J]. 预测,129(5):74-78.

④ Foley l, kendrick J. Balanced brand:how to balance the stakeholder forces that can make or break your business[M]. San Francisco:Jossey-Bass, 2006:101-153.

作为人类精神活动的物化成果,文化产品具有以自己的属性来满足人们某种需要的"有用性",即使用价值。它可以直接作用于人的精神领域,也可以作用于人的物质生产和生活领域。但作为一种精神产品,文化产品主要以自己的精神属性或精神要素满足人们的需要,这是区别于物质产品的本质特征。

文化产品不仅具有使用价值,还具有作为商品赖以交换的价值。作为产品的精神文化,其"有用性"的形成需要耗费一定的劳动时间,它形成了文化产品的交换价值,具有同其他社会产品交换的价值基础,构成了文化产品参与商品交换的内部驱动力。[①]

(三) 品牌价值与文化产品的关系

1. 品牌价值带来文化产品销量效益的提升

当今文化市场竞争白热化,随着国内外文化产业的不断发展和日益成熟,越来越多的文化产品涌入市场,同品类的产品质量普遍提升并趋于同化。在这种大环境下,某种产品要想从同品类中脱颖而出,就必须打好品牌这张牌。好的品牌所具有的品牌价值能唤起人们特别的情感,这种情感促使消费者对品牌产生喜爱的认知判断,并直接影响到之后的消费行为。成功的品牌不但能提高文化企业知名度,还能降低消费者购买风险,形成品牌忠诚,带来源源不断的销售量的提升。

作为世界最大的综合娱乐王国,迪士尼无疑是利用品牌策略成功提升其文化产品销量的典型代表。迪士尼动画片的成功使迪士尼卡通人物大受欢迎,进而成就了迪士尼品牌。"迪士尼"品牌所具有的品牌价值不但提升了企业知名度,保证了产品销量,还在此基础上为其文化产品带来品牌溢价,最终为企业带来了丰厚的经济效益。可以说,卡通人物及其相关产品造就了迪士尼品牌,而迪士尼品牌使卡通人物及其相关产品的"寿命"得以延续。

2. 文化产品是构建品牌价值的物质基础

前些年受国家提出"大动漫观,全产业链"发展思路的影响,一批高质量的国产动画片如"喜羊羊与灰太狼""熊出没""麦兜"等系列登上荧屏,走进千家万户。在动漫作品大受欢迎的背景下,相关企业也意识到了完善产业链和打造品牌的重要性,以卡通人物为基础开发出了一系列文具、图书、玩具、服饰等产品。而文化产品质量的优劣直接关系到品牌的构建能否成功。如早些年的"蓝猫"品牌,借助动画片之势开发了各种各样的"蓝猫"产品,一时间销量居高不下。然而在消费者对动画片及其人物本身的热情消散之后,其关注点终究会落到产品本身。不久后"蓝猫"产品屡屡被曝出质量问题,致使品牌形象受损,各地加盟店纷纷倒闭,全国各地的"蓝猫"专营店所剩无几。"蓝猫"品牌由盛转衰的最根本原因,是其文化产品质量不过关,无法提供稳定的物质基础以支撑品牌价值的建设。

二、品牌认知与消费者购买决策

(一) 心理学角度的品牌认知

关于品牌认知的研究在学界已颇有成果,各界学者都从各自的研究视角给出了较为成熟的解释。下面,首先从现代心理学角度解释品牌认知产生的基本原理,在本节"品牌资产"

---

① 张曾芳,张龙平. 论文化产业及其运作规律[J]. 中国社会科学,2002(2):98-106.

的概念中,将从品牌认知对品牌资产构建所发挥的作用角度再次详细解释品牌认知的具体内涵。

现代心理学研究认为,人是凭借片段的信息来辨认物体和认识物的,这就是所谓的主观认知。认知(cognition)通过心理活动(如形成概念、知觉、判断或想象)获取知识,习惯上将认知与情感、意志相对应。目前广为接受的认知内涵多是从哲学和认知心理学角度出发的,哲学角度的认知是指客观事物的属性与联系的反映,即客观世界在人脑中的主观印象,既包括主体对事物的感性知觉或表象(感性知识),也表现为关于事物的概念或规律(理性知识);认知心理学则从信息的来源、个体信息知识的产生过程及表征形式等角度对认知进行研究。两种学科角度都认为人们的认知既包括对事物的描述,也包括对特定事物的评价。传统的观点对品牌知识的看法比较一致,认为品牌相关知识主要包括:品牌名称、品牌标识、品牌的价值观和文化等。但从消费者认知的角度看,品牌内容主要是品牌名称和与品牌有关的知识节点的联想网络。

人的记忆是由知识构成的,根据认知心理学家 Collins 和 Loftus 的激活扩散理论,知识以关联网络的形式呈现,由节点以及节点之间的连线构成的网络来表示,由结构内节点和相关的链环组成,节点代表储存的信息和概念单元(比如人物、地方和事情)的信息单元,链环代表这些信息单元之间连接的强度,这些信息节点之间又由不同强度的连接环相互连接。任何信息都可以被储存在记忆网络中,包括语言、图像、抽象的或者文字含义的信息(John R. Anderson,1983;Robert S. WyerJr 和 Thomas K. Srull,1989),当在问题中涉及某个概念或属性时,表征这个概念或属性的节点就会被激活,然后通过连线扩散到网络中的临近节点上(Raaijmak-ers,J. G. W. 和 Richard M. Shiffrin,1981)。由于扩散而被激活的节点的激活程度和激活扩散范围,依赖于这些节点与最初被激活的节点之间的联系强度和距离长度(Collins,Allan M. 和 Elizabeth F. Loftus,1975),人们会从脑海中由第一个检索到的节点,联想扩散到其他与之紧密相关的其他节点,从而形成整体印象。依据联想网络记忆模型(associative network memory model),品牌认知是由消费者记忆中的品牌节点和与其相关的联想链环组成,正如一个由许多节点连接的网络一样,品牌名称是该记忆网络上的一个节点,并有各种不同类型的其他品牌联想节点与之联结,品牌认知是不同类型和强度的联想节点相互作用而形成的对某一品牌有关的个人化的理解和信息。这种信息既可以是描述性的,也可以是评价性的(Keller,2003),消费者依据品牌认知对企业营销活动所做出的反应就形成了品牌资产(Keller,1993)。

(二)品牌认知对消费者购买决策的影响

品牌使其产品拥有和其他竞争品牌所不同的形象特质、个性特征、精神文化象征,淡化了的产品性能和功效差异可以通过品牌被重新凸显出来,从而将产品竞争上升到精神、情感的层次。如果消费者的品牌认知是正面的,消费者会更倾向于选择该品牌产品,若体验感良好,消费者会对品牌做出较高的评价并逐渐产生品牌态度倾斜,当这种情感积累到一定程度,便达成了品牌忠诚。一般情况下,消费者不会在对某个品牌知识一无所知的情况下采取购买行为。只有当消费者记住了某个品牌,或者能够再次识别某个品牌,才有可能对这个品牌产生喜爱的情感倾向并不断形成购买意愿去选购这个品牌的产品。品牌认知是品牌塑造的前提和基础,且其在消费者决策过程中起着非常重要的作用。

三、品牌资产与文化创意产业市场竞争力

(一) 文化企业品牌资产

1. 品牌资产的概念

品牌资产(brand equity)是20世纪80年代出现的最流行和最有潜在价值的营销概念之一。然而,品牌资产概念的出现,对于营销人员来说可能既有利也有弊。有利的一面在于:品牌资产提升了品牌在营销策略中的重要性,同时为管理和研究活动提供了重心。不利的一面在于:品牌资产概念因为不同的目的而有各种不同的定义,从而导致了混乱和概念上的混淆。到目前为止,还没有就如何对品牌资产进行概念化和评估形成一致的观点。

基本上,品牌化就是将品牌资产的影响力付诸产品和服务。尽管人们对品牌资产具有不同的看法,但大多数研究者认为品牌资产应是品牌所具有的独特的市场影响力。这个概念运用在文化创意产业领域,即文化创意产业品牌资产解释了具有品牌的文化产品或服务和不具有品牌的文化产品或服务两者之间营销结果差异化的原因。

品牌化就是创造差异。大多数品牌专家赞成以下关于品牌和品牌资产的基本原则:

(1) 针对品牌进行的市场活动所带给产品的附加价值会导致不同的市场业绩。

(2) 品牌价值的培育方式不胜枚举。品牌资产提供了诠释营销策略和评估品牌价值的共同标准。

(3) 有多种方法可供企业展示或收获品牌价值(例如更大的收益,或更低的成本,或两者兼而有之)。

基本上,品牌资产概念强化了品牌在营销策略中角色的重要性。品牌资产这个概念清楚地建立在许多被认同的有关品牌管理原则的基础之上。同时,品牌资产概念可将现有的理论和研究成果用于应对已改变的市场环境所带来的品牌管理的新挑战,并提供潜在的有用观点。

2. 品牌资产的来源

关于品牌资产的来源,主要有品牌认知和品牌形象联想。

根据联想网络记忆模型及激活扩散理论,品牌认知可以分为两个方面:一是品牌名字节点与其他品牌联想节点被激活的能量强度,即品牌再认。品牌再认(brand recognition)是指消费者通过品牌暗示确认之前见过该品牌的能力,也就是当顾客来到商店时,他们是否有能力辨别出哪些品牌是他们以前见过的。二是受品牌联想节点的内容及相互作用形成对品牌的看法和态度,即品牌回忆。品牌回忆(brand recall)是指在给出品类、购买或使用情境作为暗示的条件下,消费者在记忆中找出该品牌的能力。品牌认知是品牌资产形成的基础,是在与品牌相关信息加工的过程中形成的。品牌资产是品牌及其产品的一种附加价值。[①] Keller认为消费者对于品牌的认知来源于消费者与企业营销活动的直接或间接的接触,从而形成了品牌资产的基础。[②] 品牌认知对品牌资产的形成起着重要作用,没有一个正确、高

[①] 刘宝玲.品牌资产的科学化管理探析[J].会计之友,2007(2):93-94.

[②] 康庄,石静.品牌资产、品牌认知与消费者品牌信任关系实证研究[J].华东经济管理,2011(3):99-103.

度的品牌认知,就没有成功的品牌。

积极的品牌形象是通过营销活动将强有力的、偏好的、独特的联想与记忆中的品牌联系起来而建立的。基于顾客的品牌资产的定义不能区分品牌联想的来源及其形成的方式;重要的是品牌联想可以产生一种强度、偏好性和独特性。这意味着消费者能通过营销活动以外的多种方式形成品牌联想,如直接经验,商业或者客观报道(《消费者报告》)等渠道的信息,口碑传播,品牌自身的暗示(如名称或商标),以及一个公司、国家、分销渠道或其他特殊人物、地点、事件所导致的品牌识别。营销者应认识到这些信息来源的重要性,既要尽可能地将它们管理好,又要适当利用它们来设计相应的营销传播战略。

(二) 品牌资产的管理

战略品牌管理(strategic brand management)涉及创建、评估及管理品牌资产的营销规划和活动的设计与执行。战略品牌管理流程(strategic brand management process)包括四个主要步骤,如图1-2所示。①

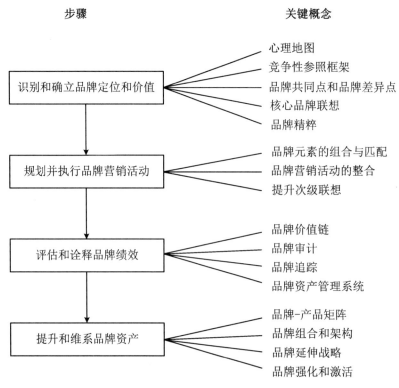

图1-2 战略品牌管理流程

1. 识别和确立品牌定位和价值

在战略品牌管理流程中,首先要清晰地理解品牌代表什么以及应该如何定位。品牌定位是指"设计公司通过承诺或形象的行动,从而可以在目标顾客的脑海中占据独特和有价值的地位"。其目标是占据消费者脑海中的位置,使得企业的潜在利润最大化。竞争性品牌定

---

① 凯文·莱恩·凯勒. 战略品牌管理[M]. 3版. 吴本龙,何云,译. 北京:中国人民大学出版社,2009:3-4.

位就是要在消费者心目中创建品牌优先地位。从本质上来说,品牌定位就是让消费者信服该品牌的优势或者相对于竞争者的差异点(points of difference),同时,减少任何可能不利的劣势(创建共同点(points of parity))。

定位通常也规定了核心品牌联想和品牌精粹。心理地图(mental map)是对消费者大脑中关于品牌不同类别联想的视觉描述。核心品牌联想(core brand associations)是指能最好地描述、刻画一个品牌所具有的联想子集(属性和利益)。如果要进一步分析品牌究竟代表什么,定义品牌精粹通常有助于理解。品牌精粹(brand mantra)被看作品牌的精髓或者核心品牌承诺,其可以用三言两语来概括品牌的关键部分及其核心品牌联想,可以将它看作永久性的"品牌DNA"——品牌对于消费者和企业来说最重要的部分。因而,核心品牌联想、共同点、差异点和品牌精粹可以被看作品牌的心脏和灵魂。

2. 规划并执行品牌营销活动

正如将要在第三章阐述的,创建品牌资产就是要求建立消费者能够充分感知,同时能够产生强势、积极、独特的品牌联想的品牌。一般来说,这种知识构建流程取决于以下三个因素:

(1) 品牌元素的初始选择或者识别品牌的构成,以及如何进行组合搭配。
(2) 营销活动及营销支持方案,以及将品牌整合进去的方式方法。
(3) 通过与其他一些实体(如公司、原产国、分销渠道,或其他品牌)相关联,从而间接产生的品牌联想。

围绕上述三大要素,创建品牌知识一般包含如下过程:

第一,选择品牌元素。最常见的品牌元素包括品牌名称、网址、标识、符号、个性、包装及口号等。对于如何选择有助于强化品牌认知或者促进强势、积极及独特的品牌联想的品牌元素,通常有一些标准和方法。当消费者仅仅了解品牌名称和相关标识时,如何看待产品和服务是品牌元素是否有助于品牌建立的最佳试金石。由于不同品牌元素的优点各不相同,通常情况下是采用所有元素或者它们的组合。第二章将详细阐述有助于品牌资产创建的品牌元素选择和设计的方式、方法。

第二,将品牌整合到营销活动和营销支持方案中。尽管审慎选择品牌元素对于建立品牌资产大有裨益,但主要的贡献还是来自与品牌相关的营销活动。强势、积极、独特的品牌联想能够通过各种营销活动建立起来。此处仅强调构建品牌资产的部分重要的营销方案。后面的章节将会结合具体案例介绍一些设计营销方案的最新进展情况以及产品策略、定价策略、渠道策略和传播策略。

第三,提升次级联想。第三种建立品牌资产的方法是提升次级联想。品牌联想自身也会和其他具有自身联想的实体发生关联,从而建立这些次级联想。例如,品牌可能发生关联的要素包括:公司(通过品牌战略)、国家或者其他地理区域(通过对产品原产地的认同)、分销渠道(通过渠道战略)、其他品牌(通过成分或品牌联盟)、个性(通过特许)、代言人(通过权威背书)、体育或文化事件(通过赞助),或者其他第三方来源(通过获奖或评论)。

3. 评估和诠释品牌绩效

品牌审计通常对确定和评估品牌定位非常有用。品牌审计(brand audit)是对品牌的全面考察,以评估品牌的健康状况,揭示品牌资产的来源,并就改善和提升品牌资产提供建议。品牌审计要求同时从公司和消费者视角来理解品牌资产的来源。本书第二章介绍了竞争性品牌定位的基础性概念,并就如何制定定位战略提供了详尽指导。

一旦确定了品牌定位策略,就需要将实际营销方案付诸行动,以创建、强化或维持品牌联想。为了解营销方案的效果,需要通过营销调研来测量和诠释营销绩效。品牌价值链(brand value chain)是测量和诠释营销绩效的有效工具,是追踪品牌价值的创造过程、更好地理解品牌营销支出和投资的财务效果的工具,第三章将具体阐述这一计划工具。

盈利的品牌管理需要成功设计和执行品牌资产评估系统。品牌资产评估系统(brand equity measurement system)由一系列研究步骤构成,它将为营销者制定短期最优策略和长期最佳战略,并提供及时、精确和可溯及的信息。采用此系统有两个关键步骤:品牌追踪(brand tracking)和执行品牌资产管理系统(brand equity management system)。

4. 提升和维系品牌资产

保持和扩展品牌资产非常具有挑战性。品牌资产管理活动是从更广阔和更多元化的视角理解品牌资产的,理解品牌战略应如何反映公司所想,以及根据时间、地理位置或者细分市场进行调整。管理品牌资产意味着在多个细分市场中,在其他品牌和多个品类的情境下长期实施品牌管理。

第一,定义品牌战略。公司的品牌战略就如何在产品中应用哪些品牌元素提供了通用原则。品牌-产品矩阵和品牌架构是制定公司品牌战略的两个主要工具。品牌-产品矩阵(brand-product matrix)指公司出售的全部产品和品牌的图示。品牌架构(brand hierarchy)显示了公司产品之间相同的和独特的品牌元素的数量和性质。通过勾勒公司销售的众多产品间的品牌联系、品牌架构可以描绘出企业的品牌战略。品牌组合(brand portfolio)是指特定公司在特定品类内出售的所有品牌和品牌线的集合。

第二,长期管理品牌资产。有效的品牌管理要求以长期的视角来制定品牌决策。因为消费者对于营销活动的反应依赖于他们对品牌的了解和记忆,所以改变品牌知识(由品牌认知和品牌形象组成)的短期营销组合活动,必然提高或者降低未来营销活动的成功概率。品牌管理的长期视角认识到,品牌营销支持方案的任何变化都将会改变消费者对品牌的认知,并最终影响未来营销方案的成功。此外,当营销外部环境和企业营销目标、规划发生变化时,长期视角将导致保持和强化基于顾客的品牌资产主动性战略的制定。

第三,跨越地理界限、文化及细分市场管理品牌资产。品牌资产管理的一个重要考虑因素就是在形成品牌和营销计划时,认识和分析不同类型的消费者。国际性事件和全球品牌化战略对于这些决策尤为重要。在海外扩张品牌时,营销经理需要依赖这些细分市场的具体知识和消费者行为创建品牌资产。

(三)文化市场、文化产业竞争力与品牌培育

1. 文化市场

文化市场是市场的有机组成部分,是市场体系中的一个行业市场。与市场的概念相对应,文化市场概念在理论上也有以下三种表述方式:

就表现形式而言,文化市场是以文化商品和文化服务为交换对象的场所。即以商品形式向消费者提供精神产品和有偿文化娱乐服务的场所。

就实质内容而言,文化市场是文化商品和文化服务交换过程中所反映的文化生产者、文化经营者和文化消费者之间各种经济关系的总和。

就消费主体而言,文化市场是由具有一定的购买能力,对某种文化商品或文化服务具有特定需求和欲望,并愿意通过交换来满足需求和欲望的所有现实和潜在消费者所组成的

群体。

文化市场体系应包括文化产品市场、文化服务市场、文化要素市场、文化中介市场以及市场监管体系等。培育文化市场体系,应以文化市场供给与消费需求的培育为主线,以需求侧为导向,加强文化产业供给侧结构性改革,不断培育和完善创意市场、版权市场、资源市场、资本市场、技术市场、人才市场等要素市场以及中介服务市场,并建立健全相应的文化市场监管体系,引导和推动文化市场良性发展。

针对不同区域的文化市场培育,要立足当地特色文化资源,坚持特色化、差异化发展之路。因此,要做好全域文化市场培育的宏观规划,统筹协调,推动文化市场区域布局协同优化和产业组织协同优化,避免同质化发展和恶性市场竞争。同时,应从政策和法律法规上给予制度支撑,并在资本运作上给予金融配合,选择适合当地文化市场培育的发展路径,从制度安排和制度环境上建立政府推动文化市场培育的模式。

2. 文化产业竞争力

竞争力理论最早论述于英国新古典学派的创始人马歇尔的《经济学原理》。迈克尔·波特的"钻石理论""竞争优势理论",大卫·李嘉图的"比较优势"理论都是竞争力的理论依据。波特的钻石模型如图1-3所示。

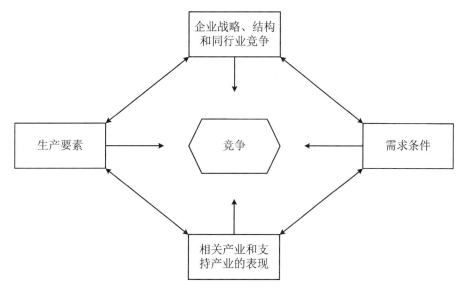

图1-3 波特产业竞争力钻石模型

自1990年美国著名战略学家普拉哈拉德(C. K. Prahalad)和哈默(Gary Hamel)在《哈佛商业评论》上发表《公司核心竞争力》一文后,管理学界便围绕核心竞争力(Core Competence)展开了多层次多视角的探讨。目前,国外许多学者相继阐释了企业核心竞争力概念的内涵,概括起来主要有普拉哈拉德和哈默基于整合观的核心竞争力,巴顿(Leonard Barton)基于知识观的核心竞争力,拉法(Raffa)和佐罗(Zollo)基于文化观的核心竞争力及康特(Many K. Coulter)基于组合观的核心竞争力。

这些观点综合起来主要强调了两个方面的问题:一是核心竞争力的特性——蕴藏在有机组织体的内部;二是核心竞争力的具体表现——技术、知识和能力。我国学者目前对核心竞争力的概念也没有达成完全统一的认识,但对于核心竞争力的具体表现,主要认为核心竞争力是能为企业赢得竞争优势的核心(或者关键)技术、资源和能力。我国的文化产业竞争力研究开始于20世纪90年代中期,在理论要点阐述和研究方法上还存在着较大的差异。

关于文化产业竞争力的内涵,国内学者给予了诸多的讨论。如花建(2005)、卿立新(2006)等认为其应包括微观、中观、宏观三级层次;赵彦云(2006)、王颖(2007)认为要从文化内容的竞争力和文化产业活动的竞争力两方面考虑等。总体而言,对文化产业竞争力的理解比较主流的方法是基于竞争力和文化产业的概念。

关于文化产业竞争力的评价:① 关于文化产业竞争力评价模型,归纳起来,比较有代表意义的四个模型,即"钻石模型"(祁述裕,2004;杨沂,2008)、"层次模型"(花建,2005;王岚,2008)、"二维结构"模型(王颖,2007)和"分叉树"模型(顾乃华;李宜春)。② 关于文化产业竞争力评价方法,常见有"聚类分析法"(徐萍,2006;叶丽君,2009;杨沂,2008)、"层次分析法"(黄宜芬,2009;方金宝,2008)、"正态标准化法"(赵彦云,2006)、"竞争力指数值法"(祁述裕,2004)和"定性分析法"(王颖,2007)。总体而言,在评价方法上,目前大多数学者的研究重点在于国内各大城市的比较上,缺少与文化产业比较发达的国家的比较。另外,每个地区都有自己的文化产业特色,文化产品的统计口径也不一致,所以比较起来,在指标体系上难以统一。③ 在文化产业竞争力评价体系方面国内学者做了诸多研究。如祁述裕(2004)在"钻石模型"基础上设计了三大模块(核心竞争力、基础竞争力、环境竞争力)、五大要素(生产要素、需求状况、相关辅助产业、文化企业战略、政府行为)、17个竞争面、67个竞争力评价指标构成的综合评价指标体系来全面反映国家的文化产业竞争力水平。李宜春(2006)也提出了三大模块、五大要素、11个竞争面、28个具体指标构成的综合评价指标体系,并依据该体系对安徽的文化产业现状进行了定性分析。花建(2005)建立了文化产业四大核心能力(市场拓展能力、成本控制能力、整体创新能力、可持续发展能力)为一级指标,七大竞争力板块(产业实力、产业效益、产业关联、产业资源、产业能力、产业结构、产业环境)为二级指标,涵盖30个具体指标的文化产业竞争力综合指标体系。王岚等(2008)运用网络层次分析法(ANP),确定了我国地区文化产业竞争力指标体系和指标权重。

借鉴国际学者的研究成果,立足于中国参与全球化竞争包括国际文化市场竞争的实际,花建提出"竞争力"包括微观竞争力、中观竞争力和宏观竞争力三大层次[①]。

从微观层次上说,企业是直接进行具体生产经营活动的主体,企业竞争力主要表现为将一定的资源(如资本、信息、原材料、人力、物力、财力等),按照预定的目标进行处理后的产出能力。它具体表现为:对于产品或者劳务的研发能力、对成本和价格的控制能力、对市场的占有能力、对企业内部的管理能力、对政府和其他公共组织的协调能力等。

从宏观层次上说,一个国家或者地区的综合竞争力,包括经济实力、军事实力、科技实力和文化实力。它不但包括"硬权力",即资源总量、经济实力、军事实力、科技实力,还包括"软权力",也就是政府和民间组织的动员能力、文化的生产和传播能力、在国际组织中的作用及对国际社会的影响能力等。这种能力在一个地区或者一个国家遇到危机的时候,尤其会显示出巨大的抗风险能力和再生能力。

从中观层次上说,产业竞争力是指某一产业如金融产业、造船产业、汽车产业、文化产业等,通过对生产要素和资源的高效配置和转换,稳定、持续地生产出比竞争对手更多、更好的财富的能力。它不仅表现为市场竞争中现实的产业实力,还表现为可预见的未来的发展

---

① 花建.文化产业竞争力的内涵、结构和战略重点[J].北京大学学报(哲学社会科学版),2005(2):9-16.

潜力。

从整体上看,文化产业竞争力既有与一般产业如养殖业、种植业、家电制造业等相同的共性,也有它作用于社会伦理、国家凝聚力、文化普及程度、国际影响等而具有的特殊性。它包括了四大核心能力:第一,整体创新能力。它指文化产业在产品内容、产品形式、科技手段、组织结构等方面的整体创新能力,由于文化产业的核心价值是原创性的文化内容,而文化内容是影响千百万人的心理,唤起社会的广泛认同,扩大国际和国内影响力的根本要素,决定了文化内容是文化产业最重要的价值内涵。没有文化内容的创新,产品数量再多也只是一堆没有价值的空壳。所以,它相比知识含量较低的传统种植业、传统养殖业、低端服务业等,更依赖于内在的创新活力。可以说,创新能力已成为最宝贵、最核心的产业能力。第二,市场拓展能力。它指文化产业不断拓展市场空间的能力,这不但包括在已有的市场中占据更多的份额,还包括率先去开拓新的市场,打开新的文化消费空间。产业竞争力的强与弱,归根结底是由市场来决定的。没有市场的需求,也就无所谓竞争力。市场对哪个文化产业的产品和劳务需求比较大,则该产业就相对有竞争力。需求既是竞争力提高的结果,也是竞争力进一步提高的前提。第三,成本控制能力。它指文化产业内部通过组织的合理化,促进有效竞争,有效地配置资源,从而不断降低成本,充分利用和获得规模经济效益的能力。成本越低,则产品和劳务的竞争力越强。而降低成本的要素,是合理竞争。美国政府之所以要分拆微软公司,恰恰在于担心微软公司愈演愈烈的兼并和垄断,最终将导致美国IT产业组织僵化,成本越来越高,而丧失在国际市场上的活力。第四,可持续发展能力。它指文化产业与社会、人文、生态环境、资源等相协调,从而获得可持续发展的能力。文化产业并不是一个自我维持、独立运转的封闭系统,它要不断获得信息、智能、技术、资金、自然资源等的支持,避免过多地消耗不可再生的自然资源和人文资源(如某些地区为了获取短期效益,对宝贵的历史文化遗产进行掠夺性开发,造成自然资源和人文资源的巨大破坏),而通过智能资源等的不断投入与优化整合,可推动文化产业实现扩大再生产。

文化创意产业核心竞争力应是文化创意产业所特有的支撑自身可持续发展的内在智能体系。这种智能体系是在文化创意产业发展过程中逐步构建和巩固的,是通过文化创意产业战略决策、文化产品生产制作、市场营销以及组织管理等全部生命活动整合而成的。文化创意产业核心竞争力具有以下几方面内涵:

第一,文化创意产业核心竞争力来源于它所拥有的独特核心能力,这种核心能力是在其长期发展过程中,通过学习、创造、积累形成的,是其内在的稳定的能力。

第二,文化创意产业核心竞争力是一种能带来长期稳定的可观的经济效益的核心能力,获取这一收益是核心竞争力培养的目的。

第三,文化创意产业核心竞争力是一种别人无法模仿、替代或超越的优势能力,其核心和关键是一种持续创新的能力。

文化创意产业涵盖了有关文化产品的全部内容。面对众多的文化创意产业门类和世界范围内的文化创意产业竞争,决定一个地域文化创意产业前景的重要因素之一,就是构建自身的核心竞争力。而文化创意产业核心竞争力要通过文化企业或者经营组织一系列的核心特长或关键能力表现出来,并最终以市场的占有率和品牌的知名度为标志。

从核心竞争力建构的形式上讲,文化创意产业核心竞争力建构可以分为无意识建构和有意识建构。核心竞争力的无意识建构就是企业或产业在发展过程中自然形成的,是不自觉地改造自身的发展状态和发展方式,以适应和驾驭环境的结果。有意识培育核心竞争力是指在企业或产业发展过程中,经过自觉的战略规划和建设逐步形成的,它的建构离不开有效的建构方法和科学的指导措施。从核心竞争力的构成要素上讲,文化创意产业核心竞争力分为宏观和微观两个层面。宏观上讲,文化创意产业核心竞争力指一个国家或民族的文化创意产业在国民经济和综合国力中的支撑作用。微观上讲,文化创意产业的核心竞争力指一个文化企业或行业的市场生存和可持续发展能力,包括资源条件、品牌效应、企业实力等。其中,文化创意产业品牌代表着产业的所有软硬实力内涵,在核心竞争力形成过程中具有突出的价值。

从文化产业的整体创新能力、拓展能力、成本控制能力和可持续发展能力四大核心能力出发,可以展开为七个竞争力指标的板块,这实际上就是文化产业竞争力的七大内容[①]:

第一,产业实力。它是市场拓展能力的基础,市场竞争首先是实力的较量。它可以采用主要的经济总量指标来反映,最核心的是文化产业增加值的增长率和文化产业占当地GDP总量的比重,其次可以采用文化产业万元资产的利税额,文化产品和服务的进出口总量等。

第二,产业效益。它是成本控制能力的直接体现,可以选择投入产出比和动态指标来反映。文化产业的投入产出比越高,证明它的产业效益越高,它的文化产品和文化劳务在文化市场上的竞争力就越强。所以,美国《财富》杂志在评选世界500强时,不仅仅列出了年度产值的指标,还列出了利润、资本和股东权益的指标,作为评选最有增长潜力的企业的依据,这说明产业效益与产业规模在体现产业竞争力方面具有同样重要的意义。而在产业效益的指标中,最核心的是文化产业的全员劳动生产率、资产利税率以及本地文化产品在国际市场上的占有率。

第三,产业关联。它是成本控制能力的间接体现,也是文化产业竞争力的重要标记。文化产业的最大特点之一,就是通过一个上下游联动的产业链条,利用文化资源的投入,对内容进行深入开发而达到反复产出,包括为相关产业提供丰富的市场附加值。比如当代动漫产业所创造的文化价值,扩散和延伸到了相关的礼品业、服装业、文教体育用品制造业、广告业、娱乐业、电子游戏机业等行业中,产生了非常明显的带动效应。在国际上许多著名文化节庆会展期间,如洛杉矶的奥斯卡颁奖庆典、法国戛纳电影节、里约热内卢狂欢节、法兰克福图书展、汉诺威工业展览等,都给当地相关产业带来了明显的效益,成为名副其实的"黄金周""黄金月"。所以,在研究文化产业关联度时,可以选择本地人均教育文化娱乐服务支出占家庭总支出的比重,文化产业对相关产业比如旅游业、交通业、文教体育用品制造业、广告业等的带动率,海外游客与本地人口的比率等来体现。

第四,产业资源。它是整体创新能力的基础,包括发展文化产业所需要的人力、装备、资本、技术、信息等方面的条件。它一般可以选择资源的存量和强度指标来反映。由于文化产业不但需要资本、自然资源等硬资源,而且需要人类自然遗产、人类文化遗产、受过良好教育并且具有较高支付能力的人口等,所以,在考虑文化产业的资源方面,要考虑人文发展指数HDI,本地拥有世界遗产数量,本地每万人口中艺术家、科学家和工程师数量,文化产业投入的R&D比重等。

第五,产业能力。它是文化产业的成长性因素,包括科技创新能力、产品研发能力、资源汇聚能力等。最核心的是本地文化产业的技术进步贡献率、获得专利的数量、获得省市以上文化艺术奖项的数量、举办国际展览的数量等。凡是强势的文化产业,无不在新产品和新服

---

① 花建.文化产业竞争力的内涵、结构和战略重点[J].北京大学学报(哲学社会科学版),2005(2):9-16.

务的开发方面，体现出源源不断的巨大活力，处在全球文化市场的中心位置，而弱势的文化产业，首先在于创新活力的缺失，继而停留在模仿和跟随的境地，逐渐处于全球文化市场的边缘。

第六，产业结构。它是可持续发展能力的前提。产业结构是产业发展到一定程度的结果，但是产业结构的主动性调整和升级更是提升产业竞争力的重要前提。产业结构的高度化可以从产业、人员、资本、技术、贸易等方面的结构要素来选择指标，比如本地上市公司总市值占文化产业GDP的比重、本地文化产业的外贸依存度、高新技术类文化企业占本地文化产业企业总数的比重、外国直接投资占本地文化产业年投资总额的比重等。

第七，产业环境。它是产业可持续发展能力的重要基础，因为产业发展必然在一定的体制和机制的背景下进行，文化体制和机制是文化产业得以运行的法律性、制度性整体框架，是培育和发展文化生产力的规则性平台。文化体制包括文化产业的总体制和运作的分类体制，如文化投资体制、文化市场体制、文化管理体制等，具有刚性的特点；而文化机制是指由政策、措施等构成的运作性模式，具有弹性的特点，是在人为实施过程中形成的一套规则和办法。两者相互依托，对产业竞争力将产生更持久和根本影响。为了描述和分析文化产业的环境要素，可以采用一个地区颁布（或实施）的有关文化产业的法律法规数量、本地当年人均创业投资额、本地人均每天使用互联网时间、本地人均公共文化服务设施面积等。

3. 文化创意产业品牌培育

随着我国经济的不断发展，科技的日益成熟，在社会进程不断加快、经济体制日益完善的今天，我国的综合实力也正以平稳较快发展的趋势迈上一个新的台阶。这是一个新的开始，也将迎来更多的机遇与挑战，我国要想能够更进一步的发展，就必须落实可持续发展策略。作为反映着我国五千年历史的文化创意产业，它的发展对我国整体实力的发展的影响可以说是举足轻重的，其所涉及的领域是极为广泛的。同时，文化创意产业对于城市进程也有着极大程度的推助作用，要想落实可持续发展，解决我国的文化创意产业问题，就必须借助文化创意产业的力量。

文化创意产业的培育发展是一个循序渐进的过程，它不同于其他产业。文化创意产业有其独特的一面，文化的培育要求以及发展要求等都奠定了文化创意产业的独特性。如何让文化创意产业品牌有更好的发展空间是文化创意产业培育发展的一大问题，只有在解决了这一问题的前提下，整个文化创意产业才能够真正做到贴近市场的需求。如何培育文化创意产业品牌，因时因地因人而异，不可千篇一律。具有在地特色的文化品牌是文化软实力和竞争力的体现，也是区域文化的重要标识，具有十分重要的经济意义和战略意义。当前我国文化品牌总的发展态势是走向纵深，形成了以质带量的新气象，影视、动漫、文化旅游、互联网等各门类涌现了一批"双效合一"的文化品牌。文化品牌要顺势而为布新招，借助科技创新，打造面向市场、面向国际的特色文化品牌。

文化创意产业品牌培育包含三个层面，一是品牌能够体现鲜明的在地文化特质和形象，能够使所代表的文化组织（机构、企业）和其他相区别。二是形成市场竞争效应，即能够在同品类项目（产品）市场竞争中赢得客户的心智。三是品牌可以使组织成为同类产品服务的典型代表，即打造的在地文化品牌，形成文创的品牌效应，对内提升民众归属感与凝聚力，对外提升文化影响力，在目标地域范围提升在地文化的知名度与美誉度，实现在地文创品牌对社会文明起到促进作用。基于此，针对政府、文化组织、文化企业等品牌塑造和推广主体而言，如下几项品牌培育的基本策略值得注意：

一是出台特色文化品牌战略及具体实施办法。明确我省文化品牌建设主管部门和指导机构,加强对文化品牌培育与建设的扶持、指导与监管。确定重点扶持的文化品牌行业和项目,形成文化品牌定位明确、规划完善、梯次分明的发展格局。注重品牌规划与管理并重,加强品牌管理机制建设,通过有效监管,从而提升文化品牌实力,进而做优、做强文化品牌。引导文化企业加强品牌建设和管理,积极培育文化品牌消费市场。

二是加强文化品牌保护与传播。出台相应扶持政策,完善文化品牌的培育机制和评价体系等,推动特色文化品牌可持续发展。完善对于文化品牌的评价体系,把文化品牌建设纳入各部门绩效考核体系之中。通过媒体宣传在全社会营造文化品牌良好的生存环境,强化城市文化的符号表达,推动群众对于文化品牌的认同感与归属感的形成。

三是构建依托科技、打造强势文化品牌的引导和服务机制。构建在文化与科技融合中塑造文化品牌的动力机制。除坚持"双效合一"的内容品质外,建设与互联网高新技术相结合的品牌推广渠道,充分利用互联网巨大的自发传播能力,促进文化品牌的传播与运营。在科技环境中建立引导和服务机制,引导和服务文化企业运用科技成果,整合信息和通信技术、计算机技术、试听传达技术、仿真技术、材料技术、节能环保技术、生态环保技术等最新发展成果,促进文化品牌建设与推广。

四是完善版权(IP)品牌保护机制。通过完善相关的政策和文件,加大对自主知识产权以及文化企业自主品牌的保护力度,激发公司自主研发品牌的兴趣和动力,增加自主品牌研发的数量;加大对 IP 品牌的维护和管理,高度重视对优质 IP 品牌的开发利用,不断延长优质 IP 品牌生命周期和激发其活力。

五是以建设和培育特色小镇为抓手,推进特色小镇文化建设。着力推动"文化+特色小镇"融合发展,不断完善特色小镇文化创意与科技、金融协同创新发展的体制机制,扶持特色小镇龙头文化企业规模化发展,打造特色小镇文化品牌和品牌企业。

第四节 文化创意产业品牌与国家形象

一、国家形象

"形象"由"形"与"象"组成,前者是主体的客观存在,后者是外界对主体的主观印象。"形象"以事物的本原为基础,"形"是主体自身塑造的结果,"象"是"形"的对外传播的结果。国家形象是公众对一个国家的综合评判和总体印象。构成国家形象的本原是一个国家的政治、经济、文化等客观存在状态,这种存在状态通过多种手段传播开来,并可使外界形成对该国家的整体感受。"国家形象"可以理解为一个国家留给本国公众的总体印象和评价或"他国公众对本国特征及属性的感知或投射"。前者属自我本位的"自我形象",即本国媒介、民众对国家的综合认识与评价;后者属他者本位的"他我形象",即他国媒介与民众对此国家的总体印象。国家形象建构是一个自我塑造并被他者认可的过程,是客观维度与主观维度交融的社会建构,是一国各方主体(政府形象、领导人形象、企业形象、普通民众形象以及各种组织、团体形象)的综合呈现。

国家形象具有客观性。从根本上说,这种客观性体现在国家存在的客观性上。一个国家的客观存在是多样的,对其形象有影响的存在主要体现在政府、企业、文化、国民素质等多种载体上。国家形象又具有主观性。这种主观性体现在受众感知的主观性上。对一个国家的印象如何,是受众综合各种相关信息后得出的总体结论。这种结论可以与客观存在一致,也可以有很大偏差。之所以有偏差,与传播手段有关,与亲身感受有关,最重要的是与受众的跨文化差异有关。

国家形象的客观性,说明树立国家形象的基础是自身的塑造。对一个国家来说,没有好的政府形象、企业形象、城市形象,没有好的国民素质、文化特征,就不可能有好的国家形象。国家形象的主观性,说明树立国家形象的关键是有效的传播。对一个国家来说,好的大众传播、人际传播和亲身体验,是树立良好国家形象的重要渠道。

二、文化创意产业品牌与国民文化认知

随着20世纪50年代认知心理学的兴起,"认知"概念成了认识论的关键词,随着文化哲学研究的深入发展,一般认识论向文化认识论视角的转换成为时代命题,"文化认知"成为研究热点。结合"认知"的概念,王四正从马克思主义认识论角度给"文化认知"界定了这样一个概念:文化认知是以认知主体所掌握的文化为中介,接收和加工外界事物信息,并通过文化手段去完成对认知客体的认知,进而获取价值性认识的过程。①

任何品牌形象的塑造都是为了使消费者获取预期的、理想的认知,而成功的文化产业品牌则在很大程度上能影响国民文化认知。文化产业品牌总是在不自觉间输出某种文化意识,丰富或改变人们的文化认知。马克思主义认知论认为人的认知具有主体性、能动性和目的性,同时也强调和肯定文化在人的认知中的重要作用。根据马克思主义认知论的观点,文化产业品牌对国民文化认知的影响过程首先是品牌讯息到达消费者,继而基于消费者既有的文化创造品牌与消费者的共同意义空间,以保证消费者对接收到的品牌讯息进行正确解释和译码,最终达到提高国民文化认知水平或改变人们的文化认知的目的。

三、文化创意产业品牌与民族文化传播

我国作为一个统一的多民族国家,每个民族在源远流长的历史长河中都形成了独具特色的民族文化。近几十年来,我国综合实力不断提升,国际影响力显著增强,民族文化的传播对国家形象建设乃至整个国家发展的意义日益凸显。

随着国内外产品制造技术的趋同,品牌文化在品牌价值中所占的比重越来越大。从某种意义上来讲,文化产业品牌的内核就是文化,产品和品牌的标识、语言、色彩只不过是品牌文化的外在表现,而核心价值、核心诉求、品牌个性等才是品牌文化的精髓。

文化产业品牌建设与民族文化传播在某种程度上具有同一性。我们应当充分利用中华民族最基本的文化基因来建设我国文化产业品牌,同时以强化文化产业品牌建设为重点路径,大力推进我国民族文化的国际化传播,不断提高国家软实力。

正是由于长期以来忽视了国家形象跨文化传播能力严重不足的问题,我国近年来高度

---

① 王四正. 以文化认知推进公民有序政治参与研究[D]. 济南:山东大学,2017:32-33.

重视国家形象建构及其跨文化传播能力的提升。2007年10月,胡锦涛在党的十七大报告中强调要不断"增强中华文化国际影响力"。2009年,李长春在全国宣传部长会议上强调要进一步提升中国国家形象。2010年,刘云山在全国宣传部长会议上强调,要着力提升国家形象,着力加强传播能力建设,进一步营造对我国有利的国际舆论环境。2011年,中共中央对外宣传办公室、国务院新闻办公室主任王晨强调,要争取客观友善的国际舆论环境,展现我国繁荣发展、民主进步、文明开放、和平和谐的良好国家形象。党的十八大以来,面对"西强我弱"的国际舆论格局,习近平总书记审时度势,提出了一系列富有创造性的对外传播新理念新思想新战略。从品牌塑造的视角来看,包括了中国梦的整体品牌形象、四个大国(文明大国、东方大国、负责任大国、社会主义大国)形象、国家领导人的品牌形象、媒体品牌设置能力、讲好品牌故事提升传播能力等。2019年9月4日,在中国外文局成立70周年之际,习近平致信强调"把握时代大势,发扬优良传统,坚持守正创新,加快融合发展,不断提升国际传播能力和水平,努力建设世界一流、具有强大综合实力的国际传播机构,更好向世界介绍新时代的中国,更好展现真实、立体、全面的中国。"①

以打造新媒体品牌为例,我国已完成了依托国家级媒体机构的新媒体建设规划的基础任务,初步构建起了具有中国特色的国际传播品牌战略新格局。2009年12月,依托央视的"中国网络电视台"(CNTV)正式开播;2009年3月,依托新华社的"新华视频新闻专线"(XINHUA VIDEO)开通;2009年12月,"中国新华新闻电视网"(CNC)开播并从2010年1月起正式上星向亚太地区和欧洲部分地区播出;2010年9月,中央人民广播电台获准建立"央广广播电视网络台"(CNBN)。如果说国家形象是国际竞争力的重要组成部分,那么,党和政府对于"文化软实力"的重视,为国家形象建构与跨文化传播研究提供了重要的政治支持和政策引导。同时,中西方的"文化交流年"、公共外交的发展、国家形象宣传片的海外播出、"提升中国公民旅游文明素质行动计划"的启动、遍布美国的中国学生学者联合会及孔子学院,这些举动都表明中国政府日益重视正面中国国家形象的跨文化传播的品牌化战略。

四、文化创意产业品牌与国家形象传播

近年来,随着中国经济持续发展,综合国力大幅攀升,中国政府高度重视在国际社会中的国家形象建构。一方面通过坚持开放的国策,融入全球体系,并且承担大国责任;另一方面则通过宣传片、网络电视、公共外交、孔子学院等多重渠道传播和提升国家形象。但是中国国家形象并没有随之得到根本性改善,而是呈现出明显的"两极化"走势。英国广播公司2010年公布的"国家影响力调查"显示,中国国家形象较差的地区主要集中在欧洲发达国家以及美国和日本,中国的国家形象较好的地区大多数是发展中国家,尤其是非洲地区。不仅如此,2010年,上海外国语大学的"国家形象舆论调查"表明,中国的国家形象为负面形象。

目前,中国国家形象传播存在三大问题。一是中国与世界存在认识差别。中国人的自我认知与世界的中国形象之间有一定差距。二是国际社会对中国依然十分陌生。神秘古老的传统文化过度输出,开放的、现代的责任大国形象输出严重不足;国家大事报道充分,民生议题报道不足;"中国制造"的物质产品输出多,精神产品、制度产品输出少,这些导致了国际

---

① 习近平. 不断提升国际传播能力和水平　更好向世界介绍新时代的中国.[EB/OL].[2019-09-04] http://www.chinanews.com/gn/2019/09-04/8947291.shtml.

社会对中国的"误读"甚至偏见。三是国际社会存在对中国不利的新闻舆论氛围。随着中国从"政治大国"向"经济大国"的国家形象转变,西方媒体关于中国"经济威胁论""军事威胁论"与"中国责任论"甚嚣尘上,并由此衍生出"贸易威胁论""资源能源威胁论""生态环境威胁论""人民币汇率操纵论""中国资本威胁论"等。事实上,近代以来西方大国崛起史表明,"大国社会性成长"是大国的物质性成长(强大的军事、经济与科技实力)与社会性成长(秩序性发展、形象塑造以及对战争的合法性限制)的统一。目前,中国国家形象的跨文化传播还不能适应国家外交、经济、文化等各领域对外交往的需求,已有的国家形象传播理论也不能满足与跨文化传播相关的教学、研究与实践的变化和需要。在中国和平崛起并不断融入世界的过程中,研究中国国家形象建构及其跨文化传播是当下中国的紧迫问题。

每个国家在其民族发展的历史长河中,都会形成深沉的文化基因,决定民族的价值取向,这些文化价值成为决定其政治、经济、社会等客观存在的最核心原因。决定国家形象的核心要素,是国家的文化价值;树立国家品牌形象的关键,是国家的传播实践。文化价值的不同,带来国家形象的不同;文化价值的多样化,带来国家形象的多样化。① 由此可见,大力发展文化产业是国家形象建设的核心内容,贯彻落实文化产业品牌营销战略是树立国家品牌形象的关键。

文化产业品牌与国家形象之间具有一定的关联性。国家形象可以影响个人对产品品牌的选择;反之,产品品牌可能影响个人对国家形象的认知。而这种相互关联性,主要表现为"连带效应"和"国家品牌效应"。

第一,塑造文化品牌,有利于建构国家形象并促进其跨文化传播,提升中国国家形象传播力。文化品牌战略就是人类文明的生存战略。奥运会、残奥会、世博会、亚运会等,集中展示了中国良好的国家形象,同时表明中国的国际影响力、亲和力、感召力、竞争力日益增强。中国要实现和平崛起的战略目标,不仅要有硬实力的储备,还必须具有文化上的影响力和感召力。塑造民族文化品牌,可以实现在跨文化传播中塑造和传播良好的国家形象,对内表现为民族的向心力和凝聚力,可以建构国家身份认同;对外表现为国家的亲和力和影响力,有助于形成良好的外部发展环境。

第二,打造文化产业品牌可以引发"连带效应",影响个体对国家形象的认知。"连带效应"指在一个相互联系的系统中,一个很小的初始能量就可能产生其他的相应连锁反应,比如,好感的扩散。以产品品牌与国家形象为例,个体消费者对产品品牌的好感可以增加其对产品品牌所属国的好感,进而提升该品牌所属国在消费者心目中的形象。好感的产生来自于个体消费者对产品品牌的知晓、熟悉与体验。在这个过程中,个体消费者不仅会关注产品自身的信息,也会关注到产品的原产地和品牌的所属国,并通过亲身体验对产品品牌做出最终的评价。当消费者对产品品牌产生良好的印象时,"连带效应"开始显现,即消费者对品牌所属国的印象也会随之提升。正如可口可乐品牌拉近了人们与美国的距离,凌志车和索尼电器树立了日本在汽车业和电子行业的良好形象,奔驰和宝马品牌则告诉人们德国汽车制造业拥有领先的技术。

第三,一个个文化产业子品牌塑造国家整体形象,逐渐形成"国家品牌效应",影响个体对产品品牌的选择。"国家品牌效应"是指一个国家的整体品牌形象对该国某个公司的具体

---

① 范红,胡钰.论国家形象建设的概念、要素与维度[J].中国战略,2016:55-56.

品牌形象产生的影响。① 当人们面对一个并不熟悉的产品品牌时,往往会搜集关于该品牌的各种信息,从而对品牌价值做出判断。此时,"国家品牌效应"显现,即良好的国家形象有助于提升消费者对产品品牌的正面评价,而欠佳的国家形象可能给产品品牌带来不利影响。国家整体形象依托于一国的历史、政治、经济与文化状况,也会受到人们头脑中对该国的固有印象的影响。其实,很多国家已经形成了独具特色的国家形象:从资源上说,南非拥有世界上最多的钻石资源,阿拉伯国家则拥有丰富的石油资源;从价值观来说,美国推崇自由竞争和张扬个性,法国人追求时尚与浪漫;从产品特色来说,瑞士精于制造手表,德国善于制造精密仪器。这些印象,不是一朝一夕形成的,而是经过多年的发展和持续的传播沟通,才成为国家品牌走向世界的"名片"。②

◆ **内容提要**

新时代下文化创意产业必须走高质量发展之路。品牌战略是推动文化创意产业高质量发展的重要路径。文化创意产业竞争力的提升,基本点在于企业的品牌资产,提升品牌价值,扩大消费者对品牌的认知,影响消费者购买决策行为。不仅如此,文化创意产业品牌能强化国民的文化认知,促进民族文化的跨文化传播,塑造和传播国家形象。

◆ **关键词**

文化创意产业　品牌战略　品牌价值　品牌认知　品牌资产　国家形象

◆ **复习思考题**

1. 简述文化创意产业的概念与内涵。
2. 品牌的基本内涵。
3. 为什么说品牌战略是推动文化创意产业高质量发展的重要抓手?
4. 品牌效应与文化创意产业竞争力有什么关系?
5. 文化创意产业品牌为什么能够塑造和传播国家形象?

---

① 杨晓燕.国家品牌效应:欧盟品牌全球营销的利器[J].国际经贸探索,2007(7):77.
② 王晓璐,孙卫华.产品品牌与国家形象传播研究[J].新闻知识,2012(3):6-7.

第二章　文化创意产业品牌定位与创建

本章结构图

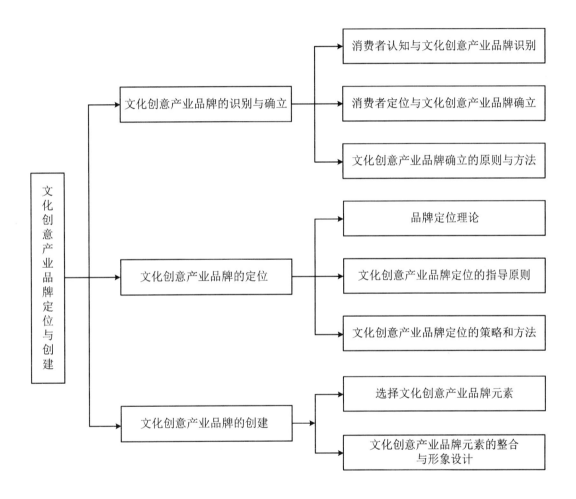

学习目标

1. 了解消费者与文化产业品牌识别的关系。
2. 掌握文化产业品牌确立的原则和方法。
3. 理解文化产业品牌定位的概念并了解其基本策略和方法。
4. 掌握文化产业品牌创建的基本步骤。

第一节 文化创意产业品牌的识别与确立

文化创意产品能够满足消费者精神文化方面的需求,包括有形的物质产品和某种形式的文化服务。无论是物质产品还是文化服务,文化创意产品在市场中能够差异化呈现,引起消费者关注乃至影响购买决策,这种差异化呈现包括名称、符号和设计等元素组合。文化创意产业品牌符号化呈现,不仅能在功能上满足消费者的精神文化需求,更能够满足消费者某些心理需求的期待欲和满足感。打造一个成功的文化创意产业品牌,除了优质的内容、服务之外,还要建立有效的品牌识别系统,最终为消费者带来除产品使用功能之外的附加价值。

一、消费者认知与文化创意产业品牌识别

(一)认知与消费者认知

智力(intelligence)、思维(thinking)和认知(cognition)这三个词之间具有很大的相似性,都表示人在认识方面的特点和能力。"智力"是指人认识、理解事物和现象并运用知识、经验解决问题能力的总和,它包括所有与认识活动有关的能力;"思维"是人运用表象和概念进行分析、综合、判断、推理等认识活动的过程,是智力的最高级和最核心部分;"认知"有广义和狭义之分,广义的认知指那些能使主体获得知识和解决问题的能力,包括认识和知识,它既包括了一种动态性的加工过程(认识),也包括了一种静态性的内容结构(知识)。从以上对三个概念的辨析中可以看出,广义的认知概念和智力的概念基本等同,而狭义的认知概念基本和思维的概念等同(陈英和,1996年)。从上述定义可以看出,从认知的内容上来划分,认知可以分为思维和知识经验。另外,从认知的静态和动态角度来划分,认知还可以分为认知结构和认知过程(梁宁建,2003)。

现代心理学研究认为,人是凭借片段的信息来辨认物体和认识物的,这就是所谓主观认知。认知(cognition)通过心理活动(如形成概念、知觉、判断或想象)获取知识,习惯上将认知与情感、意志相对应。[①] 这种观点解释的即为认知的狭义概念,基本等同于"思维",亦即认知的动态过程。不难看出,认知结构和认知过程与知识经验和思维是紧密联系,彼此对应的。

因此,消费者认知结构是指存在于消费者头脑中的,由认知的功能性成分通过复杂联系

[①] 刘屏屏.品牌认知对消费者购买意愿影响的实证研究[D].哈尔滨:哈尔滨工业大学,2012:14.

而组成的有机结构;而消费者认知过程是指在一定时间范围内,个体的功能性认知成分作用于某个特定的任务时所形成的流程。①

(二) 品牌识别与文化创意产业品牌识别

品牌识别(brand identity)是20世纪90年代初新提出的一个商业传播观念。最早倡导品牌识别的是法国学者让·诺尔·卡菲勒(Kapferer),他于1992年提出了品牌识别的概念,强调品牌识别在品牌资产构建中的核心性和战略性。他指出:"品牌识别意味着有品牌自己的品格,有自己独特不同的抱负和志向"。②关于品牌识别的构成,卡菲勒认为包含六个方面:体格、个性、文化、关系、反映、自我形象。体格是从品牌的主要或突出的产品功能和作用中提炼出来的外贸特征;个性指品牌的性格,是人们对品牌产品拟人化的印象;文化是品牌的灵魂,它决定着品牌对外沟通的基本原则,是品牌拥有者价值观的体现;品牌体现一种关系,是人们相互间心灵沟通的桥梁;反映则表示消费者心目中认为的品牌目标顾客的形象;自我形象则表示消费者的自我意识。

著名的品牌研究专家Aaker于1996年提出,品牌识别由4个层面构成:① 作为产品的品牌(包括产品类别、产品属性、品质/价值、用途、使用者、生产国);② 作为企业的品牌(包括企业特性、本地化或全球化);③ 作为人的品牌(包括品牌个性、品牌与顾客之间的关系);④ 作为象征的品牌(包括视觉影像/暗喻、品牌传统)。

范秀成则认为,品牌识别是由品牌核心识别和品牌扩展识别两个层次构成的,品牌核心识别反映了品牌的核心内涵,是最重要和最稳定的本质元素,代表了品牌的"本性"和精髓,规定了品牌延续发展和品牌传播的基本信息;同时,它的稳定型很强,通常情况下,不会随着时间的流逝而发生根本性改变。核心识别作为品牌内涵的中枢,包含了能使品牌变得独特和有价值的元素。品牌扩展识别是能为品牌带来更丰富的内涵,同时使品牌识别表达更完整的元素。它为品牌的核心识别添加色彩,让品牌的理念显现得更加清晰,包括了营销计划中的许多要素。相对于核心识别而言,它易随着时间或环境的变化而发生变化。③

基于以上对"品牌识别"的认识可以得出,文化创意产业品牌识别由文化创意产业品牌核心识别(主要包括品牌自身的体格、个性、文化)和文化创意产业扩展识别(主要包括与消费者之间的关系、在消费者心目中的反映、消费者的自我意识)两个层次构成,体现了文化创意产业品牌的自身品格及独特不同的抱负和志向。

(三) 消费者认知与文化创意产业品牌识别的关系

在准确把握消费者认知与文化创意产业品牌识别二者的关系之前,首先要了解认知与品牌识别的关系。品牌识别由品牌核心识别和品牌扩展识别两个层次构成,其中品牌扩展识别主要强调的是品牌与消费者之间的关系。从认知的静态和动态的角度来划分,认知可分为认知结构和认知过程,动态的认知是建立在静态的已有的认知结构基础之上的一个运动的过程,而静态的认知结构对最终的认知结果起决定性作用。品牌识别中的核心识别作为消费者的认知对象,在消费者认知结构的塑造过程中起着关键的作用,也就最终对消费者

---

① 王晓辉.基于消费者认知视角的品牌选择行为研究[D].济南:山东大学,2009:7.
② 让·诺尔·卡菲勒.战略性品牌管理[M].北京:商务印书馆,2000:96.
③ 范秀成,高琳.基于品牌识别的品牌延伸[J].天津大学学报(社会科学版),2002(12):333-337.

认知结果产生了影响,而品牌识别中的扩展识别则包括了消费者认知中的认知结构(即消费者的自我意识)。换言之,从品牌的塑造角度来看,认知中的认知结构与品牌识别中的消费者自我意识在本质上是相同的。总之,消费者认知与文化创意产业品牌识别之间的关系错综复杂,主要有以下几点:

第一,消费者认知以品牌核心识别为认知对象,核心识别对消费者认知的结果有直接影响。

第二,消费者认知体现消费者的自我意识,而消费者的自我意识本身属于文化创意产业品牌扩展识别的一部分,因此消费者的认知态度(正面或负面态度)和程度最终决定了文化创意产业品牌识别所产生的影响的好坏与大小。

第三,消费者的认知结构会影响认知结果,这种认知结果作为文化品牌扩展识别的一部分,最终会影响文化创意产业品牌识别本身。

第四,正确把握消费者认知现状能够有效帮助完善文化创意产业品牌识别优化策略,一套成功的文化创意产业品牌识别系统能够丰富消费者认知,两者相辅相成又相互促进。

二、消费者定位与文化创意产业品牌确立

(一) 消费者定位

定位理论最早由艾里斯和杰特劳斯提出。定位是以产品为出发点,但定位的对象不是产品,而是针对潜在顾客的思想,即要为产品在消费者的脑中确定一个合适的位置。品牌定位的元素主要包括:消费者定位、产品定位、质量与价格定位、服务定位、广告定位、竞争对手定位等。品牌定位的重要意义在于企业基于消费者的需求,将产品、价格、售后服务等进行合理的设计与组合,从而以其独有的特质激发消费者的购买欲望,并期待树立消费者的品牌忠诚度。[①]

消费者定位是品牌定位的要素之一。影响消费者是否做出购买决策的因素众多,其中,消费者的主观购买意愿就是很重要的一个影响因素,成功的的消费者定位对于整个品牌营销过程来说非常重要。只有把握住企业的消费者定位,才知道企业的产品要卖给谁,哪种顾客会对这类产品感兴趣,进而产生购买欲望。基于这样的认知可以发现,企业定位消费者过程本质上就是企业寻找目标消费者,寻找目标市场的过程。

目标市场是企业为了满足现实或潜在的消费需求而开拓的特定市场,这种特定市场是在市场细分后确定企业机会的基础上形成的。即目标市场是企业在细分出来的若干子市场中,根据本企业的资源状况、技术水平、竞争状况、市场容量等因素,选择出对自己最有利的、决定要进入的一个或几个子市场。

企业可以按以下步骤确定目标市场:

第一,进行市场调研,将市场分为若干类,调整目标市场的个数。需要注意的是,若市场个数过多,其优点是不同的市场需求特性明显、个性化较强,在消费者越来越追求个性化的市场竞争环境下,能较好地满足不同消费者的需求,但缺点是有可能每个细分市场的容量都较小,使企业不能形成规模生产,增加企业成本;若市场个数过少,其优点是各个细分市场的

[①] 乔春洋.品牌定位[M].广州:中山大学出版社,2005:1-9.

容量相对较大,容易形成规模生产,但缺点在于不能很好地体现消费者的个性需求。因此,合理进行数据分析最终进行有效调整显得尤为重要。

第二,根据分类结果,企业应认真研究每个细分市场的吸引力,分析影响市场吸引力的因素,特别要注意市场收益的年平均增长率,进入和退出市场的难易程度,市场容量,收益潜力,本企业目标和资源等影响因素。

第三,利用检验和评估细分市场吸引力的方法对每一个细分市场的吸引力进行评估。结合本企业在人力、财力、物力和技术方面的具体状况,选择出对自身最有利的、决定要进入的一个或几个子市场,即目标市场。[①]

(二) 文化创意产业品牌确立

1. 文化创意产业品牌的成立与确立

如何判断一个品牌是否已经确立,首先要从品牌的概念开始探究。以科特勒为代表的传统营销理论认为:品牌是"一种名称、术语、标记、符号或设计,或是它们的组合运用";品牌的目的是"借以辨认某个销售商或某群销售者的产品或服务,并使之同竞争对手的产品和服务区分开来";品牌的要点是"销售者向购买者长期提供的一组特定的特点、利益和服务"。从理论上说,只要营销者创造了一个新的名称、标识,或者新的产品符号,也就创造了一个品牌。而品牌形象理论的代表者大卫·奥格威对品牌曾做出这样的定义:"品牌是一种错综复杂的象征,它是品牌的属性、名称、包装、价格、历史、声誉、广告风格的无形组合。"基于上述两种最为经典的定义,可以看出,品牌的成立其实并非难事,但若一个品牌想要在市场上立足并站稳,除了品牌本身要具有可辨识度,还需要有能为企业带来源源不断的价值的能力。

2. 基于客户的品牌资产

一个强势品牌是怎样形成的?如何才能创建一个强势品牌?这是我们经常提起的两个问题。基于顾客的品牌资产结合了最新的关于理解和影响顾客行为的理论研究和管理实践。相对于有关品牌资产已经提出的一些有用观点来说,基于顾客的品牌资产模型提供的是一种独特视角,从基于顾客的角度解释品牌资产以及如何才能更好地创建、评估和管理品牌资产。

基于顾客的品牌资产模型是从顾客(不论个人或组织)的视角来探讨品牌资产的。理解顾客的需求和要求并设计产品与方案来满足他们,是成功营销的核心所在。营销者面临的两个重要基本问题是:不同的品牌对顾客来说意味着什么;顾客所拥有的品牌知识将如何影响其对营销活动的反应。

基于顾客的品牌资产模型的基本前提是:一个品牌的强势程度取决于顾客在长期经历中,对品牌的所知、所感、所见和所闻。换句话说,品牌存在于顾客的心智之中。营销者在建立强势品牌时面临的挑战是:他们必须保证提供的产品和服务能针对顾客的需求,同时能配合市场营销方案,从而把顾客的思想、感情、形象、信念、感知和意见等与品牌关联起来。

我们将基于顾客的品牌资产(customer-based brand equity)正式定义为:顾客品牌知识所导致的对营销活动的差异化反应。当一个品牌拥有积极的基于顾客的品牌资产时,它能使顾客更容易接受一个新品牌的延伸,减少对价格上涨和广告投入削减的不良反应,或使顾客更愿意在新的分销渠道中找到该品牌。相反,如果顾客对一个品牌的营销活动反应冷淡,

---

① 徐凤琴,乔忠.企业市场细分方法及目标市场的确定[J].科技与管理,2004(3):26-28.

仿佛他们面对的是一个无品牌或只有虚假品牌名称的同类产品,那么该品牌就拥有消极的基于顾客的品牌资产。

基于顾客的品牌资产的定义有三个重要组成部分:① 差异化效应;② 品牌知识;③ 顾客对营销的反应。首先,品牌资产源于顾客的差异化反应。若没有差异产生,则该品牌产品就会被看作普通商品或是该产品的同类产品。竞争也更趋于建立在价格的基础之上。其次,这种差异化反应来源于顾客的品牌知识,也就是顾客在长期的经验中对品牌的所知、所感、所见和所闻。因此,尽管品牌资产受公司营销活动的影响,但最终还是取决于顾客对品牌的认知程度。最后,构成品牌资产的顾客的差异化反应,表现在与该品牌营销活动各方面有关的顾客观念、喜好和行为中(如品牌的选择、对广告的回想、对促销活动采取的相应行动或对建议的品牌延伸的评价)。图 2-1 详细列举了强势品牌的营销优势。

对产品性能的良好感知	顾客对降价富有弹性
更高的忠诚度	更多的商业合作和支持
受到更少的竞争性营销活动的影响	增强营销沟通的有效性
受到更小的营销危机的影响	有特许经营的机会
更大的边际收益	具有品牌延伸的机会
顾客对涨价缺乏弹性	

图 2-1　顾客的品牌资产

求证基于顾客的品牌资产的最简单的方法是,进行取样产品的对比或比较测试考虑所得到的典型结果。例如,在无产品标识的口味测试中,一组顾客在不知道品牌的情况下品尝产品,而另一组顾客在告知品牌的情况下品尝产品。不出所料,尽管两组顾客尝试了完全相同的产品,但他们得出的结论并不相同。例如,拉里·珀西(Larry Percy)的啤酒品尝试验证明:当顾客知道品尝的啤酒是一些著名的品牌时,他们的感觉是非常有偏袒性的;而当顾客不知道所尝试的品牌时,他们很少能够找出不同点。图 2-2 是一组试验感知图(一种显示顾客对不同品牌的不同感知的图形工具),从该图显示的两组顾客不同的反应可见,哪怕是很有经验的顾客,也很难区分不同品牌的啤酒。

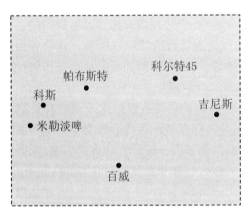 

A. 当啤酒饮用者知道所喝的啤酒品牌时,对六种啤酒的口味感觉　　B. 当啤酒饮用者不知道所喝的啤酒品牌时,对六种啤酒的口味感觉

图 2-2　品牌差异的啤酒实验

当顾客对标明品牌和未标明品牌的相同产品得出不同的结论时,这必定是由于顾客品

牌知识的不同(不论是由何种方式得到的,包括过去的经验、品牌营销活动或口碑等)而对产品的感知所产生的差异。以上啤酒实验中显示出的品牌差异,几乎可以在所有的产品中找到。这就有力地证明:顾客对产品性能的感知,在很大程度上取决于他们对该产品品牌的印象。换句话说,衣服好像更合身,汽车似乎更容易驾驶,银行里排队等待的时间好像更短等,这些都是特定品牌给顾客留下的印象。

(三) 消费者定位与文化创意产业品牌确立的关系

根据基于顾客的品牌资产的视角,品牌知识是创造品牌资产的关键,因为是品牌知识形成了差异化效应。营销者必须找到一种能使品牌知识留在顾客记忆中的方法。心理学家研制出的一套有效的记忆模型,可以帮助他们达到这一目的。联想网络记忆模型(associative network memory model)认为,记忆是由节点和相关的链环组成的。在这里,节点代表储存的信息和概念,链环代表这些信息或概念之间的联想强度。任何信息都可以被储存在记忆网络中,包括语言、图像、抽象的或者文字含义中的信息。

与联想网络记忆模型相似,品牌知识这一概念也是由记忆中的品牌节点和与其相关的链环组成的。通过扩展该模型,品牌知识由以下两部分组成:品牌认知和品牌形象。品牌认知(brand awareness)与记忆中品牌节点的强度有关,它反映了顾客在不同情况下辨认该品牌的能力。在建立品牌资产的阶段中,品牌认知是必需的,但并不充分。另些需要考虑的事项,如品牌形象等,也经常参与其中。

品牌形象一直被认为是营销中一个非常重要的概念。尽管对于如何测量品牌形象并没有统一的观点,但一个普遍被接受的观点是,与联想网络记忆模型相似,品牌形象(brand image)可以被定义为顾客对品牌的感知,它反映为顾客记忆中关于该品牌的联想。换言之,品牌联想是记忆中与品牌节点相关联的其他信息节点,它包含顾客心目中的品牌含义。品牌联想有不同的形式,它或者反映产品本身的性能,或者与产品本身的特点有关。

以苹果电脑为例,如果有人问你:一提到苹果电脑,你的脑海中会想到什么?你可能会联想到"用户友好""极具创意""桌面出版"和"很多学校使用"等信息。图 2-3 列出了用户经常提及的关于苹果电脑的一些品牌联想,当这些联想浮现在你的脑海里,就会形成苹果电脑在你心目中的品牌形象。通过有效营销,苹果公司能够通过顾客脑海里关于苹果电脑的丰富联想而形成良好的品牌形象。尽管大多数顾客的很多联想可能是共同的,但关于苹果电脑的品牌形象不尽相同。与此同时,我们也必须认识到,这种品牌形象也将随着不同的顾客群体而发生变化,有时甚至表现出非常大的差异。[①]

不难看出,品牌认知和品牌形象组成了品牌知识,品牌知识是创造品牌资产的关键,最终使品牌得以确立。在这其中消费者的品牌认知是形成品牌知识的关键因素,也是品牌确立过程中不可缺少的一环。找准目标消费者对品牌认知的形成起着至关重要的作用,品牌形象树立得再好,没有懂得的人去欣赏,最终也只能是徒劳无功。因此,明确的消费者定位是文化创意产业品牌确立不可或缺的前提。

---

① 凯文·莱恩·凯勒.战略品牌管理[M].3 版.吴本龙,何云,译.北京:中国人民大学出版社,2009:3-4.

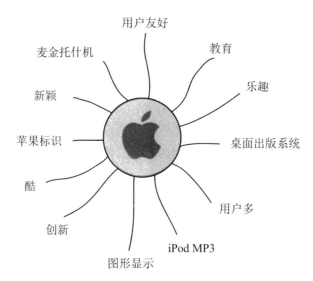

图 2-3 苹果电脑的品牌联想

三、文化创意产业品牌确立的原则与方法

品牌建设是一项非常复杂的工作,从确定生命周期开始,到定位、形象识别,再到品牌具体建设的各步骤,专家、学者以及各品牌咨询机构在各方面都进行了较为细致的研究。

(一)品牌生命周期

欧洲经济学院德籍教授曼弗雷·布鲁恩首先提出了品牌生命周期理论,并指出品牌生命周期由创立、稳固、差异化、模仿、分化以及两极分化六个阶段组成。而营销学家菲利普·科特勒则认为,应该用产品生命周期概念加以分析,即品牌也会像产品一样,经历一个从出生、成长、成熟到最后衰退并消失的过程。① 毋庸置疑,品牌隶属于产品,也可以说,品牌是产品整体一个不可分割的部分。但显然在现代经济生活中的品牌已能脱离某种具体形式的产品而独立存在。当某一产品品牌原来所代表的产品完全退出市场后,它又会代表其后的更新产品,或者该品牌名下本来就有其他同类或不同的产品,因而会有某产品退出市场,但品牌不会退出市场的现象。

英国学者约翰·菲利普·琼斯在对上述传统的品牌生命周期理论缺陷分析的基础上,对品牌成长发展的过程作了进一步的深入研究,认为品牌发展过程应分为孕育形成阶段、初始成长阶段(指从品牌进入市场到销售量下降至最高销量的 80% 这段时间)和再循环阶段。②

而国内学者潘成云则认为,品牌生命周期可分为品牌的市场生命周期和品牌的法定生命周期。品牌完整的生命周期应包括导入期、知晓期、知名期、维护与完善期、退出期五个阶

---

① 菲利普·科特勒.市场营销管理(亚洲版)[M].2 版.北京:中国人民大学出版社,2001;王东民.品牌生命的复杂性和复杂的品牌生理生态学[J].商业研究,2004(6):17-20.

② 约翰·菲利普·琼斯.广告与品牌策划[M].北京:机械工业出版社,1999.

段。① 黄嘉涛、胡劲认为,品牌生命周期依消费者品牌态度的不同而呈现不同的特点。如果以时间为横轴,以品牌态度为纵轴,那么品牌生命周期可以用一条类似 S 的曲线表示,我们称之为品牌生命周期曲线。随着时间的推移,品牌生命周期依次经历品牌认知期、品牌美誉期、品牌忠诚期、品牌转移期四个阶段。② 这为研究品牌成长战略、指导企业实践提供了一个新思路,即企业必须依据品牌特有的成长规律进行品牌规划。

(二) 品牌建设

组织建设理论方面,大卫·爱格将衡量品牌个性的尺度划分为五大个性要素:纯真,刺激,称职,教养,强壮。这为我国企业组织结构的调整完善指明了学习方向,为企业的品牌建设提供了有益启示。但无论品牌偏向于哪种个性,创建强有力的品牌的关键还在于其企业组织结构的合理构建。美国学者汤姆·邓肯和桑德拉莫里亚蒂提出"整合营销"这一概念,涵盖了从传统注重商品交易的管理发展到经营商品的品牌关系。整合营销是经营有利品牌关系的一种交互作用过程,通过带领人们与企业共同学习来保持品牌沟通策略上的一致性,加强企业与顾客、其他关系利益人之间的积极对话,增进品牌信赖度。③

在国内,主要是以下三种倾向:

一是由零点研究集团提出的在品牌设计中的关键瞬间(MOT)原理。它认为人们对一个品牌印象的形成是由若干个最关键的瞬间形成的。MOT 即人们对某个特定事物或某个特定事物的某个方面获得了形成判断的足够信息的时间单位,每人每天至少形成 2000～3000 个 MOT。必须要争取以较少的 MOT 让顾客形成对品牌的认识,而且要形成正面的感觉和判断。④ 话虽在理,但要操作起来实属不易。

二是品牌文化与绝配营销。这种研究方向以文化为核心,研究消费者在表面消费现象之外的内在价值观和特定的文化取向。它将营销的关注点由以前的"产品"转移到"人"身上,切实从消费者的角度出发,研究消费者的心理需求和偏好,根据消费者来塑造品牌。其着眼于更接近社会群体成员在社会生活中多元、动态地适应着的实存角色状态的社会群体文化研究,在现今的买方市场显得很适时。但过度信奉消费者而不加以引导,也会带来危机。

三是苏晓东等人提出的 720°品牌管理。在企业品牌这个完整的商业系统中,应涵盖两个相互关联的企业行为圈,将 720°分成两个 360°,即包含有企业战略、员工、团队、效率的内 360°企业行为圈和包含有产品、客户、渠道和效益的外 360°企业行为圈。⑤ 内、外 360°行为圈企图将消费者圈定在品牌接触的所有点线面上,以期对影响消费者品牌认识和品牌忠诚度的任何因素,都能有一个全面把握和有效控制,无疑工程量是巨大的。

品牌建设不是一蹴而就的工程,文化创意产业品牌建设亦是如此。文化企业内部运作与顾客联系两方面的行为决定了品牌的内涵及其表现。"品牌是组织行为的结果",这一论

---

① 潘成云. 品牌生命周期论[J]. 商业经济与管理,2000(9):19-21,65.
② 黄嘉涛,胡劲. 基于品牌生命周期的品牌战略[J]. 商业时代,2004(27):41,43.
③ 汤姆·邓肯,桑德拉莫里亚蒂. 品牌至尊:利用整合营销创造终极价值[M]. 北京:北京华夏出版社,2000.
④ 袁岳. 绝配:营销管理新视野[M]. 北京:机械工业出版社,2004.
⑤ 苏晓东. 720°品牌管理:概念与运用[M]. 北京:中信出版社,2002.

断暗含的另一层含义是,品牌是不可能在真正意义上被"创建"的,只能被"获得"——一个开发阶段的新创产品或服务仅仅是一个潜在物。一个表现良好的品牌,不能仅靠消费者的创意,更不能被市场营销功能所俘虏,而应该依靠良好的组织自我意识和集体行为。[①]

(三)品牌确立的原则

品牌塑造不是"一日之功",也不是"一寸之功",更不是"一嘴之功"。既然决定要塑造品牌,企业决策者就有必要清楚"四高原则"。这是企业决策者塑造品牌必须遵循的原则。

第一,高瞻远瞩。企业做品牌必须目光远大,在确保短期利益的基础上放眼未来。简而言之,就是品牌要经得起短期利益、中期利益和长期利益的三重考验。

第二,高屋建瓴。企业决策者只有"高瞻远瞩"才可能占领制高点,才可能有"一泻千里"的势能,进而才可能有"高屋建瓴"的品牌运作策略,才能立足市场、势不可挡。品牌塑造要实现"高屋建瓴"必须抓住三个关键点,一是"高瞻远瞩",二是梳理现有资源,三是找准突破口。

第三,高开低走。即品牌塑造在确定战略规划之后,一定要沉下心来把基础的事情做好,一步步向"低"渗透。

第四,高枕安卧。这一原则是告诉企业,做品牌要实事求是,不可欺诈,不可昧着良心,企业所做的一切事情都要让消费者受益,让自己心安,让自己能够"垫高枕头安心地睡觉"。这是一个看似"高调",但却让很多企业家终生受益的原则。

第二节 文化创意产业品牌的定位

一、品牌定位理论

品牌定位(brand positioning)理论历经 USP 理论、品牌形象论、定位理论、重新定位理论四个发展阶段[②]。艾·里斯(Al Ries)与杰克·特劳特(Jack Trout)于1969年提出"定位"概念[③],随后20世纪70年代"定位"概念与市场营销三要素(STP):市场细分(market segmentation)、市场选择(market targeting)、市场定位(market positioning)相结合,逐渐形成了较为严密的理论体系。在定位概念的基础上 Harrison、Greenley、Kalafatis 先后提出了产

---

① 左晓雯.品牌构建的原型模式[D].长沙:中南大学,2009:3-6.

② 李雪欣,李海鹏.中国品牌定位理论研究综述[J].辽宁大学学报(哲学社会科学版),2012(3):100-106.

③ Jack T. 'Positioning' is a game people play in today's me-too market place[J]. Industrial Marketing,1969(6):51-55.

品定位①、市场定位②等概念。20世纪90年代企业定位成为重点关注领域,如企业品牌定位③、企业广告定位④、企业产品定位分析模型⑤、企业营销定位的市场心理测量模型⑥、企业战略定位模式⑦等。

进入21世纪以后定位理论研究进入了重新定位理论研究阶段。里斯和特劳特将品牌定位与客户心智相联系,视客户心智为战场,打造品牌就是要在预期客户心智战争中取得主导地位。其认为要把营销活动的重心由"产品功能"转向"用户心智",真正目标在于"确保产品在预期客户头脑占据一个真正有价值的地位"⑧,其核心体现为"一个中心、两个基本点",即以"打造品牌"为中心,以"竞争导向"和"消费者心智"为基本点。通过在潜在用户的心中塑造一个明晰的、有差异化的、符合用户需求的品牌形象,让品牌在用户的心智阶梯中占据有利地位,从而与用户之间建立长期稳定的关系,提升品牌的竞争力。随后,Rik Riezebos等从产品功能和产品表意两个层面提出了定位二维度理论,认为产品功能着眼于满足客户对产品质量、属性等消费要求,表意则是满足客户的情感体验和精神需求⑨。随着移动互联网等现代信息技术对传播活动的巨量赋能,信息传播开始变得实时化、碎片化、精准化,目标受众可以借由社交平台实现聚合和部落化。在此背景下,艾·里斯和其女儿劳拉·里斯对定位理论进行延续和修正,他们认为品牌是一个品类的代表,赢得客户心智的最好途径,是在品类中形成特定的品牌形象,一旦某个品类在消费者心智中失去位置,品牌也会随之衰落⑩;视觉形象更具情感性、识别性,更易获得人们广泛的认知,可以通过"视觉锤"将"概念的钉子"植入消费者心智,从而强有力地表达品牌的特性⑪。上述观点指明在移动互联网时代媒体、渠道、用户、竞品都发生了巨大变化的背景下,品牌难以仅仅依靠洗脑式的机械灌输概念来达成定位的目标。因此,在体验经济时代的品牌塑造仍需围绕用户心智发力,但品牌价值的传递应该从传播导向转变为体验导向。

20世纪90年代定位理论进入中国后,国内学者开展了广泛的讨论,主要侧重点在品牌定位的策略、过程、路径、机制上,重视实证研究和经验总结,但是在理论创新方面鲜有建树。

---

① Harrison T. A Handbook of Advertising Techniques[M]. London:Kogan Page,1989.

② Green P E, Krieger A M. An Application of a Product Positioning Model to Pharmaceutical Products[J]. Marketing Science,1992(2):117-132.

③ Pechmann C, Ratneshwar S. The use of Comparative Advertising for Brand Positioning:Association Versus Differentiation[J]. Journal of Consumer Research,1991(2):145-160.

④ Kalra A, Goodstein R C. The Impact of Advertising Positioning Strategies on Consumer Price Sensitivity[J]. Journal of Marketing Research,1998(2):210-24.

⑤ Harrison T. A Handbook of Advertising Techniques[M]. London:Kogan Page,1989.

⑥ Carroll J D, Green P E. Psychometric Methods in Marketing Research:Part II MultidiMensional Scaling[J]. Journal of Marketing Research,1997(2):193-204.

⑦ Kalafatis S P, Blankson C. Positioning Strategies in Business Markets[J]. Journal of Business & Industrial Marketing,2000(6):416-437.

⑧ Trout J, Ries A. Positioning:The Battle for Your Mind[M]. New York:McGraw-Hill,2000.

⑨ Riezebos R, Kist B, Kootstra G. Brand Management:A Theoretical and Practical Approach[M]. Financial Times Prentice Hall,2003.

⑩ Kini T B, Ries A. 核心经营:基业长青的经营之道[M]. 叶凯,译. 北京:机械工业出版社,2004.

⑪ Ries A, Trout J. 定位:有史以来对美国营销影响最大的观念[M]. 谢伟山,等译. 北京:机械工业出版社,2011.

学界研究的主要演进方向有三个,分别是广告营销、认知心理、系统定位,代表性研究的成果有价格竞争优势和偏好竞争优势①,企业品牌定位决策系统②,品牌定位钻石模型③,品牌定位点选择模型④,品牌动态定位模型⑤等,对定位理论的内涵和实践进行了丰富和发展。

以上研究有三个方面的启示:一是新时代品牌定位的核心基础是"挖掘自身独特的价值,调配一切资源,和消费者建立有效的沟通和连接";二是新时代品牌定位的营销方法是构建关系,移动互联时代的消费者在情感上的需求将超过对产品本身的需求,这也是未来品牌的重要发力点;三是要充分发挥视觉传播的功效,在形象传播中植入很强的生活化、娱乐化,以塑造和展现品牌独特的价值,要根据自身特点制定传播渠道策略,实现精准定位,切口越小越深入的品牌越容易赢得客户心智。

根据基于顾客的品牌资产模型(本章第二节中相关内容),确定品牌定位需要确定一个参照结构(通过确立目标市场和竞争的性质)以及理想的品牌联想的异同点。也就是说,有必要确定:① 目标顾客;② 主要竞争对手;③ 本品牌和竞争品牌的相似性;④ 本品牌和竞争品牌的差异性。在以下部分中,我们将逐个讨论这四个方面。

(一) 文化创意产业目标市场

确定目标顾客非常重要,原因在于不同的消费者可能拥有不同的品牌知识结构,因而具有不同的品牌感知和品牌偏好。如果不理解这一点,就很难判断哪些品牌联想是深入人心的、是受到偏好而且是独特的。而这就需要我们理解市场和市场细分的概念。

所谓市场(market),是指所有拥有购买欲望、具有购买能力并且能够买到产品的现实和潜在的购买者的组合。所谓市场细分(market segmentation),是指将市场按消费者的相似性划分为若干不同的购买群体,使得每一群体中的消费者具有相似的需求和消费者行为,从而适用相似的营销组合。确定市场细分计划,需要在成本和收益之间进行权衡。市场越细分,公司就越有可能完成营销计划,并更好地满足每一细分市场中消费者的需求。不过,虽然针对特定顾客的营销计划可能会获得更加积极的消费者反应,但这一优势也有可能因缺乏标准化而被增加的成本抵消。

因此,文化企业要想找准自身品牌定位,首先应当找准目标市场,这就需要企业根据自身特点制定一套市场细分基础规则。一般来说,文化市场基础可被划分为描述性的或顾客导向的(与某类人或组织相关)细分基础,以及行为性的或产品导向的(与消费者对品牌或产品的看法或使用方法相关)细分基础。行为性细分基础通常在理解品牌化问题上更有价值,因为它具有更清晰的战略性暗示。例如,在一个利益细分市场确定后,确立品牌定位的理想品牌的差异性或期望利益就会相当清楚。此外,还有以品牌忠诚为基础的市场细分方法。营销者通常根据消费者行为来细分市场。例如,营销者可能先根据年龄细分市场,再选定某个特定年龄组作为目标市场。至于为什么这一特定年龄组会是一个具有吸引力的细分市

---

① 郭国庆. 市场营销管理:理论与模型[M]. 北京:中国人民大学出版社,1995.
② 邱红彬. 关于品牌定位几个理论问题的探讨[J]. 北京工商大学学报(社会科学版),2002(4):36-38.
③ 张骏骏,邵建平. 基于修正钻石模型的甘肃品牌培育的主导产业选择[J]. 科技管理研究,2008(2):87-91.
④ 李飞. 品牌定位点的选择模型研究[J]. 商业经济与管理,2009(11):72-80.
⑤ 杨芳平,余明阳. 品牌动态定位模型研究[J]. 现代管理科学,2010(5):19-21.

场,则可能与这类消费者使用产品的次数特别多,对品牌特别忠诚,或者产品的最大优势很有可能就是他们所追求的利益等有关。最常见的市场细分基础还有人口细分基础。其主要优点是,传统媒介的人口统计特性已从消费者研究中得到了很好的了解。因此,从人口角度进行市场细分便于公司进行广告决策。但随着非传统媒介和其他传播形式以及以行为和媒体使用为基础建立消费者数据库的能力变得越来越重要,人口细分基础的这一优点也就不那么重要了。

(二) 文化企业竞争特性

毫无疑问,当决定以哪类消费者作为目标市场时,通常也就决定了竞争的特性,原因是:其他公司在过去或未来也会将这类消费者作为目标市场,或者是这类消费者在购买决策中会注意到其他品牌。当然,竞争还会出现在其他方面,如分销渠道。在进行竞争分析时要考虑很多因素,包括资源、能力、其他公司的可能动向等,以确定为哪一个市场的消费者提供服务能够得到最大利润。

许多营销策略家都曾强调过一个教训,即在定义竞争时不要过于狭窄。通常,竞争会发生在利益层次,而不是属性层次。因此,提供享乐利益的奢侈品(如立体声音响设备)不仅与其他耐用品(如家具)之间存在竞争,还可能与"度假活动"发生竞争。

(三) 文化品牌的异同点

建立品牌定位时,一旦通过确定目标市场和竞争性质明确了合适的竞争参照框架,就有了品牌定位的基础。接下来,完成恰当的品牌定位还需要确立适当的差异点及与之相匹配的品牌联想。

1. 差异点联想

差异点(points of difference,POD)是消费者与品牌相关联的属性和利益,消费者对这些属性和利益具有积极、正面的评价,并且相信竞争者品牌无法达到相同的程度。虽然许多不同种类的品牌联想都可能是差异点,但基于顾客的品牌资产模型,品牌联想可以从功能、与性能相关或者其他抽象的品牌形象的角度进行大致分类。

差异点的概念与其他几个常见的营销概念有很多共同之处。例如,它与罗瑟·里夫斯(Rosser Reeves)和 Ted Bates 广告代理公司在 20 世纪 50 年代提出的"独特的卖点"(unique selling proposition,USP)这一概念就很相似。USP 原本的含义是指广告应向消费者提出一个有说服力的、竞争者无法媲美的产品购买理由。根据这个理念,广告设计的重点应放在宣传产品与众不同的独特优势上,而不是强调广告的创意。换句话说,USP 强调的是广告说了些什么,而不是该怎样说。

另一个相关的概念是持续竞争优势(sustainable competitive advantage,SCA),在一定程度上,持续竞争优势与公司在较长时间内向市场传达价值方面占据优势的能力有关。虽然持续竞争优势概念涵盖的内容较广,持续竞争优势可能建立在人力资源政策等具体经营措施基础之上,但它还是强调了产品在某些方面独树一帜的重要性。因此,差异点的概念与独特的卖点和持续竞争优势的概念紧密相关,并且主张品牌必须具有某些强有力的、偏好的、独特的品牌联想,以使其与其他品牌区别开来。

2. 共同点联想

共同点(points of parity associations, POP)是那些不一定为品牌所独有而实际上可能与其他品牌共享的联想。这些类型的联想有两种基本形式：品类型和竞争型。

第一种是品类共同点联想(category points of parity)，即那些在某一特定产品大类中消费者认为任何一个合理的、可信任的产品所必须具有的联想。也就是说，它们代表了品牌选择的必要但非充分条件。这些属性联想至少应存在于一般产品层次，最有可能存在于期望产品层次。随着技术进步、法律完善以及消费潮流的变化，品类共同点会随着时间发生改变，但作为品类共同点的属性和利益，对营销而言就相当于高尔夫中的果岭费(greens fees，就是场地费的意思)。

第二种是竞争性共同点联想(competitive points of parity)，即那些用以抵消竞争对手差异点的联想。换句话说，如果某一品牌能在其竞争对手企图建立优势的地方与之打个平手，同时又能够在其他地方取得优势，那么该品牌就会处于一个稳固的，同时也可能是不败的竞争地位。

3. 共同点与差异点

想要建立特定属性和利益的共同点联想，必须要有足够数量的消费者认为此品牌在这些方面"足够好"。共同点有"零区"和"容忍区或接受区"。任何品牌都不可能与其竞争者完全等同，消费者必须感觉到此品牌在某些特定的属性和利益方面非常优异，以至于他们不会从负面角度来考虑此品牌。假如消费者确实从负面角度来考虑，那么他们会基于其他潜在的对品牌有利的因素进行评价或决策。建立共同点比建立差异点更容易，因为建立差异点需要清晰地展示其优势方面。通常，品牌定位的关键，与其说是建立差异点联想，还不如说是建立必要的竞争性共同点联想。

二、文化创意产业品牌定位的指导原则

共同点和差异点联想的概念对品牌定位而言是很重要的工具。建立最佳竞争品牌定位的两个关键是：① 竞争参照框架的定义与传播；② 选择并构建共同点和差异点。

(一) 竞争参照框架的定义与传播

品牌定位中定义竞争参照框架的首要任务是确定品类成员。

品类成员指出了与本品牌竞争的产品。选择不同的竞争产品大类决定了会有不同的竞争参照框架，以及不同的共同点和差异点。产品品类成员的身份向消费者传达了本品牌产品或服务追求的目标。对于那些出身名门的产品或服务而言，品类成员并不是核心问题。但在许多情况下，向消费者传达品牌的品类成员还是很重要的。此外，也存在这些情形，消费者知道品牌的品类成员，但不能确信此品牌是真正的有效的品类成员。比如，消费者知道索尼生产电脑，但不能确认索尼的电脑与戴尔、惠普或联想的电脑是否属于同一档次。在这种情况下，增强品牌的品类成员的地位很有用。一般主要有三种途径表明品牌所属的产品大类：传达品类利益，举例比较，产品描述法。

进行品牌定位更好的一个途径，是在表明自己的品牌与其他品类成员的差异点之前就向消费者传达自己的品牌身份。比如，在判断此品牌是不是比其他竞争品牌更优秀之前，消费者想知道产品究竟是什么，其功能如何。对于新产品而言，通常需要一个单独的营销计

划,以便向消费者传达产品品类成员的身份,并且告诉消费者本产品的差异点。对于资源有限的品牌而言,这意味着在表明差异点之前,需要制定营销策略,以确定品类成员身份。而那些拥有充足资源的品牌在开发市场营销计划时,可以在建立品类成员身份的同时传达产品的差异点。但一般来说,仅在偶尔情形下,一个公司才会同时参照两个结构。虽然这种"骑墙"定位方法对那些消费者的矛盾需求很有吸引力,但同样也会带来额外负担。如果差异点和共同点都不能获得消费者的认可,那么此品牌可能在两个方面都无法获得承认。

(二) 选择差异点

选择差异点主要是考虑两个重要因素:差异点对消费者有吸引力;消费者相信产品能实现差异点。如果这两点都能满足,那么此差异点就具有成长为强有力的、偏好的、独特的品牌联想的潜力。

1. 吸引力标准

差异点的吸引力标准有三条——相关性、独特性、可信度。评估时,必须从消费者角度进行。只有满足这三条标准,差异点才能为消费者所需求,并且有潜力作为品牌定位的选择。

相关性:是指目标消费者必须感觉和发现此差异点与自身有所关联,并且很重要。需要注意的是,相关性很容易被忽视。

独特性:必须使消费者发现差异点的独特性和优越性。如果品类中已经存在一些品牌,那么问题就是找到一个可行的差异点基础。

可信度:一个品牌要想给消费者提供一个可信的选择理由,最简单的方法也许就是指出产品的某个独特属性。

2. 可传达性标准

如果可传达性的三个关键标准(可行性、沟通性和持续性)均能满足,那么,品牌定位就可以持久。

可行性:在实际中企业能创建差异点吗?产品的设计以及营销的计划必须能够和理想的品牌联想保持一致。要给消费者提供某些其可能忽略或者没有意识到的关于品牌的事实,显然,这种方式更能让消费者相信这些变化(较之于改变产品本身)。

沟通性:沟通性的关键要素在于消费者对品牌的感知以及相应的品牌联想。创建与消费者当前认识不一致的联想,或者由于某种原因消费者不能信任的联想,是非常困难的。

持续性:品牌定位是抢先式的、防守式的,还是难以进攻式的?品牌联想是否能够不断增强?这些问题与品牌定位能否持续数年相关。持续性取决于内部使命、资源利用状况,以及外部市场力量状况。

毫无疑问,有效的定位必须高度差异化。确定最佳定位需要考虑的三个因素与品牌评估的三个视角密不可分,那就是消费者、公司和竞争。吸引力受消费者的影响,可传达性与公司的内部能力相关,差异化则离不开对竞争对手的分析。

(三) 建立共同点联想和差异点联想

营销者面临的一个挑战在于,许多组成差异点和共同点的属性或利益都是负相关的。比如,定位一个"不昂贵"但却有着最高水准质量的品牌是非常困难的。此外,单个的属性或者利益通常既有优点,也有缺点。例如,人们通常认为有悠久历史的品牌具备很多继承性,继承性是个优点,因为它意味着经验、智慧和专长;另一方面,它也是个缺点,因为可能暗示着守旧、落伍和过时。营销的艺术和学问大部分就在于如何进行取舍,定位本身没有区别。显然,开发的产品或服务,最好是在两个维度方面都表现较好。

其他方面也存在负相关的差异点和共同点的问题。下面所列的三种解决这个问题的方法的有效程度依次递增——但困难程度也是递增的。

1. 分离属性

有个昂贵但是有效的方法:同时开展两个不同的营销计划,每个计划针对不同的品牌属性或利益。这两个计划可以同时开展,也可以依次开展。这样做的好处是:消费者对共同点和差异点价值的评价不再关键,因为此时两者的负相关关系不再明显。这种做法的不利之处在于,必须开展两个强大的营销计划。此外,因为事先没有描述负相关关系,所以消费者不一定能产生理想的正面联想。

2. 其他(品牌)实体的杠杆作用

品牌可以通过与其他任何品牌实体相联系来建立共同点和差异点的属性或利益,因为这些实体往往拥有合适的资产——某一个人、其他品牌、事件等。独立推广的品牌成分也可以用来向消费者传递其存在疑问的那些可信的属性信息。但需要注意的是,借用品牌资产也不是毫无成本、毫无风险的。

3. 重新定义关系

最后,另一个可能有力的(但通常是困难的)描述消费者印象中属性和利益负相关关系的方法是:使消费者相信事实上此关系是正相关的。应用这种方法时,可以给消费者提供某些不同的视角和建议,使得消费者可以忽视某些事实或者不再注意其他想法。

三、文化创意产业品牌定位的策略和方法

品牌定位描述了一个品牌如何在特定的市场有效地和竞争对手进行竞争。然而,在许多情况下,单个品牌可以横跨多个品类,从而具有不同的(但是相关的)定位。随着品牌发展并跨越品类,营销者会定义一套核心品牌联想,以提取品牌含义的重要维度,弄清品牌到底代表什么。也可能通过综合核心品牌联想,形成品牌精粹,反映品牌的"精神与灵魂"。下面将介绍核心品牌联想和品牌精粹这两个概念。

(一)核心品牌联想

核心品牌联想(core brand associations)是一套属性和利益的抽象联想,它概括了品牌5~10个最重要的方面或者品牌的维度。就如何创建差异点和共同点而言,核心品牌联想可以说是品牌定位的基础。

如何识别核心品牌联想?第一步,让顾客建立某品牌的详细心理地图。心理地图可以准确、详细地描述所有突出的品牌联想以及目标市场顾客对品牌的反应。建立消费者心理地图最简单的方法之一,就是询问消费者最先想到的品牌联想,即当其想起此品牌时,脑海中会出现什么东西?然后将品牌联想分组,并配以说明。

(二)品牌精粹

1. 品牌精粹的概念

为了进一步集中研究品牌所代表的含义,定义品牌精粹通常是很有作用的。品牌精粹是品牌核心精神的一种表达。品牌精粹很短,通常用3~5个单词的短语就能表现品牌内涵

的精要以及品牌定位和品牌价值的精神。品牌精粹类似于"品牌精髓"或"核心品牌承诺",其目的是使公司内部员工以及外部市场营销伙伴理解品牌对于顾客所代表的最基本含义,从而调整他们自身的相应行为。

品牌精粹是个强有力的工具,可以用来指导在品牌下可推出哪些产品,进行哪些广告策划,以及品牌产品应该在哪里、以何种方式销售。而且,品牌精粹的作用和影响可以推广到策略以外的方面。品牌精粹甚至可以用来指导看似无关的普通决策,比如前台接待员的形象、电话应答的方式等。事实上,品牌精粹可以用来减少或消除那些与品牌不相适宜的营销活动,或者任何其他可能有损于品牌形象的行动或活动。

品牌精粹有助于品牌保持一致形象。消费者或顾客无论何时、无论以哪种方式或形式接触品牌,他对此品牌原有的认知都会改变,从而影响品牌资产。比如,雇员会直接或间接地和消费者接触,此时,雇员的一言一行都能一致地增强品牌含义。而营销伙伴(如广告代理员)也许并没有认识到自己对品牌资产的影响。品牌精粹反映了品牌对于公司的意义及重要性,就如同员工角色及营销伙伴之于管理的关键性作用。而且,利用品牌精粹很容易让人记住品牌的哪些要素应当给予高度关注。

2. 如何设计品牌精粹

好的品牌精粹由哪些元素构成?迪士尼的品牌精粹可以用三个词语概括:有趣的、家庭、娱乐,分别对应情感性修饰语、描述性修饰语及品牌功能。品牌精粹必须能够很简要地表达本品牌是什么,不是什么。迪士尼的例子就显示了设计良好的品牌精粹的作用和功能,是一个具有品牌精粹的成功例子,可以用来说明一个优秀的文化创意产业品牌精粹应该具备哪些特点。

品牌功能描述了产品或服务的性质,或者是品牌提供的体验和价值的形式。这种功能不仅可以使用具体语言表达产品本身所属品类,而且可以延伸至更加抽象的概念,如迪士尼,能与不同产品所提供的某种更高层次的体验或者价值相联系。描述性修饰语进一步阐明了品牌的性质。因此,迪士尼的娱乐不是各种各样的(比如不是针对成人娱乐),而只是家庭娱乐。品牌功能和描述性修饰语结合在一起,描绘了品牌边界。最后,情感性修饰语是另一种修饰,即品牌如何准确地向顾客提供利益,以何种方式提供?

品牌精粹并不总是要严格地参照这个结构,但无论怎样改变结构,品牌精粹都必须能清晰地描绘品牌代表哪些内容,排除哪些内容(至少要暗示)。此外,还须注意:

第一,只有理解品牌精粹的整体含义,才能发挥其功能。其他品牌也许只是在构成品牌精粹的一个或几个联系上体现强势。要想使本品牌拥有有效的品牌精粹,就不能容许各个方面都优于本品牌的竞争者存在。迪士尼的成功在于,数十年来没有出现品牌精粹能与之相媲美的其他竞争者。

第二,品牌精粹最典型的用处是可以抓住品牌的差异点,即品牌的独特之处。品牌定位的其他方面——尤其是品牌的共同点也是很重要的,也可以从其他方面得到增强。

第三,由于品牌面临快速成长的状况,品牌功能术语对于合适或不合适的品类延伸,能提供关键性指导。对于相对更稳定品类中的品牌,品牌精粹也许更多地聚焦于差异点,这可由功能性修饰语和情感性修饰语来表达,甚至不包括功能性修饰语。

3. 品牌精粹的应用

品牌精粹的开发应当与品牌定位同时进行。品牌定位通常是通过某种形式的品牌审计或者其他活动详细研究品牌的结果。开发品牌精粹可以借助这些活动的成果,同时也需要更多的内部研究,以及众多员工和营销者的意见。这种内部研究实际上是用来确定当前每个员工是如何影响品牌资产的,以及如何对品牌的健康发展作出贡献的。

品牌定位通常可以归纳为几句话或者一段文字,以阐述理想的应该被消费者认同的核心品牌联想。基于这些品牌联想,可以采用头脑风暴法来征集不同的候选品牌精粹。最后入选的品牌精粹,应该考虑以下方面:

传播性:一个良好的品牌精粹既要能够界定品类,以设定品牌边界,又要能阐述品牌的独特之处。

简洁性:好的品牌精粹应该易于记忆,即应当简短、上口、生动。在许多情况下,三个词的品牌精粹是比较理想的,因为这是表达品牌定位的最简洁的途径。

启发性:理想的品牌精粹必须贴合实际,对个人具有意义,并尽可能多地与员工相联系。品牌精粹不仅仅起到传递信息和指导的作用;对于消费者和雇员而言,如果品牌价值达到了更高层次的含义,那么品牌精粹也可以起到鼓舞士气的作用。

但是,无论使用多少词语构成品牌精粹,在品牌精粹的字面背后都隐藏着其他含义,这些含义需要澄清。实际上,每个词语的内在含义都不是明确的,因而可以进行多种解释。比如,迪士尼的"有趣的家庭娱乐"包含多层含义,所以,每个词语后面都可以增加两三个词语,以进一步解释每个词语的含义。迪士尼可以深度挖掘品牌精粹的含义,从而为品牌提供更加坚实的基础。

第三节 文化创意产业品牌的创建

品牌元素有时也被称为品牌特征,指那些用以识别和区分品牌的商标设计。主要的品牌元素有:品牌名称、统一资源定位器(URL)、标识、符号、形象代表、品牌口号、广告曲、包装和符号。基于顾客的品牌资产模型,应对品牌元素进行选择,以强化品牌认知,形成强有力的、偏好的和独特的品牌联想,或者形成正面的品牌判断和品牌感受。对品牌元素创建品牌能力的检验是指在顾客只知道品牌名称、标识及其他品牌元素的情况下,问他们对该产品的所想和所感。凡是对品牌资产具有贡献的品牌元素,都能在一定程度上传达或暗示有价值的品牌联想或品牌响应。

本节我们将讨论如何选择不同的品牌元素以创建品牌资产,并总结出一个营销者应当如何最优化地选择一套品牌元素来创建品牌资产。

一、选择文化创意产业品牌元素

文化创意产业品牌的选择元素可参考下表2-1。

表2-1 品牌元素的选择

标准	品牌名称和URL	标识和符号	形象代表	品牌口号和广告曲	包装和符号
可记忆性	能加深品牌回忆和识别	通常对品牌识别更有作用	通常对品牌识别更有作用	能加深品牌回忆和识别	通常对品牌识别更有作用

标准	品牌名称和URL	标识和符号	形象代表	品牌口号和广告曲	包装和符号
有意义性	能强化几乎所有类型的品牌联想,尽管有时只是间接强化	能强化几乎所有类型的品牌联想,尽管有时只是间接强化	通常对于非产品相关的形象和品牌个性更有作用	能明确地传递所有联想形式	能明确地传递所有联想形式
可爱性	能唤起更多听觉形象	能增强视觉吸引力	能产生人性化特色	能唤起更多视觉形象	能兼具视觉和听觉的吸引力
可转换性	有一定局限	很好	有一定的局限	有一定的局限	好
可适应性	难	可以重新设计	有时可以重新设计	可以修改	可以重新设计
可保护性	总的来说不错,但有局限	很好	很好	很好	可以模仿

(一)选择品牌元素的标准

总体而言,选择品牌元素有六条标准:可记忆性、有意义性、可爱性、可转换性、可适应性、可保护性。

前三个标准是营销者创建品牌资产的攻击性战略;后三项标准则是在提升和保持品牌资产面临不同的机遇和限制时,扮演防御性角色。接下来我们将对这些标准进行简要介绍。

1. 可记忆性

创建品牌资产的一个必要条件是取得高度品牌认知。品牌元素有助于取得高度品牌认知,这是因为品牌元素本身具有可记忆、引起注意的特性,因此在购买和消费场合中容易被回忆或者识别出来。

2. 有意义性

品牌元素可以涵盖各种意义,包括描述性的、说服性的等。衡量品牌元素包含内容的好坏有两个重要标准:

关于品类特性的一般信息。从描述性意义的角度讲,品牌元素在多大程度上反映了品类的一些信息?消费者在多大程度上能够根据某一品牌元素正确分辨相关的品类?品牌元素在品类中是否可信?

有关品牌属性和品牌利益的具体信息。从说服性意义的角度讲,品牌元素在多大程度上显示了该品牌可能是某类产品的信息(如其主要属性或利益)?它是否传递了产品成分或用户种类的某些信息?

上述两条标准中,第一条是品牌认知度和显著度的重要决定因素,第二条是品牌形象和品牌定位的关键决定因素。

3. 可爱性

除了可记忆性和有意义性,品牌元素是否还具有美学上的吸引力?是否具备视觉、听觉,抑或其他方面的吸引力?即便脱离产品,品牌元素本身也可以形象丰富、具有乐趣。换句话说,除了具体产品或服务,消费者在多大程度上喜欢品牌元素?

一个易于记忆、富有意义、可爱的品牌元素具有很多优势,因为消费者在进行购买决策时通常并不关注太多信息,描述性和说服性元素减轻了营销传播的负担,建立了品牌认知,并将品牌联想与品牌资产关联起来。当几乎没有其他与产品相关的联想时尤其如此,通常,产品利益属性越模糊,品牌名称和其他反映无形特征品牌元素的创造性潜力就越重要。

4. 可转换性

可转换性测量的是品牌元素能在多大程度上增加新产品的品牌资产。换言之,品牌元素对产品线和品类延伸能起多大作用? 一般来说,品牌名称越宽泛,就越容易进行品类间的转换。

可转换性是指品牌元素能够在多大程度上增加区域间和细分市场间的品牌资产。这在很大程度上取决于品牌元素的文化内涵及语义效果。例如,不具有内在含义的名称的主要好处在于,它们能够被很好地翻译成其他语言。近些年来,一些顶尖的大公司也会在将自己的品牌名称、广告词和包装等翻译成其他语言时犯错。因此,在将某一品牌引入一个新市场之前,必须仔细检查其所有品牌元素在新文化背景中的含义。

5. 可适应性

要充分考虑品牌元素在一段时间内的适应性。由于消费者价值观和理念的变化,或者仅仅是要跟上潮流的需求,大多数品牌元素必须更新。品牌元素越是具有可塑性,它的更新也就越容易。例如,可以对标识和广告形象做一次新设计,使它们看上去更具现代感和相关度。

6. 可保护性

要重视品牌元素的可保护性。这可以从法律和竞争两个角度去理解。营销者应该:选择可在国际范围内受保护的品牌元素;向合适的法律机构正式登记注册;积极防止商标遭受其他未授权的竞争侵害。对品牌进行法律保护十分必要。

此外,需要考虑的是品牌在竞争方面是否容易受到保护。如果名称、包装或其他属性很容易被模仿,则该品牌就失去了许多独特性。所以,很重要的一点是,要尽可能地降低竞争者仿制自己品牌元素的可能性。

(二)品牌元素的选择战术

以"苹果"元素为例。"苹果"一词简单、有名、独特,有助于品牌认知的加强。该名称的含义给公司带来一种友善和温暖的品牌个性。此外,配以一个很容易跨越地域和文化边界的标识,还可以使品牌在视觉上得到加强。同时,该名称还可充当子品牌的平台(如麦金托什),便于品牌延伸。所以,正如苹果案例所示,仔细挑选品牌名称对于品牌资产的创建来说十分重要。

那么,理想的品牌元素应当是什么样的呢? 品牌名称也许是所有品牌元素中最核心的内容。最理想的品牌名称应该做到方便记忆、高度暗示产品等级及特殊利益、富有趣味、富于创造性、易于转换品类和区域、含义经久不衰,并且在法律和竞争上都能获得强有力的保护。

遗憾的是,要找到一个能满足以上所有标准的品牌名称是非常困难的。例如,品牌名称的含义越深奥,就越难转换或翻译成其他语言。这也是需要选择多个品牌元素的原因。接下来我们逐个讨论每项品牌元素需要考虑的主要问题。

1. 品牌名称

品牌名称是一个基本而重要的元素,因为它通常以非常简洁的方式,反映了产品的内容和主要联想。品牌名称是沟通中极其有效的捷径。一则广告会持续半分钟,销售电话甚至长达数小时,而顾客关注品牌名称并在记忆中搜索或激活其意义,仅需几秒钟。因为在消费者心中,品牌名称与产品紧密相连,所以,营销者很难在产品推出后改变品牌名称。正因为如此,品牌名称常常要经过一番系统的研究后才能确定。为新产品选择一个品牌名称既是一门艺术,也是一门科学。和其他品牌元素一样,品牌名称的选择也必须遵循可记忆性、有意义性、可爱性、可转换性、可适应性和可保护性六个标准。

一般来说,能提高品牌认知的品牌名称通常有以下特征:

简明朴实并易于读写。品牌名称的简洁性,降低了消费者理解和记忆的难度。简短的名称通常易于回忆,因为在记忆中储存和解码都非常容易。

亲切熟悉而富有含义。品牌名称应当亲切熟悉而且富有含义,使之能切合现有的知识结构。品牌名称在含义上可以具体或者抽象。由于人物、地点、鸟类、动物及其他非生物的名称均已在记忆中存在,以这些名字作为品牌名称,消费者就不需要过多地学习和理解。链接形式越简单,越能增强可记忆性。

与众不同且独一无二。一方面,选择一个简单易读、熟悉而有意义的品牌名称能够增强它的回忆率,提高品牌再认;另一方面,品牌名称的与众不同和独一无二也非常重要。

2. URL

URL(统一资源定位器)是用来确定互联网上的网页地址的,通常称为域名(domain names)。任何人如果想拥有某个 URL,都需要向服务商登记并且缴纳服务费。需要注意的是,公司必须保护其品牌不被其他域名非法使用。

3. 标识与符号

尽管品牌名称通常是品牌的核心元素,但视觉元素在创建品牌资产,尤其在建立品牌认知方面,同样起着关键作用。标识作为表达起源、身份或联想的途径,由来已久。

标识范围广泛,包括从公司名称或者商标(即文字标识)到与文字标识、公司名称或公司活动毫不相干的极其抽象的标识。

4. 品牌形象代表

形象代表是品牌符号的一个特殊类型,往往取材于人类本身或现实生活。形象代表通常通过广告推出,并且在广告和包装设计中起着非常重要的作用。与其他品牌元素一样,形象代表有着许多不同的形式,可以是某种动画人物,也可以是活生生的人物。

5. 品牌口号

品牌口号(slogans)是用来传递有关品牌的描述性或说服性信息的短语。品牌口号通常出现在广告中,但在包装和营销方案的其他方面也有重要作用。

品牌口号是品牌宣传的有力方式,因为它与品牌名称一样,能迅速有效地建立起品牌资产。品牌口号可以起到"挂钩"或"把手"的作用,能帮助消费者抓住品牌的含义,了解该品牌是什么,有哪些特别之处。以简短的词语概括、解释营销计划的意图,是必不可少的方法。

6. 广告曲

广告曲是用音乐的形式描述品牌。广告曲通常由职业作曲家创作,其上口的旋律与和声往往会长久地萦绕在听者的脑海中,有时甚至是无意识的。

广告曲被视为延伸的音乐品牌口号,并在这种意义上被列为品牌元素之一。然而,由于具有音乐的性质,广告曲并不像其他品牌元素那样具有可转换性。广告曲能宣传品牌的优点,但由于它们是音乐,只能以非直接的、较为抽象的方式传递品牌的含义。由广告曲产生的潜在的品牌联想,更多的是与感情、个性及其他无形的东西相关联。

7. 包装

包装是指设计和制造产品的容器或包裹物。与其他品牌元素一样,包装历史久远。

从公司和消费者两个角度看,包装必须达到以下几个目标:① 识别品牌;② 传递描述性和说服性信息;③ 方便产品的运输和保护;④ 便于储存;⑤ 有助于产品消费。

为了达到产品的营销目标,满足消费者的欲望,必须正确选择包装的美学成分和功能成分。美学成分是指包装的尺寸、形状、材料、颜色、文字和图案。印刷工艺的革新使得图案越来越有吸引力,能够在消费者决定购买的瞬间传达精致多彩的信息。而另一方面,从功能角度看,结构设计是关键。

二、文化创意产业品牌元素的整合与形象设计

(一) 整合所有元素

每个品牌元素对创建品牌资产来说都至关重要,因此,营销者需要"组合和匹配"这些要素,使品牌资产最大化。例如,一个有意义的品牌名称,如果能够通过标识在视觉上表现出来,将比没有标识容易记住得多。

全套品牌元素构成了品牌识别,所有品牌元素都对品牌认知和品牌形象起着重要作用。品牌识别的聚合性取决于品牌元素之间一致性的程度。在理想的情况下,品牌元素应能互相支持,且能方便地应用到品牌及营销方案的其他方面。①

(二) 品牌形象设计

1. 品牌形象

品牌是一种象征,它是产品名称、性质、文化、声誉、包装、广告、价格等方面的无形的综合体,品牌是企业的一种无形的资产,它是能给企业带来增值的名称、符号、象征、设计,有助于将企业与其他竞争对象相区别。形象,在心理学中是主体对客体的感知,品牌形象简而言之就是消费者对品牌的一种总体的印象与感知,它是企业或品牌在消费者心中的一种品牌个性的呈现。而品牌形象设计则是品牌的符号沟通,是企业品牌竞争的必要条件。②

利维从心理学的角度提出,品牌形象是消费者对品牌的主要态度,品牌的各要素的图像及概念的综合存在于消费者心理。

罗诺兹和刚特曼从品牌策略的角度提出,品牌形象是产品或服务在竞争过程中所产生的差异并在消费者心中形成的具有某种特定含义的联想的集合。

斯兹提出了品牌形象的个性化,使得人们对品牌形象的认识进入到品牌的个性层次。他认为品牌就如同人一样,应该具有个性形象。所谓的个性形象不是单独由品牌产品的实质性内容确定的,还应该包括其他一些内容。

---

① 凯文·莱恩·凯勒. 战略品牌管理[M]. 3版. 吴本龙,何云,译. 北京:中国人民大学出版社,2009.
② 宿彩艳. 民间艺术产业的品牌形象设计研究[D]. 济南:山东轻工业学院,2012.

帕克从管理的角度提出，品牌形象产生于营销者对品牌管理的理念之中，是一种品牌管理的方法。他认为任何产品或服务都可以运用符号、功能等方式来表达形象。

亚克则从企业资产的角度提出，品牌形象可以附加或减少企业的无形资产，将品牌形象与品牌的资产与负债联系起来。

综上所述，品牌形象是一个综合性的、系统性的概念，可分为识别与认知两大部分。品牌主体通过视觉传达的方法将其个性与内在精神和文化运用符号或服务等方式表现出来，以达到受众识别作用。而受众，即感知主体通过主观感受及感知方式、感知前景等影响，而在其心理上形成一个联想性的集合，从而形成对品牌主体的理解、认知甚至满意与追随，完成其认知作用。

2. 文化创意产业品牌形象设计原则

（1）文化性

品牌形象设计从诞生起，就置身于自己的使用环境中，包括外环境和内环境。在内环境中，要考虑该品牌形象设计是否与品牌所要传达的文化协调统一，考虑与品牌展示设计的关系及其展示的视觉与心理要素等。在外环境中，考虑该品牌视觉形象设计的应用效果与建筑、景观的协调统一。与区域性的关系，还需考虑地域文化、民族传统等要素。在信息时代，人们开始希望，产品既要有满足日常生活所需的功能，又要有能够体现对使用者的精神关怀和文化满足的要求，设计与其他文学和艺术一样承担着人类文明延续的角色。品牌形象设计是为品牌产品服务的，一定要围绕着品牌的灵魂——品牌文化进行有效的设计，向消费者传递着品牌文化和品牌个性以满足消费者的精神需求。这样企业才能赢得竞争，赢得市场。因此，品牌形象设计离不开文化的影响，与文化息息相关。

品牌文化指为了使消费者对品牌在精神上达到一种高度认同，形成对品牌强烈的认同感与忠诚度，而运用文化赋予品牌一种深刻的精神内涵，建立起鲜明的有个性的品牌定位。一个优秀的品牌文化可以赢得顾客的忠诚，赢得市场的稳定，并增强竞争力，为品牌战略的成功实施提供强有力的保障。品牌文化具体而言是其所蕴涵的深刻的价值内涵和情感内涵，即品牌所凝练的价值观、审美情趣、生活态度、品位修养、情感诉求等精神象征。品牌文化通过品牌产品的物质效用与品牌精神高度统一的完美境界，为消费者带来高层次的满足、心灵的慰藉和精神的寄托，在消费者心中形成潜在的文化认同和情感眷恋。在消费者心中，他们所钟情的品牌除了代表产品的质量、性能及独特的市场定位以外，更反映了他们的价值观、个性、品位、生活方式等。现代消费者对品牌的选择和忠诚不再建立在直接的产品利益上，而是建立在品牌深刻的文化内涵上。品牌文化代表着一种价值观、一种品位、一种生活方式，它的独特魅力就在于它不仅提供物质效用，还强调精神文化，使顾客去寻找心灵的归属，实现自我的追求。文化的核心是价值观，不同的价值观产生不同的文化，不同类型文化的根本区别在于其价值观的异同。①

（2）同一性

为了达成品牌视觉形象对外传播的一致性与一贯性，应运用统一设计和统一大众传播，用完美的视觉一体化设计，将信息与认识个性化、有序化、明晰化，把各种形式传播媒体上的形象统一，创造能储存与传播的统一的品牌理念与视觉形象，这样才能集中与强化品牌形象，使得信息传播更为迅速有效，给社会大众留下强烈的印象与影响力。对品牌形象的各个

---

① 黄静.以人为本的企业文化[M].武汉:武汉大学出版社,2003:27.

要素,从品牌理念到视觉要素予以标准化,采用同一的规范设计,对外传播均采用同一的模式,并坚持长期一贯的运用,不要轻易改动与变动。

要达成同一原则,实现品牌视觉形象设计的标准化导向,必须采用简化、统一、系列、组合、通用的手法,对品牌形象进行综合的整形,这称之为"品牌形象整合"。

① 简化。品牌视觉形象作为品牌与消费者沟通的实际载体,需要兼具信息传达和情感认知的功能。研究表明,简化的品牌视觉形象设计有利于信息的传达、标准的施行。这就要求我们对品牌形象设计内容进行提炼,使品牌视觉形象设计组织系统在满足推广需要的前提下尽可能条理清晰,层次简明,优化系统结构。

② 统一。为了使信息传递具有一致性和便于社会大众接受,应该把品牌形象中不统一的因素加以调整。比如,品牌的名称、企业的名称、商标的名称应尽可能统一,这样容易给人以统一的视听形象,容易加深品牌形象在消费者脑海中的印象。

③ 系列。品牌视觉形象设计的系列化是要求我们将设计对象的各个组合要素的参数、形式、尺寸、结构进行合理的安排与规划。我们将这种系列化引入到品牌视觉形象设计中的产品设计、包装设计、广告设计之中,使其具有家族式的特征,产生鲜明的识别感。

④ 组合。将品牌视觉形象设计基本要素组合成通用性较强的单元,灵活运用到不同的应用系统,并规定一些禁止的组合规范,以保证传播的同一一致性。比如,将品牌标志、品牌简称或品牌全称以及辅助图形等组合成不同的形式单元,严格规定其排列结构、尺寸、形式等,再运用到品牌视觉形象设计的应用要素中,便于品牌视觉形象设计的规范与一致。

(3) 区别差异性

品牌形象为了能够获得社会大众的认同,必须是具有个性化、与众不同的,主要表现为:行业与行业之间的差异、同一行业内不同品牌视觉形象的差异以及品牌视觉形象的创新。

① 行业与行业之间的差异。品牌视觉形象设计的差异性表现在不同行业之间,因为在社会大众心目中,不同行业的品牌均有其行业的形象特征,文化创意产业亦是如此。在设计时必须突出行业特点,才能使其与其他行业有着不同的形象特征,有利于识别认同。

② 同一行业内不同品牌视觉形象的差异。品牌视觉形象的树立是用来识别品牌产品或服务的,这有利于市场竞争。因此,同一行业内的不同品牌应代表本品牌的特点,具有独特性和鲜明的个性特征,与竞争对手相区别;同一行业内的不同品牌强调着不同的品牌产品特性,不同的文化背景、设计理念、心理目标等,消费者和用户可根据自身的需要,依据品牌特性进行选择。

③ 品牌视觉形象的创新。创新对于设计是个永恒的常青课题。它是人类改造自然,同时改造自己的创造活动中的重要部分。可以说,失去创新,设计就失去了生命。自20世纪以来,世界史的"主要情节就是'变',发明家以前所未有的速度,把人们带到前所未有的世界,将人们对人和事的观念态度,带入一个完全崭新的境界"。[①] 哲学家卡西尔说过,人之所以为"万物之灵"是因为他会创造"符号"。"当一件物品最初为了生存的需要被制成时,它们是以其实用功能而产生的。装饰是次要的,可有可无。但在较后阶段,当人们有了更多的闲暇去推敲琢磨时,就感到有需要使物体更为完美,并加上个人的印记,使它具有个人的特征了",[②] 这就是"创新"。对于品牌视觉形象设计的创新,我们可以从以下几个方面考虑:

[①] 帕金斯. 创造是心智的最佳活动[M]. 张华夏,译. 广州:广东人民出版社,1997:18.

[②] 瓦尔特·麦勒斯. 设计家手册[M]. 迟罕,肖薇,译. 北京:中国青年出版社,1995:105-107.

④ 品牌文化的创新。不同的品牌注定其品牌文化的差异。品牌文化要想创新，就需要掌握时代的脉搏，跟随不同阶段消费者心理的变化，根据社会和国内的发展，在品牌大文化不变的前提下，对品牌文化进行细化与创新。

⑤ 品牌视觉形象设计的创新。在品牌视觉形象设计的过程中，要能及时变换思维的角度和方法，举一反三，触类旁通，形成多视角、多方位的思维活动态势。能及时采用新的思维观念、方式、方法和材料等，形成富有创新意义的新思维方式和方法，以保持其旺盛的生命力。将科技的创新融入到品牌视觉形象设计之中，使得品牌视觉形象设计的表现手法得以新颖化，带动品牌视觉形象设计的发展。比如，电脑美术设计技术的易操作性及神奇的效果，使得视觉平面设计得到了更快的发展。电脑技术为品牌视觉形象设计注入新的活力，电脑设计更适应时代的飞速发展，能及时有效地取得商业竞争。电脑技术并不是品牌视觉形象设计的全部，它只是一个工具，就如同一支神奇的画笔，是一种表现手法，比起传统的手绘表现方法来得快、精、准、美、特；只有精通电脑设计软件的操作，熟练掌握技巧，才能创造出更好的品牌视觉形象设计。在科技飞速发展的年代，大量的信息冲击着我们的大脑，在这样疲惫的情况下，人们希望看到一些新鲜的、享受的艺术美来缓解紧张的精神状态。运用电脑技术取代传统技法，不仅会取得更好的效果，还会创造出新的想法与创意。

（4）有效实施性

品牌视觉形象设计是品牌的装扮物，是为了解决问题的，因此一定要使品牌视觉形象设计能够得以有效的推行运用。而在品牌视觉形象设计的时候，一定要考虑能够操作和便于操作的可操作性。

首先，在品牌视觉形象设计策划阶段，一定要根据品牌自身的情况，品牌市场营销的地位，来制定和定位品牌视觉形象的设计规划。在这一点上，品牌的企业与设计者之间的沟通变得尤为重要，一切应本着从实际出发，不能为了迎合品牌领导人的不切实际的心态而盲从设计。

其次，要了解品牌视觉形象设计是一个复杂、耗时的系统性工程，是需要花费一定经费和时间的。

最后，品牌视觉形象设计的有效性要求品牌主管有良好的现代经营意识，对品牌形象有一定的了解，并能够尊重专业设计机构的建议和意见。这样才能真正为品牌形象的树立奠定坚实基础。

可以说，在进行品牌视觉形象设计的过程中，我们必须首先遵从其基本原则，把握品牌视觉形象设计的文化性、同一一致性、差异性、有效性，才能够真正地将品牌视觉形象设计做好，为中国文化创意产业品牌服务。①

◆ **内容提要**

文化创意产业品牌的创建过程包括品牌识别过程、品牌确立过程，这个过程贯穿了消费者的认知、消费者定位，并在此基础上进行品牌形象设计。在品牌形象设计中要充分考虑品牌元素的构成及其相互有机组合，从而形成品牌识别度。

◆ **关键词**

品牌认知　品牌识别　品牌定位　品牌确立　品牌形象　品牌设计　品牌元素

---

① 史艳虹.品牌视觉形象设计研究[D].武汉:武汉理工大学学报,2007:25-35.

◆ **复习思考题**

1. 简述消费者认知与文化创意产业品牌识别的关系。
2. 文化创意产业品牌确立要坚持哪些原则?常见的确立方法有哪些?
3. 什么是文化创意产业品牌定位?其基本策略和方法有哪些?
4. 文化创意产业品牌创建一般包括哪些基本步骤?

第三章 文化创意产业品牌战略的运行

本章结构图

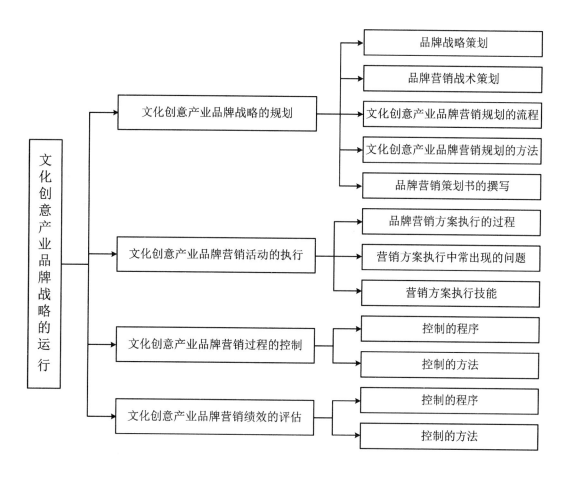

学习目标

1. 了解文化创意产业品牌战略的基本内容;掌握文化创意产业品牌营销活动规划的流程与方法。

2. 了解文化创意产业品牌营销方案执行的过程及常见问题;掌握文化创意产业品牌营销方案执行能力提升的方法。

3. 了解文化创意产业品牌营销活动控制的程序,掌握常见的控制方法。

4. 理解和掌握文化创意产业品牌营销评估的常用模型。

第一节 文化创意产业品牌战略的规划

文化创意产业品牌战略是将品牌作为核心竞争力,以获取差别利润与价值的经营战略,是市场经济中竞争的产物,其本质是塑造出文化企业的核心专长,从而确保文化企业的长远发展。其战略规划是文化创意企业为实现某品牌的营销目标而对将要发生的营销行为进行超前规划和设计,以提供一套系统的有关企业营销的未来方案。这种规划以对市场环境的分析和充分占有市场竞争的信息为基础,综合考虑外界的机会与威胁、自身的资源条件及优劣势、竞争对手的谋略和市场变化趋势等因素,进而编制出规范化程序化的行动方案,包括从构思、分析、归纳、判断,直到拟定策略方案、实施跟踪调整与评估等。

文化创意产业品牌营销活动规划,包含创意、目标和可操作性这三大要素。没有独辟蹊径、令人耳目一新的品牌营销创意,不能称为营销规划;没有具体的营销目标,规划也落不到实处;而不能操作的方案,无论创意多么巧妙杰出,目标多么具体、富有鼓动性,也没有任何实际价值。文化创意产业品牌营销活动的规划,包括品牌营销战略策划和营销战术策划两方面内容。

一、品牌战略策划

(一) 品牌战略概述

"战略"一词本来是军事术语,原意指事关战争全局性、决定性的谋划和策略。后来被广泛引入社会生活的各个领域,泛指带有全局性、重大问题的谋划和决策。把战略的概念应用在品牌营销活动中,就称为品牌战略。包括如下方面:一是品牌化决策——解决品牌的属性问题,制造商品牌或经销商品牌,自创品牌或加盟品牌。二是品牌模式选择——解决品牌的结构问题,综合性的单一品牌或多元化的多品牌,联合品牌或主辅品牌。三是品牌识别界定——确立品牌的内涵,消费者认同的品牌形象,是品牌战略的核心。四是品牌识别规划——对品牌未来发展领域的界定,以谋求品牌价值的最大化。五是品牌管理规划与品牌远景设立——在组织机构和管理机制上进行规划,为品牌的发展设立远景,明确品牌发展各阶段的目标和衡量指标。

品牌战略策划是文化创意产业品牌营销策划中至关重要的,是具有方向性、全局性和综

合性的谋划。为追求品牌价值利益的最大化,这里提出五种基本品牌营销战略:

1. 品牌发展战略

即从新品牌诞生之日起,一直采取强化营销战略,使品牌有活力地发展,最终成为领导品牌。但需注意的是,整个过程必须有计划性地去发展。

2. 品牌形象加强战略

此阶段,品牌已拥有相当活力,但未取得消费者的品牌地位认同,因此应加强提高形象的宣传活动,以达到领导品牌的地位。

3. 品牌延伸战略

指有计划导入新商品,以求品牌活性化,加强消费者偏好,取得品牌竞争优势。

4. 品牌再活性化战略

此时消费者对品牌已有认同和尊重,但已欠缺活力,若不加强品牌力便会持续衰退,这就是保持品牌力的战略。

5. 品牌撤退战略

指既有品牌已不适应新市场,应以新品牌取代原有品牌,重新开始新品牌的资产创造工作。[①]

(二) 品牌战略的内容

品牌战略策划的任务就是站在战略经营单位的角度分析形势,制订目标和计划。其主要内容是策划人员通过了解现状预测未来,寻求和评价市场机会,对所显现的市场进行细分,并对各细分市场进行优选以决定目标市场,同时制订品牌定位策划、市场竞争策划、品牌战略思想策划和品牌营销战略设计等。

1. 品牌定位策划

品牌定位(brand positioning)是市场营销策略的核心问题。它指"设计公司的产品服务以及形象,从而在目标顾客的印象中占有独特的价值地位"。顾名思义,定位就是在顾客群的心智或者细分市场中找到合适的"位置",从而使顾客能以合适的、理想的方式联想起某种产品或服务。品牌定位就是确定本品牌在顾客印象中的最佳位置(相对于竞争对手在顾客印象中的位置),以实现公司潜在利益的最大化。合适的品牌定位可以阐明品牌的内涵、独特性,与竞争品牌的相似性,以及消费者购买并使用本品牌产品的必要性,这些都有助于指导营销策略。[②]

品牌定位策划可分为如下几个步骤进行:首先,寻求和评价市场机会。了解机会、发现机会、评价机会,是文化企业市场机会研究策划的中心任务。其次,文化企业根据消费者对品牌的不同需求、不同的购买习惯与购买行为,将整体市场划分为若干个消费者群体,即细分市场,并找出理想的细分市场作为自己的目标市场。第三,在选定目标市场后,文化品牌要研究自身的状况、竞争者的优劣处和消费者特征等,从而确定自己的产品、品牌和形象在市场上应处于何种位置,这就是品牌定位策划。

---

① 董秀春.品牌营销战略策划与设计[J].前沿,2004(9):25-26.
② 凯文·莱恩·凯勒.战略品牌管理[M].3版.吴本龙,何云,译.北京:中国人民大学出版社,2009:93.

2. 市场竞争策划

市场竞争是商品经济的基本特征,只要存在商品生产和商品交换,就必然存在竞争。不同的竞争者所采取的方法手段不相同,其结果也大不相同,因此文化创意品牌必须重视市场竞争战略的策划。市场竞争战略策划主要包括:品牌竞争力分析、竞争对手分析与竞争策略确定。

3. 品牌战略思想策划

(1) 成本领先。一个企业应力争使其总成本降到行业最低水平,作为战胜竞争者的基本前提。采用这种战略,核心是争取最大的市场份额,以达到单位产品成本最低,从而以较低售价赢得竞争优势。实现成本领先的战略目标,要求企业具有良好、通畅的融资渠道,能够保证资本持续不断地投入;产品设计便于制造,工艺过程精简;拥有低成本的分销渠道;实施紧张的劳动管理;更加先进的技术、设备以及更加熟练的员工;更高的生产效率、更加严格的成本控制体系、结构严密的组织体系和责任管理以及满足严格的数量目标为基础的激励制度。这样,企业依靠成本低廉的差别形成战略特色,并在此基础上争取有利的价格地位,在与对手的抗争中也就能够占据优势。

(2) 差别化或别具一格。实施这种战略,竞争优势主要依托在产品设计、工艺、品牌、特征、款式和顾客服务等各个方面或几个方面,与竞争者相比能有显著的独到之处。由于不同的企业各有特色,顾客难以直接比较其间产品的"优劣",故而可以有效抑制市场对价格的敏感性,企业同样有可能获得不亚于成本领先企业的经济效益。一旦消费者对企业或者品牌建立较高的信任度,还能为竞争者的进入设置较高的障碍。能有效实施这一战略的前提:企业在市场营销、研究与开发、产品技术和工艺设计等方面具有强大的实力;在质量、技术和工艺等方面享有优异、领先的良好声誉;进入行业的历史久远或者从事其他行业时积累了许多独特的能力;可以得到来自销售渠道各个环节的大力支持和合作。因此,一个企业必须能够对它的基础研究、新产品开发和市场营销等职能进行有效的协调和控制,吸引高技能的员工、专家和其他创造型人才,以及有助于创新的激励机制。

(3) 重点集中或"聚焦"。一般的成本领先和差别化战略,多着眼于整个市场、整个行业,从大范围谋求竞争优势。重点集中或"聚焦"则是把目标放在某个特定的、相对狭小的领域内,争取成本领先或者争取差别化,从而建立相对的竞争优势。一般来说,它是中小企业多用的一种战略。在同一市场上,采用同一战略的企业之间,事实上形成了一个"战略群落"。由于使用相同的"武器",运用最佳的企业一般来说收益最高。那些采用模糊的、非此非彼战略的企业则往往经营最差,它们想集所有战略的优势于一身,结果在哪一方面都毫无突出成效。[①]

二、品牌营销战术策划

营销战术策划的主要内容就是 20 世纪 60 年代杰罗姆·麦卡锡(Jerome McCarthy)提出的著名的 4P's 市场营销组合,包括:产品(product)、价格(price)、渠道(place)、促销(promotion)。其中,促销策划是营销战术策划中不可或缺的重要一环,是文化企业完成其营销目标的必备工具,其目的是通过一定的促销手段促进文化产品销售。促销策划就是把人员

---

① 董秀春.品牌营销战略策划与设计[J].前沿,2004(9):26-27.

促销、广告促销、公共关系和营业推广等形式有机结合,综合运用,最终形成一种整体促销的活动方案。

品牌资产归根结底来源于客户,创建品牌资产的过程是一家企业与客户进行沟通的过程,基于此,可以将品牌营销战术策划视为营销战术策划中"促销"范围内的一部分。凯文·莱恩·凯勒将品牌营销战术策划主要细分为三个步骤:选择品牌元素创建品牌资产、设计营销方案创建品牌资产以及整合营销传播创建品牌资产。

(一) 选择品牌元素创建品牌资产

品牌元素有时也称为品牌特征,指那些用以识别和区分品牌的商标设计。主要的品牌元素有:品牌名称、URL、标识、符号、形象代表、品牌口号、广告曲、包装。基于顾客的品牌资产模型,应对品牌元素进行选择,以强化品牌认知,形成强有力的、偏好的和独特的品牌联想,或者形成正面的品牌判断和品牌感受。对品牌元素创建品牌能力的检验是指,在顾客只知道品牌名称、标识及其他品牌元素的情况下,问他们对该产品的所想、所感。凡是对品牌资产具有贡献的品牌元素,都能在一定程度上传达或暗示有价值的品牌联想或品牌响应。关于选择品牌元素及选择标准等具体战术,详见第二章第三节相关内容,不赘述。

选择并确定品牌元素之后,还要整合所有品牌元素。每个品牌元素对创建品牌资产来说都至关重要,因此,营销者需要"组合和匹配"这些要素,使品牌资产最大化。例如,一个有意义的品牌名称,如果能够通过标识在视觉上表现出来,将比没有标识容易记住得多。

全套品牌元素构成了品牌识别(brand identity),所有品牌元素都对品牌认知和品牌形象起着重要作用。品牌识别的聚合性取决于品牌元素之间一致性的程度。在理想的情况下,品牌元素应能互相支持,且能方便地应用到品牌及营销方案的其他方面。[1]

(二) 设计营销方案创建品牌资产

1. 产品策划

文化企业要靠产品去满足消费者和用户的需求和欲望,占领市场。产品是文化企业营销组合中最重要的一种手段,是企业决定其价格、分销和促销手段的基础。产品策划是指文化企业从产品开发、上市、销售至退出市场的全过程的活动及方案。产品策划从类型上说,包括新产品的开发、旧产品的改良和新用途的拓展等三方面的内容;从现代营销观点上说,其过程和内容应包括产品创意、可行性评价、产品开发设计、产品营销设计、产品目标等方面的策划。

2. 价格策划

价格是市场营销组合中最重要的因素之一。是企业完成其营销目标的有效工具。价格策划就是文化企业在进入文化市场过程中如何利用价格因素来争取进入目标市场,进而渗透甚至占领目标市场,以及为达到营销目标而制定相应的价格策略的一系列活动及方案、措施。在产品的进入阶段、渗透阶段和占领阶段应采用不同的价格策略。文化企业能否正确运用价格杠杆策划与实施有效的价格策略,关系到企业营销的成败及其经济效益的好坏。

---

[1] 凯文·莱恩·凯勒. 战略品牌管理[M]. 3 版. 吴本龙,何云,译. 北京:中国人民大学出版社,2009: 131-162.

3. 分销策划

文化品牌产品要经过一定的方式、方法和路线才能进入消费者手中,分销便是文化企业使其产品由生产地点向销售地点运动的过程。在这个过程中,文化企业要进行一系列活动策划。菲利普·科特勒教授认为"营销渠道决策是公司所面临的最复杂和最有挑战性的决策之一"。文化企业分销策划要根据自身的实力以及所处环境来决定。因文化产品的进入期、渗透期和占有期有着不同特点,故其分销策略也有所差别。

(三)整合营销传播创建品牌资产

营销传播(marketing communications)是公司就自己出售的品牌,直接或间接告诉、说服并提醒消费者的手段。从某种意义上讲,营销传播是品牌的"声音",是与消费者对话和建立关系的手段。虽然一个营销传播方案的核心往往是广告,但就创建品牌资产而言,广告不是唯一的,甚至不是最重要的元素。伯内特(Burnett)和莫里亚蒂(Moriarty)将整合营销传播定义为"统一所有营销传播工具的实践,从广告到包装向目标观众传递一致的、具有说服力的信息,以推广公司的目标"。

虽然广告和其他传播方式在营销方案中可以扮演不同的角色,但所有营销传播战略都有一个重要目的,即有助于品牌资产的积累。根据基于顾客的品牌资产模型,营销传播可以通过建立品牌认知,在消费者的头脑中产生强有力的、偏好的和独特的品牌联想,促使消费者对该品牌形成正面的判断或者感受,建立密切的顾客品牌关系和强烈的品牌共鸣,进而构成基于顾客的品牌资产。此外,在形成理想的品牌知识结构方面,营销传播方案有助于产生顾客的差异化反应,形成基于顾客的品牌资产。

营销传播的灵活性在于它有若干种不同的方式可以积累品牌资产;同时,品牌资产能帮助营销者决定如何设计和执行不同的营销传播方案。如何有选择地制定营销传播方案以创建品牌资产,是一个值得所有文化企业思考的问题。

1. 营销传播方案分类

(1)广告。广告的定义是:由发起人支付的对理念、商品或服务进行的各种形式的非针对个人的陈述或推销。广告在创建品牌资产中的作用往往重要而有争议,虽然广告被认为是建立强有力的、偏好的和独特的品牌联想的有效手段,但它也引起了争议,因为广告的具体效应往往很难量化和预测。然而,一些使用不同方法的研究显示,广告在影响品牌销售方面确实具有相当的威力。

(2)促销。促销是指向消费者提供短期激励,以鼓励他们尝试和使用某种产品或服务。促销既可以针对中间商,也可以针对最终用户。与广告一样,促销有多种形式。广告向消费者提供了购买的理由,促销则提供了购买的动力。所以,促销的目的在于:① 改变中间商的行为,使他们积极支持、推销本品牌。② 改变消费者的行为,使他们尝试购买本品牌,或购买更多本品牌的产品,或是更早、更频繁地购买。

(3)事件营销与赞助。事件营销是指公开赞助与体育、艺术、娱乐或公共事业有关的事件或活动。事件本身具有一系列联想,在一定条件下能和赞助的品牌发生关联。赞助事件通过与品牌发生联系,提高品牌认知、增加新的品牌联想,或是改善既有品牌联想的强度、偏好性和独特性,从而对品牌资产作出贡献。

(4)公共关系与宣传。公共关系与宣传是指用来促进或保护公司形象及其产品的活动方案。这里所说的宣传(publicity)是指新闻发布会、媒体采访、专题文章、新闻简报、照片、电影、录像带等所有非人际性的传播方式。公共关系（public relations）包括年度报告、筹资、团体参与、游说、特殊事件管理及公共事务等。

（5）人员推销。人员推销是指以销售为目的、面对面地与一个或一个以上的购买者进行交流的方式。人员推销的优缺点与广告完全相反。具体地说，人员推销的主要好处在于，可以因人而异地向消费者传递详细、定制化的信息内容，其反馈信息可以帮助营销者提高销售额。这种方式能帮助营销者识别潜在客户，并为他们的需求提供个性化的解决方案。同时，产品也能向消费者一一演示。人员推销在处理消费者售后问题方面也十分有效，可以保持消费者的满意度。人员推销的主要缺点是成本太高、广度不够。对许多大规模市场的产品而言，人员推销会受到成本的限制。

2. 整合营销传播方案的标准

在制订整合营销传播方案时，最重要的目标是要创造最有效果和最有效率的传播方案。以下是六个相关的评价标准：

（1）覆盖率。覆盖率与采用的每个传播方案能够达到的观众比例以及各种传播方案之间存在多少重合部分有关。换句话说，即各种不同的传播方案达到指定的目标市场的程度如何，组成市场的相同的或者不同的消费者有多少。覆盖率的独特性与传播媒介的"主要效果"有关；覆盖率的共同性与两种传播方式的"互动效果"有关。

（2）贡献率。贡献率是指在没有其他任何传播方案的情况下，顾客对营销方案产生理想反应和传播效应的固有能力。换句话说，贡献率和营销传播的"主要效果"有关，它衡量了营销传播方案是如何影响顾客处理传播信息及其相应效果的。营销传播可以扮演多种角色（比如建立知名度、提升形象、引发反应、刺激消费），每种营销传播方式的贡献率取决于该角色扮演得如何。

（3）一致性。一致性是指不同传播方案传递相同信息的程度。大多数整合营销传播的定义都只强调这一标准。无论选择哪些传播手段，整个营销传播方案都应当很好地进行协调，以建立起统一一致的品牌形象，亦即品牌联想应有共同的内容和含义。品牌形象的一致性和内聚性是很重要的，因为它决定了现有的联想被回忆起来的难易程度，以及额外增加联想的难易程度。

（4）互补性。传播方案在成对使用时通常更有效。互补性是指不同传播方案强调差异性联想及连接的程度。例如，研究表明，促销与广告结合时效果更好，促销与广告并行的情况下，由广告活动建立起来的品牌认知和品牌态度，能直接改善产品销售状况。因此，理想的营销传播方案需确保所选择的传播手段能够互相加强、互相补充，以帮助建立理想的消费者品牌知识结构。

（5）通用性。通用性是指营销传播方案对不同顾客群体的有效性程度。有两种类型的通用性：传播和消费者。整合营销传播方案的实质是，当消费者面对某一营销传播时，一些消费者可能已经接触过其他的有关该品牌的营销传播，而其他的消费者以前没有过这样的经历。营销方案能够在这两个层面上都起作用，即同时对两个群体进行有效传播，这一点至关重要。

（6）成本。最后，在根据前面的标准对营销传播进行评价时，还要考虑它们的成本，这样才能达成最有效果和最有效率的营销传播方案。①

三、文化创意产业品牌营销规划的流程

文化创意产业品牌营销活动规划是一个科学的运作过程。一般来说，具体包括以下八个步骤：

第一，了解现状。不仅包括对文化市场情况、消费者需求进行深入调查，还包括对文化市场上竞争产品的了解以及对经销商情况的了解。只有充分掌握了企业、产品的情况，才能为后面的策划打下基础。

第二，分析情况。包括对文化市场、竞争对手、行业动态等进行一次较为客观的分析。这是一次去粗取精、去伪存真的过程，是营销策划的前奏。

第三，制订目标。文化企业要将自己的品牌打出去，必须制订切实可行的目标，这个目标包括企业整体目标和营销目标两方面。能否制订一个切合实际的目标是营销策划的关键。

第四，制订品牌营销战略。文化企业必须围绕已制订的目标进行统筹安排，结合自身特点制订可行的品牌营销战略。制订品牌营销战略时，要特别注意文化产品的市场定位和资金投入预算分配。

第五，制订行动方案。品牌营销活动的开展从时间上到协调上需要制订一个统筹兼顾的方案，要求选择合适的文化品牌上市时间，同时还要有各种促销活动的协调和配合。

第六，预测效益。要编制一个类似损益报告的辅助预算，在预算书中列出收入与开支。经文化企业领导审查同意之后，它就成为了有关部门、有关环节安排采购、生产、人力及市场营销工作的依据。

第七，设计控制和应急措施。设计控制措施的目的是便于操作时对计划的执行过程、进度进行管理，设计应急措施的目的是事先充分考虑到可能出现的各种困难，防患于未然。

第八，撰写品牌营销计划书。这是文化企业品牌营销策划的最后一个步骤，就是将品牌营销策划的最终成果整理成书面材料，即营销策划书。其主体部分包括现状和背景介绍、分析、目标、战略、战术或行动方案、效益预测、控制和应急措施等。

四、文化创意产业品牌营销规划的方法

文化创意产业品牌营销策划的方法主要有以下几种：

1. 点子方法

点子是智慧的内核，点子需要的是创新的欲望，超人的胆识、勇气及个性。从现代营销角度来说，点子是指有丰富市场经验的营销策划人员经过深思熟虑，为文化创意产业品牌营销方案的具体实施所想出的主意与方法。一个点子往往展现了整个品牌营销策划的精华。

2. 创意方法

创意是指在文化市场调研的前提下，以市场策略为依据，经过独特的心智训练后，有意

---

① 凯文·莱恩·凯勒. 战略品牌管理[M]. 3版. 吴本龙，何云，译. 北京：中国人民大学出版社，2009：208-243.

识地运用新的方法组合旧的要素的过程。创意方法是文化创意产业品牌营销策划的核心和精髓,许多营销策划的成功之处往往来源于一个绝妙而又普通的创意。

3. 谋略方法

谋略是关于某项事物、事情的决策和领导实施方案。谋略的中心是一个"术"字,战术、权术、手段和方法在谋略中发挥着核心作用。谋略含有组织、管理、规划、运筹、目标、行为等多方面的内容,既有全局性、根本性,又有艺术性、方向性。谋略的调控使点子有了目标,使营销策划有了目的,往往会给文化企业带来意想不到的效果。

4. 运筹学方法

战国时期著名的"田忌赛马"故事就是运用运筹学的典型。出马是点子,组阵是谋略,概率与组合是战略方法,一不胜而再胜、三胜是关键。以少胜多、以弱胜强,是运筹学发挥作用的依据。

五、品牌营销策划书的撰写

品牌营销策划书没有一成不变的格式,它依据文化品牌或品牌营销活动的不同要求,在策划的内容与编制格式上也有所变化。但从文化创意产业品牌营销策划活动的一般规律来看,其基本结构和内容大致包括以下十项:

1. 封面

策划书的封面可提供以下信息:① 策划书的名称;② 被策划的对象;③ 策划机构或策划人的名称;④ 策划完成日期及本策划适用时间段;⑤ 编号。

2. 前言

前言(或序言)是策划书正式内容前的说明部分,内容应简明扼要,一目了然,最多不要超过500字。其内容主要是:① 接受委托的情况;② 本次策划的重要性与必要性;③ 策划的概况,即策划的过程及达到的目的。

3. 目录

目录的内容也是策划书的重要部分。目录具有与标题相同的作用,使阅读者能方便地查询营销策划书的内容。

4. 概要提示

概要提示的撰写同样要求简明扼要,篇幅不能过长。另外,概要提示不是简单地把策划内容一一列举,而是要单独成一个系统。因此,对其的遣词造句都要仔细斟酌,以起到一滴水见大海的效果。

5. 正文

正文是营销策划书中最重要的部分,具体包括以下几方面内容:第一,品牌营销策划的目的。主要是对本次营销策划所要实现的目标进行全面描述,它是本次营销策划活动的原因和动力。第二,市场状况分析。具体包括宏观环境分析、产品分析、竞争者分析、消费者分析等。第三,市场机会与问题分析。品牌营销方案是对市场机会的把握和策略的运用,以及对问题的解决,因此分析市场机会和问题是品牌营销策划的关键。第四,确定具体品牌营销方案。针对营销中问题点和机会点的分析,提出达到营销目标的具体品牌营销方案。营销方案主要由市场定位和4P's(产品方案、价格方案、分销方案、促销方案)组合两部分组成。

6. 预算

这一部分记载的是整个营销方案推进过程中的费用投入,包括营销过程中的总费用、阶段费用、项目费用等,其原则是以较少投入获得最优效果。

7. 进度表

把策划活动起止全部过程拟成时间表,具体到何日何时要做何事都标注清楚,作为策划进行过程中控制与检查的依据。

8. 人员分配及场地

此项内容应说明具体营销策划活动中各个人员负责的具体事项及所需物品和场地的落实情况。

9. 结束语

结束语在整个策划书中主要起与前言相呼应的作用,使策划书有一个圆满的结束,不致使人感到太突然。

10. 附录

附录的作用在于提供策划客观性的证明。应将有助于阅读者对策划内容理解、信任的重要资料列入附录。此外,附录也要标明顺序,以便阅读者查找。

第二节　文化创意产业品牌营销活动的执行

即使是最优秀的品牌营销计划,不执行也等于零。所以,有了品牌营销计划后,就要积极执行努力实现计划目标。文化创意产业品牌营销计划的执行,是将文化企业的品牌营销计划转化为行动和任务的部署过程,并保证这种任务的完成,以实现品牌营销计划所制定的目标。它要解决的是,由谁、何时、何地、如何落实计划的问题。执行是一项看似简单实则复杂的系统工程。执行文化创意产业品牌营销计划,是指将品牌营销计划转变为具体品牌营销行动的过程,即把文化企业的经济资源有效地投入到企业品牌营销活动中,完成计划规定的任务,实现既定目标的过程。文化企业要想有效执行品牌营销计划,必须建立起专门的市场营销组织。此外,营销部门在开展品牌营销工作时的有效性,还取决于营销部门对营销人员的选择、培训、指挥、激励和评价等活动。高效合理的营销组织和德才兼备的营销人员是执行计划的必备条件。

一、品牌营销方案执行的过程

(一) 制订企业的行动方案和职能策略

为了使品牌营销计划得以有效执行,文化企业必须制订详细的行动方案。方案必须明确市场营销计划的关键性环境、措施和任务,并将任务分散到个人或单位。同时方案应包含具体的时间安排和人员安排。此外企业还要制订出相应的职能策略,如产品开发策略、市场营销策略、财务策略、生产策略、质量策略等。这些职能策略要能够体现出策略推进步骤、采取的措施、项目安排等。

(二)建立相应的组织结构和规章制度

为了有效执行营销计划,企业必须调整和建立与自身战略相一致、与营销环境相适应的组织结构。为了应对快速变化的营销环境,企业还须根据自身战略及市场营销计划的需要,适时改变、完善组织结构。正因为如此,很多文化企业的组织结构出现了扁平化和虚拟化的发展趋势。

组织结构建立之后,为了保证计划能够落在实处,还必须建立起相应的规章制度。在这些规章制度中,必须明确与计划有关的各个环节、岗位、人员的责、权、利分配,以及各种要求和奖惩措施。

(三)开发企业的人力资源

文化企业所有的品牌营销计划都要依靠企业的员工来执行。因此,文化企业必须合理、有效地开发企业的人力资源。而其中最主要的是开发企业的人力资本。所谓人力资本,主要指两类人:一是技术创新者,二是职业经理人。文化企业的人力资本比人力资源更加重要。开发企业的人力资源包括了文化企业人员的考核、选拔、安置、培训和激励等问题。要挑选出适合的企业高层管理者来贯彻既定的战略方案。

(四)培育和建设企业文化

文化企业需要解决的三个基本问题是:企业制度的建设,企业战略的选择和企业文化的塑造。企业文化是指一个企业内部全体人员共同持有和遵循的价值标准、基本信念和行为准则。企业文化对文化创意企业经营思想和领导风格,对员工的工作态度和作风均起着决定性作用。企业文化包括企业环境、价值观念、模范人物、仪式、文化网五个要素。

(五)协调各种关系并最终付诸行动

为了有效实施文化企业品牌营销战略和行动方案,组织结构、规章制度、人力资源管理等各因素必须协调一致,相互配合,最终将计划要求的各项工作加以落实,并通过实践操作切实实现计划目标。

二、营销方案执行中常出现的问题

文化企业在实施品牌营销战略和市场营销计划过程中可能面临的主要问题如下:

(一)计划与实际相互脱离

文化企业营销计划通常是由上层的专业管理人员制订的,而执行则需要依靠基层市场营销人员。如果这两类人员之间缺乏必要的沟通和协调,就会导致下列问题的出现:计划的制订者只考虑到总体的战略目标而忽略了计划执行过程中的细节问题,使计划过于笼统和流于形式,从而难以实施;计划的制订者与计划的执行人员之间缺少必要的沟通,导致执行人员在没有完全理解营销计划战略的情况下盲目地加以执行;脱离实际的战略导致计划制订者和执行人员相互对立和不信任。因此,文化企业在制订品牌营销计划时应是让计划的执行人员协助制订者去制订营销计划,从而使得营销计划更加符合实际情况,有利于营销计划的执行。

(二) 长期目标与短期目标相互矛盾

品牌营销战略计划着眼于文化企业的中长期目标,通常涉及今后 3~5 年的经营活动。而具体执行这些战略计划的市场营销人员则通常着眼于短期的目标,如销售量、市场占有率或利润率等。因此,品牌营销计划通常存在长期目标与短期目标相互矛盾的问题。文化企业如果能够有效平衡这两种目标,那么品牌营销计划的执行人员就不会选择短期行为,从而使其目标与品牌营销计划的制订人员相一致。

(三) 缺乏具体明确的执行方案

还有一些文化企业的品牌营销战略计划是由于计划人员没有制订明确、具体的执行方案,使得营销计划的执行人员无所适从,从而导致了整个营销计划执行的失败。

(四) 资源不足

文化创意产业品牌营销计划执行中出现资源不足,可能是计划不周所致,但大多数是由于执行者的协调能力欠缺,以及执行者的指导思想不正确,他们没有把自己的主要资源配置在起主要作用的矛盾方面,而是平均分配资源。进而导致了缺乏科技人才、创新人才、管理人才和销售人才,限制了文化企业核心竞争力的提高。这就要求执行者合理调配资源,突出重点,从而确保计划目标的实现。

三、营销方案执行技能

为了有效地执行品牌营销方案,文化企业的每一层次(即职能、方案、政策等)都必须善于运用下列四种技能:

(一) 配置技能

配置技能指文化企业市场营销经理在职能、政策和方案三个层次上配置时间、资金和人员的能力。

(二) 调控技能

调控技能包括文化企业建立和管理一个对品牌营销活动效果进行追踪的控制系统。控制有四种类型:年度计划控制、利润控制、效率控制和战略控制。

(三) 组织技能

组织技能常用于开展有效工作的组织中,理解正式和非正式的市场营销组织对于文化企业开展有效的品牌营销执行活动是非常重要的。

(四) 互动技能

互动技能指营销经理影响他人把事情办好的能力。文化企业营销人员不仅必须有能力推动本企业的人员有效地执行理想的战略,还必须推动企业外的人或企业(如市场调查公司、广告公司、经销商、批发商、代理商等)来实施理想的战略,即使他们的目标与本企业的目标有所不同。

第三节　文化创意产业品牌营销过程的控制

控制是管理的基本职能之一,如果把制订计划、实施计划和控制计划看作一个周而复始的过程,那么,控制既是一个循环的开始,又是一个循环的结束。文化企业面临着复杂多变的市场环境,为了保证战略计划的贯彻和实施,管理者必须重视品牌营销控制工作。

所谓文化创意产业品牌营销活动的控制,就是文化企业的管理者对品牌营销计划执行情况和效果进行检查与评估,了解计划与实际是否一致,找出两者之间的偏离及造成偏离的原因,并采取修正措施以确保品牌营销计划的有效执行。计划与实施过程中的现实并不总能保持一致,在实施中常常会出现各种意外的情况,同时,战略和计划本身也可能有某些不符合实际的地方。实践证明,文化企业的日常业务活动如果不通过控制,那么战略和计划往往会落空。因此,必须有效地进行营销控制。控制有助于及早发现问题,避免可能的事故,寻找更好的管理办法,充分挖掘企业潜力。

一、控制的程序

文化创意产业营销控制是一个颇为复杂的过程。一般而言,营销控制过程能够被规律性地分解为若干步骤;不同的战略需要决定不同的控制目标以及营销控制的具体类型。文化创意产业营销控制的程序一般可分为几个步骤:

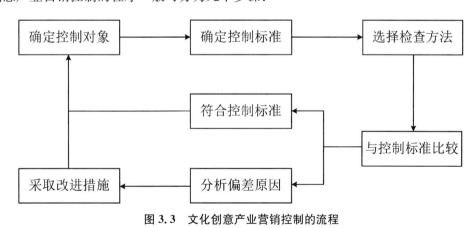

图3.3　文化创意产业营销控制的流程

（一）确定控制对象

确定控制对象,即确定对哪些营销活动进行控制。在决定控制对象时,应当权衡利弊,使控制成本小于控制活动所带来的效益。

(二) 确定控制标准

一般情况下,文化企业的营销目标就可以作为品牌营销控制的衡量标准,如销售额指标、销售增长率、利润率、市场占有率等。当进行营销过程控制时,问题就比较复杂,需要建立相关的标准。由于各个文化企业的具体情况不同,品牌营销目标不同,营销控制的衡量标准也各不相同。

(三) 选择检查方法,与控制标准比较

确立了控制标准后,就要把控制标准与实际结果进行比较。检查的方法有很多种,如直接观察法、统计法、访问法和问卷调查法等。

(四) 分析偏差原因

与控制标准进行比较,若符合标准,则维持控制延续下去;若与控制标准发生偏差,则要进一步分析偏差原因。执行结果与计划发生偏差的情况是经常出现的。要确定产生偏差的原因,就必须深入了解情况,尽可能多地查阅相关资料,从中找出问题的症结。

(五) 采取改进措施

针对存在的问题,应提出相应的改进方案并及时采取改进措施,以保证计划目标顺利实现。

二、控制的方法

文化创意产业品牌营销控制的方法有很多种,归纳起来主要包括四方面:年度计划控制、盈利能力控制、效率控制和战略控制。

(一) 年度计划控制

年度计划控制是指文化企业在本年度内采取控制步骤,检查实际绩效与计划之间是否有偏差,并采取改进措施,以确保品牌营销计划的实现与完成。年度计划控制的主要目的在于:促使年度计划产生连续不断的推动力;控制的结果可以作为年终绩效评估的依据;发现企业潜在问题并及时予以妥善解决;高层管理人员可借此有效地监督各部门的工作。

年度计划控制系统包括四个主要步骤:第一,制定标准,即确定本年度各个季度(或月)的目标,如销售目标、利润目标等;第二,绩效测量,即将实际成果与预期成果相比较;第三,因果分析,即研究发生偏差的原因;第四,改进行动,即采取最佳的改正措施,努力使成果与计划相一致。

文化创意企业经理人员可运用五种绩效工具以核对年度计划目标的实现程度,即销售分析、市场占有率分析、市场营销费用与销售额比率分析、财务分析和顾客态度追踪。

(二) 盈利能力控制

除了年度计划控制之外,文化企业还需要运用盈利能力控制来测定不同文化创意产品、不同销售区域、不同顾客群体以及不同渠道的盈利能力。由盈利能力控制所获取的信息,有

助于管理人员决定各种文化创意产品或品牌营销活动是扩展、减少还是取消。盈利能力控制工作主要包括以下内容：

1. 营销成本控制

文化企业不仅要控制销售额和市场占有率，同时还要控制营销成本。营销成本包括直接推销费用、促销费用、仓储费用、运输费用及其他营销费用。

2. 盈利性分析

盈利性分析是按市场营销业务的各个方面计算纯利润，然后与预期目标相比较，对于那些低于预期目标的项目进行分析，提出改进措施，以此帮助文化创意企业获取更大的经济利益。

3. 选择调整措施

文化创意企业在进行盈利性分析之后，要选择相应的调整措施，排除或者削弱那些妨碍获利的因素所造成的影响。

（三）效率控制

假如盈利能力分析显示出文化企业关于某一产品、地区或市场所得的利润很差，那么紧接着下一个问题便是有没有高效率的方式来管理销售人员、广告、销售促进及分销。效率控制主要从以下四个方面着手：

1. 销售人员效率控制

文化企业的各地区的销售经理要记录本地区内销售人员效率的几项主要指标，通过对这些指标的分析可以及时发现一些重要的问题，当文化企业开始重视销售人员效率的改善后，通常会取得很多实质性的改进。

2. 广告效率控制

广告效率的高低可以通过每种媒体和工具接触一定数量的观众所花费的广告成本、观众对广告内容和效果的意见、观众在广告前后的态度变化等指标来衡量。文化企业可以采取若干措施来改进广告效率。

3. 促销效率控制

为了改善销售促进的效率，文化企业管理阶层应对每一销售促进的成本和对销售影响做记录，同时还应观察不同销售促进手段的效果，并使用最有效果的促销手段。

4. 分销效率控制

提高分销效率是探索节约流通时间、降低流通费用、更好地满足用户和消费者需要的问题。主要要求文化企业能够对分销渠道的选择效果进行合理评估，并确定改进办法。

（四）战略控制

品牌营销战略控制是文化创意企业高层管理者最重要的控制工作，目的在于确保企业的目标、政策、战略和措施与市场营销环境相适应。在进行战略控制时，文化创意企业通常运用"市场营销审计"（marketing audit）这一重要工具，一般通过文化创意企业审计负责人对企业的营销环境、营销目标、营销战略等进行定期、全面的检查和评价，并提出报告。

总之，在文化企业的品牌营销战略和计划制订出来以后，如何使之变为现实，是企业营销成败的关键。这就要求文化企业设置与营销战略、计划的实施相适应的组织结构与体系，合理安排和调配企业各种资源，以保证计划的顺利实施。在市场营销计划实施的过程中，为了保证组织活动的过程和实际绩效与计划内容相一致,文化企业的管理者必须对品牌营销计划的实施进行控制。

第四节 文化创意产业品牌营销绩效的评估

开发评估程序来评估品牌的具体运营状况是文化创意产业开展品牌营销活动过程中最后一项重要工作。基于顾客的品牌资产模型提供了如何评估品牌资产的指导。由于基于顾客的品牌资产的定义为:品牌知识对顾客产生的差异化效果,即根据品牌认知以及强有力的、偏好的、独特的品牌联想,所以存在两种评估品牌的方法。间接方法(indirect approach)是通过识别和追踪顾客的品牌知识结构(包括所有与品牌相关的思想、感情、形象、感知和信念),来评估潜在的基于顾客的品牌资产来源;直接方法(direct approach)是通过考察消费者对各种营销方案的反应,来评估品牌知识的实际影响。

这两种方法具有互补性,营销者能够也应该同时使用。换言之,由于品牌资产提供了一种有用的战略职能和指导营销战略,所以营销者必须完全理解品牌资产的来源,它们是如何影响利益结果(如销售额)的,以及这些来源和结果是如何变化的。①

一、基于顾客心智的评估模型

根据品牌价值链我们可以知道,品牌资产来源于顾客心智。一般而言,评估品牌资产的来源,要求品牌经理完全了解消费者怎样购买、使用产品或服务,更重要的是,要了解消费者怎样看待不同的品牌,特别是在评估品牌资产来源时要对品牌认知和品牌形象的各个方面进行评估,这些不同方面极可能造成顾客的某些反应,并由此构成品牌资产。

(一) 品牌动态模型

市场研究公司明略行(Millward Brown)所提出的品牌动态模型(brand dynamics),能够用来确定顾客和品牌之间关系的强度。模型共分五个层级,根据关系密切的程度升序排列依次为:存在(presence)、相关(relevance)、性能(performance)、优势(advantage)和联结(bonding)。根据顾客对于品牌的响应,就可将其归类到这五个层级之一。通过比较品牌之间的图形模式,就能很容易看出品牌的优势和劣势,以及改善顾客与品牌之间忠诚关系应该聚焦的方向。

(二) 资产引擎模型

另外一家市场研究公司——国际市场研究集团(Research International)也开发了一个品牌资产综合模型,即资产引擎模型(equity engine),如图3-1所示。该模型从品牌的情感性和无形性利益出发,将品牌的亲密关系简化为如下三个关键因素:

---

① 凯文·莱恩·凯勒.战略品牌管理[M].3版.吴本龙,何云,译.北京:中国人民大学出版社,2009:285.

第一,权威性。指品牌的声誉,这是作为一个长期的领导者品牌或者创新的先驱者品牌所能获得的。

第二,认同感。指顾客感觉与品牌的亲近程度,以及品牌和自身需要相匹配的满足程度。

第三,承认感。指品牌与社会阶层的适合性,以及在专家和朋友看来,品牌所代表的无形地位。

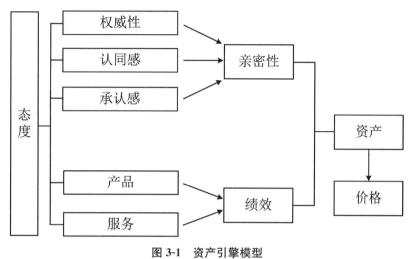

图 3-1　资产引擎模型

该模型综合了亲密性测量及品牌功能性属性的测量,能提供全面资产的评估。最后,它还与价格相结合,为消费者提供较为接近的市场状况,再结合消费者的品牌联想作出品牌决策。①

二、基于市场业绩的评估模型

为了更加直接地进行预测,最终的价值必须通过某种方法进行评估,以评估品牌知识结构对营销者的利益的作用,即获得特定品牌市场业绩的方法。这样,营销者就可以对品牌的价值有一个更加清晰的认识。

(一) 比较法

比较法(comparative methods)主要用来测试消费者对于某一品牌的态度和行为,它能更直接地估测高档次品牌认知和强有力的、偏好的、独特的品牌联想所产生的收益。比较法可分为两种:品牌比较法(brand-based comparative approaches)是采用实验法形式,让一组消费者对目标品牌的营销项目要素或者一些营销活动作出反应,让另一组消费者对竞争品牌或者虚构品牌中相同的营销项目要素或者营销活动作出反应;营销比较法(marketing based comparative approaches)采用的实验是,让消费者对目标品牌或者竞争品牌的营销项目要素或者营销活动的变化作出反应。

---

① 凯文·莱恩·凯勒. 战略品牌管理[M]. 3版. 吴本龙,何云,译. 北京:中国人民大学出版社,2009:248-249.

在品牌比较法中，营销项目保持不变，着重测试消费者对品牌识别的变化反应；而在营销比较法中，品牌保持不变，着重测试消费者对营销项目变化作出的反应。下面将依次介绍这两种比较方法和联合分析法，联合分析法实际上是两种方法的综合应用。

1. 品牌比较法

竞争性品牌是品牌比较法中比较有用的基准。尽管消费者可能会根据自有的品类知识，对虚拟品牌或不知名品牌产品的营销活动进行理解，但他们还是会在大脑中设定一个特定品牌，或称之为样本（exemplar）。这个样本可能是该类产品中的主导品牌，也可能是其他一些消费者认为能够代表该类产品的品牌（比如他们最喜欢的品牌）。消费者在信息缺失的情况下，会通过对某个特别品牌的知识进行推断。因此，这种方法对于测试消费者怎样评价一个或多个主要竞争者的新广告活动、新促销活动以及新产品是很有效的。

2. 营销比较法

营销比较法是使品牌保持不变，检验消费者对营销项目变化所作出的反应。营销比较法是学术界和实践界长期采用的研究溢价的方法。20世纪50年代中期，埃德加·佩西米尔（Edgar Pessemier）开发了一种测试品牌忠诚度的价格测量法，在通常购买的品牌和另一个品牌之间逐步增加价格的差距。佩西米尔将转换品牌的消费者比例看成是价格上涨的函数，以反映品牌转换和忠诚度的类型。该方法的变化形式已被一些营销研究者采用，以得出相似类型的需求曲线。同时，一些公司也使用该方法来评估不同品牌的价格敏感度及最低价。通过控制其他因素，品牌和产品的影响可以被分离出来。

3. 联合分析法

联合分析法（conjoint analysis）是基于调查的多元变量分析方法提出的，它使营销者能够描绘出与产品和品牌相关的消费者购买决策过程。具体来说，就是营销研究人员通过询问消费者的偏好，或让其在很多精心设计的产品中作出选择，以了解消费者在不同品牌的属性之间所作出的权衡，从而得出消费者对这些属性的重视程度。向消费者展示的每种产品，是由一组不同的属性标准组成的。任何一种产品选择的属性标准，都是由实验设计的原则决定的，可以满足一定的数学性质。消费者赋予每个属性标准的值（从联合公式中得到的数据）称为部分值（partworth）。部分值可以用于多种方法，以预测消费者会怎样评价一个新的属性组合。

（二）整体法

比较法用于估计品牌资产的具体收益，整体法（holistic methods）则通过抽象的效用或者具体的财务数据估算整个品牌的价值。因此，整体法试图"过滤出"各种因素，以确定品牌的独特贡献。其中，剩余法（residual approach）通过从消费者的品牌总偏好中减去由于产品物理属性产生的品牌偏好，来检验品牌的价值；估价法（valuation approach）则为品牌资产赋予经济价值，以满足会计、合并、兼并或其他要求。

1. 剩余法

剩余法的基本原理是，将品牌资产视为消费者偏好和选择减去实物产品影响后的剩余值。这些方法背后的基本理念是，可以通过观察消费者的偏好和选择推断出品牌的相对价值，然后尽可能多地将测得的属性价值纳入考虑范围。一些研究者将品牌资产定义为相对未知品牌产品的偏好增量。根据这种观点，品牌资产的计算方法是从总体偏好中减去对客观的对实物产品特征的偏好。

2. 估价法

对于多数公司而言,公司价值的绝大部分蕴藏在其品牌之中。对品牌价值进行估价极其重要,主要原因在于:第一,有助于兼并和收购。不但能用于交易评估,而且能促使交易达成。第二,有利于品牌授权。便于内部达到税收目的,而且便于第三方使用。第三,有助于募集资金。可作为借款的担保,或满足出售或是回租业务的需要。第四,有助于品牌管理决策。分配资源,制定品牌战略,或者准备财务报告。

强势品牌的价值很少能被公司的股价充分体现,也不会出现在资产负债表上。但是,品牌价值是这些数字背后的发动机,是推动消费者购买和作出选择的动力。[①]

◆ **内容提要**

文化创意产业品牌战略是将品牌作为核心竞争力,以获取差别利润与价值的经营战略。其运行包括品牌战略规划、品牌营销活动执行、品牌营销过程控制和品牌营销绩效评估。

◆ **关键词**

文化创意产业　品牌战略　品牌战略规划　品牌营销活动执行　品牌营销过程控制　品牌营销绩效评估

◆ **复习思考题**

1. 文化创意产业品牌战略的基本内容有哪些?
2. 文化创意产业品牌营销活动规划的流程是什么?
3. 常见的文化创意产业品牌营销活动规划制定的方法有哪些?
4. 简述文化创意产业品牌营销方案执行的过程及常见的问题。
5. 简述文化创意产业品牌营销方案执行能力提升的方法。
6. 简述文化创意产业品牌营销活动控制的程序。常见的控制方法有哪些?
7. 简述文化创意产业品牌营销评估的常用模型。

---

① 凯文·莱恩·凯勒.战略品牌管理[M].3 版.吴本龙,何云,译.北京:中国人民大学出版社,2009:361-369.

第四章 新闻出版产业品牌

本章结构图

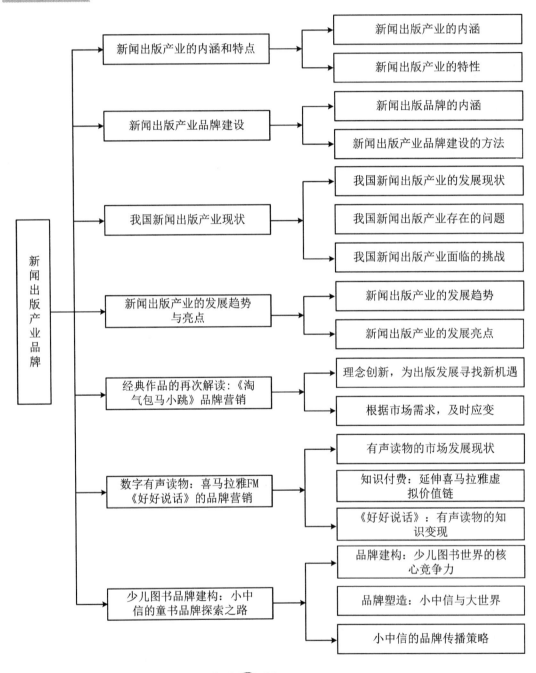

学习目标

1. 掌握新闻出版产业的内涵与特点；掌握新闻出版产业品牌内涵及其建设情况。
2. 了解新闻出版产业的发展现状，以及存在的问题和面临的挑战，了解新闻出版产业的发展趋势。
3. 掌握新闻出版产业品牌案例分析的理论与方法，能够理论联系实际。

改革开放四十多年来，作为影响社会发展的重要力量之一，中国新闻出版业取得了令人瞩目的巨大变化。在这一黄金时期，新闻出版业转企改制，进行体制化改革，逐步完善了社会主义新闻出版管理体制和运行机制。新的体制机制必然带来全新的运作模式，在这过程中，资本的重新组合、组织机构的职能完善、新技术的支持变革以及人才队伍的优化提升都给新闻出版产业注入了新的发展活力。2018年，各大出版发行公司本着自身的优势与特点，积极推动新闻出版产业融合发展，与多国出版社签署版权输出协议。其中中国出版集团旗下的人民文学出版社以及新世界出版社合力推出《朗读者》多种语言版权图书，该书包含阿拉伯文、俄文、吉尔吉斯文、乌兹别克文、哈萨克文、阿尔巴尼亚文、印地文等多种语言。

第一节 新闻出版产业的内涵与特点

作为文化创意产业的重要组成部分，新闻出版产业对满足人民群众日益增长的文化需求以及提升国家软实力具有关键性的作用。新闻出版产业既具有自带的商业属性特征，又具有强烈的意识形态特征。2018年，中共中央印发了《深化党和国家机构改革方案》，指出由中央宣传部统一管理新闻出版、电影等工作，政府的职能从市场生产转变为行政管理。该方案进一步加强了新闻出版工作的社会价值导向和产业效益，既强化了政府对新闻出版产业的宏观管制，又开拓了企业生存发展的空间，给新闻出版产业注入了全新的活力。

一、新闻出版产业的内涵

目前无论是学界还是业界，有关新闻出版产业的理论研究和评价体系都显得略微单薄。本书试图通过对学界的部分理论研究、业界的相关信息以及政策文件的解读中总结出新闻出版产业的内涵。姚德权认为，要想理解新闻出版的内涵，必须要解决内涵问题之一，即新闻出版是不是产业。在论证中他指出在社会主义市场经济以及全面建设小康社会期间，新闻出版的双重属性应该被综合考虑，并提出新闻出版主要包括图书、报纸、杂志、音像、电子、网络六类出版物出版，以及编辑出版、印制、销售（发行）三大行业。[①] 谢媛媛认为，新闻出版产业应定义为从事图书、期刊、报纸、音像、电子、数字出版六大出版，且涉及出版、印刷、发行三大领域的企业经济活动的集合。该产业是以生产图书、期刊、报纸、音像、电子、数字出版物等多元化产品形态为主的产业，隶属于文化创意产业，是国民经济体系中独立的、不可或

---

① 姚德权.属性的重新界定：新闻出版业分类发展的理论基础[J].科技与出版，2004(5)：16-21.

缺的部门之一。① 魏玉山、黄晓新等人以时间为基点,提出党的十八大以来党的新闻出版理论十大创新成果,其中包括以人民为中心的新闻出版本体论;坚持党性与人民性相统一的新闻出版工作原则;以"高举旗帜、引领导向、围绕中心、服务大局、团结人民、鼓舞士气、成风化人、凝心聚力、澄清谬误、明辨是非、连接中外、沟通世界"的48字方针作为新闻出版的功能论;社会效益放在首位的两个效益相统一的新闻出版产业的效益论;舆论监督与正面宣传相统一的新闻出版宣传论;注重新闻出版时效度的方法论;打造融合发展的新闻出版发展论;建设网络空间命运共同体的新闻出版场域论;学会讲故事的新闻出版对外传播论以及"部校共建"新闻传播学院的新闻出版教育论。②

2010年1月1日,原新闻出版总署发布了《新闻出版总署关于进一步推动新闻出版产业发展的指导意见》(以下简称《指导意见》),指出了新闻出版产业的发展态势和机遇,明确了推动新闻出版产业发展的指导思想、原则要求和主要目标,确立了推动新闻出版产业发展的重要任务,制定了推动新闻出版产业发展的主要措施。在推动新闻出版产业发展的重要任务中,《指导意见》明确指出了新闻出版产业的范围,包括图书、报纸、期刊等纸介质传统出版产业;音像制品、电子出版、数字出版、网络出版、手机出版等非纸介质战略新兴出版产业;动漫游戏出版产业;印刷复制、新闻出版流通、物流产业。③ 综上所述,我们可以对新闻出版产业的内涵进行一个大致的界定,即新闻出版产业是从事图书、期刊、报纸、音像、电子游戏、数字出版,涉及印刷、出版、发行三大领域的现代企业经济活动的总和,且具有鲜明的意识形态属性特征。

二、新闻出版产业的特性

新闻出版产业不仅具有意识形态属性,还具有商品属性的特征。新闻出版的意识形态属性不仅体现在新闻出版的物质产品中,还存在于新闻出版的印刷、流通环节中。作为文化创意产业中的重要一环,新闻出版产业是党和政府舆论宣传的重要阵地,也是影响社会稳定发展的重要力量。作为市场活动分工以及社会生产力不断发展下的精神产物,新闻出版产业必然要遵循市场价值规律的影响,因而其在生产运作、分配模式的过程中具有商业经营的属性。此外,新闻出版业又是服务行业,具有社会公益性质。新闻出版业致力于满足人民群众的精神文化需求,在公共文化需求以及基础设施建设上不断提升自我服务社会的水平和能力。事业与产业是新闻出版业发展的两翼,在社会主义市场体系不断健全的同时,新闻出版公共服务体系建设取得了显著进展。④

---

① 谢媛媛.我国新闻出版产业的内涵、特征及其评价指标体系研究[J].合肥工业大学学报(社会科学版),2018,32(4):135-140.
② 魏玉山,黄晓新,刘建华,等.十八大以来党的新闻出版理论十大创新成果[J].传媒,2017(19):20-25.
③ 《中华人民共和国国务院公报》2010年第22号.
④ 方卿,王一鸣.40年新闻出版事业与产业发展[J].中国出版,2018(22):3-7.

第二节　新闻出版产业品牌建设

一、新闻出版品牌的内涵

关于新闻出版品牌，马建森指出，新闻出版品牌是以出版机构为主体，以受众消费者为中心，由新闻出版产业的各要素构成，以媒介为载体的有关新闻出版业各种符号的集合。学界关于新闻出版品牌的认知有三：一是认为新闻出版品牌分为报刊图书品牌和影视出版品牌；二是认为新闻出版品牌是有关新闻出版要素的集合；三是回归市场从产品生产与营销的角度重新定义新闻出版品牌。具体就是将新闻出版品牌中的观众、读者视为受众，将新闻出版发行机构视为企业，将新闻出版物视为出版产品等并以此开展相关研究。[①]

在这里我们不能忽略的是，近几年来，新闻出版品牌研究对消费者的关注度越来越高，以受众为中心的品牌定位理念在市场经济活动中得到显著提升。新闻出版产品本来就是文化消费产品，人们对其的使用更多停留在精神层面，而非物质层面，这一天生的产品属性要求经营者要把握好这种内在关系，注重与新闻出版产品消费者的双向沟通，让消费者对新闻出版品牌产生信任感。公信力和权威感是新闻出版品牌成功的内在精髓。与此同时，信息技术的发展，让媒介在塑造新闻出版品牌的形象中扮演着越来越重要的角色，新闻出版品牌不仅包括新闻出版产品品牌，还包括新闻出版企业品牌以及新闻出版产业品牌。新闻出版产品品牌是新闻出版品牌的核心部分，企业又是新闻出版产品的生产主体，只有以产品发展带动企业发展，才能使得企业发展促进产业成功。新闻出版产业品牌的战略建设离不开优质的产品，只有好的新闻出版产品品牌才能打造出优秀的新闻出版产业品牌。

新闻出版品牌是国家文化竞争力的综合体现，是一个国家乃至民族核心价值的外在体现，是国家与国际竞争力的核心要素。党的十八大报告指出，要把文化创意产业发展视为国民经济的支柱性产业，新闻出版产业在实现这一目标的进程中肩负着重要的使命。文化的竞争说到底就是品牌的竞争，如何实施品牌强国战略，打造优质的新闻出版品牌，是一项值得且亟须深入研究的重大课题。

二、新闻出版产业品牌建设的方法

（一）树立系统的新闻出版品牌传播理念

新闻出版产业的生产模式是一个高度组织化、系统化的模式。建设新闻出版产业品牌要秉持整体的理念。要对新闻出版要素、出版印刷、传播环境以及品牌传播理论有清晰深刻的认识。出版法人、出版资料、出版工具是新闻出版的基本要素，新闻出版人才队伍的建设、出版物的外观形式以及技术渠道的选择都会给消费者带来不同的产品使用体验。传播环境是

[①] 马建森.共享信息时代新闻出版品牌社群传播研究[J].新闻爱好者，2018(5)：78-81.

指经济、政治、文化以及社会文化的发展现状,新闻出版产业的自由是有边界的,正因为如此,所以要对所处的信息环境进行一个全面的认识,要在了解相关的政策与条例下进行市场活动。

(二)坚持原创性的新闻出版品牌培育理念

当前,文化创意产业可谓是百花齐放、百家争鸣,新闻出版产业也取得了很大的进步。但行业内也普遍存在着缺乏具有竞争力和影响力的文化产品的问题。图书以及影像领域的新闻出版产品同质化现象较为严重,内容缺乏一定的深度和广度。在市场环境中难以与优质原创性产品匹敌,不仅在国内市场难得消费者的认可,在文化"走出去"这条道路上也难以继续前行。这就要求新闻出版产业要转变生产理念,采取精品化的路线,在深入市场以及生活实践的基础上沉下心来创造出优质的产品。另外,还要建立和完善相关的评价以及版权保护机制,鼓励创新意识和培养创新精神,采取措施加大力度保护原创新闻出版产品的版权。

(三)坚持特色性的新闻出版品牌建设要求

文化创意产业领域中不缺乏新闻出版产品,缺的是代表本民族文化特色的特色化产品。带有地区以及民族特色的优秀文化产品更能吸引消费者的眼球,受到消费者的喜爱。文化资源的丰富度是新闻出版产业发展的基础,中华民族拥有五千年的悠久历史,在岁月的激荡中有着光辉灿烂的各族人民创造的优秀文化作品,这些文化资源彰显了我国各区域各民族的地域特色,而正是这些具有鲜明色彩的地方文化特色为新闻出版产业注入了不断的新鲜活力,形成了具有强大生命力的新闻出版文化品牌。2012年凭借《蛙》这部作品获得诺贝尔文学奖的莫言,其作品中细腻、朴实的文字正是在东北高密这片极具风土人情的地方所创。正是植根于乡村文化中,植根于中国古老的文明中,所以涌现了一部部反映中国城市与农村真实现状的时代作品,而这些作品彰显的生命力正是品牌的生命力。

(四)探索新闻出版品牌国家化进程

2015年,中宣部颁发《关于加强中国品牌对内对外宣传工作方案》要求,指出要深化"走转改"活动,讲好中国故事,弘扬中国精神,传播中国声音,塑造国家形象,增强国家软实力,实现从中国制造向中国创造转变,从中国产品向中国品牌迈进。现今西方国家依旧占有绝对的国际话语权,中国的国际传播影响力还有待提高。目前"西方的四大主流通讯社每天发出的新闻量占据了世界新闻发稿量的80%,西方50家媒体、跨国公司占据了世界的传媒市场"。[①] 如何突破重围,建立一套新的国家话语权体系是新闻出版产业所面临也亟待解决的现实问题。

加强品牌对外宣传工作建设,首先,要落实相关政策,根据行业标准实施优惠方案,要学习国际文化贸易准则,在深入国际环境以及当地的文化风土人情之后制订适合本土化的对外品牌输出目标和计划。其次,要输出本民族优秀文化产品,展现中华文化的独特魅力,而不再以宣传教化的口吻进行文化产品的输出。最后,要鼓励国内新闻出版产业制定一整套的配套设施和学习培养方案,拓展境外业务,学习当地的管理经验,拓宽新闻出版国际品牌渠道,合理配置国内外资源进行新闻出版产品的生产,加大对技术的投入力度,让数字化出

---

① 胡正荣,关娟娟.世界主要媒体的国际传播战略[M].北京:中国传媒大学出版社,2011:208.

版产品进入国际市场,培育优质的新闻出版品牌以及传媒集团。

第三节　我国新闻出版产业现状

一、我国新闻出版产业的发展现状

(一)积极推动企业转制

2005年,中共中央下发文化体制改革文件。2009年4月6日,新闻出版总署发布《关于进一步推进新闻出版体制改革的指导意见》,要求所有地方和高校经营性图书、音像、电子出版物出版单位于2010年年底前完成转制,建立现代企业制度,尽快成为市场主体。在转企改制政策的推动下,出版单位跨地区、跨所有制兼并重组拉开了产业整合的序幕。2008年,贵州省新华书店与四川新华文轩连锁股份有限公司开始跨地区的战略合作,该公司在四川省二级城市建设有8个直营连锁店。2009年6月26日,天津出版总社、内蒙古新华发行集团股份有限公司分别与辽宁北方联合出版传媒集团签署《战略合作框架协议》,宣告三地出版业将跨地区联合打造大型出版传媒产业集团和战略投资者。中国出版集团、山东出版集团和时代出版传媒股份有限公司分别签署了战略合作协议,江苏凤凰出版传媒集团有限公司、山东出版集团结成了战略合作联盟。截至2017年,江苏凤凰出版传媒集团有限公司、江西省出版集团公司、安徽出版集团有限责任公司、湖南出版投资控股集团有限公司、浙江出版联合集团有限公司和中国出版集团公司这6家集团资产总额、主营业务收入和所有者权益均超过100亿元,组成"二百亿"集团阵营,中国出版集团公司晋升为"三百亿"集团。湖北长江出版传媒集团有限公司和河北出版传媒集团有限责任公司这2家集团资产总额、主营业务收入均超过100亿元,组成"双百亿"阵营。另有中国教育出版传媒集团有限公司、山东出版集团有限公司、中原出版传媒投资控股集团有限公司和广东省出版集团有限公司这4家集团资产总领超过100亿元。

(二)新闻出版产业效益稳步提升

2017年,国家新闻出版署发布《2017年新闻出版产业分析报告》指出,2017年全国出版、印刷和发行服务(不含数字出版)实现营业收入18119.2亿元,较2016年同口径增长4.5%;拥有资产总额22165.4亿元,增长3.0%;利润总额1344.3亿元,增长2.7%(图4-1)。另据中国新闻出版研究院调查汇总数据显示,2017年数字出版实现营业收入7071.9亿元,增长23.6%。在此期间,图书出版营业收入提速增长,报刊出版利润总额止跌回升,印刷复制营业收入增速有所回升,出版物发行营收利润增速趋缓,对外版权输出增长提速,电子出版物出版、图书出版和印刷复制营业收入增速分居前三位。[①]

[①] 国家新闻出版署. 2017年新闻出版产业分析报告[EB/OL]. [2018-7-30]. http://www.cbbr.com.cn/article/123452.html.

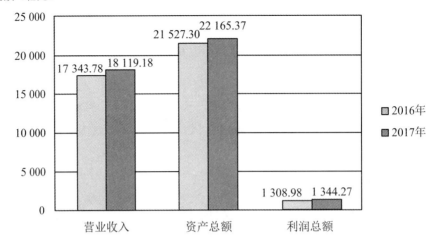

图 4-1　新闻出版产业营业收入、资产总额与利润总额增长情况[1]

(三) 产业结构调整效果明显

图书结构上,图书主要包括书籍、课本和图片三类。2017年,全国出版新版书籍23.1万种,相比2016年降低1.6%,占新版图书品种的90.6%,提高1.1个百分点。期刊结构上,2017年,全国出版哲学、社会科学类期刊12.0亿册,较2016年降低5.8%,占期刊总印数的48.0%,提高0.9个百分点。文学艺术类期刊印数继续大幅下滑,哲学社会科学类与文化教育类期刊所占比重继续提高。报纸结构上,2017年,共出版全国性报纸78.1亿份,省级报纸166.7亿份,地市级报纸116.9亿份。各级报纸下滑幅度均较上年收窄;全国性报纸所占比重有所提高;省级报纸和地市级报纸降幅较大,省级报纸所占比重继续下降[2](见表4-1)。

表 4-1　出版物产品结构[3]

出版物类型	总印数			
	数量	增长速度	所占比重	比重变动
图书(亿册)	92.44	2.29%	19.05%	1.44%
期刊(亿册)	24.92	−7.59%	5.14%	−0.12%
报纸(亿份)	362.50	−7.07%	74.70%	−1.33%
音像制品(亿盒)	2.56	−7.22%	0.53%	0.00%
电子出版物(亿份)	2.81	−3.21%	0.58%	0.01%
合计(亿)	485.23	−5.43%	100.00%	0.00%

---

[1][2][3] 国家新闻出版署. 2017年新闻出版产业分析报告[EB/OL]. [2018-7-30]. http://www.cbbr.com.cn/article/123452.html.

(四)出版传媒集团规模不断扩大

《2017年新闻出版产业分析报告》指出,这一年共有18家出版传媒集团资产总额超过百亿元,较2016年增加2家;其中7家集团资产总额、主营业务收入和所有者权益均超过百亿元,"三百亿"集团增加1家。图书出版集团主营业务收入、利润总额保持稳定;发行集团利润总额保持较快增长;报刊出版集团主营业务收入止跌回升,利润总额因补贴收入减少,由增转降,降幅明显;印刷集团主营业务收入止跌回升,利润总额受投资收益影响大幅增长。全国118家出版传媒集团共实现主营业务收入3559.6亿元,较2016年增加85.8亿元;拥有资产总额7023.0亿元,增加489.7亿元;实现利润总额305.4亿元,增加9.2亿元。其中107家图书出版集团、报刊出版集团和发行集团主营业务收入占全国书报刊出版和出版物发行主营业务收入的79.7%,提高5.2个百分点;资产总额占全国出版发行全行业资产总额的90.8%,提高6.9个百分点;利润总额占全国出版发行全行业利润总额的62.0%,降低0.5个百分点。共有18家出版传媒集团资产总额超过百亿元,其中江苏凤凰出版传媒集团有限公司、安徽出版集团有限责任公司、江西省出版集团公司、湖南出版投资控股集团有限公司、浙江出版联合集团有限公司、安徽新华发行(集团)控股有限公司和中国出版集团公司这7家集团资产总额、主营业务收入和所有者权益均超过百亿元。①

表4-2 图书出版集团经济规模情况②

单位:亿元

指标	金额	增长率
主营业务收入	1976.23	0.09%
资产总额	3693.81	9.33%
所有者权益	2184.99	11.86%
利润总额	178.91	0.25%

表4-3 总体经济规模综合评价前10位的图书出版集团③

综合排名	集团名称	综合评价得分	2016年排名	排名变化
1	江苏凤凰出版传媒集团有限公司	3.1545	1	0
2	江西省出版集团公司	1.7104	3	1
3	湖南出版投资控股集团有限公司	1.4870	2	−1
4	中国教育出版传媒集团有限公司	1.4041	4	0
5	浙江出版联合集团有限责任公司	1.2058	7	2
6	安徽出版集团有限责任公司	1.0448	6	0

---

①②③ 国家新闻出版署.2017年新闻出版产业分析报告[EB/OL].[2018-7-30]. http://www.cbbr.com.cn/article/123452.html.

续表

综合排名	集团名称	综合评价得分	2016年排名	排名变化
7	山东出版集团有限公司	1.0360	11	4
8	湖北长江出版传媒集团有限公司	0.8925	5	－3
9	中国出版集团公司	0.8694	10	1
10	河北出版传媒集团有限责任公司	0.4601	8	－2

表 4-4 报刊出版集团经济规模情况①

单位:亿元

指标	金额	增长率
主营业务收入	391.58	2.48%
资产总额	1672.44	3.27%
所有者权益	890.69	2.94%
利润总额	29.93	－12.20%

表 4-5 总体经济规模综合评价前10位的报刊出版集团②

综合排名	集团名称	综合评价得分	2016年排名	排名变化
1	上海报业集团	3.6531	1	0
2	浙江日报报业集团	3.3270	2	0
3	成都传媒集团	1.7495	3	0
4	陕西华商传媒集团有限责任公司	1.2015	6	2
5	山东大众报业(集团)有限公司	1.1160	5	0
6	广州日报报业集团	1.0798	4	－2
7	湖北日报传媒集团	1.0024	7	0
8	河南日报报业集团有限公司	0.8762	8	0
9	重庆日报报业集团	0.6773	13	4
10	南方报业传媒集团	0.6524	10	0

---

①② 国家新闻出版署.2017年新闻出版产业分析报告[EB/OL].[2018-7-30].http://www.cbbr.com.cn/article/123452.html.

表 4-6　印刷集团经济规模情况①

单位:亿元

指标	金额	增长率
主营业务收入	55.64	2.98%
资产总额	120.11	10.62%
所有者权益	63.64	30.28%
利润总额	4.06	306.22%

表 4-7　印刷集团总体经济规模综合评价②

综合排名	集团名称	综合评价得分	2016年排名	排名变化
1	中国文化产业发展集有限公司	1.7985	1	0
2	上海印刷(集团)有限公司	0.5017	6	4
3	浙江印刷集团有限公司	0.2801	5	2
4	湖南天闻新华印务有限公司	0.1704	3	－1
5	江西新华印刷集团有限公司	0.0657	2	－3
6	北京印刷集团有限责任公司	－0.5104	8	2
7	广西正泰彩印包装有限责任公司	－0.5191	10	3
8	河南新华印刷集团有限公司	－0.5635	9	1
9	辽宁新闻印刷集团有限公司	－0.5698	7	－2
10	北京隆达印刷包装集团有限公司	－0.7437	11	1

表 4-8　发行集团经济规模情况③

单位:亿元

指标	金额	增长率
主营业务收入	1136.10	6.85%
资产总额	1536.63	7.71%
所有者权益	724.60	8.01%
利润总额	92.52	11.95%

---

①②③ 国家新闻出版署.2017年新闻出版产业分析报告[EB/OL].[2018-7-30].http://www.cbbr.com.cn/article/123452.html.

表 4-9　总体经济规模综合评价前 10 位的发行集团①

综合排名	集团名称	综合评价得分	2016年排名	排名变化
1	安徽新华发行(集团)控股有限公司	3.9662	1	0
2	四川新华发行集团有限公司	1.7786	2	0
3	湖南省新华书店有限责任公司	0.7329	3	0
4	江西新华发行集团有限公司	0.6193	5	1
5	山东新华书店集团有限公司	0.5307	6	1
6	浙江省新华书店集团有限公司	0.4943	4	-2
7	河南省新华书店发行集团有限公司	0.2206	8	1
8	河北省新华书店有限责任公司	0.2165	7	-1
9	上海新华发行集团有限公司	0.1779	10	1
10	重庆新华书店集团公司	0.1297	9	-1

二、我国新闻出版产业存在的问题

(一) 产业经营管理相对薄弱

我国的新闻出版产业长期处于计划经济体制下,经营体制和运行体制很多是根据行政隶属关系来设立的,地域性特征也十分明显。部分新闻出版单位在很大程度上是党和政府的附属单位,没有市场主体可言。虽然从党的十六大开始,新闻出版产业转企改制,建立了现代企业制度,政府的职能也发生了转变,从生产者变为管理者,但不可否认的是,在这一过程中仍有许多新闻出版单位未能获得法人实体,未能建立现代企业制度。我国的新闻出版集团很多是依靠行政力量组建的,正是由于这一特殊国情,使得新闻出版产业缺乏市场主体意识,缺乏市场经营和现代企业管理模式的经验。这在很大程度上导致了市场资源不能得到合理配置,新闻出版产业效率低下,缺乏一定的市场活力。除此之外,我国的新闻出版产业主要是依据地域原则划分的,虽然地域特色在新闻出版产业发展当中占据一定优势,但区域之间的信息沟通不及时,区隔分散等弊端也会让新闻出版产业的发展以及集团化改革的进程受到阻碍。只有尊重市场经济规律,开放市场经营环境才能显示出新闻出版集团化经营以及现代企业制度的优势。

(二) 税收优惠政策力度小

税收是政府调节市场经济活动,激发市场活力的财政政策之一,同时也是鼓励新闻出版产业发展的新举措。我国的新闻出版税收政策发展不完善,缺乏具体的政策条例支持,很多

---

① 国家新闻出版署.2017年新闻出版产业分析报告[EB/OL].[2018-7-30].http://www.cbbr.com.cn/article/123452.html.

税收政策是由部门出台的规章制度,很难得到现实性的保障。新闻出版产业的"增值税先征后退"政策在下放到地方以及具体的新闻出版单位时,并不能得到有效的执行,导致税收激励政策效果不显著,另外新闻出版企业税负偏高,这在一定程度上又增加了新闻出版企业的发展负担。不同性质的新闻出版企业还存在税收优惠政策不平等的现状,作者稿酬征税起点较低,也降低了写作生产的积极性。与国外新闻出版产业税收政策相比,我国的新闻出版增值税优惠力度显然不足。我国新闻出版行业在出版环节增值税税负偏高,优惠力度不够,使得我国新闻出版业在税收优惠和税率方面与欧美国家相比差距较大,也使得我国出版企业在全球新闻出版业竞争中处于不利地位。①

(三) 供给侧结构性改革仍需深化

2015年,习近平总书记强调,在发展社会主义市场经济,解放社会生产力的同时,还要加强对"供给侧"结构的改革,提升供给体系的质量,提高生产效率。现阶段的新闻出版业还存在产能过剩的状况,供给跟不上市场需求,供需也没有达到匹配。市场上迅速成长的图书种类并没有满足读者的阅读需求,只是将全部目光放在一块蛋糕上,而没有从其他领域开发新的阅读需求,开拓新的阅读消费空间。单一集中的供给模式虽然能在短时间内给新闻出版企业带来利润空间,但从长远的角度来看,也一定会制约新闻出版产业的发展动力。传统意义上的依靠要素驱动生产在当今社会生产活动中带来了诸多问题,我们需要明白的是制度和创新永远是提高效率的关键,单纯重视对人才的引进,加大资本的纳入并不足以发挥产业动能,只有从全要素的发展创新角度出发才能在改革进程中谋得长远发展。"十三五"时期,新闻出版产业要借助于大数据技术,既要做好加法,也要做好减法。创新是产业发展和突破常规的重要方法,要加大对创新意识的培养,提高有效供给、优化产业结构、推动制度变革、提升产业要素才能不断为出版产业的供给侧改革注入新的动力,指明新的方向。

(四) 数字出版空间仍需提升

随着数字信息和网络技术的快速发展,数字出版迎来了新的发展契机。数字出版是人类文化的数字化传承,它是建立在计算机技术、通信技术、显示技术、网络技术、存储技术以及流媒体技术等先进新兴技术的基础上,融合这些新兴技术的功能,将其与传统出版结合形成的一种新兴出版产业。② 由中国音像与数字出版协会编著的《2017年度中国数字阅读白皮书》指出,2017年我国数字阅读用户规模近4亿人,其中海外英文网文用户约700万人,数字阅读行业市场规模达到了152亿元,比2016年增长了26.7%。然而目前数字阅读产业链还不成熟,只是建立在传统出版产业链末端的数字发行部,并没有得到有效的开发利用。另外,传统图书报刊数字化却表现得不尽如人意,2016年传统图书报刊数字化收入为78.5亿元,仅为数字出版产业整体收入的1.37%,和往年相比,有一定幅度的下滑。这说明传统出版物数字化收入低于其他数字出版的增长速度,也体现出了传统出版企业所开展的数字出版业务收益远低于网络游戏、网络广告、移动出版的收益增速。可见传统新闻出版企业需加快数字化转型工作,研发出新产品加入市场化运作,传统出版企业在数字化转型过程中还有

---

① 王素芹,邵占强.新闻出版业价值链优化升级策略研究[J].新闻爱好者,2018(9):64-67.
② 胡芳豪.中南国家数字出版基地的社会效益研究[J].科技与出版,2017(10):91-93.

很大的提升空间。① 关于数字出版版权的问题也是数字出版产业发展的难题。和传统出版产业相比,数字出版由于其自身的特性和先天属性,传播速度极快,传播生产成本低,使得数字出版产品在版权保护问题上很难得到有效的改善,网络著作侵权事件频频发生,我国版权保护的相关法律法规还存在明显的滞后性,这些都成为数字出版发展的瓶颈,亟待解决。

(五) 缺乏对精品IP的发掘和培育

新闻出版产业虽然在文化生产领域取得了丰硕的成果,但在版权改编问题上,作品缺乏新意,内容冗长等现象还很严重,这些都需要优质内容的IP。优质的IP可以在图书、影视、动漫、游戏、数字出版等各个环节产生巨大的经济价值,同时其影响力也能使得各类播放使用平台的价值得以提升。例如《鬼吹灯》是当下盗墓题材最为成功的IP之一,近几年来被翻拍的电影以及电视剧在影视行业引起热议,电影如陆川执导的《九层妖塔》、乌尔善执导的《寻龙诀》,网剧如孔笙执导的《精绝古城》、管虎执导的《黄皮子坟》《怒晴湘西》等接获好评。另外还在筹备当中的网剧《南海归墟》《巫峡棺山》《龙岭迷窟》《云南虫谷》《昆仑神宫》等也备受观众期待。在电影和网剧播放的同时,《鬼吹灯》系列的图书销量也被带动起来,对出版产业起到了巨大的拉动作用,这些不仅给小说的作者带来了可观的收入,也为出版发行企业带来了极大的效益。除此之外,《盗墓笔记》《画江湖之不良人》《魔道祖师》等精品IP都得到了有效的开发,其衍生品和产业赋予了新闻出版产业活力与生机。但在这火热的背后,我们还应该注意到一系列泛IP化问题正在出现。其中,IP的同质化以及抄袭现象时有发生,网剧《热血长安》剧组就曾涉及抄袭网络小说《张公案》与涉事编剧解约。另外,授权混乱,只追求短期商业利益而缺乏对内容沉淀,资本炒作,缺乏专业的评价标准体系导致数据造假等,这些都会对行业质量的提升造成不可估计的负面影响。

三、我国新闻出版产业面临的挑战

当前,我国的新闻出版产业无论是在市场运作方面还是在管理制度方面与发达国家相比都存在着很大的差距。发达国家的新闻出版产业市场化比较早,早已建立起了融合策划、营销、合同、会计、统计、法制等为一体的企业制度,并且对市场游戏规则掌握的熟练有加;更重要的是,发达国家的新闻出版在运作过程中现代化程度高,信息的采集处理,图片的编辑、印刷、发行等环节几乎全部实现现代化。而我国的新闻出版产业体系还没有完全从计划经济体系中解脱出来,规模和技术与发达国家不能相比。因此,当前我国的新闻出版产业的发展面临着一定的挑战。

(一) 复合型出版人才的缺失

新闻出版产业是知识密集型产业,新闻出版人员的媒介素养高低与否是新闻出版产业保持竞争优势的关键因素之一。优质的人才储备是新闻出版产业发展需要的人力资源。新业态的发展,出版编辑人员更新换代慢使得新闻出版很难满足新时期的文化产品需求。缺乏技术支撑、现代企业制度的经营管理、创意型人才已经成为制约新闻出版产业发展的主要

---

① 陈美华,黄轩,陈东有.我国数字出版产业的困境及对策研究[J].江西社会科学,2017,37(12):88-94.

原因。在信息革命的进程中,信息资源成指数型爆炸增长,这就给新闻出版人员提出了巨大的挑战,他们不仅要具备信息搜集、处理与分析的能力,还要拥有把握当代文化创意产业发展逻辑的思维能力。除了专业素养之外,新闻出版产业的编辑工作者还要具备自身的道德修养等综合素质,要坚守正确的价值导向,坚守社会主义核心价值观,培养自己的审美水平,抛弃一味迎合读者、追求产业效益的引导观,在职业操守和道德修养的坚守中实现新闻出版产业的高效发展。

(二)图书价格保护体系不完善

2010年,《图书公平交易规则》出台,规定新书在出版一年内不允许打折,然而,随着电商的兴起,图书的供货商把新书以低于批发价的价格卖给零售书店,从而在价格上形成优势,打击实体书店。当当网目前是国内图书销售较高的线上图书销售平台,与亚马逊、京东一起在网上图书销售中形成"三足鼎立"之状,而淘宝也有很多的图书电商平台,与此同时,知乎、微信、微博等一些知识付费的新媒体渠道平台,也成了线上图书销售的一部分。与实体书店相比,线上图书销售成本低,低成本的运营模式使得电商平台以促销的方式刺激消费者的购物欲望。电商"价格战"近年来愈演愈烈。2017年6月18日,当当网推出6天"满减"大促销活动,京东则以发放优惠券的形式进行3天"价格狂欢",第一天就实现了图书及文娱类产品销售额130.9%的增长。电商平台薄利多销,个别甚至采取压低折扣、拖延回款的做法抢占线上渠道市场份额,不断挤压出版和流通环节应有的利润空间,使得实体书店叫苦不迭。图书价格战在某种程度上已经形成非理智的恶性竞争,使得越来越多的行业呼吁规范图书市场行为,防范不正当竞争扰乱行业秩序。[①] 这也表明了当下的图书市场价格管理机制还存在问题,图书价格保护体系还不够完善,这些都不利于图书作为文化软实力重要组成部分的发挥。

(三)缺乏国际竞争力

随着新闻出版市场环境的进一步开放,一些西方传媒集团、新闻出版企业以及出版巨头开始加大对我国的市场投入力度,然而我国新闻出版企业规模都比较小,在面对国外市场完善的管理制度、先进的技术、充足的市场资本等因素时,还是会面临不小的冲击。缺乏强有力的新闻出版国际品牌是我国现阶段新闻出版产业的发展竞争短板。虽然新时代下,国家建立了专项资金支持中央主流媒体提升国际传播力,开展多业态的出版工程,并先后在俄罗斯、法国、德国、英国、美国等国家举办各类书展,深入国际出版领域,但不可否认的是,在跻身国际新闻出版品牌的队伍中我们还是存在着明显的不足。

---

① 周洁.跨界融合新常态:2017年新闻出版业观察[J].出版广角,2018(6):25-29.

第四节　新闻出版产业的发展趋势与亮点

一、新闻出版产业的发展趋势

（一）产业市场的最大化

市场化是产业化的基础，也是产业化的主要内容，因此，追求新闻出版产业市场的最大化是该产业的首要发展方向。新闻出版产业的发展必然要求市场的最大化，而市场的最大化无形中又为产业的发展创造了有利条件。按照经济学的原理，市场最大化就是指通过市场化行为对各生产要素进行最优化配置，从而产生出最大的经济效益。市场的最大化从目的上讲是追求利润最大化，但从过程上讲就是追求各生产要素和产品销售方案的最优化。对生产要素进行优化配置的切入点应从新闻出版资本开始，因为新闻出版资本是市场中最活跃的因素，可操作的空间大。在市场经济条件下，新闻出版企业必须自筹经费、自谋生路、自我发展，这样，才能允许资本进入新闻出版市场，通过投资、入股等方式将其他产业的资金吸纳到新闻出版市场中，壮大新闻出版产业的实力。

（二）产业经营的集约化

新闻出版产业经营的集约化是指在产业发展过程中体现一定的经济性，它是市场条件下新闻出版产业发展的必然趋势。这里所说的经济性是指新闻出版规模的变动引起收益的变动，反映了因出版能力的提高而使新闻出版成本下降的趋势。目前，强调出版规模的经济性，不仅是建立和我国社会主义市场经济体制相适应的出版机制的需要，同时也是与国际新闻出版市场竞争的需要。因此，加强新闻出版产业的改革要以提高出版产业集约化为重点，以促进产业的联合和兼并为突破口，这是当前我国新闻出版产业发展的必由之路。另外，新闻出版产业在国内、国际所遭遇的挑战和压力表明，在社会主义市场经济条件下，新闻出版产业不可能再走以前的老路，而要深化体制改革，坚持通过阶段性转移实现增长方式的转变，用集约化的经营方式和优质高效来迎接挑战。结合我国新闻出版产业的现实情况通常可以采用以下五种方式：

1. 联合

联合是整合企业各项资源的一种重要方式，包括资金的重组和经营管理方式的相互协调。当然，新闻出版产业的联合并不是片面追求规模的扩大，而是通过规模的扩大来追求规模的效益。在联合之后，规模有了一定的扩大，这样就可以按照专业分工和社会化生产的原则，对新闻出版产业的各个环节进行分工协作，可以将分散的资金集中起来，投入到产业比较薄弱的项目中，形成优势互补，从而大幅度降低成本，提高效益。

2. 兼并

兼并是市场经济中比较突出的现象，尤其表现在新兴的朝阳产业中，它犹如大鱼吃小鱼，遇强则强，优势非常明显。考虑到我国当前特殊的政策原因，对新闻出版产业领域中一些相关的保护，还没有进入实质性的竞争状态。一旦兼并达成，就可以对劣势企业的现有资源进行重新分组和整合，从而取得规模上的优势，进行集约化经营。

3. 股份制

江泽民在党的十五大报告中指出："股份制是现代企业的一种资本组织形式，有利于所有权和经营权的分离，有利于提高企业和资本的运作效率。"成立股份制的最大优势是一旦获准在交易所上市，就可以面向社会发行股票，进行大规模筹资，迅速扩展企业规模，增强企业市场竞争力。在新闻出版产业中，实行股份制有利于扩大公有资本的支配范围，增强公有制的主体作用，更能使集约化的经营方式贯彻下去。

4. 建立出版集团

建立大型的出版集团是当前企业向集约化经营方式发展的一种趋势，因为大型集团具有资本雄厚、管理方式先进等优势，这在新闻出版产业中也表现明显。在今天，欧美等发达国家的新闻出版市场是由若干个大型的出版集团来掌控的，在我国也是如此。建立出版集团有利于改变我国目前新闻出版产业不合理的结构，也有利于发展社会化、生产专业化，实现出版要素的优化组合和出版资源的合理配置，形成规模化经营，从而增强我国新闻出版产业的市场竞争力。但在建立出版集团的过程中不能强制进行，而要遵循一定的原则，一是要自愿互利；二是要鼓励正当竞争；三是要运用多媒体经营，进行多元化经营。总之，组建出版集团应突出资本一体化、出版主营化、经营多样化和技术现代化的特点，力求合理而又快速地发展。

5. 激活中小型新闻出版企业

市场竞争是相互的，如果新闻出版市场上都是大规模的出版集团，那么肯定不利于正当竞争。因此需要激活若干中小型出版企业，它们机制灵活，特点鲜明，小而精，有着自己成熟且全面的经营体系。这样，整个出版市场才不会出现畸形的局面，而是多角度发散，相互之间不断竞争发展。像美、日、法等发达国家，他们的新闻出版社总数每年都保持在三四千家，其中大型出版社有几百家，剩余的是自己经营的中小型出版社，这样的结构模式是符合新闻出版产业自身发展规律的。因此，我国新闻出版产业究竟采取何种形式实行集约化经营，应该因地制宜，根据出版社的自身情况而定，提高经济效益是出版集约化的根本目的，无论是组建大型集团，还是对现有中型新闻出版企业进行结构优化、资产重组和特色培育，都应该以提高效益、盘活壮大资产存量为目的，从而不断增强我国出版产业的实力。

（三）产业技术的现代化

无论是何种产业，在当前经济全球化的浪潮中都应重视产业技术的现代化调整，否则将注定被淘汰，新闻出版产业也是如此。运用高科技加快我国新闻出版产业的发展是现阶段的一个重要任务，计算机和网络技术的日益成熟为现代新闻出版产业的发展提供了许多新的经济增长点，也为加快对原有出版企业的技术改造提供了便利的条件。我国在新闻出版产业中的技术水平也日益提高。例如，20 世纪 80 年代中期，我国的一些科技开发公司已经能够独立地生产软件出版物了。在 90 年代，我国的电子出版物迅速崛起，许多企业单位已经建立起自己的数据库，并向客户提供数据光盘版。近年来，人工智能发展成为学界和业界关注的焦点，2017 年被称为"中国人工智能元年"。以人工智能为核心的一批新的文化创意产业整装待发，基于人工智能现实基础上的新闻出版相关理论与实践也在不断进行。人工智能对于新闻出版产业最大的现实意义就在于建立一套智能化、产业化、系统化的新闻出版流程。总的来说,新闻出版的科技现代化是一项系统工程,它涵盖了这项产业各个方面的技术层面。当然,这也是一项从各个角度进行改造的科技工程,要利用高科技从整体上提高全行业的装备及管理现代化水平,通过科技进步推动产业结构的调整和优化,全面提高新闻出版行业的质量和信誉。

(四)产业模式的数字化

随着经济全球化的深入,计算机和网络技术日益成熟,新闻出版产业的发展模式也需紧跟时代发展的步伐,寻求数字化经营模式。这种新媒体的运用,无疑能够吸引大量的用户群体关注,拥有强大的资本支持和资本运作经验,它对传统出版的冲击要比技术提供商大得多。新闻数字出版产业必然带来新一轮大型规模的资源整合,这其中还要求产业内容的专业化和形式的新颖化。

中国出版科学研究所所长郝振省在2008年全国出版业网站年会上发布的《全国出版业网站发展创新报告》中指出,新闻出版相关网站的盈利模式主要有以下几种:第一,在线展示、销售纸质版;第二,在线下载电子版;第三,专业数据库服务;第四,社区俱乐部或会员制服务活动;第五,在线教育、培训平台;第六,数字图书馆。出版单位完全可以根据自己拥有的内容资源选择某一方面或某几方面作为突破口,也可以借用新媒体如手机增值服务等实现盈利。而中国出版集团的中国数字出版网则可以采用合适的方式从多个方面整合这些数字出版资源,打造一个聚集中国出版业主要资源,代表中国出版业水平的商业数字出版平台。① 新形势下,"一带一路"政策为新闻出版产业的数字化进程提供了前所未有的发展机遇。2016年,"一带一路"数字文化工程正式启动,这一工程包含了三大核心内容:一是打造数字富媒体产品"一带一路"图书馆;二是合作推进文化产品版权输出;三是搭建海内外数字文化版权交流平台。仅2017年上半年,我国在"一带一路"政策的引导下,为沿线的国家输出了数字出版物3.7亿册;同年,"中华文化数字化全球传播计划"发布会首次运用数字化学习与国际教育认证的方式,向全球数万所学校以及青少年推广具有国际学分的中华文化数字化课程与教材。2018年,由中国图书进出口(集团)总公司、五洲出版社、外语教学与研究出版社等承办的"中国书架"项目相继在美国西雅图、法国尼斯、土耳其伊斯坦布尔等地落地。阅文集团已经上线英文翻译网文作品150部,掌阅科技的"掌阅APP"海外版也已上线英语、韩语、俄语等14个语种版本。②

(五)产业管理的科学化

科学化的管理方式是新闻出版产业的重要内容,它指依据新闻出版规律和社会主义市场经济的规律对新闻出版产业进行科技化和规范化的管理,从而呈现一种积极向上、行业繁荣的局面。目前业内对产业管理的科学化主要从以下五个方面考虑:第一,经营管理人员应具有预见未来、把握现在和分析过往的宏观能力。这样才能多走捷径、少走弯路,从而看准市场、赢得市场。第二,新闻出版产业的内部人员应该同心同德,具有很强的凝聚力、坚韧力和创造力,懂得为这个产业付出,营造良好的产业氛围。第三,新闻出版产业要在同行业中具有良好的口碑和信誉,能够与众多的书商和出版商进行合作,这样才能广开门路,效益不

---

① 于友先.产业化:21世纪中国出版必由之路(下)[J].出版经济,2003(7):4-8.
② 孙宇."十三五"数字出版产业发展状况及趋势[J].新闻战线,2019(3):90-93.

断。第四,产业内部要有足够的优势以吸引一批优秀者,切实地为这个产业做出贡献。不难看出,现今出版企业的人才使用存在着很大的不合理性,似乎给权给钱、给官位给待遇是留住人才的唯一方法,而且对人才的不合理使用也是目前很多出版企业在发展过程中要解决的紧迫问题。第五,不仅要准备也要适当地管理好成本与财务工作,及时地掌握财务情况可以为科学投资提供良好的准备。

(六) 产业机制的健全化

新闻出版产业要想长久快速地发展起来,建立一套完整的产业机制是必不可少的,主要包括企业制度保障、法律法规保障和国家产业政策保障等。具体体现在:第一,加快建立新闻出版产业的现代企业制度。在新闻出版产业内建立现代企业制度是新闻出版产业转换经营机制的关键步骤,也是产业化发展的重要保障。只有成为独立的法人,在法律上和经济上成为独立的实体,并拥有自主经营和发展的各种权利,新闻出版产业才能根据自己的发展目标做出恰当的经营决策,实现出版资源的优化整合,力争出版效益的最大化。第二,建立健全新闻出版产业的法律法规制度。社会主义市场经济的一个主要特征就是法制经济,因此,要想保障新闻出版产业的顺利有效发展,就必须要建立健全产业的法律法规制度,让新闻出版工作走上依法管理的轨道,这也是发展和繁荣我国新闻出版业最有力的保障。第三,提供和制定相应的产业经济政策制度。考虑到新闻出版产业自身的属性和特性,制定与之相适应的经济政策,是建立良好的产业环境的前提,这其中主要涉及税收、价格、工商和进出口等方面。因此,要用好出版专项资金、科学出版基金和少数民族出版基金,支持重点出版物的出版,加快印刷技术的进步、技术改造和图书发行网点的建设,只有在国家经济政策的护航下,新闻出版产业才能更快速稳健地发展。

二、新闻出版产业的发展亮点

(一) 知识付费扩宽数字出版空间

2013年,知识付费市场开始起步,在国家出台相关政策扶持音乐市场发展的背景下,各类音乐客户端开启音乐付费模式。随后腾讯、爱奇艺、芒果TV等视频平台网站纷纷试水视频付费领域。2016年是被称为知识付费元年的一年,知识付费市场得到了快速发展。根据艾媒咨询(IiMedia Research)数据显示,2017年中国移动支付用户规模预计达到5.6亿人,随着近年来移动支付技术的不断发展,内容付费观念也在逐渐普及,大批优秀内容的提供者开始进驻知识付费平台,2018年中国的内容付费用户规模达到了2.92亿人。相对于传统的线下学习形式,零碎化的线上学习模式更能满足现代人群的需求,同时也拓宽了数字出版产业的应用实践领域,在网络知识付费领域,单就传播载体和内容形式的展现上,音频类的付费产品更能满足现实生活中的场景化需求。知识付费产业的内容和形式主要分为:知识电商类、社交问答类、内容打赏类、社区直播类、讲座课程类等。其中知识电商的代表有喜马拉雅FM、得道;社交问答类有知乎和分答;内容打赏类有微信、微博、简书等。在2017年中国知识付费平台的知名度排行中,喜马拉雅位居首位,马东所带领的奇葩天团打造的《好好说话》更是成为喜马拉雅FM"付费精品"专区的首个产品,并在"123知识狂欢节"中成为销量总冠军。知乎上线私家课也聚集了很多业界以及学界的KOL开设的课程,比如北京理工大学金旭亮的"如何自学计算机专业课程"、资深心理咨询师胡慎之的高情商课程、毕义明的健康管理运动训练等,这些课程丰富了平台内优质专业产品内容。对于新闻出版产业而言,知识付费的兴起延长了产业链条,优质的音像制品和电子图书等出版物颠覆了传统的知识生产模式,给新闻出版产业带来了全新的发展机遇。

(二)实体书店引领新式文化生活

2016年6月,中央11个部委联合下发的《关于支持实体书店发展的指导意见》重磅出台后,北京、上海、广东等地陆续推出了地方扶持政策,以真金白银支持实体书店发展,鼓励书店经营模式创新和转型升级,使得实体书店从前两年的"倒闭潮"中逐渐回暖,呈现连锁化、地产化、多元化发展的新趋势。① 作为城市文化基础设施的一部分,体现城市文化底蕴的实体书店为新闻出版行业的发展带来了一股温暖的春风,尤其是一些极具地方特色以及个性的实体书店最受人们的青睐。相比网上图书销售以及电子书,实体书店的消费群体虽然占比较小,但却可以成为线下图书出版的体验店以及展示新式文化生活的崭新空间。

作为北京网红书店的正阳书局是目前北京唯一专营历史文献的特色实体书店,这家设立在塔院旁的书店以纸为砖、以墨为瓦营造了一个京味十足的图书世界,店主不仅提供当地的文献物流配送,还做起了自家的出版。传统意义上的实体书店在新闻出版业中已逐渐销声匿迹,新消费模式下的实体书店是当今新闻出版产业发展的主基调。"书店+文创""书店+餐饮""书店+画展""书店+旅游"的经营模式逐渐兴起,人们逛书店不再仅是为了看书,书店也可以是会见朋友、处理工作事务、进行时尚消费的空间场所。2017年,上海市的思南公馆小广场上出现了一家图书快闪店——思南书局概念店。在书局开业的两个月里,每天都会有一位作家入驻在此,与读者进行交流,吸引了大批读者前来买书消费。苏州的诚品书店也是将自身打造成为新体验的城市文化高地,涉及了图书阅读、文创服务、绘画娱乐以及文创产品等相关服务。在这里,诚品书店转变成为新式的公共文化空间,创新城市公共文化服务体系建设。除此之外,一些电商平台也在线下开设了很多实体书店增加用户体验,在提升图书市场占有率的同时也塑造了新型文化空间。

(三)新闻出版服务工程方兴未艾

为了提升人民群众的科学文化素质,丰富基层民众的文化生活,我国实施了全民阅读工程,致力于建设书香中国。一些读书日、读书月活动在城乡间不断深入,受到广大人民群众的热烈欢迎。为保障各少数民族自治区文化建设,推动少数民族精神文化工作的进程,中央政府在少数民族自治区、自治州建立了全额拨款的民文出版基地,出版民文历史文献、民文教科书和民文报刊,以及音像电子出版物,支持少数民族文化的传承与发展,使各民族文化权益得以保障。为了解决基层群众的读书问题,党和政府加大对农家书屋工程的投入,短短几年内建起了书报刊、音像制品、电视、书柜、阅读桌凳等配备齐全的农家书屋和其他书屋80多万家,覆盖60多万个行政村和车间、工厂、营房,为书屋配送和采购图书11亿册,每年都以"财政出钱、农家选书"的方式补充、更新农家书屋的图书、音像制品,满足了农民、乡村少年读书的需求,改变了不少人的命运,农家书屋成了农村最主要的思想文化阵地。②

---

① 周洁.跨界融合新常态:2017年新闻出版业观察[J].出版广角,2018(6):25-29.
② 柳斌杰.中国新闻出版业改革创新40年[J].中国出版,2018(20):3-11.

第五节　经典作品的再次解读：《淘气包马小跳》品牌营销

【导入案例】

《淘气包马小跳》的畅销之道

2017年,《淘气包马小跳》(漫画版)销售1500万册,连续六年居于开卷全国少儿图书畅销榜前列,创造了畅销书的奇迹。①《淘气包马小跳》是杨红樱创作的儿童系列小说,后期被改为漫画版。《淘气包马小跳》(漫画版)的成功销量给传统儿童文学作品指出了新的突破口,即图书出版的内容和形式要敢于创新,尝试用不同的文学体裁来进行文化作品再生产。漫画版"马小跳"的畅销不仅打破了当前国外动漫垄断性的市场格局,也打破了动漫出版物由动画、电影带动的传统运营方式,为中国原创动漫图书的长远发展注入了新的活力。

一、理念创新,为出版发展寻找新机遇

丹尼尔·贝尔(Daniel Bell)在论及以作为大众传播媒介的电影和电视为代表的视觉文化时曾认为:目前居统治地位的是视觉概念声音和影像,影像阅读是人们最为主要的阅读习惯,它们既组织了美学,又统率了观众。在大众社会运行中,这几乎是不可避免的。当代文化正在转变为一种视觉文化,电影、电视、广告等图像充斥了现代社会政治、经济、科技的各个方面,大众文化时代传播媒介由语言文字向影像符号、声音符号全面转变,影视等视听媒介成为主导型的文化传播手段,视听取代思考、声像挑战文字、影视取代小说,已经成为当代大众审美文化的一个主要趋势,这在一定程度上导致了印刷媒介市场不断缩水。因此,出版社必须竭尽全力寻找自己新的空间。②

《淘气包马小跳》之所以能够成功,是因为安徽少年儿童出版社(以下简称:安少社)将这本经典的儿童文学作品以"旧貌换新颜"的方式重新展现在读者眼前,这是典型的理念创新的结果。经典作品重新呈现在读者面前时,要想吸引读者的眼光,最重要的一点就是要具有目标读者思维,即站在读者的角度考虑问题,而经典文学作品以漫画的形式呈现,则更具趣味性与阅读性,满足了当下消费群体的阅读需要,用趣味新颖的方式实现了与消费者的互动。可以说《淘气包马小跳》的出现,吸引了一大批的读者受众,其中不仅包括文学作品原有的受众,还包括漫画作品吸引的新一批读者。从策划出版漫画版"马小跳"到2011年《淘气包马小跳(漫画升级版)》与读者见面,其间经历了八年的时间,虽然前期对于将文学作品改为漫画作品经历了很大的争执,但最终的市场销售说明了一切,理念创新是作品成功的第一步,也是出版业获得新的发展机遇的一大步。

---

① 成一村.原创漫画《淘气包马小跳》销售一千五百万册[N].中华读书报,2017-11-15(2).
② 赵莹.影视为出版造势:对影视图书出版的研究分析[J].东南传播,2010(8):54-56.

二、根据市场需求,及时应变

创新理念,出版优秀作品,才能迈向更广阔的市场,赢得更多的读者,但在新媒体时代如何吸引消费者购买图书,考验的就是企业营销推广的能力。虽然"酒香不怕巷子深",但在这个注意力被稀释的年代里,再好的作品也需要读者的接受和认可。新媒体时代下,信息知识层出不穷且瞬息万变,如何在这样一个快节奏的社会里吸引读者的注意力,是需要花费心思的,处在注意力经济时代,谁吸引的注意力更多或是更长久,就意味着谁有更好的发展和更多的可能。

安少社在第一次推出《淘气包马小跳(漫画版)》时,销售效果并不十分理想。而后在2014年6月,安少社从开本大小、封面设计、画面色彩搭配等多个方面对《淘气包马小跳》进行了改编,推出全新的《淘气包马小跳(漫画升级版)》,将原来的一个故事"上下两册"变为一本,开本从小32开升级为大32开,定价从原来的24元(2册)降低为18元,如此一来使得图书性价比更高。这一次的改版,让销售量迎来了一场小爆发,2015年《淘气包马小跳(漫画升级版)》销售码洋高达3200万元;截至2017年11月,该书的销售量高达1500万册,销售码洋高达2.5亿元。

《淘气包马小跳》系列图书的成功是必然的。一方面"马小跳"的经典形象早已深入人心,在少儿读物市场中已有了一定的读者基础;另一方面,这本书后期销售量的持续走高离不开出版社的市场营销策略,应时而动,及时做出相应的市场调整。在《淘气包马小跳(漫画升级版)》出版之后,安少社举办了各种各样的图书推荐会,召开杨红樱读者见面会,并积极走访卖场,向营销人员、经销商、读者们一一进行介绍,让他们真正了解这部作品,并积极利用大数据抓好拥有较好读者基础地区的上架陈列工作,与福建、广东等重点省份的重点客户进行了充分沟通,并在这些省市的图书卖场开展了"买书送书"等基础性营销工作,还在销售后期持续关注读者的反馈,积极调整营销策略,制订专项营销计划,进一步拓宽营销的渠道,同时有针对性的实施营销策略,将营销资源的作用发挥到最大。

传统的图书营销只是在各大实体书店进行推广销售,而在新媒体时代,采用线上与线下同时进行,双管齐下,充分发挥线上与线下的联动效应,可以实现销售量的巨大突破。互联网经济引发了全新的商业模式,带来了新的产品和服务,改变了企业的生产方式和销售模式,既促进了经济的增长,又改变了人们的沟通交流以及生活方式。中国文化创意产业正在发生巨大的变化,互联网公司有望成为中国目前门类最齐全的文化企业。许多传统的文化创意产业正在或已经转移到互联网生产中,互联网成为文化创意产业并购和资源整合的新平台。文化创意产业需要和互联网相融合,走新型产业化之路,以信息化带动内容产业化,以产业化促进内容信息化,实现文化创意产业的跨越式发展。[①] 因此,当今文化创意产业想要获得新的发展机遇,抢占市场,就必须积极拥抱互联网,运用"互联网+"思维,借助互联网,赢得更广阔的市场。《淘气包马小跳》正是抓住了这种新的市场机遇,运用"互联网+"思维,借助互联网的影响力,成功地实现线上与线下的互动,并尽可能地进行营销推广,才在十年间突破3000多万册的总销量。

---

① 理查德·佛罗里达.创意经济[M].方海萍,魏清江,译.北京:中国人民大学出版社,2006:89-110.

第六节　数字有声读物:喜马拉雅FM《好好说话》的品牌营销

【导入案例】

马东携"奇葩天团"亲授《好好说话》

《好好说话》是由马东带领的《奇葩说》团队所打造的一款说话类节目,不仅是喜马拉雅FM推出的首款付费音频节目,也是一本关于如何提升说话之道的图书作品。2016年,马东带领"奇葩天团"入驻喜马拉雅FM,《好好说话》在开售当天的销售额就突破了500万元,10天突破了1000万元。2017年1月1日,中信出版集团将其出版发行,引起热销。作为一款现象级的音频读物,《好好说话》的成功对于有声内容的发展具有一定的借鉴意义,也值得我们进行探讨。

随着互联网技术的发展,人们获取信息知识的方式已经不仅限于传统的图书、期刊、广播电视等渠道。新闻出版产业在兼顾传统出版行业的同时,也在不断更新新闻出版理念和生产服务方式,新闻出版发展模式日趋多元化,出版单位、发行企业以及生产制作平台基于自身优势,进行转型升级,打造全新的新闻出版产业生产链条,创造新一轮的市场价值。在这一技术支撑以及人们对于自身教育不断重视的背景下,数字教育出版产业市场也在不断发展壮大,而互联网知识付费消费观念的普及盛行也为这一新的业态开辟了新的新闻出版产业闭合模式,形成了从生产者到交换平台再到消费者的完整闭环。作为数字阅读的延伸,有声阅读这一模式展现了强大的市场潜力,消费者可以利用闲暇的碎片化时间来进行学习,利用听觉器官进行知识的获取重现,建构了用户对于阅读的体验爱好。用户对高质量的内容需求也促使了有声付费市场新的提升。在政策的鼓励之下,听故事的音频教育在家庭教育中也会占据很大的比重,有声付费的音频教育在儿童教育市场则具有更广阔的前景。

一、有声读物的市场发展现状

中国的有声书平台分布主要包括两大类:一是综合在线音频平台,二是垂直听书类平台。综合在线音频平台相对于垂直听书类平台来说,其内容产品以及资源分发渠道都较为丰富,但综合在线音频平台缺乏垂直听书类平台较为针对性的产品布局。根据艾媒网的《2018~2019中国有声书市场专题研究报告》,2018年中国有声书市场规模达到了46.3亿元,有声书的用户规模达3.85亿人,有声书市场已经基本形成竞争格局,活动营销成为了2018年各大平台的主要营销方式。在新兴技术的支持下,有声书在提高运营效率的同时也完善了用户体验,2018年喜马拉雅FM拥有市场上70%畅销书的有声版权,85%网络文学的有声改编权,拥有6600本英文原版畅销书的有声书版权,在有声书类平台上占据领先优势。在有声书用户平台满意度的排名中,喜马拉雅FM在主播、有声书品类、平台使用体验等方面占据了绝对优势,以8.12分位居满意度排名第一位,紧接着排位的是懒人听书、蜻蜓

FM以及荔枝电台。①

现阶段,虽然我国的有声读物平台在市场上取得了不错的效益,但国内的有声读物市场依旧处在初级阶段。作为内容型的产品,有声读物有着和新闻出版产业最为根本的发展主旨,那就是平台内容。随着新闻出版产业市场逐步回归理性,如何在更大程度上满足消费者的知识需求和精神需求才是有声读物市场最应该考虑的重点。让已有用户体验不断优化,提升用户黏性,细分内容产品,避免产品的同质化趋势,扩大潜在的产品影响度才是有声读物市场的落脚点和着力点。人工智能的发展也为有声读物行业提供了催化剂,如何优化收听场景、完善收听体验,在取得良好市场收益的同时提高生产效率、节省生产成本也是有声读物行业健康持续发展的要点。

二、知识付费:延伸喜马拉雅虚拟价值链

喜马拉雅FM作为一个移动音频分享平台,在2013年正式上线。在短短的五年内,成为了国内目前发展最快的移动音频电台,位居行业第一位。喜马拉雅FM归属于综合性移动电台,在其分类当中,喜马拉雅FM主要包括知识、娱乐、生活、特色以及其他板块。其中知识类别包括家长大学、IT科技、国学书院、小语种、名校公开课等;娱乐类别包括广播剧、娱乐、影视、二次元;生活类别包括旅游、健康养生、时尚生活以及戏曲;特色类别包括粤语、法律、党员知识、品牌之声、诗歌、心理等。除此之外,平台还会根据用户所处地理位置推荐当地的新闻轶事。2019年,在全国两会召开之际,喜马拉雅还推出了当地的系列报道,另外一些传统的广播电台也入驻其中,成为这一有声图书馆的一部分。作为音频行业中最早采用PUGC(专业用户生产规模)模式的生产平台,喜马拉雅FM不断提升有声内容品质,树立有声读物电台品牌形象。与传统的UGC(用户生产内容)内容生产不同,PUGC是把UGC和PGC(专业生产内容)结合在一起,既能保证平台在草根用户中发现精品内容,又能保障读物知识的权威性以及专业性。

专业性以及个性化的信息知识平台已经建成,如何将知识变现就是实现产品增值最为关键的环节了。2016年是网络知识付费兴起的一年。所谓网络知识付费就是通过互联网信息技术获取专业性及个性化的信息,从而达到自我满足目的的过程。在喜马拉雅FM的"知识付费"价值链中,形成了一套成熟的闭合式音频市场。在内容生产环节中,喜马拉雅FM聚集了一批成熟的内容生产多元主体,一些行业大咖、专家学者、网红明星、草根大V根据自身的专业特性以及内容生产开发出了不同的热门板块,平台将他们自身的权威性和知名度转化为行业竞争优势,从而进一步转换为知识付费的智力资本。

喜马拉雅FM还在一些具有特色潜力的草根用户中挖掘出优秀的主播,开设培训班,提高他们在内容制作以及分发中的技能,培养平台的知识资本;在内容分发环节中,喜马拉雅FM依托自身的技术资本,联合手机、智能终端设备、现实场景建立起一整套的分发体系,在技术支撑的背景下,喜马拉雅FM通过大数据进行算法推荐,实现精准营销。利用渠道优势,打通线上线下分发环节。与此同时,喜马拉雅FM还开拓有声阅读领域,将市场上的一些热门图书转变为有声阅读音频,延长产业价值链条。喜马拉雅先后与阅文集团等版权商

---

① 艾媒报告.2018～2019中国有声书市场专题研究报告[EB/OL].[2019-1-23].http://www.iimedia.cn/63471.html.

签订合作协议,与市场上9家一线图书公司达成战略合作,获得了成千上万本图书的有声改编权。喜马拉雅还将图书托管给一部分主播进行有声书录制,制作成付费音频。所有主播生产的付费音频都会被做成适合在平台上播放的标准化产品,然后在平台上投放、推广和销售,最后所得的利润,也会通过一定的利益分成机制与主播共享;① 在内容推广应用上,喜马拉雅FM通过已有的平台用户进行内容营销推广,用户可以将自己喜欢的内容和板块推荐给其他用户,其他用户如果通过这个链接产生了购买行为,那么原始转发这条链接的用户就可以获得平台比例的分成。喜马拉雅FM还鼓励内容生产者建立自己的粉丝用户群,通过粉丝社群产生购买行为。

三、《好好说话》:有声读物的知识变现

2017年,喜马拉雅FM主推付费有声读物,马东携团队制作出一款"说话"类产品——《好好说话》。《好好说话》站在用户需求的角度上为消费者打造了一款教育培训类节目。喜马拉雅公布的数据显示,2017年喜马拉雅"66会员日"之后,第一季《好好说话》订阅用户超过20万人,销售额超4000万元,播放量超4000万次,是"内容付费"领域里的真赢家。② 不能否认的是,处在社会生活环境当中的人们在个人经验的不断积累和学习中存在一定的"认知盈余",能否自成体系并分享成功是"认知盈余"变为社会生产力的基石。《好好说话》就是马东带领华语辩论圈的专业辩手所建立起的"分享革命"盛会。

《好好说话》是一部提升口才技能的节目,以日更的形式每天推送6～8分钟的音频教程,其主创人员均来自《奇葩说》的专业辩手。而《奇葩说》节目是一档由爱奇艺出品,米未制作的说话达人秀,由马东主持,邀请了高晓松、蔡康永、罗振宇、高泉灵、金星、何炅、李诞以及薛兆丰等业界学界人员担任导师。节目中辩手们和导师的说话技巧得到了观众的极大认可,带来了巨大的粉丝流量。与此同时,节目的影响力也足以为《好好说话》这档音频节目带来潜在的目标消费群体。在上线初期,由于黄执中、胡渐彪、颜如晶等人在《奇葩说》节目中收获了上百万的微博粉丝,这为《好好说话》初期的运营带来了可观的销售额,明星效应使得节目在后期处于平稳增长的态势,且《好好说话》的内容输出始终关注在当代青年的个人提升上。

随着社会节奏的不断加快,市场对于人才的需求以及衡量标准也变得越来越多元化,在人才市场的竞争环境下,如何不断提升自我、完善自我成为当下青年群体不得不去考虑以及解决的事情。《好好说话》首先在形式和内容上与听众拉近了距离,虽是一档教育培训类的节目,但《好好说话》并没有以说教的形式展开,而是以轻松愉快的听感来进行传授,节目还抓住了现代人的社交痛点,即如何有效地进行沟通交流。《好好说话》让听众们极大地解放了双手和双眼,利用听觉感官进行内容消费。其次,节目基于前期的市场调查,在结合受众分布以及消费者实际心理需求的因素下,将专业的心理学、传播学、社会学理论与演讲和口才等技能简单化、清晰化传达给听众。节目的每一期都具体到现实的生活化场景中,实用性很强。因为在视听传播时代下,我们处在注意力经济之中,在海量的知识信息面前,人们更

---

① 国秋华,钟婷婷. 喜马拉雅FM基于知识付费的价值创造[J]. 新闻知识,2018(5):37-41.
② 一年销售超4000万的"付费爆款"《好好说话》再升级[EB/OL]. [2017-6-12]. http://news.163.com/17/0612/16/CMOCJP85000187VE.html.

愿意去选择清晰且浅显易懂的知识技能。

美国作家迈克尔·波兰尼（Michael Polanyi）曾将人类的知识分为显性知识和隐性知识。显性知识以符号编码加以表述，如书面文字、图表和数学公式。隐性知识是指未被表述的知识，如做某事所积累的经验。隐形知识同样重要，但传输效率低，且失真性强，不易交流。因此，掌握隐性知识，并将其显性化尤为重要。①《好好说话》将隐形的说话辩论技巧显性化，把一些专业性的知识技能转变为一种日常的生活经验来进行讲述，这也是其核心竞争力之一。

最后，《好好说话》的原始受众群体是在《奇葩说》节目中积累出来的，目前，《奇葩说》已经播出五季，在2018年12月1日获得了2019爱奇艺尖叫之夜年度IP综艺节目奖，这一影响本身就为《好好说话》带来了极大的光环效应。可以说，《好好说话》的成功一部分也归结于《奇葩说》的能量源泉，既满足了消费者的需求，又在音频节目中为自身树立了品牌效应。除了在线上进行音频节目的生产分发，《好好说话》还在线下进行图书生产，从虚拟的音频产品延伸至图书市场，从综艺说话达人秀起步，再进军有声付费市场，借着音频节目积累的粉丝口碑推出图书版《好好说话》，延长品牌生命力，收割不同阅读习惯的用户，把IP品牌能量做大做强。

第七节　少儿图书品牌建构：小中信的童书品牌探索之路

2005年至2015年被称为童书发展的"黄金十年"。且近五年来，少儿图书的发展与销售增长均高于同期图书产业平均水平，总体表现为三个方面：一是除了专业少儿出版社以外，一些非专业少儿出版社以及民营出版机构纷纷涉足少儿出版，目前国内的出版已达到500余家，仅仅只有20多家出版社还未投入童书出版。二是自2016年以来，少儿图书超越文学图书，成为了图书销售一大门类，2017年少儿图书的码洋占到整个图书市场比重的24.6%，册书也达到30%以上。三是2016年以来，少儿图书在图书门类中一直保持平稳较快的增长，带动了少儿图书市场从编辑、出版到营销多方面的发展，为图书市场注入了新的活力。②

假如成人图书和少儿图书是前行在大海中的两条船，那么成人图书所处的船只已经在风浪中岌岌可危，随着成人阅读的碎片化以及浅阅读习惯的盛行，纸质版图书阅读的转移下滑已经成为不争的事实。但对少年儿童来说，对纸质图书的阅读以及系统化逻辑化的深层次阅读习惯仍是这个社会所大力提倡的，随着出版社对于少儿出版读物前景的不断重视，越来越多的出版机构将重心转移至少儿图书市场，这一趋势也标志着少儿图书市场进入发展竞争阶段，接下来少儿图书市场不再仅仅是图书产品的竞争，而是少儿图书品牌的竞争，这是图书市场发展的必然趋势，也是必要选择。

---

① 丁艳嘉.知识零售变现的特点与问题：以喜马拉雅FM《好好说话》为例[J].青年记者，2017(14)：7-8.

② 宋春颖.论少儿图书的品牌打造与品牌营销[J].出版广角，2018(24)：55-57.

一、品牌建构:少儿图书世界的核心竞争力

随着新生代父母对于儿童幼儿教育的重视度不断提高,当下中国的少儿图书购买力也处于不断攀升的态势中,中国也即将成为崛起的童书出版大国。在当下市场购买环境当中,品牌的影响力和号召力是决定消费者购买欲望的核心要素。品牌盛行的年代下,品牌在市场的成功与否是消费者购买风险的参照依据。很多家长都会通过市场上高质量的图书出版社来寻找最佳购买产品,这说明了良好的图书品牌能够在很大程度上提升出版社的经济效益。目前我国童书出版产业还处于市场细分化程度不高的初级阶段,优质的童书品牌少之又少,很难满足市场的个性化需求,所以,品牌化发展是童书出版产业可持续发展的必然要求。

2015年,中信出版集团开始打造"小中信",旨在出版有趣味、高品质以及全方位的少儿阅读产品。童书产业涉及广泛,细分市场下主要包括漫画、绘本、儿童文学、科普教育、低幼启蒙、益智游戏等。在谈及中信童书出版的前景未来上,中信出版社副总编、"小中信"总编辑兼CEO卢俊表示,目前的少儿文学市场已经逐渐趋于饱和状态,雷欧幻象、杨红樱、沈石溪、曹文轩、郑渊洁等作家已经占据了少儿文学的半壁江山,国内未被完全垄断的科普读物、绘本以及低幼启蒙领域是接下来小中信打入童书市场的切口。① 在销售渠道上,童书市场的分发销售形式多样化,实体书店、婴幼儿童用品、儿童文创商店等都有涉及,"小中信"尝试在不同的场景下完善阅读体验,不仅会在认知阅读中整合多种阅读界面,还会创新理念,在阅读方式上进行新的探索,提升消费者的参与感和使用体验,建立一整套服务于少儿阅读的出版设施体系,在借助中信出版集团大品牌的同时,发展更为细致的童书小中信品牌,整合资源,贴近少儿生活,扩大品牌影响力。

二、品牌塑造:小中信与大世界

(一)品牌定位:用户为中心

最初的出版行业在制定产品时,往往都是从产品的角度来思考,选定知名的童书作者,采用优质的印刷资源,策划好的内容营销方案,投放在市场中。但这样往往就忽略了用户读者的第一需求和实际阅读体验。小中信一直强调给用户的应该是买点,而不是卖点。要以用户为中心,从实际应用场景出发为用户打造一款适合自己的图书产品。

《小兔子睡不着》就是小中信从孩子在听故事时久久不愿入睡的难题出发,为了给家长们更多自由支配的时间,小中信在故事语言的讲述中添加了很多重复性以及暗示性的话语,运用舒缓的言语词汇给孩子以暗示,让他们在感受故事的同时也能安然入睡。另外在推出《小兔子睡不着》的故事读本之前,小中信进行了大量的市场调研,根据《小兔子睡不着》的故事原型制作了一款小兔子,家长可以用自己的声音把故事录制下来放在小兔子的肚子里,目的是在家长没有空闲时间的时候,可以让孩子抱着兔子听自己讲故事。除了满足读者场景化的需求之外,小中信还将精细的用户体验控制在每一个词、句子、标点之中。小中信的童书大多是国外儿童读物,所以确定童书译者很重要,他们既要在童书市场中具有一定的知名

---

① "小中信"的童书探索之路[EB/OL].[2017-10-19]. http://www.lwdf.cn/article_2920_1.html.

度,还要在翻译读本上应对自如。在译稿出来之后,编辑们会召开编前会确定整套书的文字风格和阅读感觉。除了这些,编辑们还召开多次朗读会,设定不同的生活场景,对一些拗口的词语以及故事风格进行调整,确保童书的文字质量。在编辑《遇见美好系列(第一辑)》的时候,小中信的编辑们在是否制作光盘这件事情上起了一番争论。因为现有的二维码技术可以让家长用户们随时随地在线观看图书教学视频,而且现在市场上的电脑大多没有光驱设备,DVD也基本濒临淘汰,所以按照市场使用率来看,童书里附加光盘也就没有必要性了。但考虑到图书实际使用中的特殊场景,小中信还是制作了光盘,方便不同的用户群体使用。这充分体现了:从用户体验出发,以用户为中心。

(二) 国际化视野下的 IP 资源整合

童书市场的目标消费者是新兴的中产阶级,他们大多数是 80 后和 90 后,为人父母的他们在受教育水平上以及育儿理念上与上一代的父母存在较大差异,对现代的育儿教育理念也能较快接受。国内的童书市场在少儿心理学以及儿童心理认知科学的进阶性上稍有欠缺,所以小中信以国际化的视野整合全球顶级少儿读物,将童书定位为高端优质图书,引进海外童书,旨在让中国的小朋友在全世界的知识海洋里遨游,让他们接触全球文化创意思想,为他们打开认知世界的第一扇门。小中信还试图整合全球少儿动漫、少儿影视产业,利用强势的 IP 资源带动童书阅读市场的发展。

在童书的选择上,小中信的图书大多是海外引进版,丹麦、美国、英国、法国等海外国家的图书均有涉及,而且这些图书很多是由国外知名童书出版社打造的,所以对于引进版图书而言,翻译质量是能否在国内市场成功的根本,除了精准之外,还要符合中文阅读者的阅读习惯,既能保证童书的文学性,又能确保其实用性。另外,由于目标读者是儿童群体,用词习惯上必须要考虑阅读者的理解程度,而这些都是小中信在严格把控、精益求精的基础上最终呈现给读者用户的。小中信对产品也进行不断的优化整合,在童书市场的内容资源中进行深层挖掘,除了现有的版权开发之外,在影视、动漫、游戏、周边产品上打造泛娱乐化产业链,多层次、宽领域、立体式地进行开发,形成全 IP 产业链,强化童书出版品牌。旗下《世界上最大的蛋糕》绘本在 2015 年获得博洛尼亚大奖,《儒勒·凡尔纳科幻绘本》系列在公众号"一小时爸爸"中开团,一天内 35000 本绘本销售一空,小中信还通过前期造势,使得《遇见美好》《科学跑出来》《DADA 全球艺术启蒙》等童书都取得了良好的市场效应。另外,《海底总动员》以及《疯狂动物城》系列是小中信与美国迪士尼公司联合打造的,因此小中信选择在同名电影上映前后进行热点营销。① 为了进一步提升品牌影响力,小中信开拓市场领域,从童书出版领域延伸至儿童策展,陆续在全国范围内开展线下儿童策展活动,其中安徒生终身成就奖 50 周年展和安徒生魔法乐园展完美落幕,不仅提升了小中信的品牌知名度,还让其优质的品牌服务形象得到了充分的展示。

(三) 界面创新:让用户找到你

打造视觉体系,给读者用户创造视觉上的独特感受,是小中信一直重视的策划出版环节。在逻辑思维方面,儿童未能达到成人理解分析问题的理性,他们更多的是通过感官体验来认知周围环境与事务,因此儿童文化更多的是强调一种游戏精神,互动式体验是儿童感受

---

① 卢俊. 小中信童书团队:把常识做到极致[N]. 中国出版传媒商报,2016-01-22(007).

世界的首要途径,所以优秀的儿童图书应该把知识融入到游戏中,使图书成为一种趣味性与实用性相结合的产品。首先是在产品的美学体验上,小中信童书团队无论是在绘本内容还是图书装帧设计上都力求尽善尽美。在《遇见美好绘本馆》的主题设计上,小中信聘请了国内著名设计师门乃婷女士进行风格设计。在书本的字体选择和封面的装帧设计上,小中信力求简单、美观且醒目,在外观上凸显童书的品质感。除了传统的少儿图书形式,磁力书、翻翻书、洞洞书、触摸书以及AR图书在基于小中信的设计理念上得到了极大的发挥。如《海底总动员》绘本套装上结合洞洞书、触摸书、磁力书、翻翻书以及有趣的拼图和贴纸,设计了多种形式的童书样式给孩子带来了感官上的刺激,激发了孩子的阅读兴趣。另外,小中信在用料上也十分讲究,《遇见美好》系列获得了"印刷界的奥斯卡奖"——美国印制大奖、金墨水奖的双料得主Leo Paper承印,迎合了中产阶级环保的健康生活理念。①

在游戏阅读体验上,界面的不同也会给读者用户带来不同的阅读体验,新的界面本身就是新的内容,而界面本身是依托技术建立起来的,全新的技术会带来新一轮的价值感受,帮助小中信在童书市场同质化的境遇中开辟出一条新的取胜之道。在关于创新性界面的使用上,小中信运用AR技术,增强读者用户与纸质书的互动体验。在"科学跑出来"系列中,小中信把体验式营销发挥得淋漓尽致,在这些集趣味性与实用性的科普类少儿读物中,包含了恐龙世界、银河宇宙、机器人等科学知识点,以《恐龙跑出来》为例,在标有"启用增强现实动画"字样的横跨页上,启动智能移动AR设备,一只"真"的恐龙会出现在读者用户眼前,通过对智能移动设备的操控,还能对恐龙进行形体运动上的控制,让恐龙奔跑、飞翔、吼叫。此外,小中信还推出《消防车呜哇呜》玩具绘本,在图书绘本中添加了轨道玩具元素,正是凭借这一作品,小中信获得了2009年度英国著名母婴杂志《Right Start》玩具类最高成就奖。以上这些都能让儿童在阅读玩耍的过程中感受科学的魅力与神奇。在谈起小中信童书的未来发展上,卢俊指出,童书出版社现在面对的是"新工匠"时期,应该追求"未来感",避免对复古的盲目追求。② 在未来的发展中,小中信依旧致力于打造具备国际视野的儿童阅读服务,用发展的眼光去看待童书出版市场,在创意阅读上寻找突破点,借助新技术开拓新的阅读体验,极大程度上发挥创意阅读的优势,帮助孩子们建立科学的认知体系以及培养健全的人格。

三、小中信的品牌传播策略

(一)借势新媒体,展开社群化营销

互联网时代下,网络社群功能不断延伸,促使社群经济在市场营销中占据极大的价值。越来越多的企业选择网络社群营销的方式,线上线下齐发力,助力产品营销成功。2015年出版的《世界上最大的蛋糕》是小中信出版社策划的第一本童书,仅上市一周,首印的12000册就被抢购一空,上市半个月直接加印至35000册。小中信之所以能够取得如此惊人的销售成果,得益于借势新媒体,展开社群营销。小中信联合第三方社群,协同"爱读书妈妈""童书出版妈妈三川玲"以及"凯叔讲故事"进行社群化营销。

《世界上最大的蛋糕》在2015年博洛尼亚国际儿童书展上成功获奖,此书是根据列奥纳

---

① 王蓓蓓,张志强."小中信"童书出版的营销策略[J]. 出版广角,2018(18):38-42.
② "小中信"的童书探索之路[EB/OL]. [2017-10-19]. http://www.lwdf.cn/article_2920_1.html.

多·达·芬奇担任意大利斯福尔扎公爵婚礼策划师的逸事改编,通过孩子喜欢的童话方式讲述了奇思妙想的"吃货"达·芬奇如何发挥丰富的创造力、想象力,带领厨师、建筑师、木工、力工等,为公爵打造了一个举世无双的婚礼圣殿——用17000块蛋糕搭建的结婚礼堂。故事诙谐幽默且融合了数学、几何和力学等小知识点,更重要的是能让小朋友在开心阅读中,激发孩子潜在的想象力、创造力、合作能力以及动手能力。在出版之前,营销编辑就将这本书分享到千人左右的妈妈群中,因为育儿的需要,妈妈们会经常在QQ群以及微信群中分享一些育儿经,而一本获得国际儿童文学奖的童书作品,自然也会受到妈妈们的关注,加之移动社交群的强交互性以及快捷性,这本书很快就在潜在的消费群体之中得到了广泛关注。此外,小中信还与一些高质量的儿童教育类微信公众号进行合作。如"凯叔讲故事"是由原中央电视台主持人王凯创办的公众号,之后还设立了APP,它不仅是孩子的故事乐园,还是家长的育儿宝典,作为一个公众人物创办的公众号,同时还具有一定的粉丝基础,以及一定的关注度,这也是中信出版社与其合作的原因之一。社群推广是利用网络渠道进行营销推广的,在网上有一定的关注度之后,会指引很多人选择购买书籍,这就是典型的线上线下相结合,即线上负责宣传,有一定知名度后,线下的产品销量就跟着上涨。在"互联网+"时代,积极拥抱互联网络,尤其是移动互联网络,对于产品销售、企业发展来说至关重要。在注意力经济时代,谁能赢得更多的注意力谁就能相应地获得更多的经济效益。

表4-10 小中信与部分微信公众号自媒体进行合作的情况①

图书	合作的自媒体
"中国国家地理少儿百科"系列	爸妈营
"科学跑出来"AR系列	逻辑思维、哈哈老爸说故事、妞妈创想屋、企鹅爸爸等
"遇见美好"系列	拜托了妈妈、凯叔讲故事、知识分子等
《小熊很忙》	小小包麻麻、牛妈彭小蹦、育儿网、echo小茵茵、亲子营、米娘的发现、困困妈、东西儿童教育、童书来了、爱宝亲子等
"DADA全球艺术启蒙"系列	大V店、爸妈内参、经典图画书、伊姐看电影、睿妈看教育、一直特立独行的猫、创意盒子touch box等
《时间线》	博雅小学堂、哈哈老爸说故事等
《开心的日常生活历险记》	小小包麻麻、三优亲子、牛妈彭小蹦、婴动儿发展王荣辉、妈妈在一起、美妈养成记、奇妙盒子、点点家的土小豆、妞妈创想屋等
《市场街最后一站》	伊姐看电影、大V店、Micheal钱儿频道等
"疯狂动物城"系列	二宝爸奇葩育儿笔记、伊姐看电影、儿童睡前故事、布爸布妈、北京亲子资讯、爱宝亲子、小花生网美妈养成记、婴幼儿发展王荣辉、妈妈在一起等
"海底总动员"系列	凯叔讲故事、尖叫童年、泡泡妈的绘本世界、玩的故事官微、哈哈老爸说故事、妈妈在一起、爸妈帮、兔大爷爷等
《世界上最大的蛋糕》	凯叔讲故事、爱读童书妈妈小莉、童书出版妈妈三川玲等

---

① 王蓓蓓,张志强."小中信"童书出版的营销策略[J].出版广角,2018(18):38-42.

(二)构建品牌形象识别系统

小中信隶属于中信出版社,在童书出版领域,小中信出版的图书在页面设计和品牌标识上是中信出版社的署名以及标识,以至于在市场领域中,消费者对于小中信还没有具象的认知。虽然身为实力雄厚中信出版集团旗下的童书出版品牌,在品牌的整合传播上能够寄希望于母品牌中信出版社,但带领小中信的童书团队有着独立的品牌个性与基因,虽然小中信作为子品牌会在一定程度上削弱母品牌的影响,但在产品信息的说服上,开辟出专属的子品牌识别系统能够加深消费者对于产品信息的印象,把个性化的品牌理念传达给受众,让消费者产生共鸣,建立新的品牌认同。品牌发展是一项系统化的工程建设,品牌建设说到底是企业的一种文化追求,建立全新的童书品牌并进行品牌传播是小中信图书品牌化建设的必要保障,作为童书出版市场的后起之秀,小中信在儿童读物市场上还有很长的一段路要走。

◆ **内容提要**

文化是一个国家、一个民族乃至全世界的精神灵魂,作为国家软实力的重要基石,文化兴则国兴,文化强则国强。新闻出版产业是我国文化创意产业的重要组成部分,是文化传播的基础行业。新时代下,加大新闻出版产业品牌建设对于我国社会主义精神文明建设以及文化强国战略有着重要的政治经济意义。在改革开放四十多年的进程中,新闻出版行业经历了历史性的转变,在体制方面取得了极大的突破,逐步建立现代市场化的企业制度,实现了经济效益与社会效益的相统一。在信息技术以及国家政策的大力支持下,新闻出版产业要争做改革开放领域的排头兵,坚持改革创新和融合发展,调结构求发展,不断提高新闻出版产业在国内外的影响力和公信力。虽然新形势下新闻出版行业还面临着诸多问题以及难题,但这些都是改革进程中不可避免的,只有正确认识新闻出版产业的历史背景和现实条件,运用所学理论进行研究分析,才能为其进一步发展提供前进动力。

◆ **关键词**

新闻出版产业　品牌建构　知识付费　供给侧结构性改革　数字出版

◆ **复习思考题**

1. 我国新闻出版产业的现状。
2. 出版产业并购现状与发展趋势。
3. 新闻出版产业的发展亮点。
4. 浅析数字出版企业的版权保护机制。
5. 结合所学知识对新闻出版产业品牌的营销实践进行分析。

第五章　影视产业品牌

本章结构图

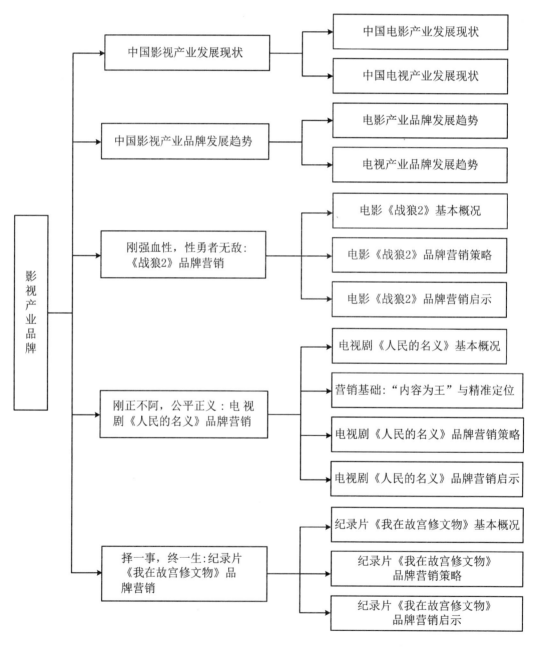

> **学习目标**
>
> 1. 了解中国影视产业的发展现状,了解影视品牌的发展趋势。
> 2. 能够结合具体案例,分析国内外影视产业品牌建设与营销策略。

2018年影视行业进入了资本寒冬,众多企业都进入调整期,开机率也出现了一定幅度的下降。但另一方面,全年电影票房却首次突破了600亿元,市场愈发成熟。观众对于影视作品的质量越来越注重。剧集方面,电视剧的数量已经趋于稳定的现状。目前增速最快的是在网生领域,也就是网剧或者网综这个领域,网大这个市场在2016年左右有一个快速的发展。但从去年开始,数量上也在收紧。整个大盘,网综都是在整体上升的状况。短视频随着整个覆盖人次和用户量的增加,未来将成为大家特别关注的一个触媒渠道。未来几年,中国影视产业将面临两个大的趋势:一是增量市场逐渐向存量市场转变;二是在监管没有放松以及资本趋于理性的情况下,行业将进行洗牌。

第一节　中国影视产业发展现状

党的十八大以来,以习近平总书记为核心的党中央高度重视文化建设,做出了一系列重大决策部署。习近平总书记在全国宣传思想工作会议上指出,要推动文化创意产业高质量发展,健全现代文化创意产业体系和市场体系,推动各类文化市场主体发展壮大,培育新型文化业态和文化消费模式,以高质量文化供给增强人们的文化获得感、幸福感。影视产业作为文化创意产业中最具活力和大众化影响力的产业形态,在文化创意产业的发展中承担着重要作用。

过去的十年里,全球电影产业中最大的变化之一是中国电影市场的高速发展,在这期间,中国电影产业日渐活跃,外国电影和外资的引进政策也逐渐放宽。虽然变化过后政府的管控依旧非常严格,但中国14亿人口的庞大基数仍能带来巨额的利润。在全球电影市场增长趋缓乃至停滞的大背景下,中国电影保持了良好的发展态势,中国作为世界第二大电影市场的地位更加巩固,已成为全球电影市场增长的主引擎。随着互联网技术的不断提升,影视产业转型升级速度加快,网络剧、网络综艺、网络大电影等新兴产业形态持续升温。互联网与影视融合后,其独特的融资方式开拓了电影融资渠道的多元化,分散了金融风险。电视剧生产制作活跃,结构更加优化,主旋律倾向明显。电视剧产业进入了提质升级期,产量平稳回落。电视剧制作逐渐回归理性。文化类综艺节目成为一股清流,内容形式深化升级,专业化程度不断提高。与电视台收视情况下滑形成对比的是在线视频市场的不断扩张。网络视频是以新渠道传播传统的电视剧内容的,从而使我们更加接近电视剧。这种终端转移的方式对于传统电视剧内容的生产、分销、资金构造、盈利模式带来的改变具有重要意义。

一、中国电影产业发展现状

（一）电影市场屡创新高，发展空间持续扩大

2010年以来，我国电影产业迅猛发展。票房收入逐年增高（图5-1），观影人次及银幕数量呈直线上升趋势（图5-2）。根据数据显示，2017年中国电影总票房达到559.11亿元（含服务费），同比增长13.45%，较2016年同期增速回暖明显。城市观影人次达16.2亿人，同比增长11.19%；新增银幕9597块，总量达到50776块，超越北美市场成为全球第一，与此同时统计的北美市场2017年的总票房为709亿元，同比减少4.3%，已连续五年处于增长停滞状态。中国电影产量再创新高，类型样式也趋于多元化的态势，为电影市场的繁荣提供了重要支撑。影院建设取得突破，进一步向中小城市特别是县级城市扩大，电影放映布局更加均衡稳定。中国观众数量众多，文化消费潜力巨大，中国电影市场依然具有旺盛的增长力和生命力。

图5-1　2010～2017中国电影票房（数据来源：根据公开资料整理）

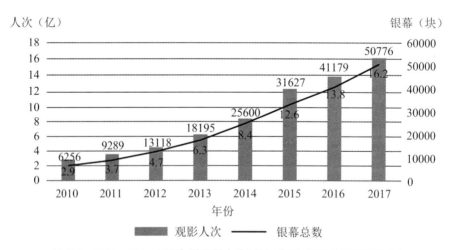

图5-2　2010～2017中国电影观影人次（数据来源：根据公开资料整理）

（二）发行营销日趋规范，电影布局加速推进

中国电影产业链主要涉及 IP 创作、制作发行、分发销售、整合营销、媒体传播和衍生品六大核心环节及电影产业关键支撑服务环节。电影发行作为连接电影制作与放映的纽带，是电影作品能否在市场中成功变现的重要环节，有效的发行不仅对用户群体有着较高的触达率，还会保障院线设置高排片率，进而促进影片赢得票房。

伴随电影消费的快速增长，越来越多的院线公司加快了市场布局的节奏，影院数量不断增长，2017 年中国影院数量达 8576 家。电影市场研究专家刘嘉在第 21 届上海国际电影节金爵论坛"改革开放与中国电影"上指出："根据中国电影科研所 2017 年的报告，全国有 350 个县没有实体影院，有 921 个县级地区只有一家影院，涉及人口是 2.7 亿人，放映基本设施及服务亟待更全面、更完善地建设。"随着经济及城镇化率的进一步提升，未来电影市场布局仍将保持较高增速。

2017 年电影市场整体回归两位数增长新常态，其中一二线城市院线贡献票房 323 亿元，同比增加 12%，三四线城市院线贡献票房 198 亿元，同比增加 22%；一二线城市观影人次合计为 9.5 亿次，三四线城市观影人次为 6.7 亿次，同比分别增加 15.01% 和 24.72%。三四线城市拉动票房增速明显，其中 2017 年电影冠军《战狼 2》票房占比中三四线城市为 46.1%，四线城市贡献 26.1% 票房占比超过一线城市的 14.5%，反映了"小镇青年"为票房增长助力。①

《电影蓝皮书：全球电影产业发展报告（2018）》显示：中国电影走进北美市场，近年来主要是依靠华狮（China Lion Film Distribution）和畅销美国（Well Go USA）两家发行商，前者共发行了 61 部影片，取得票房 2008.57 万美元，平均单片 32.93 万美元；后者共发行了 27 部影片，取得票房 674.71 万美元，平均单片 24.99 万美元。结合影片类型来看，在 2000 年以来发行的 175 部电影中，动作片 47 部，合计票房为 4.49 亿美元，约占总体票房的 87.23%，平均单片票房为 955.08 万美元；剧情片 54 部，合计票房为 1949.86 万美元，平均单片票房为 36.11 万美元；纪录片、冒险片和喜剧片等类型也有一定市场，但都不及动作片的中流砥柱作用。②

（三）题材内容多元发展，电影消费转型升级

2017 年至 2018 年中国电影市场的多样化、多品种、多类型的格局已经形成，精品化、分众化电影逐渐成为市场增量的重要品种。这其中纪录片成为中国市场的新鲜动力。2017 年，共有 12 部中外纪录片进入了中国电影市场的院线，成为中国电影产业历史上纪录片公映数量最多的一年。而《前任 3》《芳华》《乘风破浪》等情怀类题材借助长效生命力，取得了不俗的票房成绩。在 2017 年中国年度票房榜的前十部影片当中，进口片和国产片各占五席，国产影片赢得了 54% 的票房份额，显示了国产影片长足的进步。另外，进口片中好莱坞一片

---

① 中国产业信息网.2017 年中国电影总票房、总观影人次、各线城市院线票房增速分析及 2018 年继续保持两位数增长预计［EB/OL］.［2018-02-27］.http://www.chyxx.com/industry/201802/614434.html. 2018-02-27.

② 卢斌，牛兴侦，刘正山.电影蓝皮书：全球电影产业发展报告（2018）［M］.北京：社会科学文献出版社，2018.

独大的局面正在发生改变,印度影片《摔跤吧爸爸》、泰国影片《天才枪手》,还有西班牙以及日本的动画片都在中国创造了很好的成绩。

随着上映电影数量的不断增加,各种题材和形式的电影不断涌现,为消费者观影提供了更加多元化的选择。爱情片首次占据题材榜首,多制进口片比重逐步增加,口碑日渐提升。同时,优质IP不断增加,现象级电影层出不穷,成为吸引消费者走进影院的重要因素。

互联网的快速发展正在转变中国消费者的消费习惯与消费偏好,进而推动票务平台、视频平台、数字化媒体、互联网金融等与电影产业的融合发展。《2018中国电影产业数据洞察》调研表明,44%的受访者月均观影2~5场,25%的受访者周均观影1次以上。超过70%的消费者的年均观影支出在500元以内。消费者在观影方面的支出情况与电影质量密切相关,37%的受访者看好中国电影市场的发展,表示会增加未来的观影支出,还有60%的受访者将维持现状或视情况而定。近90%的受访者会选择不同类型的线上渠道进行购票。喜剧、科幻与动作片成为消费者青睐的题材前三甲。

(四)电影产业环境良好,法律政策日益完善

2017年3月《中华人民共和国电影产业促进法》(以下简称《电影产业促进法》)正式实施,这是我国第一次以国家法律的形式对电影产业给予了全面的规范,对从事电影创作、摄制发行、放映、举办或参加电影节等活动都进行了相应的规定,对电影产业的支持、保障工作提出了相应的要求,尤其是在确立电影正确的文化导向、下放电影审查权利、扶持农村电影事业发展、鼓励电影衍生品开发、鼓励电影企业以境外合作摄制电影等方式的跨境投资,通过电影专项资金、基金、税收优惠、融资、保险、担保等金融手段促进产业发展,以及在知识产权侵犯、电影院偷漏瞒报票房收入、未成年观影保护等方面的严格要求为电影产业持续健康繁荣发展提供了全面的制度保障,对于激活电影市场主体、规范电影市场秩序、促进电影事业产业发展具有十分重要的意义。2017年也被确定为"电影质量促进年"和"电影市场规范年",推动了电影产业发展与转型升级。

作为中国文化产业领域的第一部法律,《电影产业促进法》用法律的形式固化和升华了多年来电影产业改革发展的政策措施和成功经验,用法治的手段解决了电影产业发展中遇到的各种问题,确立了文化领域中电影的产业属性,形成了"管、放、促"三位一体的中国特色。它的实施,不仅有利于优化电影产业运营和行业管理实践,推动电影产业创作出更多更好的优秀电影作品,还为社会增加精神文化财富,推动国家文化软实力的提升作出了不俗贡献。

(五)电影投资趋于理性,进口影片继续递增

受电影产业转型升级的影响,中国电影市场整体创投趋于理性与平稳。IP多元化的商业价值,使得投资机构更加注重IP的获取与创新。2017年,IP创作的创投数量占比首次超过制作发行。电影行业的竞争已经从制作发行、分发销售的资源和渠道之争,开始向产业两端进行延伸和拓展。因此,IP创作、衍生品及支撑服务开始受到资本的关注与青睐,投资金额占比持续增长。

纵观中国改革开放40多年来电影业的风云历程,港台电影和好莱坞电影是推动当代中国电影消费市场形成和发展的重要力量,也是中国电影产业萌发和兴盛的引领者。1978年以后的电影观众群体塌方,促成了1993年的中国电影体制机制改革,但仍未能扭转观众减

少、影院效益日益亏损的局面。从 1995 年开始,中国电影开放市场,每年引进 10 部外国分账大片;2001 年,中国加入世界贸易组织,每年进口 20 部分账大片;2012 年,中国进口分账片配额提升到 34 部。2017 年电影产量 970 部,故事片占比 82.3%;新上映影片 483 部(含进口片),共有 96 部影片票房过亿元。国产影片共计贡献票房 301.04 亿元,占比 53.8%,进口电影近三年来的票房占比呈递增趋势(图 5-3)。

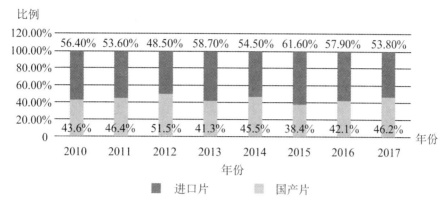

图 5-3　2010～2017 中国国产电影与进口电影占比(数据来源:根据公开资料整理)

(六) 网络大电影持续升温,新兴业态分散风险

"网络大电影"概念的提出是相对于"微电影"的。网络大电影是介乎传统院线"大"电影和微电影之间的中小型制作,一般投资五十万元到三四百万元之间,时长一个小时,以故事为核心,制作周期相对较短。区分于微电影不收费的特点,网络大电影因为有一定的投入,由爱奇艺牵头,一般采取点击付费或者会员付费的形式。经过 2016 年的"野蛮生长期"后,随着监管的加强和市场的优胜劣汰,2017 网络大电影产业进入了调整期,尽管整体上线量和点击量出现了明显的下降,一些不符合政策规定的影片遭遇了下架,但单片平均投入和头部影片的票房分账收入都出现了大幅增长,并涌现出了一批"精品化"的作品。据统计,2017 年上线的网络大电影总数为 1973 部(不含被下线的影片),较 2016 年的 2193 部减少了 220 部,主要原因在于管控加强的背景下,各平台对网络大电影的准入门槛提升了。爱奇艺、腾讯视频、优酷等平台也出台了一系列举措扶持网络大电影的发展,比如独播的播出方式、"网大"类型的多样化等。在营销环节,网络大电影最为依赖的营销方式主要为播放平台的版面导流。视频网站给予的推广资源很大程度上能够决定网络大电影的票房表现。腾讯视频拥有最为完整的矩阵化营销渠道,包括腾讯视频 APP 的开机闪屏画面、广告前贴片等推广资源,以及腾讯娱乐、腾讯新闻客户端、腾讯网、微信插件等腾讯体系下的平台,能够迅速帮助网络大电影完成导流。另一方面,视频网站也希望片方能够展开自主宣发,扩大网络大电影的影响力范围。如针对垂直领域的意见领袖、论坛、贴吧等进行精准化营销投放已成标配。总体来看,网络大电影产业正朝着更加规范化、健康化的方向发展。同时,与院线电影并驾齐驱,新兴业态能够分散金融风险,逐步形成良性发展的大电影产业。①

---

① 彭侃.2017 年网络大电影产业发展报告[N].影视产业观察,2018-02-21.

二、中国电视产业发展现状

2016年,国家新闻出版广电总局相继推出《关于进一步加强电视上星综合频道节目管理的通知》《关于大力推动广播电视节目自主创新工作的通知》《关于进一步加快广播电视媒体与新兴媒体融合发展的意见》《关于进一步加强社会类、娱乐类新闻节目管理的通知》;2017年9月,国家新闻出版广电总局等五部委联合下发《关于支持电视剧繁荣发展若干政策的通知》;2017年9月22日,为遏制演员天价片酬,中国广播电影电视社会组织联合会电视制片委员会等联合发布《关于电视剧网络剧制作成本比例的意见》,推出"限酬令"。2018年10月,国家广播电视总局下发《关于进一步加强广播电视和网络视听文艺节目管理的通知》,通知指出,一些文艺节目出现了影视明星过多、追星炒星、泛娱乐化、高价片酬、收视率(点击率)造假等问题,不仅推高制作成本、破坏行业秩序生态,而且误导青少年盲目追星,滋长拜金主义、一夜成名等错误价值观念,必须采取有效措施切实加以纠正。由此可见,国家对影视产业发展的高度重视,且随着相关法律法规的相继出台,电影电视产业在法治轨道上的发展日益规范。

(一)电视剧制作数量下降,收视率连年下滑

根据国家广播电视总局规划财务司、电视剧司发布的2017年中国电视剧年度报告显示,2017年全国通过备案公示的剧目共1175部、46685集,比2016年(1208部、47802集)分别下降2.73%和2.34%。①

2013年全国电视剧平均单部集数为35.76集,到2017年平均单部集数上升至42.90集,相比2013年增长19.97%(图5-4)。制作完成并获得发行许可证的电视剧共有314部、13470集,比2016年(334部、14912集)分别下降5.99%和9.67%。全国超过半数电视剧制作量集中在北京、浙江、上海、广东和江苏。其中,北京制作电视剧73部,占比23.25%;浙江制作45部,占比14.33%;上海市制作40部,占比12.74%;广东制作22部,占比7.01%;江苏制作14部,占比4.46%。2017年全国译制少数民族电视剧583部、14785集。其中,新疆译制少数民族电视剧337部、7381集,西藏译制67部、1254集,内蒙古译制59部、1761集,四川译制46部、2192集,青海译制40部、1460集。

国内观众人均日收视时间和到达率难以逃脱下滑的困境,根据统计的单日人均收视时间来看,国内电视人均收视时长自2012年上半年的169分钟下降至2017年上半年的144分钟;到达率也连续6年出现下滑现象,从2012年上半年的68.4%下降至57.1%,同时也是首次低于60%。②

2017年,纳入广播电视统计范围的自制网络剧409部、6863集。自制网络剧数量前三名的省(市)分别是:北京(169部)、浙江和广东持平(44部)、江苏(42部)。

---

① 国家广播电视总局规划财务司,电视剧司.2017年度全国电视剧发展情况统计分析报告[N].2018-09-30.

② 中国产业信息网.2018年中国电视剧行业发展现状及发展趋势分析[EB/OL]. https://www.chyxx.com/industry/201807/659468.html.2018-07-17.

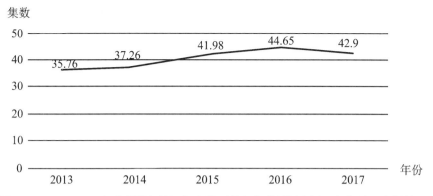

图 5-4 2013～2017 年获得发行许可证电视剧单部集数(数据来源:根据公开资料整理)

(二) 电视剧投资规模不断扩大,销售总额持续增加

2017 年电视剧制作投资额 242.26 亿元,比 2016 年(128.53 亿元)增加 113.73 亿元,同比增长 88.49%(图 5-5);电视剧制作投资额占电视节目制作投资总额(426.46 亿元)的 56.81%,比 2016 年占比(40.55%)增加了 16.26 个百分点。

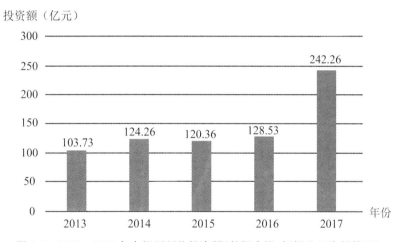

图 5-5 2013～2017 年电视剧制作投资额(数据来源:根据公开资料整理)

2017 年,电视剧制作投资额排名前五位的省(区、市)分别是:新疆(63.23 亿元)、浙江(60.47 亿元)、北京(56.50 亿元)、江苏(18.74 亿元)和上海(15.95 亿元)。其中,新疆电视剧制作投资额为 63.23 亿元,跃居全国榜首。

受"一剧两星"政策的影响,电视剧销售价格不断提升。2017 年,全国电视剧销售额 265.41 亿元,比 2016 年的 147.96 亿元增加了 117.45 亿元,同比增长 79.38%(图 5-6);电视剧销售额占全年电视节目销售额(360.37 亿元)的 73.65%,较 2016 年增加了 12.80 个百分点,成为电视节目销售的主力军。

2017 年,各省(区、市)电视剧销售额排名中,浙江以 82.31 亿元位列第一,新疆地区以 1.18 亿元的微弱差距排名第二位,北京、上海、江苏分别以 41.98 亿元、22.63 亿元和 14.50 亿元排名第三至第五位。

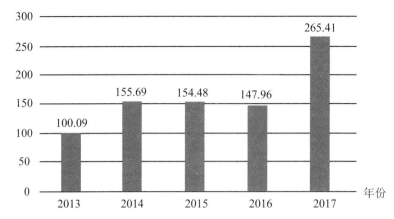

图 5-6　2013~2017 年电视剧销售额情况（数据来源：根据公开资料整理）

（三）"慢综艺"成主流，文化类节目备受关注

在电视真人秀节目大爆发的几年中，节目更多地聚焦于快节奏的明星竞技、对抗，以期在强烈的节目冲突中营造笑点、矛盾、噱头，这样的文化快消品，促使观众沉浸在"为了娱乐而娱乐"的氛围中。"慢综艺"普遍采用纪实拍摄的手法，不设置游戏和任务，也不设定人物的角色性格，而是将明星嘉宾们放置在相对宽松的环境下，让其呈现出最自然的状态。在镜头剪辑和后期加工上没有过多的修饰，具有节奏缓慢、剧情相对松弛和生活流的特点。"慢综艺"像一股清流，开始占据电视节目的主流市场。

政策调控为文化类综艺节目的兴起创造了有利的大环境。国家广电总局鼓励综合频道在黄金时段增加公益、文化、科技、经济类节目的播出数量和频次。结合新的时代特点和实践要求，制作播出更多有思想深度、精神高度、文化厚度的文化类节目。在"今日头条"2018年发布的《中国文化综艺白皮书》中，关于"文化综艺节目什么要素最吸引你"的调查表里，"精神内涵/价值导向"成为第一要素，受访者选择占比接近七成；选择"节目创新性"的比例也接近六成。

高话题文化类综艺节目具有一些共性，首先，"回忆+情感+人物"成为文化类综艺节目的特质；其次，借助于合适的载体呈现抽象的文化概念；最后，传播正能量，弘扬社会主义核心价值观成为文化类综艺节目的核心诉求。《中国诗词大会》节目播出后，文化类综艺在 2017 年出现井喷，前后约有 50 档文化类节目播出，更涌现了《见字如面》《朗读者》《表演者》等多档高口碑"网红"节目。文化类节目对于传承优秀传统文化、提升受众审美情趣等有重要作用，对丰富综艺市场也意义重大。

（四）电视广告投放卫视两极分化加剧

近年来，电视台、广播电台广告花费总体稳中有升；互联网广告花费持续增加，但增速放缓；报纸、杂志广告花费持续下跌。2016 年，中国电视广告营业额为 1239 亿元，较 2015 年增长了 8.05%。电视台在传统的硬广告之外，利用各种综艺节目等创新形式丰富了自身广告收入的来源，通过各种冠名、赞助、植入等模式，从固有的业态中谋求突破创新，利用数字、互动等互联网技术提升节目的收视率和覆盖率。2016 年，各大卫视播出的综艺节目数量大幅增加,季播节目为主的形式进一步拉高了广告招商空间。同时,电视媒体两极分化情况愈发明显。央视一枝独秀,国家品牌计划功不可没,认知度已超八成,即超八成消费者倾向国家品牌,这不仅使品牌主收益颇丰,连带央视晚间广告刊例也节节攀高。但省级卫视整体硬广投放下行压力明显,2017年前三季度TOP 8卫视硬广投放约占五成,TOP 5卫视占比超三成,而尾部卫视的市场份额进一步缩减。在电视媒体投放最多的前五个行业分别为饮料、食品、药品、化妆品/浴室用品以及酒精类饮品。电视广告市场集中于大IP资源,优势资源向头部媒体集中,两极分化进一步加剧。

第二节 中国影视产业品牌发展趋势

一、电影产业品牌发展趋势

电影市场的蓬勃发展使得大众对未来的电影产业充满期待。从内容生产到制作发行,再到市场营销及衍生品的开发,电影产业链在不断完善的过程中也在促进产业向前发展。未来的电影产业将呈现出以下四种基本态势:

(一)优质IP仍将是稀缺资源,深度挖掘运营成重点

在电影行业,IP的意义所指涉的就是一种创意和内容,而且拥有着强大的粉丝群体,有巨大的开发价值和潜力的文学、小说、游戏等优质的版权资源。IP是在互联网语境下跨媒介资源的整合,借助资本话语和网络推手,衍生出各种各样的产品,从而为大众带来不同的体验。IP电影热是中国电影商业创作模式成熟的表现,是年轻大众的流行娱乐文化成为主流文化的标志。IP电影将属于特定人群的小众文化变成了大众娱乐话题,将小众流行文化变成大众流行文化。电影文本的建构形式可以为网络文学、动漫、游戏以及传统的名著改编等,其内容生产更加丰富。IP与原创齐飞,用电影讲好特色中国故事。在电影传播实践中,内容生产永远处于整个电影产业链的上游源头。优质IP是推动电影市场占有份额的重要保障。选择IP需要重点考虑粉丝层面、故事层面以及IP本身对人物的塑造。对优质IP应该心存敬畏,"好形象+好故事+好的普适度+好的世界观"是助力IP影视转换的内核。优质IP是降低市场风险的重要基础。优质IP资源是内容为王时代的重点诉求,发掘并运营好优质IP成为电影产业深度发展的重点。

伴随新一代用户群体的成长,其对内容的要求更加个性化、碎片化及长尾化,与此同时,优质IP仍将是我国电影产业的稀缺资源,未来围绕现有优质IP和新IP的创作创新,都需要系统化的解决方案,而非散点、单一的输出模式。未来,完善IP产业链一体化机制,实现国产电影品牌化是进一步推动我国电影产业进行国家化发展的重要之路。面对这一趋势,必须以IP为电影载体,充分强调电影品牌的影响力,结合主流媒体平台,集中优质资源,不断壮大中国电影产业市场的发展。

（二）电影企业加大专业化程度，国产影片提升市场占有率

在现有的电影产业布局中，规模强大、产业链相对完整、具有较高知名度和品牌效应的优质电影企业如华谊兄弟、保利博纳、橙天嘉禾、光线传媒等，数量较少。此外，大多数市场主体的生存及发展状况并不稳定，更多的中小型电影企业还不足以为产业结构的完善提供差异化的支持。随着中国电影市场经济效益的蓬勃发展，电影类型日趋多元化，市场的适度扩张需要给有发展潜力的年轻导演提供充分的成长空间，优质电影企业需要在自身的资本平台上协调好商业大片与关注社会现实的中小成本影片、类型片以及文艺片等之间的矛盾，加大专业化制作程度，为一个产业结构均衡、梯次差异明显的产业链做出贡献。

2017年国产电影的受欢迎程度首次超过国外电影，国产影片内容的多元化和创作形式的多样化，日益受到当下主流消费群体80后、90后的青睐。未来国产影片的市场发展空间仍然存在。2013~2017年各线城市票房增速数据中，一线到五线城市票房增速逐步递增，四五线城市的票房增速将近一二线城市的两倍。原先支撑一二线城市票房继续向上增长的动力，即观众增长和消费升级，已经开始逐渐转移到三四线城市，并有着强劲的表现。从文学作品、动漫、悬疑到浪漫爱情等题材的多元化，使得国产电影呈现出百花齐放的状态，影片数量与质量再创新高，国产电影的发展将逐步提高市场占有率。

（三）电影制作发行重新洗牌，商业体系重塑

制作发行与院线一直占据电影产业的核心主导地位，随着互联网的深入发展，电影发行行业或将重新洗牌，互联网发行公司将大批出现并成为发行主流，传统发行公司若不谋求转型或拥有核心竞争力，会在很大程度上面临被边缘化的风险。电影发行有两大放映渠道，一是以影院放映为主，二是以视频网站为代表的新媒体平台为辅。电影发行的放映渠道互联网化程度加深、网络院线的异军突起也促进了互联网发行模式的地位逐渐上升。

"互联网+"背景下电影发行模式不断创新，主要表现在：第一，渠道多元化。目前，在中国电影市场，传统电影院线对影片总收入的贡献占80%以上，而在北美电影市场院线大约仅占30%左右，剩下的70%来自院线之外的DVD、单片点播、包月观看、电视频道播出、艺术授权、主题旅游以及衍生品等综合收入。因此，随着市场的不断发展，互联网对电影业的影响会日益深入，电影市场将日趋生态化，电影发行的放映渠道将日益多元化。未来电影的放映渠道还将拓展至电视院线，形成电影院线、网络院线、电视院线三大发行渠道共生的局面。第二，资本保底化。随着电影发行的不断深化，其在具体模式上进行了一定创新，出现了电影发行资本保底化的新突破。一方面是发行公司的高额保底；另一方面，是电影众筹的推动与保障。第三，发行免费化。互联网时代下最重要的商业模式便是免费，免费模式已被消费者内化并习以为常，由此衍生出的互联网发行也会逐步继承免费这一特征。这会缓和电影发行方与各方的利益矛盾，互联网电影发行公司将不再以票房本身为核心赢利点，发行费用将降至最低甚至免费，用免费模式首先赢得市场，换取除票房外的网络版权、衍生品开发权等权利，抢占优秀的电影作品和IP资源，争夺电影下游乃至中上游产业链的深度循环开发。以免费模式不断吸引、赢得并圈住用户，为播映平台奠定用户基础，最后依赖用户模式进行长期性盈利，从而占领资本市场，这才是电影发行日趋免费化的最终目的。第四，流程大数据化。具体来说，大数据对电影发行的流程带来了4个方面的创新：① 精准定位目标用户和重点院线。② 制定最优的发行策略。一方面，以大数据技术分析用户观影决策的影响因

素,分析电影票价、观影习惯、消费偏好等信息,进而根据用户数据的分析结果制定最优的宣发策略。另一方面,根据电影票的预售情况和院线实际情况为院线制定最优的策略。③ 采取不同的发行模式。目前电影发行主要有互联网发行与收放式发行、驻地发行、品牌发行这四种模式,以大数据为基础可以指导发行方进行发行模式的有效组合,提高影片排片比。④ 数据反馈完善发行。①

未来伴随投资方式、制发方式、分发渠道、销售渠道、营销媒体的多元化发展,中国电影商业体系参与者的结构将发生改变,越来越多的跨界企业将进入电影产业,并以专业化的商业运营经验影响和重塑中国电影产业的商业体系,从而促进中国电影商业体系更加严谨与完善。

(四) 电影与科技的融合更加紧密

根据《5G 娱乐经济报告》预测,5G 将加速包括移动媒体、移动广告、家庭宽带和电视在内的内容消费,并通过各种全新沉浸式和交互式新技术提升体验,充分释放增强现实(AR)、虚拟现实(VR)和新媒体的潜力。对于影视产业而言,5G 时代预示着一个全新的内容时代,沉浸式内容体验会逐渐成为人们消费的主流。在内容制作领域,VR 电影被认为是电影界的下一个未来。但在一定时间内,VR 拍摄的巨大投入会让传统电影公司望而生畏,小规模电影公司也将很难参与分割这一块市场蛋糕,因而这段时间,传统电影公司仍将以 2D、3D 电影为主占据一部分市场份额。

根据美国电影协会相关报告称,2017 年全球电影票房达 406 亿美元,创历史新高。但世界第一大市场北美在这一年里的票房收入为 111 亿美元,下滑 2%,其观影人次为 12.4 亿次,下滑 6%,是 1995 年以来该市场观影人次最低的一年。同时,该报告指出,家庭娱乐收入在 2017 年高达 478 亿美元,上涨 11%,其中大部分来自视频流媒体服务。AR/VR 等沉浸式技术,将在 5G 的全面商用下迎来市场成熟期,观影模式势必会随之发生变化。这将让依靠传统电影发行的院线陷入迅速的衰退中。传统院线只有不断拥抱新技术,才能通过观影方式的升级,找到新的发展方向。5G 时代,固守自封的传统影视文化公司必然面临极大的生存挑战,规模化经济或许也不再适用于新的时代,技术的升级不仅让影视文化的从业者更加专业,还会对观影方式、传统影院,甚至整个影视文化行业的格局产生影响。科技作为电影重要的依赖载体,将在电影制作到发行销售渠道上进行深度融合,这就是推动电影产业持续发展的动力。

二、电视产业品牌发展趋势

(一) "一剧两星"政策持续影响,现实题材与主旋律创作成主流

自 2015 年 1 月 1 日"一剧两星"政策实施起,电视剧产量开始减少。2016 年我国电视剧发行部数首次低于 350 部,2017 年发行部数为 313 部,创历史新低。"一剧两星"政策使得电视台购买电视剧价格上升,从而降低了电视台对于影视剧作品的购买能力,导致影视剧作品

---

① 中国报告网.2018～2024 年中国电影发行市场政策现状与投资前景趋势研究报告[EB/OL].[2018-01-02]. https://www.chinabaogao.com.

在电视台终端取得的效益下降。由于电视台播出时段的固定性,使得越来越多的受众选择网络观看,进而促使电视剧效益向互联网平台转化。

2017年现实题材得到一定程度的扶持,精品创作得到重视。现实题材电视剧约占电视剧收视率排行榜的半壁江山,以 TOP 10 为例,累计播放量整体表现优异,单部聚集累计播放量最高达368.6亿次。2018年4月国家广电总局宣传司长高长力表示,"今后广播电视节目必须继续遵循'小成本、大情怀、正能量'的自主创新原则,不讲排场,不比阔气,不拼明星,不沉溺于个人主义的浅吟低唱和自娱自乐"。在政策的引导下,电视剧行业将紧跟电影行业的步伐,慢慢回归品质,注重内容、故事、演技和制作等核心要素,高质量的主旋律价值观影视作品将成主流。①

主旋律、当下性、时代感、贴进度、作品的话题效应等,是现实题材的优势所在,也是中国电视剧题材上的光荣传统,它反映了文艺与社会生活的本质关系。新时代的核心内容,除了物质的丰富之外,更重要的是满足人们的精神层面的丰富性和多样性。电视剧仅仅提供欢愉和消遣是不足够的,必须具备更充实的精神文化内涵,要提升作品在价值引领上的高度和审美发现上的深度,这既是新时代赋予电视剧的时代使命,也是文艺作品的功能和本质所在,更是符合当下市场的最合适选择。

(二) 电视剧产能过剩,网络剧精品化发展

电视剧产能过剩导致了制片方对播出资源的争夺加剧,同时,中低端剧集也试图抢占优质头部剧集市场,带来了播出资源竞争压力。优质影视剧由于部分市场被抢占,再加上资金回本速度放缓,投资方越来越谨慎,导致高精质量的作品生产困难。制作方在投资风险增大,制作成本攀升的情况下,通常会选择增加电视剧集数,以提高电视剧售价。电视台为最大化利用热播剧集,增加广告收入,则会选择延长热播剧集的播放周期,以增加电视广告的曝光量。

党的十九大报告指出,要坚定文化自信,推动社会主义文化繁荣兴盛,网剧出海有利于推动中国文化走出去。网络剧在内容创作上有绝对优势:叙事技巧多元化,人物塑造方面能突破"脸谱化",故事情节具有吸引力。网络剧定位秉承"烧脑情节+画面精良+叙事节奏快"的特点,在制作方面会有专业团队和大量资金的注入,使得高品质网络剧制作日趋精品化,能够在市场产生极大的影响力。

(三) 电视综艺节目创新多元化,新技术将改变市场格局

电视综艺节目创新形式多样,受众细分精准化趋势明显。在各大平台的布局中,文化类节目占据举足轻重的地位。在政策的引导和支持下,文化类节目必将成为各大平台精耕细作的垂直领域。音乐类综艺节目也将在未来的节目创作中继续占据一席之地。音乐竞技、原创歌曲、旅行与音乐跨界融合等形态将逐渐丰富。体育类综艺近几年正在经历一波红利期,《国务院关于加快发展体育产业促进体育消费的若干意见》提出到2025年体育产值将达到5万亿元,可见体育类综艺已经具备了"爆发"的条件。

从综艺节目的视觉呈现来看,"高科技"成分正在不断增加。无论是CG特效、AI、全息

---

① 中国产业信息网. 2017年我国电影电视市场发展现状及投资前景分析[EB/OL]. [2018-07-30]. https://www.chyxx.com/industry/201807/663671.html. 2018-07-30.

投影还是 VR、AR 等技术都让综艺节目极具"大片既视感"。随着制作水平和技术水平的不断提升,尤其是 5G 时代的到来,高科技也将越来越广泛地应用到综艺节目中。在增加科技元素的同时,综艺节目的后期制作和节目运营方面也将面临越来越多的压力,娱乐与科技的完美融合,将是未来改变市场格局的重要手段。

(四)台网联动日益规范,视频网站盈利探索

网络剧是近年来新兴的影视产品,因此,电视剧、网络剧的共存模式还未形成成熟体系。在协商售卖的情况下,先网后台、先台后网都是偶然现象。在未来的发展中,台网联动会更加规范。未来网络剧与电视剧的界限将会进一步模糊,影视剧的发展核心还在内容上。未来影视剧无论以哪种形式呈现,只有高质量和高品质的作品才是赢得观众青睐的关键,甚至将会形成不同渠道间互相引流的良性互动。

目前,盈利问题是各大视频网站的痛点,视频网站的烧钱大战还在持续,为了争夺用户流量,从烧钱抢购版权,到大力发展自制内容,视频网站的每一次转型都需要依靠雄厚的资本投入。由于台网之间、网络视频平台之间竞争加剧,视频终端对于优质的头部影视剧内容需求增加,在版权购买成本不断攀升的情形下,网络平台内容自制将成为趋势。互联网视频行业收入仍有一半以上来自广告收入,但会员付费和视频点播的收入比重已经在逐年上升,因此,增加优质内容,依靠优质内容增加用户黏度是付费模式得以成功,视频网站成功盈利的核心。[①]

第三节　刚强血性,勇者无敌:电影《战狼 2》品牌营销

一、电影《战狼 2》基本概况

近年来,随着国际形势的变化,恐怖主义已经逐渐成为国际社会所面临的严峻问题之一。与此同时,经过改革开放四十多年的发展历程,我国实力取得了长足的进步,综合国力不断增强。我国也越来越积极地参与国际事务,在利比亚、索马里、也门等一系列热点地区的纷争之中,我国通过派遣军队、撤侨、境外援助等措施,维护着国际社会的和平稳定与本国公民的权利。这不仅使人民深切感受到了国家实力的提升,也极大提升了中国的国家形象。在这一大时代背景下,《红海行动》《战狼》《湄公河行动》等一系列影片也应运而生。

《战狼 1》上映于 2014 年,讲述了特种兵冷锋作为一名军人,在国内面对非法入境的雇佣兵势力时,通过血肉搏杀保卫国家主权不受侵犯的故事。电影一上映便收获了如潮好评,最终取得了 5.5 亿人民币的票房。而《战狼 2》作为续集,借前作的良好口碑,在剧情与特效上进行了一定的创新,取景于肯尼亚、南非等地,讲述了主人公冷锋在面对非洲某国陷入内战的混乱局面,个人原本可以安全撤离的情况下,曾为军人的使命感激励着冷锋孤身带领深陷

[①] 清华大学影视传播研究院,CC-Smart 新传智库.2018 中国电视剧产业发展报告[C].首都影视发展智库,2018-03-26.

险境的同胞与难民,在叛军的屠杀中逃出生天,重获生机的故事。这部电影于 2017 年 7 月正式上映,经过三个多月的正式公映,在内地取得了 56.8 亿人民币的惊人票房,这也成功刷新了国产电影历史最高票房纪录。一直以来,我国的军事题材电影多侧重于回顾历史,表现战争年代、烽火岁月或者突出某个英雄领袖的历史叙事,这些内容在教化百姓、宣传思想、普及知识上虽有积极作用,能够产生精神上的正向激励,但对于普罗大众来说还是太过遥远,难以形成长久的共鸣。与此不同的是,《战狼 2》更多表现的是一名特战队员的精神,冷锋的形象可以在生活中找到成千上万的原型,不仅更加接地气,同时这种取向也更加符合未来取向,即关注了全球化发展后中国的大国形象与大国担当。①

在《战狼》系列电影取得成功的背后,我们可以看到,电影主创不仅在影片取景、道具使用与特效设计方面倾注了许多心血,其背后也涵盖着许多令人深思的营销策略,正是在这些策略的助推下,使得《战狼 2》在其前作的良好基础上更上一层楼,取得了票房与口碑的双丰收。

二、电影《战狼 2》品牌营销策略

(一) 影片定位准确,基调正确

《战狼》系列电影取得巨大成功的原因之一,便是在影片初创阶段就有着明确的定位,使其能够在数量庞大的动作类电影中脱颖而出,创造票房"神话"。诚然,吴京在创作《战狼》系列之初面临着诸多挑战,最重要的原因是我国动作片题材几近饱和,且功夫片领域有几座大山几乎是不可逾越的,无论是在题材还是动作设计上,都被其他前辈发挥到了极致,如李小龙的格斗、成龙的警匪、李连杰的武侠、甄子丹的武术都可谓是后人难以超越的主题。如果吴京在电影选题上继续选择追寻上述巨星的道路,那么《战狼》也许很难超越前人的作品,湮没于众多国产动作片之中。然而,《战狼》另辟蹊径,以中国军人作为电影题材,全面刻画了一位中国特种兵的形象,向观众展示了现代社会所面临的恐怖主义、无政府主义等现实社会问题。这不像好莱坞式的动作巨制,宏大的战争场面过后无法使观众产生心理上的共鸣,而是以中国特种兵的视角,将社会中的许多问题展现银幕之上,无论是乡村内存在的部分黑恶势力,抑或是国际上恐怖主义、无政府主义对于我国侨民的威胁,都极为贴近我国观众的日常生活,使观众能真实地融入影片剧情之中,感受到我国国家力量的强大与中国军人的风采。这也为许多观众进行二次观影提供了良好基础。

(二) 上映时间恰到好处

正如前文所述,《战狼 2》作为一部军人题材电影,于七月下旬正式公映。首先,七月和八月处于我国的"国产电影保护月"之中,我国出于保护国产电影发展的角度,在这一时段中,不引入国外电影巨制分流国产电影票房,因而,选择这一时段上映,能够使《战狼 2》有效避免优秀进口电影对于票房的分流效应;其次,七八月份国产电影鲜有鸿篇巨制,因而《战狼 2》选择在这一时间上映也可以减少国产电影对于票房的竞争;再次,《战狼 2》以军人为题材,上映

---

① 范周. 从《战狼 2》谈中国电影发展现状的反思[EB/OL]. [2017-09-08]. http://www.sohu.com/a/190593085_182272. 2017-09-08.

时正值中国人民解放军建军九十周年、朱日和训练基地大阅兵,有效地借助公众关注的热点,更好地展现了中国军人的风采与大国风采。且在《战狼2》上映当月,我国边境发生了印度士兵非法越境、侵犯我国领土主权的事件,《战狼2》的上映更是有效反映了民众捍卫国家主权的热情与"犯我中华者,虽远必诛"的骄傲情怀。

(三)媒体营销+话题营销

自媒体化是信息时代新闻传播媒介变化的一大特征之一。在网络技术的不断完善与自媒体发展的共同作用下,信息的产生与传播速度有了大规模的提升,网络舆情的多样性与繁杂性也在不断提高。《战狼2》在上映阶段,便充分借助媒体的作用,将《战狼2》牢牢锁定于公众的视野之中,为日后票房的热卖打下坚实的市场基础。

首先是借助微博进行事件营销,自《战狼2》开拍之后,吴京便时常在微博上发布电影拍摄的细节。其中一次吴京用一张貌似简单的"注意事项"成功引燃话题,在"注意事项"中详细介绍了剧组在南非进行摄制时所需要遵守的一系列行为守则,既体现了吴京团队对于工作人员的关心,培养观众对于电影的好感度,又从侧面展现了《战狼2》团队制作的高质量,有助于提前为电影预热。此外,吴京团队还在微博上持续放出《战狼2》的片场与摄制图片,将《战狼2》的拍摄花絮公布出来,如"吴京在拍摄中共受伤76次""一个跳水动作主角前后共跳26次""3个月可以拍完的电影,在非洲磨了10个月",无不将《战狼2》包装成了一部富有男子气概、精心打磨的精品电影,极大提高了观众们的期望,也为吸引潜在观影群体提供了有利条件。

其次,吴京还将战狼IP与热点事件紧密结合,进行借势营销。如夏至时,吴京在微博发布了夏至的借势海报,并巧妙地结合了《战狼2》主人公冷锋高考时将考场比作战场的话语,建军节时还为《战狼2》上映再添一把火,这都体现了吴京团队利用新媒体进行营销的水准。正是通过为期一年的预热与不断宣传,《战狼2》才牢牢固定在影迷与潜在观众的视野中,因而票房大卖也在情理之中。

再次,《战狼2》在开拍的时候就经常传出具有争议性的新闻,如"吴京抵押房产拍摄《战狼2》""张翰片场耍大牌,被彭于晏换角""李达康书记加盟《战狼2》""女一号临时加价被撤换"等话题层出不穷。在上述话题中,"张翰耍大牌被撤换"一度闹得沸沸扬扬。事件的经过是张翰被曝出"在吴京剧组耍大牌,不按照剧组安排进行摄制与学习,每次都是拿没时间来搪塞",最终使得导演吴京十分不满,引发了吴京在微博公开斥责。事件发生后,观众们的视线都被吸引到了《战狼2》上,尽管最后张翰未被顶替,但经过自媒体的发酵后,《战狼2》的热度早已上了一个层级。

最后,在《战狼2》上映前三天,吴京转发了李晨的一则微博,为李晨的新电影加油打气,随后李晨发布的微博内容则是为吴京的《战狼2》宣传。这样的"抱团"营销,虽然体现的是俩人的友情,但实则都是为各自的电影进行宣传。尽管"抱团"营销在网络自媒体上已不是首次,但联合近期上映的电影,步步为营、吸引对方影迷前来支持《战狼2》的策略可谓十分高明。

(四)选角明确,符合大众审美

《战狼2》取得成功的另一大策略在于其角色选择上的准确性。《战狼2》的主演除了在前作中出现的吴京、余男等明星外,还力邀吴刚、张翰、卢靖姗、丁海峰等多位明星前来助阵。

吴京作为主演,在银幕前常常以"硬汉"造型示人,在《战狼2》中,他延续了《战狼1》中出色的演技,将"冷锋"这一角色演绎得更加丰满。在《战狼2》的筹拍过程中,吴京曾在中国人民解放军南京军区进行了为期18个月的训练,长时间的训练不仅使吴京能够更好地领悟角色的魅力,也使其在拍摄时养成了所谓的"军人气场",成功地描绘了一位中国军人坚强不屈、永不言败的风采。在影片中,大家可以看到在敌对分子枪林弹雨的围堵下,吴京长达6分钟的水下近身肉搏,旋转、跳跃、肘击、脚踹、拳拳脚脚,一气呵成,酣畅淋漓,带着观众屏住呼吸,使他们瞬间融入电影情节,体验剧情惊险。女主角卢靖姗从小习武,且从影以来从未有过负面记录,可谓是形象上佳。加之《战狼2》在上映前传出"原定女主角临时加价被替换,卢靖姗紧急出演"这一沸沸扬扬的传闻,使观众对于卢靖姗的好感更进一步。与此同时,在《战狼2》的拍摄过程中,卢靖姗也是毫不吝啬气力,让观众在银幕上看到她坚忍不拔、拼搏到底的精神,也打消了大家对女主角一直以来作为"花瓶"角色的刻板印象。正是男女主角的选定,为《战狼2》的剧情定下了基调,使观众更加期待这一"硬汉"之作。

而在《战狼2》中,其他主演的选定也颇有意味。张翰作为青少年群体关注的重点,在剧中也表现出了对于角色的努力,无论是颜值、演技还是笑点,都成功刻画出了一位充满热血的工厂老板角色。在电视剧《人民的名义》中广受好评的吴刚与丁海峰的加盟也为《战狼2》注入了新的活力。两位资深演员不仅凭借着极富张力的表演吸引了众多影迷,也为《战狼2》带来了许多中老年群体的关注。

综上所述,《战狼2》基于观众的性别与不同年龄层审美的全面考量,不但凭借着剧情上的优势吸引影迷,而且能够借助各个主演的个人影响力吸引其个人粉丝前来观影,达到了票房大卖的效果。

三、电影《战狼2》品牌营销启示

《战狼2》自上映以来,每时每刻,如全民狂欢似地,猛烈刷新着各种票房纪录。截至《战狼2》上映第八天,其票房便一举击破20亿人民币大关,随后,《战狼2》更是以一种持续的高速度,冲击着国内电影的票房纪录。

(一)《战狼》IP的成功塑造

时至今日,许多优秀电影作品都会通过拍摄续集来满足观众的需求,使品牌效益最大化,如《变形金刚》《速度与激情》《超人》《美国队长》等,继而形成了一个又一个电影超级IP。正是有这些IP的存在,许多影迷无需宣传,便会自发前来观看。因而,塑造"超级IP"对于现代电影的重要性毋庸置疑。

电影主题往往是一部电影的灵魂所在,要想塑造一种IP,抓准电影主题至关重要。之前我国动作片之所以涌现出不少经典之作,绝不仅仅是极具表现力的招数与武打场面,其背后都有着极为明确的电影主题。这一系列主题不仅可以有效吸引观众、培养出一批"死忠"影迷,还能够将这些主题逐渐演变成该电影的代名词,即这部电影的IP。例如李小龙电影的主题是不畏强敌,为中国人摘掉"东亚病夫"的屈辱称号;李连杰版《方世玉》的主题是男儿当自强,以抗外侮;甄子丹《叶问》的主题是绝不向敌人低头,以民族气节抗击日本侵略。时至今日,每当人们看到这些主题时,便会不自觉地联想到这一系列经典的动作佳作。

《战狼1》所取得的成功使得吴京团队发现了《战狼》系列吸引观众的主题:爱国、铁血、军人本色,一句"犯我中华者,虽远必诛"成功让众多中国影迷为之自豪,而《战狼2》不仅继承了

《战狼1》的这一系列特色主题,更在此基础上进一步发扬光大。吴京选择特种兵题材,不是一次盲目的尝试与考验,而是深思熟虑的差异化选择。首先,特种兵的格斗方式符合现代人的视觉审美。它没有任何花拳绣腿,拳拳到肉,招招制敌,这极大满足了观众的观影需求;而对于特种兵面貌的刻画使观众感受到其不仅是高效的作战精英,与广博大众一样,也是平凡的生活一员。其次,中国特种兵作为鲜为人知的一个兵种,对于观众而言也是一项新鲜的电影题材。《战狼2》在精彩绝伦的动作戏上,不仅有单臂挂飞车、赤身肉搏、手动爆卡车、飞天爆客车、坦克版速度与激情,还有非洲街头伏击、贫民区大肆飙车等各种惊险刺激、不重样的打斗,更有无人机、军舰、导弹等重型武器轮番上阵,以至于每一场炫酷的打斗戏码都不会让人觉得重复多余。而《战狼2》在战斗特效上也下足了功夫,除了飞机、坦克、枪械、擒拿、格斗等技术动作之外,战舰与导弹精确打击的画面也被摄制进影片。据称在拍摄期间,摄制组发射了5颗价值100万元的导弹,3万多发子弹,动用了32辆96A坦克、200余架飞机等装备。这种感官刺激彻底满足了观众的需求,不仅极大调动了观众的观影热情,也展现了中国军人与国家力量的精神面貌。在影片中,除了男主角"冷锋"有解放军前特种兵背景之外,男三号吴刚饰演的中资公司保安主管也具有转业军人背景,加上饰演解放军海军舰长丁海峰的硬汉气质,他们在影片中全面地展现了中国军人勇往直前和坚韧不拔的精神与风格,拯救了陷于危局之中的中国侨民与难民。也正因为紧紧抓住了上述主题,《战狼2》才让观影者们为之血脉贲张,久久不能平复。

《战狼2》在宣传过程当中,将爱国、铁血、不抛弃不放弃的军人精神贯穿始终,不仅继续吸引着由《战狼1》积累的海量观影人群,还通过技术动作与后期制作水准的提升继续发挥其正外部性,时间、地点、城市、事件、媒介等也都在电影主题的指引下取得了更大的成功。

(二)新媒体时代的营销胜利

在《战狼2》的传播环节中,吴京团队时刻抓住了新媒体时代舆论传播速度快、传播范围广、受众量大的特点,充分依靠微信、微博等新媒体平台的辐射效应,将《战狼2》在公映之前始终保持在公众的聚光灯下。

《战狼2》借助新媒体传播经过了先后三个阶段,第一波是通过邓超、吴京、陈坤等明星大V以及影视圈内评论人员的微博平台传播推送,借助其高名气与高影响力,将形成的涟漪迅速扩大到真正的观影群体;随后是吴京粉丝群体与观影群体通过个人微信朋友圈进行广泛传播,经过交叉传播后,形成更大范围的朋友圈口碑传播,实现了无死角全方位宣传;最后,《战狼2》再以爆炸性的信息滚动频频"抢头条",迅速撬动了整个暑期观影档,实现了全民观影热潮。

与此同时,《战狼2》在片尾的字幕中还表达了对于吴京活跃粉丝的实名感谢。这不仅体现了摄制组的温情与诚意,更是对粉丝在电影前期制作与发行阶段不遗余力宣传的回馈,也激励着粉丝们在《战狼2》上映期间为电影持续贡献票房,取得了一举两得的效果。

(三)颂时代精神,展国家面貌

《战狼2》之所以大卖的原因也是其把握住了时代的主题,既展示了新时代中国国力的提升与国家面貌的改变,也描绘了新时代中国军人的优秀形象,使观众在观影过程中感受到了强烈的爱国情怀。

《战狼2》拍摄的背景注定与之前的国产、港产动作片有所不同,如今随着我国国家综合实力的提升,中国在国际上的形象早已不是贫穷落后的"东亚病夫",而是"犯我中华者,虽远必诛"的大国气概。在片中,观众时刻能够感受到中国实力的强大与深深的民族自豪感。其中,吴京所饰演的"冷锋"之所以只身一人营救同胞,是因为在战区周边的中国军队迟迟没有得到命令而无法进行援助。这也形成了影片中的另一条故事线,镜头每每切换到丁海峰所饰演的支援部队舰长时,气氛都变得异常紧张,上级的一句"同意支援"的命令,成为了所有观众的期盼。在舰长丁海峰得到命令后喊出"开火"的一瞬间,激动愤恨的泪水溢出眼眶,当呼啸的导弹在遥远的非洲全覆盖式打击时,观众内心的澎湃难以自抑;而吴京以自己的手作为支撑、高举国旗通过战区,外国雇佣兵看到中国国旗后立即宣告暂停交战,允许难民通过,这一个个画面使得电影情节与观众的内心产生了深刻的共鸣,也让众多影迷深刻感受到了祖国国家实力与国际地位的提升。有评论称,《战狼2》是"中国梦"的最淋漓体现,"展示了新时代中国保护国民利益的能力与决心",正是这种爱国情怀,吸引着观众去观看《战狼2》,也成就了《战狼2》刷新国内票房纪录的成绩。

尽管在很多人眼中《战狼2》目前的成绩只是华语电影中的一次"异军突起",势头凶猛却只是一种偶然,可只有真正看过电影的观众才会知道,《战狼2》给大家带来的不单单是一部军事动作主旋律电影那么简单。赶超欧美大片的大场面拍摄、拳拳到肉的打斗情节的确令人拍掌叫好,但"战狼们"背后的营销策略更是值得我们深深思考,由电影的"必燃"到带动票房的"必然"是一条简单而不平凡的路,正是立足市场营销策略,才使得《战狼2》的成功成为了必然。

第四节　刚正不阿,公平正义:电视剧《人民的名义》品牌营销

一、电视剧《人民的名义》基本概况

电视剧《人民的名义》是由最高人民检察院影视中心、中央军委后勤保障部金盾影视中心出品的检察反腐电视剧,该剧以检察官侯亮平的调查行动为叙述主线,讲述了当代检察官维护公平正义和法制统一、查办贪腐案件的故事。作为一部现象级的反腐剧,该剧自2017年3月28日在湖南卫视播出后凭借扣人心弦的剧情和到位的演技迅速掀起了一股收视狂潮,一时间成为社会舆论的热点,一个月的时间里全网播放次数达到271.8亿次,节目收官时最高收视率超过8%,创下了历史新高。[①] 之后,该剧获得了"互联网时代最具影响力影视作品"奖,并入围第31届中国电视剧飞天奖提名名单和2017中国电视剧行业新标杆品牌奖。

整体而言,《人民的名义》全剧富于艺术性地展现了不同力量之间的博弈和较量,扣动了亿万观众的心弦,不仅收获了良好的口碑,赢得了政府、社会人士和中老年观众的青睐,还成功俘获了众多90后甚至95后观众,形成了影响广泛的社会舆论。该剧大火的背后,一方面源于其精良的制作水准,另一方面也离不开该剧精准到位的营销策略。

---

① 杨金宏.浅析商品话题营销[J].商场现代化,2018(12):21-22.

二、营销基础:"内容为王"与精准定位

(一) 内容为王

好产品是营销成功的第一步,在新媒体时代的传播中,"内容为王"是公认的法则。"在互联网的场域内,用户的选择权是占主导地位的,所有的内容运营者,本质上都是在竞争用户的注意力和时间"。① 电视剧创作者作为内容提供者,其面临的"隘口"就在于必须能够提供优质的内容给用户,且必须精益求精。然而,在当下的国产电视剧行业中,真正把内容放在核心位置进行创作的并不多;相反,以"鲜肉霸屏"的各类偶像剧和抗日雷剧为代表的浮夸剧等似乎正在引领当下风潮,使观众形成"刻板印象",限制了观众的审美能力。从某种意义上说,电视剧《人民的名义》的热播,是"内容为王"传播法则的胜利,无疑打开了观众审美的新视窗。事实证明,好的内容不仅能被国人认可和欣赏,还能带来流量,吸引用户的注意力和时间,产生广泛的影响力。可以说,优质的内容是电视剧营销成功的重要前提。

"不动声色,已是云波诡谲;莞尔一笑,竟是绵里藏针",预告片中的这两句话几乎可以概括《人民的名义》这部剧既紧张又复杂的风格。不少人是被该剧对官场腐败、刮骨疗毒和壮士断腕式的反腐斗争给牢牢吸引住的,众多观众选择继续欣赏该剧正是"内容为王"所发挥的作用。更值得赞赏的是,该剧并没有落入俗套,也没有简单化、脸谱化的弊病,无论是正面形象还是负面角色都是个个血肉丰满,更显难能可贵。当然,《人民的名义》以"内容为王"为核心逻辑,并不代表不需要营销。事实上,该剧精准定位目标群体,采取多元化的营销策略正是其成功之道。

(二) 营销目标定位

营销能否顺利开展,很大一部分原因取决于是否能够准确把握目标人群的需求,因此,在电视剧营销的初始,首当其冲的便是明确目标人群,同时还要适当地利用 KOL(关键意见领袖)来引导电视剧话题的评论,最终,使得整个话题和电视剧得到更加广泛的扩散。

《人民的名义》从开播至收官之所以能够吸引众人眼球,首先是在目标群体的定位上采取了更为开放主动的态度。该剧导演李路说:"无论是反腐意识的加强还是整体引导,都要从年轻人做起"。② 尽管《人民的名义》是一部根正苗红的反腐剧,但宣传团队依然不将收视群体局限于年龄层较高的人群,而是积极争取青年观众,扩大受众面。作为剧宣团队之一的 PPTV 在看了两集样片之后定下了这样的营销思路:"有一天我们蓦然回首,发现 90 后已经 20 多岁,有十分完整、独立的人格;他们辨得出剧的好坏,不能小看了年轻观众。"而选择湖南卫视作为首播平台,原因也主要是看中该台近些年来在年轻受众中集聚的影响力。据中国网络视频研究中心、中传大数据挖掘分析研究所的数据统计,《人民的名义》观众粉丝以 20 岁左右的年轻女性为主,尽管电视用户的年龄分布极为均匀,但在互联网情境下,网络用户中 18~30 岁的年轻用户占 8 成以上,可以说年轻用户撑起了该剧收视的半壁江山,这样一

---

① 申孟哲."内容为王"的变与不变[J].新闻战线,2018(19):60-61.
② 《人民的名义》缘何受年轻人热捧[EB/OL].[2017-4-11]. http://cpc.people.com.cn/n1/2017/0411/c64387-29202888.html. 2018-11-15.

部根正苗红的反腐剧在当下已然成为年轻受众的群体狂欢。

媒介学家尼尔波兹曼的"娱乐至死"观点认为：随着新的传播手段的出现，在不久的将来一切公众话语都日渐以娱乐的方式出现，并成为一种文化精神。一切文化内容都心甘情愿地成为娱乐的附庸，而且毫无怨言，甚至无声无息。[①] 年轻群体对《人民的名义》追捧至极，在提升自身的政治认知、达成政治情感认同的同时，也正是以一种娱乐化的方式去了解了《人民的名义》。以90后为代表的青年群体，是伴随互联网成长起来的一代，作为"网络原住民"，对于网络有着极高的敏锐度和活跃度，因此，确定以年轻人为目标群体，既是该剧营销策略的关键步骤，同时也意味着传统的正剧宣传方式必须革新，必须大胆调整以适应青年文化语境，贴合青年心理诉求，这为后续宣传措施的制定奠定了大方向。

三、电视剧《人民的名义》品牌营销策略

（一）话题营销分析

话题营销属于口碑营销的范畴，是在互联网技术下催生的产物，借以微博、微信等交互信息传播产品为渠道，以报道和软文等形式对某个话题进行设定，然后借助转发、评论完成议程设置，从而达到推广营销产品等服务的效果。[②] 反腐话题在过去的主旋律作品中是很少见的或者说是被"尘封"的，但《人民的名义》反其道而行，在互联网的作用下，利用现有话题制造新的话题，以话题带动营销，让话题与市场形成一种良性循环。纵观《人民的名义》开播后的整个过程，其老戏骨阵容和大尺度反腐成为观众讨论最为广泛的话题，从而牢牢吸引住了受众的注意力。同时，两个话题也相互促进，形成了一种良性互动的营销关系。

1. 设定核心话题，精准锁定观众诉求点

电视剧《人民的名义》开播之初就以"史上最大尺度反腐剧，老戏骨集体飙戏"作为主要诉求点，成为营销传播的核心话题，后续的一系列话题无非都是这一核心话题的具体演绎和展开。核心话题精准制导，直击观众观剧痛点，"最大尺度"正好满足人们渴望剧情能真实反映现实，不希望遮遮掩掩、背离实际的诉求；且当下屏幕"小鲜肉"扎堆，大多数观众也早已对他们拼颜值的套路审美疲劳，而"老戏骨"秀演技正中下怀，让人眼前一亮。核心话题的设定形成错位和差异，能够快速激起人们观剧的兴趣。随后的话题不断围绕核心诉求演绎，针对剧情和主演的个性表演的各种话题内容更是被网友接连刷屏，"一起守护达康书记的GDP""达康书记别低头，GDP会掉"等更是圈粉无数，火爆程度丝毫不亚于当红"小鲜肉"。

2. 挖掘新的话题，立足受众兴趣点

话题并不能凭空产生，首先要围绕产品本身来做文章，可以从其性能、结构、成分、工艺等诸多方面入手，从不同侧面和角度来产生话题。电视剧《人民的名义》创造的过程类似于产品，基于剧情和主创团队等方面一定会有众多话题产生，无论是官方策划还是网友自发创作，都在某种程度上推动了该剧的口碑传播。剧中的花式点钞片段、达康书记的神剪辑等视频在网上爆红，正是结合了富有特色的个性化表演。

其次，选择的话题要鲜为人知，是人们可能不知道但又极想知道的。观众对话题的兴趣

[①] 尼尔·波兹曼. 娱乐至死[M]. 章艳，译. 北京：中信出版社，2015.
[②] 李顺子.《人民的名义》的话题营销分析[J]. 市场营销，2018(4)：89-90.

点要求话题能够做到新鲜有趣,而做到这点必须具备两个条件:其一,观众对话题不熟悉,如果将观众已经熟悉的话题再拿出来就没有任何新意了;其二,引导观众考虑的相关话题,是他们非常想知道的。电视剧《人民的名义》在话题营销方面,亦是由浅入深,从市场反响、人物解读、相关知识到细节剖析、作品争议和深度探究,无不勾起观众的兴趣,如话题"《人民的名义》带你看我国官职等级""十年来尺度最大的国产剧《人民的名义》靠啥过审""评《人民的名义》:阶级固化比贪腐更可怕"等就非常精准地把握了观众的兴趣点。

从产品营销角度来看,许多有价值的话题都可以发掘,哪怕是富有争议性的话题也同样能引发人们莫大的关注。广告大师李奥·贝纳曾提出"产品与生俱来的戏剧性"理论,认为:"产品与生俱来的戏剧性,即商品能够使人们发生兴趣的魔力,广告创作就是要将其发掘出来"。话题营销同样适合这一原理,其中的"戏剧性"就是能引起人们兴趣的话题。近年来,年轻受众的审美趣味也受到众多争议,"鲜肉霸屏""小鲜肉高片酬"等话题络绎不绝,而《人民的名义》可谓是老戏骨飙戏的一场盛宴,由此对比而引发的"近 40 位老戏骨总片酬 4800 万元,某小鲜肉凭啥一人要 2 亿元"此类的话题颇有争议,也更加坚定了观众对《人民的名义》的热爱与忠诚。

3. 话题传播要有互动性、参与性

新媒体时代,话题营销最忌讳自说自话、自娱自乐;相反,话题不仅需要引起受众关注和阅读参与,还需要引导受众参与话题讨论,创造并分享内容,观众的互动性在互联网时代能更加带动剧作的"自来水"病毒式传播,推动话题扩散,大大降低了制作团队的宣传成本,形成良好的口碑。《人民的名义》开播不久,剧中的"达康书记"由于表情丰富、动作幅度大,瞬间成为该剧的"流量担当",推广团队立即推出表情包、鬼畜视频等,各种表情包被网友疯转,视频如:"达康书记怒怼贪官""潜行吧!达康书记"等话题资源的播放次数也都在 10 万次以上,网友观看的弹幕和评论数千条。著名笑星沈腾由于撞脸"达康书记"而发布的微博话题短时间内评论和转发均在 2 万条以上。带有趣味性和戏剧性的话题,让网友情不自禁参与评论、转发和安利,再一次凸显互联网强大互动的效应。

4. 多平台、多形式的话题营销实现途径

这是一个媒体狂欢时代,海量传播信息正在切割人们的时间和注意力。同时,受众也被切割成了许多有着不同信息需求的分散群体。因而,话题营销就需要在这个"碎片化"的时代"圈"住更多粉丝。《人民的名义》从话题引导、内容呈现再到传播途径无一例外采取了多元化的方式。从话题形式来看,有软文、论坛帖、微信微博话题、宣传海报、人物专访、视频、百科问答等,又利用剧中人物不同设定来制造话题圈住不同粉丝,上至中老年,下至 90 后大批网友变成了该剧的忠实粉丝。

(二)表情包营销

近年来,新型媒体传播模式的改变,使各类商品不得不注重营销手段的趣味性、即时性和传播广度。"表情包"作为当下社交圈流行的元素,不仅拥有强大的传播力量,也能够在娱乐和趣味中对本身的文本进行重构,赋予新的意义或者延伸其价值,对受众理解人物本身和故事内核,具有很重要的现实意义。[①] 充分利用表情包营销,才能更好地与受众交流互动。

---

① 余欣,詹晓雨.《人民的名义》"融合式传播"对图书营销的启示[J]. 西部广播电视,2017(24):131-132.

《人民的名义》中的演员都是"老戏骨",开篇的实力派演员侯勇,把一个小官巨贪的角色演绎的活灵活现。作为该剧的颜值担当,演员陆毅的演技也是毫不逊色。但真正让这部剧火起来的并不是一碗面吃了一集的演技担当贪官处长,也不是颜值担当的最高检反贪处长,而是"达康书记"。该剧第一集,对贪官丁义珍是批捕还是双规,省委政法委、省公安厅、市委、市检察院进行了激烈的讨论,席间李达康短暂离开,这个细节让大家都以为他是丁义珍外逃的幕后主使,也将众多话题引到了李达康这个角色上。随着剧情进一步发展使观众发现达康书记身边充满"危机",甚至被调侃为"全剧第一背锅侠"。就这样达康书记凭借个人魅力和实力演技圈粉无数,并引来了大量的网友为达康书记制作表情包,一时间达康书记一套一套的表情包在微信、微博开始刷屏。

"一千个读者就有一千个哈姆雷特",针对同样的表情,不同的配图和文字释义有着巨大的差别。因此,在网友思维的碰撞下所形成的"达康书记表情包",顷刻间湮没了微博、微信、客户端等新媒体平台。可以说,该剧的播出使得"P图党"又有了大施拳脚的地方,与此同时也使得观众以更有趣的方式参与到该剧中,拉近了观众与电视剧角色的距离。

(三) 主流媒体和 KOL 宣传

作为一部根正苗红的电视剧,《人民的名义》从题材到出品方,从主创人员到演员阵容,在近年大热的电视剧中都实属罕见,这在电视剧与大家见面之初就注定了其独有的新闻价值。配合主旋律影视作品的推出,自然离不开主流媒体的助力。我国主流媒体肩负着弘扬主流价值观的社会责任。"主流媒体在传播内容方面可信性更高,应当充分利用自身在公信力、权威性方面的优势,及时对舆论进行引导,保障舆论整体朝着正确的方向发展"。[①]《人民的名义》以反腐倡廉为主题,涉及老百姓关心的敏感话题,并在剧情推移的过程中大尺度揭露我国政治生态,弘扬公平正义,是良好的主流价值观宣传素材,自然也呼应了传统主流媒体的社会功能。主流媒体通过对剧作深入严肃的解读也能让其主题得到升华,剧中的艺术价值更能让人理解,并将舆论进行强势引导,起到"定音锤"的作用。

以《人民日报》微博为例,作为中共中央机关报,《人民日报》一贯的报道风格较为严肃、庄重、权威,是传统主流媒体的典型代表,故而其相关言论在社会上往往都能引发较大的社会反响。而在《人民的名义》推出之时,《人民日报》官方微博就为剧集转发了预告片,并以"史上尺度最大反腐剧"之名吸引了大量关注,题材挖掘的大尺度在我国日益完善的广电审查制度之下会呈现怎样的状态让人充满期待。剧集在获得好评之时,《人民日报》也随即发表《以匠心之作赢得青年观众》等报评文章,《没有小角色,只有小演员》等访谈文章,大赞创作者们的匠心独运,认为"这种基于生活基础塑造出来的人物形象,再加上生动的细节、丰富的故事,更凸显出真实的艺术张力和崇高之美",并结合党中央铁腕反腐的背景赋予《人民的名义》重大的政治意义,肯定其"把握的是时代脉动,紧扣的是人民心声",在引导大众舆论上发挥了极其重要的作用。在电视剧播放中期,还开辟出相关金融知识、官职的英文表达等知识普及单元,寓教于乐,让电视剧的教育意义有了新的拓展。在电视剧播放后期,《人民日报》微博聚焦江西、河南等地的"丁义珍式窗口"现象,从剧中的场景迁移至现实的民生问题,开拓和延伸电视剧的社会价值。

---

① 谭辉煌,吴亚文.电视剧《人民的名义》微博营销传播体系与逻辑研究[J].湖北科技学院学报,2018,38(2):134-139.

除了《人民日报》官方微博之外,还有其他主流媒体微博频频发声。如《光明日报》微博发布《〈人民的名义〉缘何成为"现象级"电视剧》《〈人民的名义〉映现时代刻画人性》等系列社评文章,指出"正因为反映了人民的心声,《人民的名义》的热播自然就不难理解了。这就是优秀文艺作品的力量"。《新京报》微博发布《〈人民的名义〉:戳痛你的,是现实》等文章,认为"《人民的名义》之所以圈粉无数,根本还在于,它的写实,戳疼了这个社会的痛点"。同时"随着现实中反腐的深入,单纯的信息已经不能满足观众需要,而电视剧的优势在这里就明显体现出来了,它的故事性和全方位展现,能给人以一种现实感与纵深感"。以上主流纸媒微博重点对电视剧的现实意义和艺术价值进行了积极肯定。

KOL(key opinion leader)是市场营销学中典型的概念,意为关键意见领袖,通常是指那些拥有更多、更准确的产品信息,且为相关群体所接受或信任,并对该群体的购买行为有较大影响力的人。在互联网时代,就是指那些知名度高、号召力强、活跃度高的用户,比如公众号的大V号,微博大V,知乎优秀答主,豆瓣优秀评论人等都可以视为 KOL。例如,电视剧《人民的名义》开播之初,受到"芒果妈妈""剧娘"等此类的知名电视评论人的关键性引导,在知乎、豆瓣等社区论坛上也受到好评,产生广泛的关注和讨论,充分发挥了 KOL 的影响力。

主流媒体和KOL 微信微博的集体发力,能有效设置社会话题议程,引发关注。根据麦克斯韦尔·麦库姆斯和唐纳德·肖的议程设置理论,"大众传媒作为'大事'加以报道的问题,同样也作为'大事'反应在公众的意识当中;媒介给予的提示越多,公众对该问题的重视程度就越高"。① 高频率的评论文章对电视剧进行反复提示,无形中让《人民的名义》成为了公共话语空间的重要议程,在激起大众重视和关注的同时,吸引大量习惯接触传统媒体的精英观众,也更加促进了电视剧良好口碑的形成及传播。

(四)户外广告

电视剧《人民的名义》在宣传营销上不仅遵循新媒体时代网络营销的法则,也不忘线下大众化的宣传手段,不仅承包了北京的地铁车厢,在全国各地也有各种户外海报曝光,比如高铁站、飞机场、公交车站、商贸大屏等,这都足以让人感叹其营销之全面。

四、电视剧《人民的名义》品牌营销启示

电视剧营销不仅必要,而且尤为重要。随着中国电视剧市场的蓬勃发展,电视剧营销作为产业链上的重要一环,其地位和作用越加凸显。在所谓的收视大剧、现象级热剧背后,"营销"这股力量的推动作用不容小觑。"当下电视剧市场的库存量相当大,且呈现出数量多、精品少、易中损的特点,而电视剧跟风、盲目投资、市场自身的优胜劣汰机制更加剧了这种情况。"②因此,要想冲出困局,通过营销最大化提升电视剧的知名度与影响力就成了必要且重要的现实需求。

电视剧营销创新化。营销不同于创作与拍摄,它有自己的特点和专业要求。与国外相比,中国电视剧界对于"营销"的概念往往存在误解。如今,电视剧营销模式已经从以往单一

---

① 谭辉煌,吴亚文.电视剧《人民的名义》微博营销传播体系与逻辑研究[J].湖北科技学院学报,2018,38(2):134-139.

② 钱俊.电视剧的"故事营销"路径探析[J].中国电视,2017(10):66-68.

的线下传播转为线上线下融合传播,信息高度碎片化、网络化,电视剧题材与内容呈现多样化的面貌,想要在众多电视剧中脱颖而出,营销手段无疑也要多样化。电视剧《人民的名义》的成功除了本身制作精良以外,营销手段的多元化也起了重要作用,不仅涵盖了电视、报纸、广告等传统传播途径,同时还涵盖了微信、微博、知乎、豆瓣、贴吧等各类社交平台。不得不承认,如今的电视剧营销已经从传统推广时代迅速进入新媒体为主的全媒体时代,因而在打造优质内容的同时,同样也需要创新营销手段,如话题、表情包、KOL、UGC(用户生成内容)、社区营销等都应该随着社会环境和观众的喜好不断创新变化。

电视剧营销应遵守内容为王。电视剧创作要遵守内容为王,营销策略上也应如此。对于营销而言,优质内容就是在新理念的指导下,通过新的营销模式和手段,根据当下的社会语境,持续不断地制造"话题"。目前,很多电视剧热衷于在开播之前用"明星流量"作为宣传核心来吸引粉丝,然而从整个过程来看,如果仅仅靠"鲜肉""花旦"流量支撑整个剧集,难免会导致观众中途"弃剧"甚至差评。《人民的名义》之所以能够成功,靠的就是摆脱了脸谱化,制造的话题和内容有新意、有逻辑、有内涵。相较于传统的营销模式,这种用内容和话题打动观众的营销策略,无论是从深度还是广度,或是受众吸引力方面都更加突出,更能够产生深远长久的电视剧影响力,而这种"内容为王"的营销策略正是当下电视剧所缺少的。"近年来,人们围绕内容、平台、渠道、技术等究竟'以谁为王'的问题,始终存在着争论",[1]基于此,南京大学新闻与传播学院丁柏铨教授认为,内容、平台、渠道、技术,单独看,哪一样都很重要,都具备在特定条件下"为王"的资质,但综合起来看,"内容"在整个传播过程中所占权重最大,因而更为重要。

第五节 择一事,终一生:纪录片《我在故宫修文物》品牌营销

一、纪录片《我在故宫修文物》基本概况

我国纪录片在国内乃至国际市场的表现一直不佳,受众群体较为小众,市场化程度不高,少部分优秀作品即使能够登录院线也逃不过"小圈好口碑、大型影节拿奖、大屏幕遇冷"的命运。[2] 纪录片作为一种别具一格的艺术形式,能够反映时代背景和社会变迁,自 2010 年以来国家广播电视总局陆续出台相关政策鼓励纪录片的创作,在题材规划、资金扶持、播出调控、人才培养和市场引导等方面给予扶持。在国家强有力的扶持之下,近年来纪录片在我国受到了前所未有的关注和重视,纵观 2009 年中国纪录片的发展,不论是在作品产量、用户数量、年龄结构、平台覆盖面还是市场对接方面,社会对于纪录片的消费需求是逐步递升的,但与国外的纪录片相比,由于不完善的制作播放体制和市场环境等,中国纪录片在市场化和商业化运作方面的差距还是非常明显的,对于中国纪录片的发展而言想要走向市场化,制作出"卖好又卖座"的优秀作品仍有很长的一段路要走。从目前的真实情况来看中国纪录片市

---

[1] 丁柏铨.电视剧《人民的名义》的传播学启示[J].新闻与写作,2017(6):45-49.
[2] 纪文亮.纪录片《我在故宫修文物》的成功因素分析及启示[J].新媒体研究,2017,3(15):127-128.

场化的最大问题是市场营销环节的缺失,纪录片不止是记录和反映社会现实的作品,也应是一种畅销的商品。在经济、贸易全球化程度越来越高的时代背景下,中国纪录片已经不能单单用收视率、点击率等简单的数字统计来证明其自身价值了,在实现记录现实、传播文化功能的同时实现商业利益的最大化无疑是所有制作人必须面临的问题。[①]

2016年春节期间,一部在央视九套首播的三集纪录片《我在故宫修文物》刷新了纪录片的记录,成为继2012年的《舌尖上的中国》之后的又一个爆款,至今豆瓣评分仍然高达9.3分,B站播放量达386.7万次,是一个相当好的成绩。《我在故宫修文物》由萧寒、叶君导演执导,原本是为了配合故宫博物院90周年院庆拍摄的,由故宫提供场地、被拍摄者和题材,因为监制徐欢本身是央视纪录片频道的一位导演,所以作为合作方,央视提供了播出渠道。总体而言这不是一部大成本制作的纪录片,总投资不过150万元,影片重点讲述了故宫里的书画、青铜器、宫廷钟表、木器陶瓷、漆器、宫廷织绣等珍贵文物的修复历史、修复过程以及修复者们的日常生活故事。这部纪录片在央视播出后,反响平平,没有获得太多热议和好评,而一个月后这部片却在哔哩哔哩(bilibili)网站和爱奇艺视频网站迅速走红并达到了爆火程度,有关《我在故宫修文物》的相关内容和消息在微信、微博、朋友圈等形成热门话题,并被广泛普及和传播,网友们在两个大型视频网站的点击率都超过了百万次。在新媒体的影响还在持续上升的过程中,导演萧寒与B站合作共同推出了《我在故宫修文物》的大电影,于2016年12月上映,也获得了较好的票房成绩和评价。

二、纪录片《我在故宫修文物》品牌营销策略

《我在故宫修文物》作为一部低成本小制作的纪录片能够迅速走红有着很多层面的因素,包括其自身优质的内容。该纪录片不仅真实记录下了中国珍稀文物的修复过程,同时还展现了文物修复师们的日常工作和喜怒哀乐,传达出了对于传统文化以及工匠精神的传承与发扬。此外,《我在故宫修文物》采用平民化的叙事视角,注重对于人物、事件、景物等细节的描写,整部纪录片充满了生活化的气息与人文关怀。[②] 除了以上因素,《我在故宫修文物》能够走红还应归功于具有特色的营销实践方式和传播手段。

(一) 立体化的包装与宣传

"故宫"作为一个大的IP本身就有着极强的吸引力,近几年来关于展示故宫历史和文物风采的纪录片有很多,如《故宫》《故宫100》《当卢浮宫遇见紫禁城》等,但基本上都已被13年前拍摄的那部12集大型纪录片《故宫》定下的宏大叙事和严肃基调所同化,很难在社会上掀起较大的热度。纪录片《我在故宫修文物》选择了一个新鲜的切入角度,聚焦"文物修复技艺的守望和传承",讲述故宫文物修复者们的故事,用镜头记录下他们的工作和生活;特别是《我在故宫修文物》这一独辟蹊径的纪录片名称,采用了第一人称、平民化的影像叙事视角,既新奇又能激发受众的窥探欲,而一个成功的名称也能为接下来的营销推广奠定良好的基础。

---

① 贾惠超.《舌尖上的中国》成功因素分析及对中国纪录片的启示[D].沈阳:辽宁大学,2013.
② 邓高锋.新媒体视域下纪录片的叙事策略分析:基于纪录片《我在故宫修文物》在B站走红背后的思考[J].今传媒,2017,25(11):118-119.

(二)新旧媒体播放平台的优势互补

《我在故宫修文物》充分利用传统媒体平台和新媒体平台,实现了两者的优势互补。电视媒体作为传统的媒体平台,虽然当前受到了新媒体的冲击,但还是拥有着广泛的影响力与传播力,特别是在纪录片播放领域,电视媒体仍然是作为主流阵地并且拥有相对稳定的受众群体的,《我在故宫修文物》最先在央视这一平台播出,表达了官方媒体对于本片的认可,在一定程度上提升了纪录片的知名度和美誉度。像前几年的纪录片《故宫》《舌尖上的中国》等都是通过在央视将内容播送给大众,打响了知名度以后再火起来的。虽然本片一开始在央视频道播放后没有引起轰动性的效应,但仍然会对一部分对文物感兴趣的观众产生影响,在总体上实现一种大众传播,这为下一步在新媒体平台的成功播放奠定了有力基础。①

本片充分利用新媒体传播平台巨大优势。随着新媒体时代的到来,网络用户的规模在逐步扩大,越来越多的人选择在视频网站上观影看剧,根据CNNIC发布的《第38次中国互联网网络发展状况统计报告》,截至2016年6月份,中国网民规模达7.10亿人,网络视频用户达5.14亿人,占网民的72.4%。①网络视频本身具有极大的平台优势,网友可以突破传媒媒体的时空限制随时随地观看自己喜爱的视频。于是《我在故宫修文物》在央视平台播放一个月后,开始转入互联网平台,在国内知名的弹幕视频网站bilibili网站(哔哩哔哩动画,简称"B站")的点击总量超过了78万次,在视频网站爱奇艺的总播放量超过了332万次,②成千上万的网友在网上观看视频并发表弹幕评论,自发地通过转发讨论不断使话题升温,触发了社会大众的观影热潮。与大多数纪录片相似,本片首先选择了在央视纪录频道登陆,到2016年1月底,爱奇艺和凤凰视频买下了纪录片的版权。先台后网,这是大多数纪录片选择的发行方式。

(三)年轻社群的互动营销及反向传播

《我在故宫修文物》的成功存在着一定的偶然性,B站一开始并不在纪录片发行者选择的播放渠道当中,而是本片在央视播完之后,网民在B站上传了资源。之后B站和潜影文化(即萧寒工作室)达成合作,取得授权。双方的合作虽然具有偶然性,但本片却阴差阳错地选对了受众群体,借助年轻受众的力量开始了一种反向传播,或者说是一种有受众介入的营销传播。《我在故宫修文物》蹿红始于B站,B站是以年轻用户、二次元文化和AGG(动漫游)文化为特色的弹幕视频站,有着十分稳定的且数量庞大的用户群体,其中多以90后、00后这样的年轻受众为主,他们共同组成了一个稳定的社群。从ALEXA(一家专门发布网站世界排名的网站)网站排名可知,B站在弹幕视频网站意见领域乃至泛AGG新媒体平台领域的影响力巨大,且呈现进一步扩大的趋势。B站最大的特色是悬浮于视频上方的实时评论功能,被爱好者群体称为"弹幕"。这种独特的视频体验让基于互联网的即时弹幕能够超越时空限制,构建一种奇妙的共时性关系,形成一种虚拟的部落式观影氛围,让B站被称为极具互动分享和二次创造的潮流文化娱乐社区。③ B站的用户具有极强的黏性和内容生产能力,

---

① 余园园.新媒体时代纪录片的传播策略:以纪录片《我在故宫修文物》为例[J].魅力中国,2017(6):84.

② 燕京.纪录片《我在故宫修文物》成功因素探析[J].声屏世界,2016,7(8):183-184.

③ 赵敏.《我在故宫修文物》对年轻受众的成功传播探因[J].西部广播电视,2017(5):77-78.

在这部剧被搬上B站以后,除了B站的各种cut(B站观众为各种精彩剧集做的短视频或者剪辑版)收集到的弹幕,原片在短时间内就被刷了6万多条弹幕,满屏的"王师傅(故宫钟表修复专家王津师傅)好帅""不错的现象级纪录片""第一次认真看一部纪录片"弹幕,人气爆棚。B站作为弹幕网站具有很强的互动性,各种讯息能被快速传播,于是收获了弹幕一边倒赞美的《我在故宫修文物》形成了好的口碑,在优质内容的吸引下,观众们主动承担起传播者的职责,将信息分享给身边的群体。随后,B站用户将对该片的好评延伸到了其他新媒体领域,纷纷转战微信朋友圈,在新浪微博引起了超过700多万次的话题阅读,在贴吧里也形成了话题讨论。经由B站、微博、贴吧等新媒体传播的扩散,这一由90后主导的社交媒体讨论和口碑营销,最终使得《我在故宫修文物》迅速引起更为广泛的关注和热议。微博大V"@M大王叫我来巡山"发微博称,"安利一个央视三集纪录片《我在故宫修文物》,其记录了那些隐世在故宫深处的'文物医生'的工作生活。一点开就停不下来了。老师傅个个沉稳和善、平凡淡然,但手上修复的却都是国内顶级的文物。这种内里惊心动魄,屋外闲庭落叶的感觉,再加上高超的文物修复技术,真的燃到不行。"微博里还附上哔哩哔哩的播放链接,方便网友点开观看。随后在"@谷大白话""@八卦我实在是太CJ了""追风少年刘全有"等大V的转发下,发起同名话题"我在故宫修文物",包括《人民日报》《光明日报》《中国青年报》等权威媒体的官方微博也加入传播的阵营,使之迅速登上微博热门话题排行榜,引起747万次阅读。在国内权威的电影评分网站"豆瓣电影"上,共有9627条短评和119篇长篇影评,两万多人平均打分9.4分。从B站的社群群体拓展到其他传播平台,包括众多网络领域在内的受众被本片的优质内容和"工匠精神"打动,主动承担起文化传播的使命,完成了一次成功的有受众参与和介入的营销活动。①

(四)销售渠道的拓宽及延伸

针对纪录片《我在故宫修文物》,发行方采取了先台后网,即在央视播出后又卖到爱奇艺等视频网站的销售策略。本片的成功营销不仅体现在纪录片超高的收视率和点击率上,还体现在创作者后续的商业变现和产品开发上。在纪录片收获一片好评之际,导演萧寒的工作室杭州潜影文化创意有限公司联合故宫博物院、猫眼、B站、微鲸和广州宏图光合共同出品了《我在故宫修文物》的同名大电影,并选择在2016年12月16日全国公映。纪录片电影一直是比较小众的冷门影片,但《我在故宫修文物》在排片率不高的情况下一周内也收获了500万元票房,虽然不能与那些上亿票房的热门电影相比,也已是相当不错的成绩。萧寒导演充分利用好这一IP,还主编出版了《我在故宫修文物》的同名书籍,也在豆瓣上获得了较好的评价。相较于缺乏前期宣传与营销策划的剧版,电影版加强了宣传工作,例如导演萧寒携出品方、文物修复师王津、曲峰等在全国十二个城市举办了路演点映活动,扩大影版《我在故宫修文物》的知名度,同时积极在微博上运营号召网友的支持,还在B站上发布电影宣传片、歌手陈粒演唱的电影主题曲《当我在这里》,并积极与网友开展互动,宣传自己的电影。纪录片《我在故宫修文物》通过拍电影、出书的方式延伸了产业链,促进了纪录片市场化的进程。

---

① 杜诗画.《我在故宫修文物》网络走红的传播学分析[J]. 新闻世界,2016(11):63-66.

三、纪录片《我在故宫修文物》品牌营销启示

我国明显存在着电视纪录片市场化程度低的问题,长久以来我国电视台主要实行制播合一的传播体制,自产自销、自给自足是其主要特点,对于大多数纪录片而言还未认识到营销与宣传的重要性,与市场之间存在着供求脱节的问题,未能很好地释放受众的消费潜力。从内容与制作方面而言,《我在故宫修文物》绝对是一部成功的纪录片,它的传播方式与营销方式也值得我们进一步探讨。

(一) 受众市场的细分与定位

《我在故宫修文物》的走红离不开B站上那些年轻受众群体的热捧与推介,这部纪录片平民化的叙事视角和方式很好地迎合了90后反传统、去中心的心理诉求,片中优秀的传统文化和修复师们身上的工匠精神极大地感染着年轻一代。很多人至今还秉持着纪录片是一群精英制作出来给另外一群精英看的错误理念,这种思想极大地限制了受众市场的扩张和传播方式的改进。如今的纪录片与其他产品一样,正逐渐走向市场化、受众细分化的道路,中国有着十多亿观众,纪录片本身也有着多种形式和内容,为了更好地划分和培育市场,在最大程度上满足消费群体的需要,实现利益的最大化,创作者们首先需要确定的就是自己的受众群体,分析和研究观众的需求并进行细分。不同的文化层次、年龄和地域的观众对于纪录片本身有着不同的需要和理解,因此认真研究他们的需求、分析他们的观看特点才能在不同时期都能从创作内容、风格、传播方式上适应观众的心理需求和价值取向。① 当前以90后、00后为代表的一群年轻人越来越成为文化消费的主体,他们所关注的信息和内容将很有可能成为潜在的新兴细分盈利市场,这些年轻人也向往优质的内容,渴望提升自我的文化内涵和艺术审美趣味,因此纪录片的制作与传播要多立足于年轻受众的文化诉求,布局他们活跃的媒体平台,这将会为纪录片的发展开辟一个更广阔的市场。

(二) 立体化的宣传和包装策略

当前众多纪录片的制作存在一个很大的问题就是只管生产,不重视后续的宣传、发行和销售工作,这点一直阻碍着纪录片市场化的发展。在今天这个竞争激烈的市场中,纪录片想要被电视台和一众视频网站顺利购买并被广大受众所喜爱,首先需要的就是精品佳作,虽然俗语常说"酒香不怕巷子深",但在今天这个信息、产品大爆炸的社会,想要获得关注度、提升收视率和销售收入,还是需要做好产品的宣传与包装的。譬如同为影视作品的电影和电视剧为了获得更高的票房和收视率,其广告宣传费用在整个制作费当中占非常大的比重。对于我们的纪录片而言,追求"内容为王"、制作精品力作很重要,尝试自我营销和宣传也同样重要。例如纪录片产品可以借鉴影视产品常用的广告宣传模式,充分利用各种媒体广告对纪录片进行宣传,以图文、视频的方式在第一时间内将最新的信息传递给用户,吸引受众的关注和参与。《我在故宫修文物》在推广的过程中,在优质内容的吸引下以及用户群体价值共同认同的前提下,包括微博大V、知名公众号主动承担起传播者的责任,借助微博、微信等,线上线下多渠道地进行传播,迅速扩大了受众的覆盖面和影响力,最终收获了高关注度。

---

① 石琳. 营销在纪录片市场化进程中的地位和作用[J]. 新闻大学,2008(3):96-102.

它的成功推广虽然带有一定偶然性,但仍然有很多成功的经验值得挖掘。随着经济的快速发展,如今的新媒体也在大步向前迈进,越来越多的人使用微博、微信朋友圈来接收消息,接触新鲜的事物。一般而言,很多微博大V、知名微信公众号都有各自运营的平台,并且拥有大量的粉丝,因此,纪录片的宣传也可以向《我在故宫修文物》学习,借助这些平台在网络上形成话题、引发讨论,吸引更多粉丝群体的关注。在纪录片的宣传推广中,要格外重视新媒体的传播方式和渠道,形成一个网络传播的矩阵,尽可能扩大传播范围,增加受众接触的可能性,在一次次曝光中给受众留下深刻的印象。

(三)多元化的传播渠道和产品开发

《我在故宫修文物》充分利用了新旧多个媒体平台作为纪录片的播放渠道,不仅借助央视这样的电视、影院这样的传统渠道,还抓住了当前的流行趋势,借助B站、爱奇艺这样的视频网站等新媒体平台扩大影响力。当前越来越多的人从电视节目和互联网新闻资讯网站跳转到移动端在线视频和PC端在线视频,在线视频能够克服电视媒体的不可复制性以及即时即地的特点,观众可以随时随地通过电脑或者手机观看自己喜爱的视频,特别是以B站为代表的一批视频网站,能够满足受众娱乐、八卦、交友、评论等多种互动的需求,因此,纪录片转移到互联网平台将更有利于其自身的发展。在市场经济的环境下,我国的纪录片应建立起多元化的传播渠道,搭建起多种展示平台,创造更多播出的可能性。当前电视观众呈逐渐递减的趋势,电视纪录片很难获得较大的关注度和收视率,因而对于进入电影院播映需要高投入资金,且很难与那些热映的大片竞争来说,网络媒体的发展将为纪录片的传播提供一个新的广阔的交流平台。新媒体时代的到来给纪录片带来了新的媒体载体,并且吸引了大量的用户前往网络媒体平台观影观剧。对于纪录片发行方而言,要重视互联网的平台效应,并且在制作过程中要适应互联网用户的观影和接受习惯,制作出适合互联网播放的内容。《我在故宫修文物》在纪录片之后又迅速制作和出版了同名大电影和书籍,积极进行后续的商业开发,形成了较为完整的产业链。对于纪录片的销售而言绝不能简单限于纪录片播放权的授予,一个好的IP的形成绝非易事,要重视品牌的力量,注重衍生品的开发,例如以纪录片的拍摄素材开发衍生品,向其他机构出售和故宫有关的资料,或者将纪录片推到电影院的模式等,尽可能地扩大传播和销售渠道,创造更大的经济效益和社会效益。

(四)专业化的营销团队和营销方案

一部成功的纪录片营销需要实现专业化,通过组建高效率的营销团队,形成完善的营销策划方案推进纪录片的市场化运作。专业的营销队伍掌握着创造性的营销方法,能够更熟悉市场的运作,根据市场的需求制订相应的营销计划。除了专业的营销团队,还需要制订完善的策划方案,纪录片在制作之初,就应该进行详细的市场调研,定位受众群体和作品主题内容,制作方和发行方也要根据市场的调研和预测制订好合理的收益回报计划,制订出相应的制作、资金投入规划,便于后续开展广告合理植入、预售、市场融资等市场运作,降低风险。[①] 在纪录片拍摄的全过程要做好宣传推广工作,扩大影响力;同时注重品牌IP的培育,便于后续衍生产品的开发与销售。一部只能获得受众认可不能获得市场认可的"叫好不叫座"的纪录片并不算是真正的成功,纪录片的商业价值也很重要。

---

① 石琳. 营销在纪录片市场化进程中的地位和作用[J]. 新闻大学,2008(3):96-102.

《我在故宫修文物》在营销方面有着一些成功的探索,如采用先台后网的播出模式,实现传统媒体与新媒体的优势互补,同时抓住了年轻人这一受众群体,激发了他们的参与意识,使他们主动利用微信、微博、客户端向周围的人推广,《我在故宫修文物》还努力延长纪录片产业链,通过发行大电影和书籍的方式扩大影响力。但实际上纪录片《我在故宫修文物》在市场营销方面仍有很多不到位的地方,特别是前期的宣传层面,没有组建专门的营销队伍,也没有进行专门的话题营销,使得本片的爆红在一定程度上具有很大的被动性,缺乏专业的营销团队,也没有主动去推广营销,最终还是受众的热捧和传播助其一步步走向成功。但是,纪录片《我在故宫修文物》其巨大的影响力在我国的纪录片发展历史当中留下了浓墨重彩的一笔,它在传播过程中仍有很多成功的经验值得我们学习,可以指引我们纪录片市场化的发展方向。总而言之,中国纪录片市场化和产业化的道路还任重而道远,需要我们认真分析纪录片产业链的运营现状,对我国的纪录片产业进行重新定位,分析市场环境及其需要,积极利用各种资源进行创作,建立标准化的制作模式和运作体制,并在此基础之上建立起我国纪录片市场营销的体系。

◆ **内容提要**

中国影视产业经历了飞速发展的时期,庞大的人口基数和精神经济的发展促进了影视市场的繁荣。电影市场屡创新高,发行营销日趋规范,题材内容多元发展,法律政策日益完善,网络大电影持续升温,新兴业态分散风险。电视剧制作数量下降,投资规模不断扩大,"慢综艺"成为主流,电视广告投放两极分化加剧。未来影视产业的品牌发展空间较大,优质 IP 成为稀缺资源,电影与科技的融合力度更加紧密。网络电视剧发展趋势明显,台网联动日益规范。目前经济效益和社会效益较突出的影视作品有《战狼2》《人民的名义》等,纪录片以《我在故宫修文物》为代表的作品在品牌营销方面日益成熟。

◆ **关键词**

影视产业　品牌　营销　战狼2　人民的名义　我在故宫修文物

◆ **复习思考题**

1. 我国影视产业的发展现状如何?
2. 我国电影产业的品牌发展趋势如何?
3. 我国电视产业的品牌发展趋势如何?
4. 电影《战狼2》能够获得全球票房冠军的成功因素有哪些?
5. 电视剧《人民的名义》营销定位及策略是怎样的?
6. 纪录片《我在故宫修文物》的营销启示是什么?

◆ **思考案例**

影视行业新政策

随着我国经济的高速发展,金融带来了全新的机遇。影视产业是国家大力扶持的文化产业之一。2018年12月25日,国务院办公厅印发了《进一步支持文化企业发展的规定》。《规定》中明确,电影发行收入免征增值税,鼓励在商业演出和电影放映中安排低价场地或门票,鼓励网络文化运营商开发更多低收费业务;鼓励社会资本以多种形式投资文化产业,允许以控股形式参与国有影视制作机构经营;在税收方面,以下四项收入免征增值税:① 电影制片企业销售电影拷贝(含数字拷贝)、转让版权;② 电影发行企业取得的电影发行;③ 电影放映企业在农村的电影放映;④ 广播电视运营服务企业收取的有线数字电视基本收视维护费和农村有线电视基本收视费。

教育部和中共中央宣传部共同发布了《关于加强中小学影视教育的指导意见》,力争用3～5年时间,使全国中小学的影视教育基本普及。同时也详细列出了该计划的七项主要任务:

(1) 将影视教育纳入教育教学计划;

(2) 定期向影视制片机构征集优秀影片,遴选推荐优秀影片,建立少年儿童影片资源库;

(3) 改扩建放映场地,利用原有电教设施或购置专门放映设备,改善学生的观影条件;

(4) 推动当地影片放映机构创造条件为中小学生开设电影专场,拓展学生观影渠道;

(5) 定期举办全国中小学生电影周活动和影视教育论坛,丰富影视教育活动;

(6) 强化师资队伍建设;

(7) 加强观影活动管理。

思考:试分析新政策对影视产业发展的影响。

◆应用训练

调研你所在学校不同专业的学生每月观看电影的次数及喜好类型,了解并分析你所在城市中小学生观看电影的频次及观影方式。

第六章 动漫创意产业品牌

本章结构图

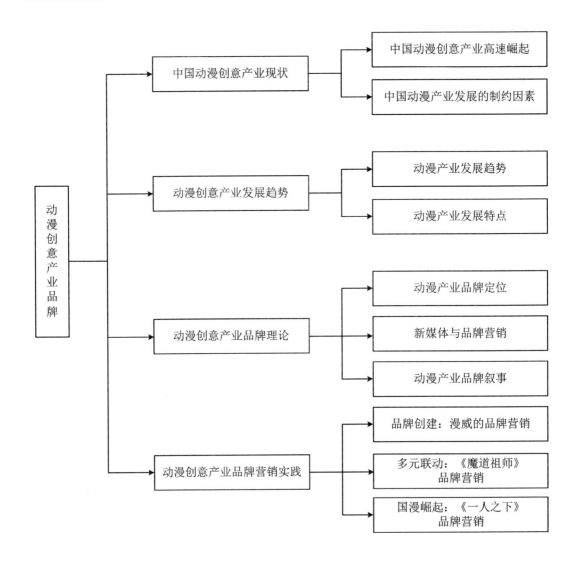

学习目标

1. 了解我国动漫创意产业的发展现状与存在问题。
2. 掌握动漫创意产业的品牌定位、品牌营销、品牌叙事等理论。
3. 掌握运用品牌理论分析国内外动漫创意产业品牌建设与营销实践活动。

作为文化创意产业的重要组成部分,动漫产业被视为 21 世纪最具潜力的产业。动漫产业是指以创意为核心,以动画、漫画为表现形式,包含动漫图书、报刊、电影、电视、音像制品、舞台剧和基于现代信息技术手段的动漫新品种等动漫直接产品的开发、生产、出版、播出、演出和销售,以及与动漫形象有关的服饰、玩具、电子游戏等衍生品的生产和经营的产业。

动漫产业具有高投入、高利润、高风险的"三高"特征,且衍生品多,营销周期长,属于资本密集型、文化创意型、高新技术型、智力密集型、高风险型产业,需要稳定的资金投入与风险投资,需要不断地推陈出新,与科技、人才紧密结合。动漫产业在文化产业中发挥着举足轻重的作用,并将成为推动文化产业发展的主要支柱性力量。

第一节 中国动漫创意产业现状

动漫产业是文化创意产业的一个重要部分,是拉动经济飞速增长的朝阳产业,也是优化产业结构升级的重要推动力。北京电影学院成立的中国动画研究院和社会科学文献出版社共同发布了《数字娱乐产业蓝皮书:中国动画产业发展报告(2017)》。该报告指出,在国家大力推进供给侧结构性改革、实施创新驱动发展战略的背景下,中国动画产业通过深化改革、创新发展、提质增效和融合协同等多种举措,保持了又好又快的发展态势。2016 年狭义上的影视动画产业规模已突破 200 亿元,更为重要的是它带动互联网动漫、手机动漫、动漫衍生品、动漫主题公园和动漫品牌授权等关联产业形成了庞大的产业体系。在泛娱乐产业跨界融合和协同发展的背景下,中国动画产业以其强大的创意设计能力和品牌版权价值日渐融入国民经济大循环。在推动文化创意产业和相关产业融合发展,支撑文化产业日趋成为国民经济支柱性产业等方面发挥着重要作用。① 截至 2017 年,我国的动漫产业产值达到 1500 亿元,在文化娱乐产业的总产值中占比 24%,成为娱乐产业愈来愈重要的组成部分。另外,2018 年,在杭州召开的第十四届中国国际动漫节共吸引来了 85 个国家和地区的动漫企业、客商等参加,总交易消费额达到 163 亿元,再创历史新高。随着文化内容消费市场的稳步发展,动漫产业将继续快速发展进入集中增长期。"网络文学+动漫"成为一个全新的版权发展方向,这不仅得益于网络文学在当今互联网环境下的健康发展,还得益于网络文学与动漫用户的大幅度重叠,围绕着 IP 进行动漫产业布局也是整个泛娱乐时代的核心内容。

---

① 皮书说. 数字娱乐产业蓝皮书:中国动画产业发展报告(2017)[EB/OL]. [2018-5-7]. http://www.sohu.com/a/230675147_186085.

一、中国动漫创意产业高速崛起

(一) 政策助推产业发展

1995年,长达四十多年的美术片指标政策终结,国家不再对动画统购包销,国产动画被全面推向市场。在计划经济向市场经济的转轨阶段中,政府逐渐意识到动画产业的可持续再生价值和作为一个国家软实力的意义,开始通过政策的干预与扶持来为国产动画的重新崛起保驾护航。党和国家高度重视动漫产业的发展,为此国务院专门成立了由文化部牵头、财政部等十个部委组成的扶持动漫产业发展的部际联席会议,各部门和各地方相继出台了一系列的扶持政策,推广原创优秀动漫作品。

2017年2月,文化部正式发布了《文化部"十三五"时期文化发展改革规划》,明确了"十三五"时期文化发展的总体思路、目标和任务。在动漫产业方面,《规划》提出要加快动漫、游戏等新型文化业态。以文化产业成为国民经济支柱性产业为目标,在动漫产业方面,未来将重点推动文化产业展会市场化、国际化和专业化发展;支持原创动漫创作生产和宣传推广,培育民族动漫创意和品牌,持续推动手机(移动终端)动漫等标准制定和推广。此外,还将开展原创动漫边疆推广工作;实施"互联网+中华文明"行动计划;推动国家动漫产业综合示范园建设和动漫游戏产业"一带一路"国际合作;提升公共文化机构以及动漫游戏等领域的技术装备系统水平。在动漫产品层面,国家多次出台政策积极扶持国产动画的创作,为国产动画提供发展空间;在动漫公司层面,各地出台优惠的税收和补贴政策;在动漫产业层面,从"十五"到"十三五"期间,国家对动漫行业的发展提供了具体的指导和帮助。展望未来,无论是发展空间还是增速空间,中国动漫产业已经成为不可忽视的力量,具有巨大潜力。

(二) 动漫产业辐射效应凸显

较之以往,中国动漫产业更加注重从数量增长型向质量加强型转变,从粗放式增长向精细化经营方向发展,产业结构不断进行调整,品牌创新意识明显提升。在政策扶持和市场杠杆的双重作用下,动漫产业自2006年开始至2017年这十多年进入了高速崛起的阶段,原创崛起,产业链逐渐完善呈现链条式特征,相关衍生品、动漫文化扩散至各个用户年龄层。无论是在动画电视播出量上,还是在动画电影市场上抑或是动漫衍生品市场上,中国动漫总产值都呈现稳步增长的趋势。

2016年动漫产业继续维持较快的增长态势,产业规模不断扩大,总产值达到1497.70亿元,同比增加283亿元,同比增幅为23.3%,相比2015年增速提高5.4个百分点。这是中国动漫产业自2013年启动转型升级以来取得的最高增速。动漫产业通过淘汰落后产能、注重核心创意、提升产品质量、创新商业模式等手段达到了提质增效的目的,形成了漫画出版、影视动画、网络动漫等内容产品和动漫衍生品、动漫主题公园、动漫授权等增值业务相互融合、相互促进、协同发展的良好局面。① 在互联网的带动之下,动漫产业链逐渐在漫画领域、小说文学领域、动画电影领域以及游戏娱乐产业领域相互穿插和渗透,形成一个完整的闭环。如

---

① 皮书说.数字娱乐产业蓝皮书:中国动画产业发展报告(2017)[EB/OL].[2018-5-7]. http://www.sohu.com/a/230675147_186085.

今的动漫不仅只有动漫作品,而且还在向数字动画、动漫电影、动漫服装、动画玩具以及主题餐饮等领域辐射,动漫产业一体化趋势逐步加强。

(三)优质IP增强品牌原创力

二次元经济是一种新兴的强大力量,其基础就是IP,而优质IP出现之后,就可以在此节点上运作,将IP效应最大化。优质IP可以转变为游戏、电影以及动漫衍生品从而变现,未曾接触过原著的粉丝也可能会因为游戏、电影或动漫衍生品寻回原著,成为原著粉,这样品牌的影响力就会不断增加,其无形资产也会不断升值。优质IP既具有长久生命力,又可以进行多平台产品开发。IP在泛娱乐一体化经营中的价值作用体现在以下几个方面:作为一种内容完备的资源,可批量化复制成电影;作为一种市场化检验的资源,具有较高的市场接受度;作为一种信息完全化的资源,可降低电影投资生产风险;作为一种价值创造的资源,可帮助企业延长产业链;作为一种价值转移的资源,可实现产业协同效应;作为一种价值增值的资源,可产生巨大的品牌效应。

2015年3月,腾讯动漫成为独立于腾讯游戏和腾讯电影而存在的业务部分,由此可以看出动漫产业的重要位置。同年11月,腾讯宣布投入3亿元建立聚星基金,用于扶持原创国产动漫,鼓励创造更多优质IP。围绕着IP进行产业布局是整个泛娱乐时代的核心内容和价值体现。在众多IP内容中,动画作为孵化的重要组成部分,具有联动开发的巨大商业价值,其带来的产业融合规模不容小觑。用品牌的理念打造优质动画IP,深入挖掘内容的独特性和多样化,加强各种形式间的联动推广,扩大受众群,提高核心用户体验,可以借泛娱乐发展之势,塑造我们的国产动画品牌。2018年5月18日,《一人之下》动画第二季"罗天大醮篇""全性攻山篇"正式完结。这是一部改编自米二创作的同名漫画,由腾讯动漫、动漫堂联合出品,目前全网播放量已经突破了22亿次。作为一部借助中国文化"龙骨"的优质IP动漫作品,《一人之下》无论是在动画、手游、旅游文化还是在真人影视或相关衍生品上都备受好评。《一人之下》的每一步动向都颇受行业内外关注,原因在于它是目前最有可能实现大众化的动漫IP之一,只有让主流大众接触并认可动漫这种艺术形式所带来的文化魅力,才能进一步扩大动漫作品的后续品牌影响力。

二、中国动漫产业发展的制约因素

目前,美日韩三足鼎立的世界动漫市场已经基本形成,美国动漫产业经过百余年的发展,已经成为老牌动漫强国,而日本动画业年产值已经占据国内生产总值(GDP)第六位,新生代动漫产业国——韩国由于丰富的外包经验以及动漫制作技术,也已经成为世界上最大的动漫加工厂。虽然我国动漫有了一定的发展,但基础弱、时间短决定了我国动漫产业在核心竞争力上与世界动漫强国相比还有很大的差距:对动漫产业发展规律性的认识有待提高,具有市场竞争力的精品力作不多,缺少代表本土化内容且具有国际影响力的动漫品牌;产业结构不尽合理,部分企业持续盈利能力不足;政策的引导能力亟待提升;侵权盗版现象依然存在,高端创意策划与经营管理人才不足等,都严重制约了我国动漫产业的发展。

(一)目标定位能力不足

动漫的受众人群一般分为儿童、成人以及全龄。2016年的国产动画电影中儿童向的有

28部,占总部数的70.0%,约占总票房的9.7%;成人向的有3部,斩获了6.02亿元票房,以总部数的7.5%获取了总票房的25.6%;全龄向的有9部,斩获了15.18亿元票房,以总部数的22.5%获取了总票房的64.7%。从以上数据来看,国产动画电影主要还是儿童向的"低幼"类的天地,而极具市场潜力的"全龄向"和"成人向"产品稀缺。根据艺恩发布的《2017年在线动漫市场白皮书》显示,儿童类别流量占据48%,成人占据27%,青少年占据18%,全年龄仅占据6%。当下,国产动画真正要破解的恰是根据受众群有的放矢地去将儿童向作品做纯粹,将成人向作品做优秀,将全龄向作品做极致。① 观众是动漫作品的目标人群,盈利与否与其存在很大的关系。基于市场环境以及动漫的多元化发展,创作者们逐渐将作品投向全龄向和成人向,比如《大鱼海棠》《精灵王座》《大护法》,虽然它们取得了不错的口碑和效益,但后劲不足,同美国和日本动漫相比仍缺少核心竞争力,难以拥有广泛的文化影响力和市场受众。

(二)本土特色的原创作品缺乏

虽然2017年中国动漫产业品牌建设取得了一定的成就,但就整体而言,优质动漫作品仍旧缺乏。对于尚处在发展阶段的中国动漫产业而言,目前整个行业最缺乏的,其实就是一部像日本《哆啦A梦》《名侦探柯南》或美国《米老鼠和唐老鸭》《猫和老鼠》那样能够被大众所接受的动漫作品。虽然我国传统文化资源底蕴深厚,但这些优秀且具有本土特色的元素并没有在动漫产业上得到充分展现,且由海外团队制作的《功夫熊猫》《花木兰》《中华小当家》等动漫作品先后被搬上荧幕,也反映了我国动漫产业还不能灵活运用现有文化资源的状况。另外,由于动漫产业投入大、风险高、周期长,一些创作者为了省时省力,投机取巧,企图以最少的付出换来高额的利润。故事是动漫的骨架和灵魂,也是实现自身品牌架构的基础,基于本土文化进行动漫创作是我国动漫产业发展的瓶颈,一些创作者为了稳妥起见,毫无创新意识,只是一味追求视觉奇观将故事极尽简化,这种缺少本民族灵魂的动漫,是很难在世界动漫产业领域中占有一席之位的。国产动画电影对传统文化的创新表达,就是对其思想精华和精神实质进行现代形式的表达,创作者们只有用心、巧妙地去创作和表达故事——尤其是传统文化故事,才能让观众接受并在潜移默化中坚守民族情感。如果只是借传统文化的外壳去胡乱演绎、虚张声势,只会给国产动画电影和民族自豪感招致非常严重的信任危机。

(三)原创产品的衍生品开发不足

随着动漫产业产值的增加,整个动漫衍生品市场也已从2009年的129亿元增长到2015年的380亿元,增长了近2倍,年均增长率达19.73%。虽然动漫衍生品市值增长率高,但其衍生品所占动漫产业产值并未显著增长;且虽动漫衍生品的市场巨大,但国外动漫衍生品却占据市场主导地位,国内没有出现像美国迪士尼和日本南梦宫万代等衍生品巨头。根据前瞻网统计,2016年国内动漫衍生品的市场规模约为450亿元,但这只是播映市场的1.5倍,相比日本衍生品占据播映市场的10倍左右仍然不足。同时,中国动漫衍生品主要集中在玩具、儿童服饰、日常生活用品等低端消费品领域,而在主题游乐场、主题餐饮业的建设,珠宝、数码产品以及汽车的设计等高端衍生品领域的开拓能力不足,原创力不足,没有精品意识和

---

① 皮书说.数字娱乐产业蓝皮书:中国动画产业发展报告(2017)[EB/OL].[2018-5-7]. http://www.sohu.com/a/230675147_186085.

全局意识,忽略了成人动漫衍生品消费群体,粗制滥造的低劣动漫衍生品盛行。如今是一个个性张扬的时代,传统的思路已经行不通了,动漫衍生品的制作也应该满足消费者的差异化需求。另外,动漫产品版权(比如网络传播权、发行权、商标权、专利权等)相关的授权衍生产品的规模及市场价值还有待提高。

(四)资金、优秀人才缺失

动漫产业是高投入、高风险的创意产业,主要体现在其制作成本高和回报期限长等方面。由于动漫产业运作风险较大,所以融资成为困扰其发展的难题。如在2016年上映的《大鱼海棠》,就曾因融资困难而一度搁浅,这不仅会影响到作品的质量,而且还容易导致动漫产业链的断裂。另外,人才是动漫产业发展的关键,无论是动漫制作、艺术设计,还是经营管理、市场营销等环节都离不开优秀的动漫人才。近年来,一些高校纷纷开设了动画及相关专业,社会上也出现了一些培训动画制作人才的机构,为动漫产业输出了大量人才。但创造性人才的培养仍明显不足。培养一个在短期内就能掌握基本技能的动画制作人员可能很简单,但培养一个创造性的动画制作人才需要花费很长的时间,动漫教育机构虽多,但与动漫产业发展趋势的结合度仍然不够紧密,且人才培养机制和目标与市场需求不完全适应。再者,我国大多数院校的动画人才培养主要以动画技术型人才为主,兼备艺术审美的动漫人才却少之又少,因为动画的前期制作需要具备良好的编剧能力和创作能力,并且要有较强的影像叙事能力,这些都需要时间的沉淀,门槛较高。另外在市场和资本的影响下,很多动漫工作室为了节省时间,降低工作周期,影响了动漫作品的品质,导致出现画风雷同等现象。

(五)版权保护不足

动漫产业是以知识产权作为核心资产的产业,知识产权保护是创意和创新的基础,也是动漫产业健康发展的根本保证。版权保护不足一直是我国动漫产业发展的难题,由于知识产权保护意识匮乏,国内相关法律不完善,侵权成本低,动漫产业保护范围和执行力不够,使得盗版行为很是猖獗。版权保护不足直接导致了盗版现象频发,动漫音像制品、图书出版、玩偶生产、游戏软件等都面临着侵权的尴尬,严重损害了动漫公司的利益,而且在遇到盗版侵权案件时,处理周期较长也会使产品由新变旧,失去商业价值。由于互联网技术的发展,侵权盗版行为更是猖獗,目前我国动漫产业网络平台上所出现的盗版行为主要有两类:一是产业同行在网络平台上发布侵权盗版作品;二是用户上传侵权盗版作品,一些动漫影视作品往往未经授权就放在网上发布。近年来,相对于正版影视作品,盗版在数量、覆盖范围上仍然占据较大优势,屡禁不止。因此,版权保护不足成为了我国动漫产业发展的绊脚石。

第二节 动漫创意产业发展趋势

近年来,在国家强有力的政策推动下,中国动漫产业乘势而起,一跃成为公认的朝阳产业。市场发展后劲十足,艺术创作渐入佳境,新生动漫文化呈现出一派大有作为的现象。继"十二五"时期国家提出的动漫产业规划纲领之后,《文化部"十三五"时期文化发展改革规划》又对动漫产业提出了新的要求,提出要以文化产业成为国民经济支柱性产业为目标,培养民族动漫创意和品牌。随着泛娱乐时代的来临,以 IP 为核心连接的文学、动漫、影视、游戏、音乐等领域也迎来了全面的跨界融合,处于产业链不同环节的企业纷纷寻找各自的新起点,借助 IP 资源来推进跨产业运营,其中利用动漫 IP 将动漫文化发展为动漫产业最为典型的就是迪士尼,其借用旗下的动漫 IP 形象对线上线下的衍生产品进行互动,在食品产业、电子行业、教育机构、酒店服务、主题公园旅游业等领域都有涉及,催生出多种商业模式。而在 IP 概念不断延伸发展的环境下,国内动漫 IP 产业也将蓬勃发展,创造出新的产业格局。与此同时,2018 年 6 月 20 日,中国电影基金会"动漫人才专项基金"也在上海正式成立,该项目基金致力于培养优秀动漫人才,推动中国动漫产业的良性发展,这些都为未来一段时期内中国动漫产业的发展提供了方向。

一、动漫产业发展趋势

(一)建设具有中国文化特色的动漫作品

为弘扬中华民族优秀文化,生产内容积极健康、贴近群众的动漫作品,国家实施了"国家动漫精品工程""国产影视动画扶持项目""'原动力'原创动漫出版扶持计划"等系列工程。现如今,一些带有中国优秀本土文化元素的动漫作品《中国唱诗班系列动画短片》《一人之下》《魔道祖师》《狐妖小红娘》和《画江湖系列》等受到观众的一致好评。随着互联网技术的快速发展,科技在给我们的日常生活带来便利的同时,也在剧烈地改变着文创内容的发展方式。而具体到中国的动漫产业,国产动漫也因更为蓬勃兴起的互联网文创环境,呈现出了一条与日本、美国等国家截然不同的发展道路。

"中国唱诗班"系列动画短片,可以说是国产动画作品的集大成之作,完全由中国青年团队独立原创手绘,在故事、场景、人物等各方面都根据历史文献进行规划,收录了包括《诗经》开篇第一首《关雎》在内的各朝代脍炙人口的诗歌经典作品共 16 首,以经典古诗为故事主旨,以嘉定民间故事传说为内容。从第一部《元日》开始,《相思》《游子吟》《饮湖上初晴后雨》到近期更新的《夜思》,植根中国传统文化根基加以创作,像这样极具传统文化特色的题材让"中国唱诗班"从第一部开始就引起了观看及转发热潮,惊艳全网,被网友盛赞为"国漫的正确打开方式"。

(二)培养优质动漫专业人才

根据《"十三五"时期文化产业发展规划》对动漫产业提出的要求,在 2020 年,要培育一批在国际上具有较强竞争力和影响力的国产动漫品牌和骨干动漫企业,培育民族动漫创意和品牌,加大对优秀动漫创意人才的扶持力度。而在业界和学界,2018 年,以聚焦中国动漫产业人才的培养,搭建国内外优秀人才的交流平台,促进中国动漫产业人才与国际接轨的"动漫人才专项基金"开始设立。中国动漫产业尚且处于发展阶段,无论是制作水准还是技术能力都与国际动漫产业标准存在一定差距,行业优秀人才也比较匮乏,专项基金成立之后,也将重点扶持动漫新技术的发展和运用,向世界学习,缩小行业差距,建设中国自身的动漫品牌。除此之外,腾讯视频也联合共青团中央网络影视中心以及有关高校举行"闪光新国漫·践行文化强国梦"全国大学生国漫创造季系列活动,给予大学生与一线从业者合作机会,共同培育动漫人才。

(三) 拓展和完善动漫产业链

对于动漫文化产业来说,充分发挥市场对动漫文化资源配置的积极作用,提高动漫产业盈利能力,全面把握动漫产业各环节的内在联系,以动漫创意和形象为核心,是构建相互支撑、完善动漫产业链条最为关键的一环。《"十三五"时期文化产业发展规划》指出,要积极探索建设培育动漫品牌授权市场,促进动漫与实体经济的深度融合,引导促进动漫会展发展,从而活跃动漫消费市场。动漫与实体经济融合发展不仅是大趋势,而且潜力无限。2016年年底,中国动漫集团组织的首届中国卡通形象营销大会就是拉动动漫与实体经济融合发展的创新型大会。如今,我国在与全球动漫企业的互动中不断发展演进,从原先处于价值链末端转向中下游,从动漫代工的"世界工厂"转变为"世界市场",并达到与动漫生产大国相当的水平。随着新技术的发展,动漫产业的格局也在发生着变化,数字技术在一定程度上促进了动漫产业链的纵向整合,单靠内容的生产及传播已经不能赢得动漫文化产业的激烈竞争,只有借助内容优势整合销售渠道,通过生产、传播以及营销等形式完整产业链来面向全民推广各类产品,才能获得竞争优势。而且,动漫产业链不仅仅是产品生产链,也应是动漫形象和品牌的传播链以及资金投入和利润回收的价值增长链。

(四) 产业结构和布局进一步调整

"十三五"期间,我国动漫游戏产业"一带一路"国际合作行动计划,将成为政府部门扶持动漫产业国际合作的重中之重。这些合作国家地区不是诸如美国、日本这样的创造全球流行文化的动漫出口国家,而是有着独特地域特色的动漫进口国家,使得中国动漫企业与当地企业的合作前景非常广阔。规划指出,要发挥动漫游戏产业在文化产业国际合作中的先导作用,面向"一带一路"沿线各国,聚焦重点,广泛开展;搭建交流合作平台、开展交流推广活动,促进互联互通,构建产业生态体系;发挥中国动漫游戏产业比较优势,培育重点企业,实施重点项目,开展国际产能合作,实现中国动漫游戏产业与沿线国家合作规模显著扩展、水平显著提升,促进互利共赢,为青少年民心相通发挥独特作用,推动中国国际网络文化博览会、中国国际动漫游戏博览会等重点文化产业展会市场化、国际化、专业化发展。

二、动漫产业发展特点

(一) 艺术与技术深度融合

动漫艺术本身正在由平面式向立体式、全景式、互动式、沉浸式方向发展。动漫的崛起,不仅改变了文化生产与消费的基本形态,也改变了文化与艺术创造主体的思维特性。它将鲜活灵动的诗性思维从文字系统的束缚中解放出来,使用更加感性直观的图像,获得了日益广阔的发展空间。伴随着视觉转向时代的到来,网络信息技术的发展,特别是电话网、有线电视网、互联网"三网合一"技术的发展,高速、互动、多媒体的宽带网将逐步成为文化、艺术、娱乐的主流传播媒介。文化与技术的这种大汇合,让动漫艺术进入了一个全新的时代,为新型立体式、全景式、互动式、沉浸式的未来动漫艺术揭开了序幕。2016年被视为VR元年,虚拟现实技术为我们开启了一个崭新的世界,改变了我们对这个世界的观看方式。2017年5月,由中国动漫集团参与主办的我国首届"中国-东盟动漫游戏展"在广西南宁国际会展中心隆重开幕,中国动漫集团沉浸式交互动漫文化部重点实验室成果之 VR 激战游戏在展会上展出,VR 激战游戏的高沉浸感、高体验性和高交互性吸引了各级领导、外国购买商及各年龄段观众驻足体验,现场气氛热烈火爆。设想一下,在今后观看动漫之时,我们可以凭借 VR 眼镜与电子肌肤,身临其境地追随孔子周游列国,真真切切地感受圣人门生向往的"舞雩风凉"与"沂水甘冽";在一个人机互动的沉浸式动漫世界里,可以"抬眼塞外弯弓盘马,低头江南赏花品茶",也可以像电影《头号玩家》一样,在数字世界里逾越那堵真实之墙,享受这个世界带给你的各种体验。这不仅标志着"虚拟现实"从幻想到娱乐已经成为可能,而且为人类的学习和生活开辟了无限可能。

(二)动漫与媒体互动共生

动漫艺术同新媒体如网络媒体、手机电视媒体结合所产生的网络动漫、手机动漫,必将会改变人类交流与娱乐的模式,同时也将快速促进人类文化的大交流和大融合。动漫作为一种艺术,先天具有与科技相辅相成的共生关系,这也是动漫发展历程中从未偏离过的大方向。科技的每次跨越式变革,动漫艺术都是站在最直接的受益者行列中。随着网络社会的崛起,追求综合创新思维的数字化生存,成为了人类社会走向新时代最重要的标志之一。动漫产业显示出了深广的文化建构意义和巨大的市场潜在价值。其中,手机广域覆盖成为动漫全球化最好的阐释。《"十三五"时期文化产业发展规划》也指出,要持续推动手机(移动终端)动漫等标准制定和推广。无论在什么地方,世界上曾经发生过的事情和正在上演的故事都能以动漫的形式呈现在移动终端的方寸之间,文字信息独步前行的历史正在被改写。新生动漫凭借技术手段适时打开了印刷文字的锁链,智能移动设备的普及使得人们可以随时随地利用碎片化时间观看数字漫画、动漫电影以及动漫游戏,可以说是无孔不入。

(三)跨行业联动的动漫生态系统

动漫艺术和不同行业结合而形成的建筑动漫、军事动漫、航天动漫、医学动漫、体育动漫、教育动漫等,在各行业中产生了不可估量的产业价值,对国民经济起到了巨大的推动作用。现代数字技术不仅将动漫制作从繁重的手工劳动中解放出来,大大缩短了动漫生产的周期,而且还为动漫的创意提供了超乎想象的多维空间,动漫艺术的内容也随之被拓展到了一个无所不能的"造梦世界"。事实上,动漫早已不只在文化娱乐领域独善专长,在世界政治大事和个人生活学习中也得到了越来越广泛的应用。如体育动漫产业,其产品内容不仅包括和体育相关的影视动漫、报刊漫画等,还包括同体育竞技现场、竞技项目等相关的影像包装、动态视觉设计等数字动画产品。从世博园巧夺天工的规划设计到登月工程超乎想象的模拟飞行;从美国总统竞选的网络动漫造势到华尔街金融数据的模态分析;从动画试衣间的随心所欲到数字造型师的精益求精,可见动漫产业正在经历从以"形象"为先导的传统动漫向以"科技"为先导的大动漫产业生态系统过渡。这启示我们,动漫产业的艺术创新,还要考虑产业战略与生产重心的调整问题,一个健康的动漫产业链应当具备合理的生态结构。除动漫创意、动漫制作、动漫传播、动漫消费、动漫服务和动漫交流所构成的自循环体系外,它还应该包括整个社会领域中,动漫产业同其他产业构成的相互合作、共生共进、科学合理的动漫产业生态系统。

(四) 重视海外市场,动漫产业"走出去"

当今世界,各国之间的文化竞争力日益提高,文化越来越成为民族凝聚力和创新力的重要源泉,以及综合国力竞争的重要因素。作为文化产业重要一部分的动漫创意产业,具有文化和经济的双重属性。在"一带一路"倡议的契机下,中国动漫"走出去"也取得了良好成果。《大鱼海棠》《大护法》《西游记之大圣归来》等多部动画电影在海外上映,中国与缅甸合作的《中国动漫》栏目也在海外开播,中国动漫游戏企业还与"一带一路"沿线50多个国家在创意研发、生产制作、发行渠道等多方面进行了合作。在动漫"走出去"的过程中学会讲好中国故事,了解中国市场以及世界市场的差异,从全球视野的角度讲述东方特色文化非常重要。作为连续1年蝉联国家文化出口重点企业的中南卡通,从最早的卖片已经发展成为一个动漫全产业链的国际平台,通过这些平台,中国原创动画片已经出口到全球93个国家和地区,累计出口动画片8000多小时,稳居全国动漫企业前列。除了中南卡通以外,蒸汽工厂的自主品牌《口袋森林》也迎来了自己的首位国际投资商,与乌克兰最大的动画公司达成合作。《口袋森林》作为国内首部全3D打印定格动画,在2019年寒假正式上映。作为目前在日本发表漫画作品最多的漫漫动漫集团,其旗下的《拾又之国》《快把我哥带走》《第二模式》等作品深受日本、韩国以及美国读者的追捧。

第三节 动漫创意产业品牌理论

新媒体时代的到来,使得品牌传播渠道进一步多元化,如何利用信息革命的便捷性和多元化进行品牌传播营销成为许多企业亟须解决的难题。以消费者为核心的产业经营理念已经成为市场发展和品牌增值最为关键的一步,正确认识消费者与品牌之间的关系是品牌营销实践成功的有效前提。在当今这个品牌当行的时代,占据了目标消费者的心智资产也就意味着掌握了品牌发展的动力。精准的品牌定位不仅是品牌发展的核心动力,也是品牌营销的制胜法宝。随着中国的市场领域逐渐向外拓展,在国外市场的品牌冲击下,如何进行国内品牌叙事、塑造品牌核心力量,也是构建品牌资产、提升品牌影响力的最为关键的任务之一。

一、动漫产业品牌定位

"定位"被评为20世纪对美国营销界影响最大的理论,定位理论成为了营销战略的核心,品牌定位成为了品牌建设的核心。[①] 品牌定位是企业品牌战略的关键要素,是实现品牌差异化的重要举措。定位原则在市场细分的基础上满足目标消费者的需求,建构品牌的辨识度和忠诚度,使得产业在日益竞争的市场之中找到自身的立足之地,获取经济效益。动漫产业是中国最具发展潜力的产业之一,新的发展契机也是动漫产业品牌竞争的新开端。品

---

① 李雪欣,李海鹏.中国品牌定位理论研究综述[J].辽宁大学学报(哲学社会科学版),2012,40(3):100-106.

牌定位是动漫产业发展的前进动力,塑造出品牌自身的 DNA 是动漫品牌形象的基础。无论是动漫作品、动漫衍生品还是动漫产业,只有在消费者心中留下印象,让独有的 DNA 入驻到消费者心中,才能架构起产品与消费者之间的桥梁,这座桥梁会在品牌释放 DNA 因子时被重复唤起,久而久之,形成品牌的一种无形力量。

1956 年,美国营销学家温德尔·史密斯提出市场细分概念,而后,菲利浦·科特勒在其基础上进行完善和总结,最终形成了较为成熟的 STP 理论。STP 理论,包括市场细分(segmentation)、选择适当的市场目标(targeting)和市场定位(positioning),是战略营销的核心内容。STP 理论是指企业在一定的市场细分的基础上,确定自己的目标市场,最后把产品或服务定位在目标市场中的确定位置上。① 品牌定位主要分为四个方面:第一,在对市场进行调研的基础上,选定目标消费群体;第二,与消费者进行沟通,深入了解目标群体对于品牌的认知态度;第三,分析竞争市场环境,打造自身独有的品牌优势;第四,结合前期的资料背景,将品牌形象传达给消费者,完成品牌定位营销。动漫产业在制订这一营销环节的过程中,尤其要把握市场和用户群体,在知己知彼的基础上,满足目标消费群体以及市场的需求。

二、新媒体与品牌营销

"品牌传播"的内涵是一种操作性的实务,即通过广告、公共关系、新闻报道、人际交往、产品或服务销售等传播手段,最优化地提高品牌在目标受众心目中的认知度、美誉度以及和谐度。② 从以上定义中我们不难看出,在进行品牌传播营销的过程中,媒介扮演了十分重要的角色。而在数字技术的新媒体时代下,品牌传播营销也呈现出与以往大众传播时代不一样的特征。在信息技术的冲击下,品牌传播营销的实现路径也发生了改变。首先,传播渠道多元化。新媒体时代下,传统媒体与新媒体实现了融合,品牌营销不再局限于线上或者线下单一化的传播渠道,而是线上线下协同传播。品牌的持有者在信息传播的使用中介和呈现方式上拥有多种选择,与此同时,品牌的消费者也可以使用多种渠道进行信息的获取,而且这种传播是交互式的传播,其便捷性和快速性不仅能够增强用户的体验性,还能让企业快速掌握消费群体的使用反馈,快速调整营销策略,达到理想的传播效果。

新媒体时代,品牌的信息传播除了来源于品牌拥有者,还产生于品牌的消费者。品牌的内容制作开始变得多元化,品牌拥有者对品牌信息的控制也受到了直接的挑战。新的传播环境必然滋生新的营销生态圈,这不仅仅是技术的支持,还有营销思维的创新,所以在新媒体时代下如何进行品牌传播营销,成为了企业关注的热点。在 Web2.0(第二代互联网)时代,网络话题的设计与推广是品牌传播营销的主要途径之一,抓住社会热点是网络话题兴起的营销策略。在此之间,消费者的主要行为模式是从注意到兴趣,接着在兴趣的指引下进行搜索,最后产生行为活动,而话题推广是为了使消费者从对品牌的注意转向对品牌的兴趣。除此之外,新媒体时代为网络话题推广提供了有效平台,不可否认的是,许多社交媒体如腾讯视频、微博、户外 LED 大屏等,凭借自身的娱乐性和互动性,充分调动了消费者的能动性,借助消费者之力推动话题的热度和长度,运用多个终端平台进行口碑传播。

---

① 杨学成,陈章旺.网络营销[M].北京:高等教育出版社,2014:83-93.
② 余明阳,舒咏平.论"品牌传播"[J].国际新闻界,2002(3):63-68.

三、动漫产业品牌叙事

"狭义的品牌叙事是品牌相关宣传资料供给目标受众的品牌背景文化、品牌价值理念及产品利益诉求等方面的内容。广义的品牌叙事则是指通过品牌的相关宣传介绍资料、媒体发布的广告和新闻公关活动以及品牌与相关社会文化现象相融合的文化传播活动中透射出来的品牌内涵,它是品牌背景文化、价值理念以及产品利益诉求点的生动体现。"[①]随着市场竞争环境的日益激烈,如何将品牌价值更好更精准地传达到消费者的内心,成为品牌塑造的重要一环。单纯依靠技术或者产品属性已经很难满足市场的需求,一味地戏谑煽情也很难再次调动消费者的兴趣。经济全球化为品牌传播提供了很好的借鉴意义,如在进行品牌传播的过程中,适当地加入一些故事性元素,赋予品牌性格。在品牌拥有人格化的过程中,它的所有品质、核心精神以及品牌DNA都是通过故事来体现的,故事蕴含丰富的情感,这将给品牌带来最大的情感价值。对于一部动漫作品、一个动漫品牌,甚至整个动漫产业来说,品牌叙事是品牌展现力和影响力的关键性因素。2018年11月15日,国际影视动漫品牌发展高端论坛在广东东莞举行。论坛上,美国好莱坞动漫导演Stephan Franck认为,"要用最奇特的方式讲最平凡的故事"。他认为品牌的内涵很重要,把内涵营销出去,顾客才会成为该品牌永远的粉丝。要耐心打造品牌,给足时间,才能让品牌释放应有的魅力。[②]

第四节 动漫创意产业品牌营销实践

一、品牌创建:漫威的品牌营销

美国漫威漫画公司是与DC漫画公司并头的漫画巨头,1939年创建于美国,旗下拥有蜘蛛侠、金刚狼、美国队长、钢铁侠、绿巨人、蚁人、黑豹、奇异博士等超级英雄以及复仇者联盟、X战警、银河护卫队、神盾局、异人族等超级英雄团队。

漫威为美国动漫产业创造了不菲的业绩,其把漫画发展成为院线电影,并通过品牌合作、手办以及漫画展等一系列周边产品来进行跨文化传播。在漫威的世界里,从2008年的第一部《钢铁侠》开始,漫威首次将"漫威宇宙"概念搬到大荧幕上,用十年的时间,通过剧情和人物的连接,以彩蛋铺路,把"漫威电影宇宙"的"超级英雄大IP"发挥到了极致。

(一)内容为王,打造品牌核心元素

20世纪三四十年代,由DC漫画创造的超人以及蝙蝠侠系列广受欢迎,作为通俗杂志出版商的马丁·古德曼紧跟形势,成立了时代漫画公司,寻找新的发展方向,那是一种带有新

---

① 余明阳,戴世富.品牌文化[M].武汉:武汉大学出版社,2008:152.
② 人民网.海内外动漫大咖探讨动漫产业品牌化发展路径[EB/OL].[2018-11-16].http://culture.people.com.cn/n1/2018/1116/c1013-30404479.html.

奇、刺激以及华丽的故事场面,这使得漫威独辟蹊径,创造了一个个让人难忘的角色。受二战和经济危机的影响,美国人民处在水深火热之中,寄希望于有超级英雄出现拯救他们,而漫威抓住这一心理向受众传达出一种带有惊奇、想象力以及充满科幻色彩的品牌个性,并紧跟着打造了一个手撕法西斯的救世主形象——美国队长,这一形象极大地鼓舞了在太平洋和欧洲战场上瑟瑟发抖的美国大兵们。

漫威十分善于塑造英雄角色,而且这些动漫角色往往都具有一个共同点,那就是致力于保护宇宙和平。这与美国一直以来以世界警察的身份自居不谋而合,而围绕这些鲜活角色的漫威动漫对此理念反复强调,不仅加深了受众群体的观念,产生品牌黏合度,还具有较高的辨识性。从《钢铁侠1》英雄集结开始,再到《钢铁侠》《雷神》以及《美国队长》系列,复仇者联盟四大巨头相继被搬上荧幕。2012年,《复仇者联盟1》创下全球15亿美元的票房,终极Boss灭霸也继而出现,而《神盾局特工》《奇异博士》以及《银河护卫队》等漫威电影宇宙系列的播出,相继赢得了新老粉丝的关注度。通过5000个科幻角色,漫威借助高度一致性的角色输出塑造了自己的品牌核心元素,虽然他们都是超级英雄,可也拥有常人的性格缺陷以及不完美;虽然他们的背景、个性和经历各不相同,但也都是有血有肉的常人;他们个性独立,勇于冒险和开拓新境遇;他们有的超然于世外,有的则贪恋金钱权力。正是这样的创作,才会让置身漫画故事之中的读者感觉到超级英雄是存在于现实周围的。同时,也使得观众感知到漫威品牌个性的统一。

(二)角色互联,打造"IP漫威电影宇宙"

漫威19部影片平均每部的制作成本在2亿美元左右,其中2部影片的全球票房超过了10亿美元,《复仇者联盟》更是超过了15亿美元,可以说是名副其实的票房收割机。其成功的经营之道主要是"电影宇宙"的营销策略。漫威电影宇宙概念一经推出,就牢牢抓住了好莱坞大片的市场,电影内容相互勾连,观众一旦入了漫威的坑,就要一部部追下去,而漫威也在漫画市场之外收割了一拨又一拨的新漫威迷。这样一来,与漫威相关的周边产业也能被带动起来。

20世纪90年代,随着互联网技术的开发以及游戏产业的崛起,美国漫画业遭遇了重创,漫画市场全盘崩溃,在上市5年之后,漫威不得不申请破产重组,也就是这个时候,漫威开始低价转售自己旗下的超级英雄电影改编权以获得资金周转。其中,福克斯买走了神奇四侠和X战警,环球买走了绿巨人,索尼也买走了蜘蛛侠的拍摄权。2009年,在迪士尼收购漫威之后,漫威也因此获得了强大的市场链条以及资金后盾,逐渐收回被卖掉的IP产权。正是通过一部部电影构建漫威宇宙电影,利用悬念和故事逻辑串联每部影片,使得漫威系列影片取得了前所未有的成功。漫威的彩蛋不仅仅是片场的花絮,也是下一步影片的预告片,这会让观众产生一种连接感,可以提前带动话题热度。在《复仇者联盟2》的结尾彩蛋中,当超级大反派灭霸带着收集无限宝石的无限手套出场时,其实也拉开了《复仇者联盟3》激烈的厮杀之战,这也预示着一场更为凶险的宇宙大战即将拉开帷幕。再如《钢铁侠2》中的彩蛋结尾,沙漠中出现了一把大锤子,一帮人想尽办法移动,后来神盾局特工在电话中说道,我们找到了,而后上映的《雷神》,就完美衔接了这个彩蛋。

美国堪萨斯州立大学商学院公司战略方向专家李书平说:"一旦搭建起这样的电影宇宙,就会产生乘数效应。"这种乘数效应表现在,每观看完一部漫威电影,影迷就会期待下一部,"根本停不下来"。同时,几乎在每一部漫威影片的片尾,总会有一些暗示后续剧情的彩蛋。解读彩蛋成为各大媒体关注的重点,也成为漫威电影观众的一种乐趣。[①] 饥饿营销是漫威最喜欢使用的营销策略。一方面禁止演员和内部剧透,另一方面又时不时地来一点小爆料,调动观众以及影迷的好奇心和求知欲。但凡是主创人员以及演员们接受采访时,都会一直以"不能说""不知道"为由吊住大家的胃口,其中最让人印象深刻的是"蚁人"保罗·路德在接受媒体采访时,不管记者如何出招,他都对剧情避而不谈;然而为了防止一直吊着观众胃口使得观众扫兴,漫威又会时不时地在社交平台上发布一些片场花絮或最新动态,这种不定时的信息透露总会引发粉丝的"疯狂",与之互动。正是保持这种既神秘又惊喜的状态,才会让观众们时刻保持好奇心,这也是漫威电影宇宙一直保持热度的原因。

(三) 品牌跨界,扩展市场价值空间

作为为数不多且运营成功的 IP 之一,截至《复仇者联盟 3》上映,漫威电影已经收获了超过 160 亿美元的全球票房,然而漫威的品牌价值不仅仅体现在票房上,还体现在众多衍生品以及大众消费市场上。在泛娱乐化的今天,为了提升自己的品牌影响力,带动产品销售,跨界营销使得漫威与多个品牌进行联合营销并定制专属品牌衍生品,各种各样的联名款和定制产品使得观众在观看影片的同时,还能在生活中找到其延伸处,这不仅让观众产生亲切感,也使得品牌拓展了自身的影响力,提升了用户观众的黏合度,即把超级英雄带到了观众身边。

漫威娱乐"全球合伙计划"的高级副总裁 Mindy Hamilton 说,这一举措反映了漫威过去几年在品牌营销方面的演变。"一个品牌若想与漫威合作,它不应当仅仅在影片上映的时候出现。毕竟漫威有无数种方式帮助你和漫迷进行交流互动。"她也表明漫威正在努力成为一个能影响人们生活方式的品牌。

电影《黑豹》上映前,漫威携手微软合作了一款新型超级限量版的《Black Panther》Xbox One X 游戏机,不难想象,这款游戏机的机身和手柄都印上了黑豹以及 Killmonger 的图案,微软会不定期推出 5 部主题定制机,而且这些游戏机也会通过抽奖的形式免费赠送给网友。2015 年,科沃斯机器人与迪士尼达成合作,成为首个在家庭机器人方面的授权商,获得了美国队长、蜘蛛侠、钢铁侠等漫威经典角色的形象授权,将美国队长、钢铁侠和雷神的造型融入产品设计当中,推出 3 款限量版扫地机器人。同时,科沃斯又将漫威元素发挥到极致,根据《美国队长 3》的故事背景进行产品研发,将人物形象与产品特性完美结合,把动漫形象 IP 与不同功能产品对应起来,如钢铁侠版扫地机器人系列以及蜘蛛侠版擦窗机器人系列,由此获得了消费者以及漫威迷的热烈欢迎。2018 年,《复仇者联盟 3》在美国上映之时,优衣库也顺势推出了漫威主题系列的 UT,其中漫威主题的 17 幅定制 UT 就是从 85000 个参赛作品当中脱颖而出的,这是全球漫威迷精心设计和参选得来的。除此之外,美特斯邦威和 Vans 等品牌也推出了合作款,外观非常炫酷。五芳斋也推出了漫威系列的卡通人物形象粽子——五芳英雄钻石礼盒。这款礼盒以漫威宇宙中的"无限宝石"为原型,用 6 种馅料的粽子代表着 6 种不同颜色的宝石,而且美国队长的专属盾牌也被设计成包装礼盒,让消费者在品尝美味粽子的同时还能获得美国队长同款神器。漫威还与周大福珠宝合作推出超级英雄首饰系列,其中包括钢铁侠、雷神、神盾局局长和奇异博士等人物主题饰品,以及漫威和复仇者联盟 logo 的租金吊坠等。另外,可口可乐、欧莱雅等也和漫威合作,推出定制版礼品套盒以及主

[①] 韩潇.漫威电影品牌研究[J].新闻研究导刊,2017,8(19):4-5.

题系列,同样受到了漫威迷的吹捧。与迪士尼主题乐园一样,漫威也将打造属于自己的"漫威主题酒店"和"漫威博物馆",将动漫和影视中的魔幻场景展现在人们的生活当中。

二、多元联动:《魔道祖师》品牌营销

《魔道祖师》是企鹅影视、视美影视联合出品的网络 IP 耽美派动画,第一季"前尘篇"共15集,在腾讯视频独家上线,作为一部专辑播放量超过 10 亿次,豆瓣评分 8.9 分,周边产品一上线便被抢购一空,粉丝们对此如此痴迷的国产动漫,除了动画本身的高水准制作以及《魔道祖师》IP 的原始价值之外,自然也少不了与品牌开展深度合作,开发周边产品,展示虚拟偶像的超强带货能力的原因。在国产动漫不断释放 IP 价值的同时,《魔道祖师》在行业营销和市场变现方面做得恰到好处。

(一)《魔道祖师》与"可爱多":合力玩转国漫跨次元营销

随着 90 后、00 后年轻一代的成长,"二次元"概念已经成为他们身边必不可少的文化因素,而随着二次元粉丝群体的不断扩张,二次元文化逐渐主流化,越来越多的青年群体愿意为他们喜爱的人物和作品买单,愿意为漫画、声优、虚拟偶像等二次元内容文化付费。

《魔道祖师》Pick"可爱多",作为独家冠名品牌商,"可爱多"是一个年轻时尚且广为年轻人喜爱的冰激凌品牌,"可爱多"通过与腾讯大数据进行合作,发现其核心消费人群正是对二次元文化有着深厚喜爱的青年群体。腾讯助力"可爱多"联合国漫大 IP《魔道祖师》,借助圈层文化,进行线上线下全景式 IP 授权开发,引燃品牌营销。在前期预热期间,《魔道祖师》还为"可爱多"定制了专属预告片,《魔道祖师》中的两位男主角魏无羡和蓝忘机成为"可爱多"的实力代言人——"蓝朋友是你的,你,你是我的。"以及"你是吃可爱多长大的么?"这几句广告词传播得甚为广泛,成为当下流行语。在对《魔道祖师》和"可爱多"内容及其品牌进行考察之后,团队依据动画内容以及产品特性合力推出了"五大男生,五种口味冰激凌",这也让"可爱多"从大量上市的新品种新口味冰激凌中脱颖而出,"C 位出道"。定制版冰激凌一经推出,便引发了粉丝们的热情,他们跑遍了各大商场,只为集齐五大男生定制款冰激凌。不仅如此,为了不破坏包装上的图案,粉丝们个个大开脑洞、集思广益,想出多种手撕"可爱多"包装的方式,在社交平台上广为传播。《魔道祖师》上线之前,"可爱多"就提前推出 520 蓝忘机和魏无羡的表白广告片,"可爱多"和《魔道祖师》合作款微博发布一个小时后转发过万次,在一个月之内还收到了超过 1800 万次的话题阅读量。另外,《魔道祖师》在与"可爱多"520合作之日,还联手永辉超市、华润万家、喜士多等 2 万多家零售店,热烈开启 20 万份"1 元抢购可爱多"活动,通过微信朋友圈卡片广告,用户们选择"率真出击"和"霸气告白"两种方式近距离接触《魔道祖师》两位男神,在用户点击"一键领取表白神器"选项之时,微信内的小程序就会自动帮助用户审核,这样原价 4 元的可爱多只要 1 元便可获得。购买之后,扫描二维码还能获得腾讯视频 VIP 观影特权。此外,《魔道祖师》主角魏无羡入驻腾讯视频 DoKi 粉丝社群,人气值也一路狂飙,达到 460 万次之多。

(二)线下营销:IP 衍生开发,引发热议度

除了线上营销,《魔道祖师》还开启了线下系列活动的全方位创新营销玩法。在开播前,腾讯视频"大首发日"便发布了一组古风海报,唯美的画风加上走心的文字,在社交平台上点

燃了粉丝们对《魔道祖师》的期待。为了让观众们能够尽快融入动画的意境中,腾讯视频还发布了一支 H5 的小游戏,用户们可以在这款游戏当中找到自己的个性标签,加深与品牌的联系。品牌线上的宣传,其实也是为了让观众能够更广泛地知晓《魔道祖师》的开播信息。然而,线下的现实场景设计以及全景互动则能突破线上的体验观感,"线上+线下"的营销方式,更能扩大品牌的影响力和关注度,将"人间云深处,相逢总不晚"的活动主张贯穿始终。

其中"云深不知处古风酒场"线下活动选址在风景秀丽的杭州,在这里,古色古香的原生场景设置,仿佛将粉丝们带到了《魔道祖师》的仙家之地,现场除了提供动画里的古琴演奏、品酒活动,还有紧扣剧情的夜猎桌游和行酒令。酒场吸引了许多身着古装的动画粉丝前来,粉丝们觥筹交错,把酒言欢,这样的动漫实景体验让粉丝们很是激动,纷纷合影留念。首发日当天,腾讯视频《魔道祖师》还在上海徐家汇地铁站投放了场景海报,其中 2 米高的卷轴手柄、46 米长的双侧卷轴、78 个灯笼安装在天花板上、363 平方米的仿真木地板和草席,共同打造了一个古风甬道。这个被称为"古风吹进了地铁站"的活动吸引了过往的人们纷纷停驻观看,拍照分享。"大首发日"聚合内容生态中的用户、粉丝、品牌客户,在微信、微博、腾讯视频等流量平台进行内容播出,进行全方位的推进,将传播的覆盖面扩大,引领社会话题。

除以上活动之外,《魔道祖师》还与"可爱多"联合在上海开了快闪店,将剧中场景"云深不知处"移至上海,不仅还原姑苏蓝家"云深不知处"的仙境,而且店员们也全是姑苏蓝氏子弟的着装。各种口味的冰激凌和小哥哥让开业仅仅只有 3 天的快闪店快升至美食排行榜第一位,日消费 1000 人次。活动当天,配音演员阿杰和边城也做客快闪店的揭幕仪式,现场为动画配音,让观众一秒回到剧情中,使得二次元在这里成功落地成了三次元。此外,《魔道祖师》动画在海外英国伦敦桥附近以及美国时代广场的 LED 大屏上进行了广告投放,使得《魔道祖师》连上了世界级的 Wi-Fi。

(三)利用微博社交平台进行高转化营销

从新浪微博数据中心我们可以得知,截至 2017 年 9 月,微博月活跃用户达到 3.76 亿人,日活跃用户达到 1.65 亿人,这说明微博已经成为人们日常生活中重要的社交平台之一。在这种背景下,利用微博进行动漫产业营销自然也是最为便利的选择。

《魔道祖师》动漫在 2017 年 8 月 12 日创建了"魔道祖师 AC 官微",目前共有 97 万粉丝,发博数百余条。其主要内容包括前期动画立绘发布、动画概念预告、微博征集活动、动画海报发布以及动画主创及配音演员祝福等。魔道祖师官微只有"魔道祖师 AC 官微"一个官方平台,所以该平台发布的信息就更具权威性,而且更有利于动画信息的整合。"魔道祖师 AC 官微"平台通过发布一些预告花絮、宣传活动、非遗工艺品信息等物料,并联合动画主创、配音演员、粉丝团以及独家播放平台腾讯视频动漫的微博等,通过转发、评论、点赞等多种互动方式,将自家发布的信息与相关内容整合到一起进行动漫宣传。

在《魔道祖师》上映之前,官方微博会发布相关话题引来粉丝们的讨论,同时建立超级话题,让大家可以在话题中进行交流和互评。超级话题本身也是一种将话题模式和社区形式相结合的产品,其中包括主页、帖子、精华、相册以及名人堂五个板块,大家可以通过发布动态来进行话题更新,聚集在这里的基本都是《魔道祖师》的粉丝。而在微博里,粉丝们的自主营销行为也成为内容宣传的重要组成部分,其造成的影响力也不容小觑。《魔道祖师》动画超话中的粉丝数多达 15.7 万人,阅读数也已经超过 12.7 亿次,相比较"魔道祖师 AC 官微",他们的语言更加活泼,吸引了大量的粉丝以及网友们的围观和转发。粉丝们的自主营销虽然有着扩大动漫影响力的作用,但他们在大多数情况下却是无意识的。他们很多是通过 UGC(用户生成内容)的方式进行内容的创作以及分享,不仅包括动漫海报壁纸,还有自创短视频以及二次创作等,形式多样且内容有趣、意味深长,同人的"二次创作"在无形之中以同人文化的方式推动了《魔道祖师》的微博营销。"魔道祖师 AC 官微"从创建伊始到开播之日,中间有着近一年的时间。另外,2018 年 10 月 6 日《魔道祖师》第一季前尘篇完结,第二季要到 2019 年才能上映,鉴于动画的制作周期长,而长时间的空缺很容易导致观众的遗忘,也会造成粉丝的流失,所以,在动画的空档期,微博与粉丝们的互动就起着弥足关键的作用。因而在动画开播之前,片中为主角魏无羡和蓝忘机配音的两位著名配音演员"@边江 de 围脖"和"@阿杰 729"便在微博平台上为动画开播助阵,季冠霖、郭浩然、苏尚卿等配音界大佬也纷纷献声,推出 M 声放送系列,曾为多部影视剧配音的女演员季冠霖在《魔道祖师》中献音助阵,实力圈粉。此外,"魔道祖师 AC 官微"还常常发布一些与粉丝互动的话题内容,并从转发评论者当中抽取幸运观众送上"魏无羡款纸雕灯""《魔道祖师》动画珍藏板会员卡套装""漫展门票"等周边产品,吸引粉丝参与话题讨论,这样一来,微博内容之间的相互转发以及评论会不断加深话题的热度,在无形之中扩大了影片的传播范围,延长话题的持久性。另外,在中秋团圆节将至之时,官微又发起了一个暖心又暖胃的互动活动,选择美食作为跨界之友,将动画中出现的美食——酸辣藕片、莲藕排骨汤、桂花糕、糯米酒整合成一段视频发布在微博上,然后呼吁大家感知家的温暖,邀请观众为家人制作《魔道祖师》同款美食,参与"暖胃魔道祖师动画"活动,一起用美食温暖家人。此次活动深度融合《魔道祖师》动画中的元素,不仅菜品美味、古色古香,吃起来也是有满满的穿越感,这些都会让粉丝群体自发形成二次传播,凸显价值。在距离开播日一个月之前,《魔道祖师》动画还与中国消防合作完成消防知识普及短视频,视频在@中国消防首发之后,粉丝以及网络大 V 们合力转发,互动数超过了 6.6 万条,覆盖人数也超过一亿人之多。视频里,《魔道祖师》里的动画形象化身为消防安全员为大家进行消防知识科普,吸引了大量人群围观,提高了作品的知名度。而在 2018 年 8 月 17 日至 8 月 27 日,《魔道祖师》动画联合@灵山慈善基金会进行为期 10 天的助力非遗传承工艺品众筹活动也圆满结束,活动共有 2525 人参加,其中筹得的款项也用于非遗手艺传承和合作品类的支持。不可否认的是,以上这些活动,正是借助微博社交平台以国漫 IP 的影响力助力公益传播,显示了《魔道祖师》动画所承担的社会责任,同时,也打通了走向大众的通道。

三、国漫崛起:《一人之下》品牌营销

相较于漫威、DC 这样的老牌动漫公司,腾讯动漫还是一个较为年轻的平台,但无论是在国内还是国外市场,其影响力都在愈发增强,腾讯提出的新文创战略思考就是要以 IP 为构建核心,打造具有广泛影响力的中国文化符号。而改编自米二创作的同名漫画,由动漫堂和腾讯动漫联合出品的青年向动画作品《一人之下》正是凭借着深刻的文化内涵,自 2015 年在腾讯动漫平台上开启动漫连载以来,人气一路高升。2018 年 5 月,《一人之下》第二季在全网的播放量已经突破 20 亿次,在豆瓣以及 B 站上获得了 9.2 的高分,被众多动漫爱好者评为"国漫的诚心之作"。

(一)国漫内核:中华文化之龙骨

放眼国内动漫产业,目前最为紧缺的就是能够代表中国自身文化特色且被大众广为接受的动漫作品。而这些,都离不开一部代表自身民族特色的好作品和好故事。《一人之下》之所以能够取得这么好的口碑,主要在于这部作品根植于中国传统文化的世界观设定。一部好的文创作品只有故事的思想内核彻底本土化,观众在观看的过程中才能够品味出其文化内涵,才能够吸引观众,在众多动漫作品中脱颖而出。《一人之下》讲述的就是发生在异人界中的故事,作品围绕中国传统文化进行渗透研究,将中国的民间传说、风土人情以及名著经典之作糅合在一起,创造一个全新的世界,其中湘西赶尸、东北出马仙、金刚咒等典故让观众们有种上了一堂中国古文化课的感觉。如故事甲申之乱的背景依托的也正是抗日战争时期,各派人士抗日救国的历史史实,动漫将抗战背景与异人界相联系,体现了动漫少有的家国情怀。在《一人之下》的设定中,异人界是一个拥有特殊能力的组织,在中国长达数千年的历史当中,武当、道教、诸葛氏族等门派其实都是归属于不同背景下的异人组织。剧中男主角张楚岚学习的天师府金光咒其实便是现实中全真教的金光神咒,诸葛青和王也使用的奇门遁甲也是根据九宫八卦和阴阳五行延伸而来的,其中诸葛青的人物设定就是依据浙江兰溪诸葛村而来的,这里相传是诸葛亮第二十八世子孙所建,村中心的钟池一半是水一半是陆地,形状如八卦阴阳鱼一般。而且剧中所出现的动画标题也是依据极具中国特色的《周易》制作而成。

除此之外,《一人之下》第一季刚开播之时,富有中国风特色的山歌结合《道德经》就让观众们耳目一新,第二季的主题曲《无涯》也同样取自《庄子》中的"吾生有涯,而知无涯"。《无涯》的作词人张汇泉介绍说,《无涯》这首歌就是从四川民歌以及南坪采花调上得来的,另外也从李白和苏轼的文学作品中吸收了不少哲学养分。《一人之下》动画所展现出的民族方言是最具魅力的,动画中频繁出现的四川话、陕西民歌以及粤语等都凸显了中国原汁原味的地方方言。尤其是《一人之下》第二季中各地异人齐聚龙虎山时,各地方言几乎都有施展的空间,比如满口陕西话会御物之术的贾正亮和三位嚼着地道天津话的天津小桃园。以上这些无不体现了其独特的魅力以及深厚的文化底蕴,推动了中国古文化的传播。

(二)大众化的市场营销推广

如今的动漫产业已经不同于往常只是一种圈层式结构的二次元文化,根据腾讯动漫在UP2017发布会上给出的数据显示,国内的泛二次元用户已经达到了3.7亿人,在深入垂直二次元用户的同时,腾讯动漫也在尝试打通普通受众的圈层,向泛娱乐全产业链迈进,拓宽用户圈层,吸引更多的用户进来。在如今的泛娱乐化时代,越来越多的国漫IP陆续打破次元壁,进入到大众视野中去,因为只有让主流大众更为广泛地接触动漫,才能使得后续的商业影响有所扩展,才能更有效地推动整个动漫行业良性发展。

《一人之下》就是保持自己在垂直领域既有的核心优势下,同时也在向大众化市场迈进。《一人之下》第一季开播以后,团队就在四川成都的青城山、天府广场、漫卡街、都江堰以及宽窄巷子等著名景点开展了"寻炁之旅"。青城山道长亲自带领百人团现场打太极,如此阵仗自然吸引了游人前来观看,一些围观群众甚至现场起兴跟着进入到了太极阵中,而且《一人之下》的海报也从山脚贴到了山上,可谓是"痛"了整座山。此外,"寻炁之旅"还在都江堰上点燃数百盏孔明灯,夜光之下,点点星光,孔明灯上写着大家对《一人之下》第二季满满的祝福语,甚为造势。成都的知名巷子——宽窄巷子里则发起了一次"快递之舞",身着剧中"哪都通"快递服装的演员们和现场人群一起祝福《一人之下》第二季开播大吉。2018年3月,《一人之下》入驻龙虎山景区,在龙虎山天师府以及江西省的鹰潭市进行宣传,而后在同年5月份,《一人之下龙虎山圣地巡礼》纪录片播放,这部纪录片用动画的形式介绍了中国道家的发源地——龙虎山,纪录片播出之后便吸引了大量人群进行龙虎山圣地巡礼,这不仅代表了粉丝们对于《一人之下》这部动漫的喜爱,也传达了粉丝们自身对道家文化的向往。除了江西龙虎山之外,《一人之下》动画中出现的白云观、武当山以及武侯祠都激发了粉丝们探寻圣地的好奇心,其间产生的良好口碑也吸引了更多群体观看,使其在大众市场中得以曝光。另外,《一人之下》还在深圳、成都两地展开了"痛公交""痛商城"等活动。为了吸引大量泛二次元以及三次元用户的关注度,《一人之下》还与品客薯片进行合作,将人物形象镶入品客薯片的外包装上,通过在商场货架上展示来向更多用户扩展其影响力。除此之外,《一人之下》还玩转校园,将海报等创意文案精准投放至高校校园,其走心的文案创作,让观者与之产生互动,利用当下时新的流行话语,直击大学生们的日常生活,激发年轻受众对于作品的好奇心。毕竟,抓住用户的"痛点"才能进一步扩大观看群体,才能有效提高作品的知名度。

动画《一人之下》在网上的良好口碑吸引了更多人观看,其中,著名历史悬疑小说家马伯庸也曾经为《一人之下》第二季开播转发评论,一些知名道家官方微博也转发了《一人之下》的官方微博。此外,中国道教协会会长李光富与《一人之下》的漫画作者米二进行了会面,李光富表示,《一人之下》的良好口碑与广泛的传播效应不仅宣扬了传统文化,而且还能够让道家文化滋润更多的人。2018年10月30日,《一人之下》道家文化潮牌"人有灵"问世,这一举动更是将时尚与传统大胆结合,充满趣味性和挑战性的"人有灵"将进一步扩大《一人之下》动画的传播范围。此次单品实物可谓是诚心之作,为了保证对道家文化传播的准确性,制作团队不仅邀请了中国道家研究者李远国,还联系了北京白云观、武当紫霄宫、海南玉蟾宫以及西安万寿八仙宫等道观为此次创意设计提供文化指导。"人有灵"系列潮流单品主打黑白经典配色,采用拼接、印花等时尚元素糅合道家元素,而这一举措也正是体现了腾讯提出的"新文创"口号,将国风带入时尚界,吸引更多人去关注道家文化、"人有灵"以及《一人之下》动漫。《一人之下》的成功不仅重视服务于二次元粉丝群体,而且还运用线上线下活动吸引普通人群的关注,就算不能确保这些初次接触人群"入坑",但获得良好的路人缘也是大众化市场营销成功的保障。

(三)"文化产品"走出去

一直以来,漫画市场基本是"日漫"和"美漫"的天下,而"国漫"却凭借自身独特的文化内涵和风格也逐渐在国际市场上崭露头角。文化的推广是需要本土特色的,会讲故事、能够吸引年轻人才能更好地将传统文化进行输出。中国以往在文化输出上,仅仅停留在对单个艺术形式的宣传,如京剧、功夫、孔子学院等。然而这种单一形式的文化输出并不能激起年轻人极大的兴趣。《一人之下》深入挖掘中华优秀传统文化所蕴含的思想内涵和人文精神,讲述中国自己的故事,同时将传统的武侠之道和流行文化相结合,用诙谐有趣的口吻推广中国传统文化。过往的日本忍者以及西方的海盗已经不能完全满足观众的好奇心,《一人之下》根植于中国传统文化的世界观设定,在第一季开播之时便拿下了日本动画网站"d-anime-store"关注度第六的好成绩,并且日本动漫界的早见沙织、日笠阳子、平川大辅等知名声优也参与到了这次制作中来。

《一人之下》第二季在日本播放之后,其制作团队联合都可奶茶原宿店举行了主题活动。剧中五位人物张楚岚、冯宝宝、张灵玉、诸葛青和王也从二次元世界来到三次元,身着休闲装在日本东京潮人聚集地原宿现身,众多粉丝也慕名前来,在奶茶店门口排起了长队。此外,《一人之下》先后在东京池袋和新宿两大人流密集地的地铁站布下了多块电子屏,电子屏上循环播放《一人之下》第二季的海报和动画视频。动画官方在日本横滨的中华街也开展了《一人之下》"结界in横滨中华街"的活动。街上共有15家商铺挂起了《一人之下》的宣传旗,参与现场活动还能够兑换周边产品。除了在线下进行宣传,《一人之下》还被日本的老牌动漫杂志《Animage》多期刊载在海报以及专栏文章上,赚足了眼球。早在2017年,《一人之下》漫画便成功输出海外,在集英社旗下的知名漫画杂志《少年JUMP+》上连载,获得海外好评,向海外观众展现了优质的中国动画以及极富魅力的东方文化,不仅是在日本,世界各地的字幕组还发挥了他们的语言优势,YouTube上出现了其他国家网友自制的英语字幕以及西班牙语字幕,中国动漫不再"圈地自萌",而是以自信的姿态走向全世界。

◆ **内容提要**

动漫创意产业是文化创意产业中的重要组成部分。近年来,我国动漫创意产业呈现了快速发展的趋势,这与我国政策推动、产业辐射、优质IP塑造等因素有关,但由于人才队伍、版权保护等方面建设不足,导致我国动漫创意产业在原创作品质量、优质IP开发、衍生品市场开发等方面还存在诸多问题。我国动漫创意产业亟须走品牌化之路。动漫创意产业品牌化之路需要在品牌定位、品牌营销、品牌叙事方面进一步强化。漫威的品牌创建、《魔道祖师》的品牌联动、《一人之下》的品牌打造,为动漫创意产业品牌塑造与市场营销提供了范例。

◆ **关键词**

动漫产业　品牌传播　品牌营销　品牌叙事

◆ **复习思考题**

1. 简述我国动漫创意产业的现状。
2. 简述动漫产业发展的制约因素。
3. 什么是品牌DNA,并阐述其在品牌定位中的重要性。
4. 简述新媒体时代品牌传播的特征。
5. 结合所学知识对某一动漫产业品牌的营销实践进行分析。

第七章 文化旅游产业品牌

本章结构图

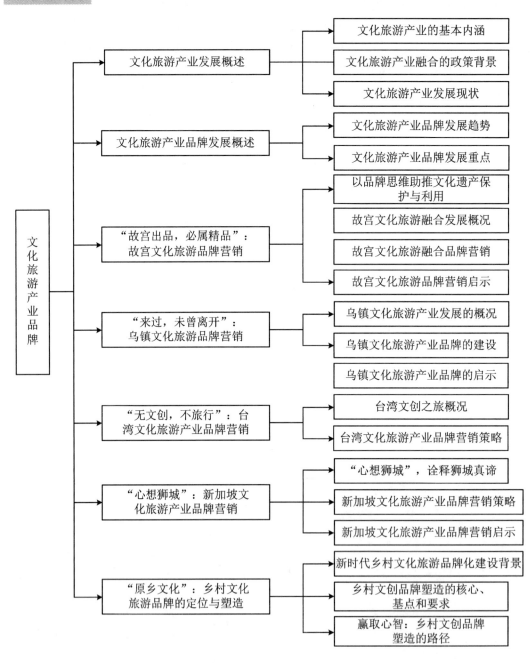

> **学习目标**
>
> 1. 掌握文化旅游产业的基本内涵；了解我国文化旅游产业发展的背景、现状与趋势。
> 2. 通过分析国内外文旅品牌塑造的典型案例，能够运用品牌理论分析国内外文旅品牌建设与营销实践活动。

2018年3月13日，国务院机构改革方案提请十三届全国人大一次会议审议。根据该方案，改革后，国家旅游局与文化部合并，组建文化和旅游部作为国务院组成部门，而不再保留原文化部、国家旅游局。3月17日通过机构改革方案。3月19日，十三届全国人大一次会议第七次全体会议在人民大会堂举行，大会经投票表决，决定由雒树刚任文化和旅游部部长。国务委员王勇表示，组建文化和旅游部，是为增强和彰显文化自信，统筹文化事业、文化产业发展和旅游资源开发，提高国家文化软实力和中华文化影响力，推动文化事业、文化产业和旅游业融合发展。其主要职责是，贯彻落实党的宣传文化工作方针政策，研究拟订文化和旅游工作政策措施，统筹规划文化事业、文化产业和旅游业发展，深入实施文化惠民工程，组织实施文化资源普查、挖掘和保护工作，维护各类文化市场包括旅游市场秩序，加强对外文化交流，推动中华文化走出去等。

第一节 文化旅游产业发展概述

习近平总书记高度重视旅游业发展，并对旅游业发展作出了一系列重要指示和重要论述。他明确指出，旅游是不同国家、不同文化交流互鉴的重要渠道，是发展经济、增进就业的有效手段，也是提高人民生活水平的重要产业，旅游是人民生活水平提高的一个重要指标。总书纪强调，旅游集物质消费与精神享受于一体，旅游与文化密不可分。

2018年3月17日，十三届全国人大一次会议表决通过了关于国务院机构改革方案，批准文化部、国家旅游局合并为文化和旅游部。文化是旅游的灵魂，旅游是文化的载体。旅游是文化性很强的经济产业，又是经济性很强的文化事业。在文旅融合过程中，旅游经济更多与文化经济相融合，而旅游文化更多与传统文化相融合。

2018年12月10日，文化和旅游部党组书记、部长雒树刚出席"2018旅游集团发展论坛"并发表主旨讲话。他在讲话中指出，文化和旅游部组建以来，明确了"宜融则融，能融尽融，以文促旅，以旅彰文"的工作思路，当前要注重围绕文化和旅游融合发展这一重要工作，以人民美好生活引导文化建设和旅游发展。

当前，文旅融合正在由浅层叠加向深度融合迈进。文化与旅游的融合，让"诗"与"远方"走到了一起。二者相互赋能，必将在推进新时代国家文化创新和旅游产业转型升级中发挥重要作用。

一、文化旅游产业的基本内涵

文化旅游，较为普遍的定义是"那些以人文资源为主要内容的旅游活动，包括历史遗迹、建筑、民族艺术和民俗、宗教等方面"。还有说法认为文化旅游属于专项旅游的一种，是集政治、经济、教育、科技等于一体的大旅游活动。本文认为,文化旅游就是以旅游经营者创造的观赏对象和休闲娱乐方式为消费内容,使旅游者获得富有文化内涵和深度参与旅游体验的旅游活动集合。

文化旅游与旅游文化是两个既有一定联系又有严格区别的概念。文化旅游是属于运动的范畴,是旅游的一种类型,与旅游在内涵上存在着有机的联系。而旅游文化属于文化的范畴,是文化的一个门类、一种类型,与诸如建筑文化、生态文化、艺术文化等相并列。一方面,文化的发展丰富了旅游文化的内容,进而促进了旅游文化的发展;另一方面,旅游文化的发展又能为文化旅游提供内涵丰富的旅游内容,以满足旅游者的各种文化需求。在外延上,文化旅游可以说是旅游文化的一个研究内容,而旅游文化的内容要比文化旅游丰富得多。

中国文化旅游可分为以下四个层面,即以文物、史记、遗址、古建筑等为代表的历史文化层;以现代文化、艺术、技术成果为代表的现代文化层;以居民日常生活习俗、节日庆典、祭祀、婚丧、体育活动和衣着服饰等为代表的民俗文化层;以人际交流为表象的道德伦理文化层。在我国,发展旅游业,开展文化旅游是相当重要的,它不仅可以增强产品吸引力,提高经济效益,还可以大力弘扬中国文化,让世界了解中国。

文化旅游开发的基本路径包括以下几个方面:首先,必须深入了解和研究自己的文化,摸清家底。要分门别类,以图片、录音、录影、书籍、杂志等多种形式对于各种物质遗产和非物质遗产进行整理和挖掘,建立完整的文化资源库。其次,必须对文化旅游资源的旅游价值进行评估。文化资源不等于旅游资源。中国是文化大国,各地都有丰富的地方文化素材,地方干部常引以为自豪,号称自己"资源丰富、历史悠久、文化璀璨"。但它们有的是遗迹(如古田会议会址),有的是遗址(如赤壁之战),有的是传说(如"黄粱美梦"),还有的是风情(如开渔、民歌),往往具有"小、散、虚"的弱点。

选择文化旅游资源的产业化开发方式,目前主要有以下 5 种:

(1) 博物馆,这是最传统的一种方式,如各地的名人故居、博物馆,还有历史博物馆、一些专题博物馆(如雷州石狗博物馆、潍坊风筝博物馆)。

(2) 主题园、风情村(镇)和街区,如凤凰、周庄、阳朔西街(从开发手段上属于"原生自然式")、西安大唐芙蓉园和不夜城("复古再现式")、台湾九族文化村和云南民族文化村("集锦荟萃式")、张家界土家风情园("原地浓缩式")。

(3) 表演,如丽江《纳西古乐》、郑州《禅宗少林·音乐大典》、各地《印象》系列。

(4) 嫁接,主题化——主题酒店、主题餐厅、主题度假村,如苏州网师园的"古典夜园"、北京"傣家村"餐厅、台湾的大唐温泉物语(唐文化)、广东河源的御临门温泉度假村(巴厘岛民俗文化)、北海的海景桃源酒店(木雕文化)。

(5) 节庆,如内蒙古的"那达慕"大会、回族的"古尔邦节"、白族和彝族的"火把节"等,本意并非为了发展旅游业,不会长年存在,但在节庆期间会吸引大量的旅游者。[①]

二、文化旅游产业融合的政策背景

改革开放以来,我国实现了从旅游短缺型国家到旅游供给大国的历史性跨越。特别是随着全面建成小康社会深入推进,城乡居民收入稳步增长,休假制度不断完善,基础设施持

---

① 根据百度百科"文化旅游"词条(https://baike.so.com/doc/5342406-5577849.html)内容整理。

续改善等利好因素,文化旅游消费得以空前释放。文化和旅游作为天然的有机体,文化需要通过旅游来创新、传承与传播,旅游是传统文化创造性转化和发展的有效载体。我国作为一个具有五千年悠久历史的文明古国,拥有数量丰富、质量很高的文化古迹,这些文化古迹是天然的旅游胜地,有着深厚沉淀的优秀传统文化。

在行政管理体制上把文化主管部门与旅游主管部门进行合并,把原来分属于两个不同部门的资源进行科学整合和有机融合,能有效消除文化部门和旅游部门长期存在的阻碍,打通文化产业和旅游产业的联结,能更好地落实相关政策措施,进而加强市场监督,维护好文化旅游的市场秩序,促进文化产业和旅游产业的有效协同。

"文旅融合"时代,文化和旅游本身就有重合的部分。2018年5月,国家统计局同时发布了两个指标体系,一是《文化及相关产业分类(2018)》,二是《国家旅游及相关产业统计分类(2018)》。旅游业有七个大类,即吃、住、行、游、购、娱及综合服务,在游和娱两大类里面有跟文化产业的第六大类"文化娱乐休闲服务"重合的部分。从2009年的《文化部、国家旅游局关于促进文化与旅游结合发展的指导意见》到2017年的《国家发改委"十三五"时期文化旅游提升工程实施方案》,文化与旅游融合的政策在文件中都有所涉及。主要表现在以下几个方面:

(一)旅游是载体,文化是灵魂

文旅融合的核心理念——旅游是载体,文化是灵魂。建设旅游品牌,创新旅游产品,培育旅游消费热点,以及大力发展农村旅游、红色旅游、老年旅游等,凡是涉及旅游的品质、品牌、消费、特色、个性化、差异化等发展创新范畴,该核心理念都贯穿其中,并分别提出了建设内容。如培育以文物保护单位、博物馆、非物质文化遗产保护利用设施和实践活动为支撑的体验旅游、研学旅行和传统村落休闲旅游;扶持旅游与文化创意产品开发、数字文化产业相融合;发展文化演艺旅游,推动旅游实景演出发展,打造传统节庆旅游品牌。

(二)培育文化旅游消费新热点

《国务院关于加快发展旅游业的意见》(国发〔2009〕41号)明确提出以大平台拉动旅游消费,即以大型国际展会、重要文化活动和体育赛事为平台,培育新的旅游消费热点。《国务院关于促进旅游业改革发展的若干意见》(国发〔2014〕31号)明确提出要增强旅游发展动力,扩张旅游发展空间,加强旅游基础设施建设,扩大旅游购物消费,加强知识产权保护,培育体现地方特色的旅游商品品牌。

(三)推进文化旅游供给侧改革

2016年12月,国务院发布《"十三五"旅游业发展规划》中,明确要求加快推进旅游业供给侧结构性改革:一是旅游产品供给突出"新";二是旅游业态供给突出"融";三是旅游区域供给突出"特";四是公共服务供给突出"细";五是旅游制度供给突出"统"。

国家发改委印发的《"十三五"时期文化旅游提升工程实施方案》,明确针对文化旅游发展面临的突出矛盾提出,要着力解决广播电视覆盖、民文出版等突出问题,到2020年,在公共文化服务、遗产保护利用、旅游设施方面取得显著提升。

（四）建设文化旅游新业态

《"十三五"旅游业发展规划》提出要打造国家精品旅游带,重点打造丝绸之路旅游带、海上丝绸之路旅游带等10条国家精品旅游带。要培育跨区域特色旅游功能区,依托跨区域的自然山水和完整的地域文化单元,培育一批（共20个）跨区域特色旅游功能区,构建特色鲜明、品牌突出的区域旅游业。

红色旅游作为文旅融合的重要形式,要充分发挥红色旅游的独特作用,发展红色景点景区研学旅行,实施红色旅游发展工程,加强红色旅游基础设施建设。尤其要完善全国红色旅游经典景区体系,着力凸显红色旅游教育功能,积极发挥红色旅游脱贫攻坚作用。

（五）促进乡村旅游与文化旅游扶贫

《国务院办公厅关于进一步促进旅游投资和消费的若干意见》（国办发〔2015〕62号）指出,要坚持乡村旅游个性化、特色化发展方向;深入挖掘乡村文化内涵,让游客看得见山水、记得住乡愁、留得住乡情;开展百万乡村旅游创客行动。《中共中央国务院关于实施乡村振兴战略的意见》提出,要实施休闲农业和乡村旅游精品工程,发展乡村共享经济、创意农业、特色文化产业。2018年10月,国家发改委印发《促进乡村旅游发展行动方案》,为乡村旅游提质扩容指明了方向。

此外,还要实施精准扶贫计划,加强文化旅游扶贫力度,加大对乡村旅游扶贫的指导,挖掘革命老区红色文化内涵,推动红色旅游扶贫;利用非物质文化遗产资源优势,加强"非遗"旅游产品扶贫。

三、文化旅游产业发展现状

我国经济已由高速增长阶段转向高质量发展阶段,旅游业对国内生产总值（GDP）的贡献额持续增长。文化和旅游部党组书记、部长雒树刚指出,随着旅游业的发展,"绿水青山就是金山银山,冰天雪地也是金山银山"取得了有目共睹的成就,旅游业在扶贫、教育、就业等领域发挥了重要作用,通过在农家乐、民俗、景区、历史文化街区、美丽乡村建设、在线旅游平台的投资与运营,旅游业有效带动了农民致富和乡村振兴。

经过改革开放40多年的发展,中国已从旅游资源大国发展为旅游大国,旅游在经济社会发展体系中发挥了越来越重要的作用。根据腾讯文旅团队联合Talking Data共同发布的《2018年旅游行业发展报告》显示,我国文旅产业的发展现状主要表现在以下几个方面:

（一）文旅收入持续增长,经济拉动作用明显

2018年我国实现旅游总收入5.97万亿元,同比增长10.5%（图7-1）,旅游收入稳步增长。初步测算,全年全国旅游业对GDP的综合贡献为9.94万亿元,占GDP总量的11.04%。旅游直接促进就业2826万人,旅游直接和间接促进就业7991万人,占全国就业总人口的10.29%。在此进程中,以旅游集团为代表的市场主体扮演了关键角色,发挥了不可替代的作用。2018年,我国国内旅游人数达到55.39亿人次,同比增长10.8%（图7-2）。国内旅游收入达到5.13万亿元,同比增长12.3%。2013~2018年,国内旅游人数和旅游收入均保持两位数的增长速度,国内旅游市场持续高速发展。可见,旅游对经济的拉动作用明

显增强。

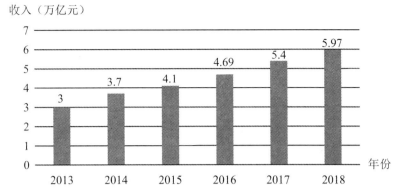

图 7-1 2013~2018 年我国旅游总收入（数据来源：公开数据整理）

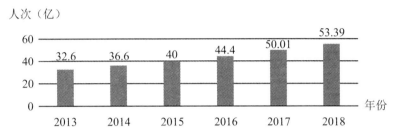

图 7-2 2013~2018 年中国国内旅游市场游客人次（数据来源：据公开资料整理）

根据国家统计局数据，2018年，全国居民人均可支配收入28228元，比上年名义增长8.7%，扣除价格因素，实际增长6.5%。其中，城镇居民人均可支配收入39251元，增长7.8%，扣除价格因素，实际增长5.6%；农村居民人均可支配收入14617元，增长8.8%，扣除价格因素，实际增长6.6%。可见，我国居民人均可支配收入保持良好的增长态势。2018年，全国居民人均消费支出19853元，比上年名义增长8.4%，扣除价格因素，实际增长6.2%。其中，城镇居民人均消费支出26112元，增长6.8%，扣除价格因素，实际增长4.6%；农村居民人均消费支出12124元，增长10.7%，扣除价格因素，实际增长8.4%。可见，我国居民人均消费支出亦保持良好的增长态势，居民消费信心持续增强，催生出更为强烈的消费需求。2017年人均旅游消费超过900元（图7-3），在国内旅游的各项支出中，交通费占比最高，为33.8%，其次是餐饮费，为26.2%。国内旅游用户在吃、住、行三部分的消费支出占旅游消费总额的77.6%。[①]

（二）城镇用户占主流，亲子游和女性用户比例提升

国内旅游市场高速发展，人均旅游消费持续增长，休闲度假游在国内旅游市场的比重提升。休闲旅游一方面标志着游客休闲方式的转变，另一方面也体现了旅游产业内部由观光向休闲度假转变。2017年在国内旅游市场中，以休闲度假为目的的城镇居民占30.1%，以观光游览为目的的城镇居民占22.1%。旅游业从观光向休闲度假转型，实质是从文化接触

---

① 腾讯文旅.2018年旅游行业发展报告[R].2019-01-22.

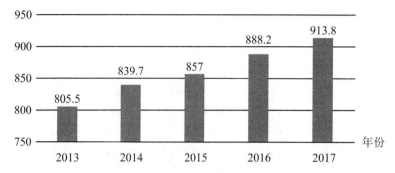

图 7-3　2013～2017 中国旅游人均消费(数据来源:据公开资料整理)

向文化融合的转变。

国内旅游收入中,城镇居民旅游消费带来的收入占比达到 82%,城镇居民是国内旅游的主力军,城镇居民的出游特征在很大程度上代表了国内旅游用户的整体特征。根据国内旅游抽样调查结果,2018 年国内旅游人数达 55.39 亿人次,其中,城镇居民 41.19 亿人次,增长 12.0%;农村居民 14.20 亿人次,增长 7.3%。国内旅游收入 5.13 万亿元,比上年同期增长 12.3%。其中,城镇居民花费 4.26 万亿元,增长 13.1%;农村居民花费 0.87 万亿元,增长 8.8%。

2018 年,在国内旅游用户中,亲子游用户占比 26.1%,与 2017 年对比,亲子游用户占比呈增长趋势,亲子游市场热度提升;男性占比 53.1%,女性占比 46.9%,可见男性是国内旅游消费主力人群,而与 2017 年对比,女性用户比例提升 1.0%,反映了国内旅游用户性别分布趋于均衡;35 岁及以下用户比例达到 70.2%,可见年轻用户是国内旅游用户主体。与 2017 年对比,2018 年,19 岁以下(即 00 后)旅游用户占比增长最快,成为了旅游新势力。①

(三)出境游市场仍然火热,入境游市场平稳发展

文化和旅游部发表的相关报告显示,2018 年国内旅游市场持续高速增长,入境旅游市场稳步进入缓慢回升通道,出境旅游市场平稳发展。入出境旅游总人数达 2.91 亿人次,同比增长 7.8%。其中,我国公民出境旅游人数达到 1.49 亿人次,同比增长 14.7%。在经历几年低速发展后,2018 年出境旅游人数增长率再次突破两位数,出境游市场依然火热。

2018 年,在出境旅游用户中,男性占比 45.9%,女性占比 54.1%,与 2017 年对比,出境旅游女性用户比例提升 1.7%,可见女性用户逐渐成为出境旅游的主力军。此外,二线城市崛起,成为出境旅游的主要增量市场。出境旅游用户偏爱房产、健康美容、商旅出行类应用。泰国、日本是出国游最热门的目的地国家。而东南亚是出境旅游最热门地区,曼谷是最受欢迎的目的地城市。②

"会玩的中国人:穷游 2018 出境游大数据报告"显示,截至 2018 年,全国有效的因私普通护照持有量仅达到 1.3 亿本。换言之,90%的中国人还未进入出境游市场,整体出境游渗透率仍拥有巨大空间。据数据报告显示,2016～2018 年,旅行者在当地玩乐产品的客单消

---

① 腾讯文旅.2018 年旅游行业发展报告[R].2019-01-22.
② 腾讯文旅.2018 中国旅游行业发展报告[R].2019-01-14.

费额持续增加,更多国人愿意为体验买单。其中,旅行者花费在住宿上的比例相较于2017年增长9.02%,对四星或五星级酒店的选择率也逐年增长。

文化和旅游部发布的有关报告显示,2018年入境旅游人数达14120万人次,比上年同期增长1.2%;入境旅游客源结构优化,外国游客比例持续提升。其中:外国人达到3054万人次,比上年同期增长4.7%;香港同胞7937万人次,下降0.5%;澳门同胞2515万人次,增长2.0%;台湾同胞614万人次,增长4.5%。若将入境旅游人数按照入境方式分,则船舶占3.3%,飞机占17.3%,火车占1.4%,汽车占22.3%,徒步占55.7%。

此外,入境过夜旅游人数达6290万人次,比上年同期增长3.6%。其中:外国人达到2364万人次,比上年同期增长5.2%;香港同胞2820万人次,增长1.6%;澳门同胞553万人次,增长5.9%;台湾同胞553万人次,增长4.5%。而入境外国游客中亚洲的占比76.3%,以观光休闲为目的的游客占33.5%。文化和旅游部发布的有关报告显示,按入境旅游人数排序,我国主要客源市场前17位国家如下:缅甸、越南、韩国、日本、美国、俄罗斯、蒙古、马来西亚、菲律宾、新加坡、印度、加拿大、泰国、澳大利亚、印度尼西亚、德国、英国(其中缅甸、越南、俄罗斯、蒙古、印度含边民旅华人数)。可见,"一带一路"为入境旅游带来了新活力。[①]

第二节　文化旅游产业品牌发展概述

随着互联网的发展,旅游业不仅对GDP的综合贡献逐年增加,占GDP总量保持10%以上,行业内的产品及业态也在逐渐丰富,可见,旅游业在经济发展中的作用更加凸显。改革开放以来,随着中国经济和国民收入的增长,旅游不再只是特定阶层和少数人的享受,而是逐渐成为国民大众的日常生活常态,且大众可选择的目的地越来越多。此间,旅游业的属性也发生着从事业属性向产业属性,再到文化属性的转变。

一、文化旅游产业品牌发展趋势

文化产业和旅游产业的融合,将发挥"1+1>2"的效果,呈现几何级数增长的态势。文化为旅游赋予了更加丰富的内容,为旅游的产品化升级赋予了新内涵。而旅游为文化的传播提供了载体,为文化的产业化提供了手段和渠道。在文化旅游消费升级的背景下,游客人均出游花费逐步增长,高A级景区数量也在扩容。国家还鼓励开发文化体验游、研学知识游、红色教育游等十一大旅游新业态。此外,产业结构不断升级,文旅企业向集团化、规模化发展;文化演艺等各类主题秀异彩纷呈;主题乐园数量、质量不断增长。奇创智慧旅游集团旗下文旅产业研究院发布《2019年中国文旅产业发展趋势报告》,该报告显示,2019年文旅产业发展的五大趋势分别是:

---

① 前瞻网.旅游大数据:2018年出境游人数1.5亿人次 来华游客中70%来自亚洲[EB/OL].[2019-02-13]. http://sh.qihoo.com/pc/921b0a9528eac0728?cota=3&refer_scene=so_1&sign=360_e39369d1.

（一）对外开放将持续扩大

旅游是体现和平崛起、柔性外交的重要途径。在联合国世界旅游组织第22届全体大会上，中国发起成立世界旅游联盟，成为未来促进经验共享的重要平台。同时，《"一带一路"旅游合作成都宣言》发布，提出将加强"一带一路"旅游合作，加强政策沟通，提升旅游便利化水平，创建旅游合作机制，提升旅游交流品质等多项内容。

其中，旅游外交成为中国旅游新亮点，同时也为国家形象加分。旅游合作是国家关系中共识最多、分歧最少、见效最快的领域，具有互利共赢、利益交融的典型特点，是促进各国人民交往的最有效方式。旅游如今在中国外交舞台上扮演着越来越重要的角色，旅游外交已经从外交边缘走向外交前沿。

此外，出境旅游增幅将有所放缓，入境旅游将显著增长。从近二十年入境游客和国内居民出境人数表中可看出，中国入境旅游市场持续增长，而出境旅游呈现趋缓的态势。举办中国国际进口博览会产生的影响和辐射，将加速旅游产业的转型升级、促进旅游服务的品质提升，因而，也有利于入境旅游的振兴与国内旅游的升级，对国际服务贸易将起极大的促进作用。

图7-4　1998～2017年入境游客和国内居民出境人数变化（数据来源：据公开数据整理）

（二）社会资本的跨界投入

未来，文旅产业将是投资的巨大风口。根据原国家旅游局数据，我国旅游行业投资规模不断扩大，2015年全国旅游业完成投资约1万亿元，2016年实际完成投资约1.3万亿元，2017年继续保持稳定增长态势，全国旅游投资超1.5万亿元。文化休闲、娱乐活动、旅游业将成为继移动互联网之后，下一个经济大潮，并席卷世界各地。

受宏观经济形势影响投资变缓，资本寒冬使得文旅投资更加冷静。旅游投资轻重并举，以轻代重的战略布局逐渐发生。撬动存量资产，"旅游景区＋业态升级型"模式盛行。旅游投资过万亿，跨界资本成主力军。大型旅游综合体项目整合多种领域，成为全域旅游发展的重要方向和拉动地方经济发展的重要动力。旅游度假区、旅游小镇、主题乐园等休闲度假综合体项目成为各类资本追逐的热点。

企业跨界现象频发，构建产业生态圈趋势明显。随着互联网的发展及消费升级，无论是百度、阿里巴巴、腾讯等互联网企业，还是携程等旅游企业，均有投资覆盖不同的行业领域，助力延长产业链。

（三）多领域融合推动文旅产业高质量发展

稳中求进推动文旅产业高质量发展。2018年12月19日至21日，中央经济工作会议召开，为2019年经济发展定下了稳中求进的工作总基调，按照高质量发展要求，有效应对外部环境深刻变化，迎难而上，扎实工作，使得宏观调控目标较好完成。相关领导在经济会议中指出2019年涉及文旅产业的工作重点包括：扎实推进乡村振兴战略；促进区域协调发展；加快经济体制改革，支持民营企业发展；推动全方位对外开放等。旅游是综合性产业，是拉动经济发展的重要动力，是传播文明、交流文化、增进友谊的桥梁，是人民生活水平提高的一个重要指标。2019年中国稳中求进的工作总基调，为文旅产业的高质量发展提供了新的契机。

产业政策利好新业态发展。从2018年相关旅游政策可以看出，在改革开放进一步深化的条件下，政府端对旅游产业空间、业态发展、公共服务建设等方面的关注度逐渐增强，其中，在政策内容中关于全域旅游、乡村振兴、智慧旅游、旅游厕所、自驾车旅、体育旅游等新业态领域内容重点强调。

值得关注的关键领域有四个：一是文化传播领域，这是本土文化的全球旅游链接。文创产业市场空间巨大，中国在全球文化创意产业市场份额中占比不到4%，文创产业成为投资新风口。如以故宫为代表的文创产品不断创新。二是扶贫领域，旅游是贫困地区发展的重要推力。2018年2月27日，原国家旅游局发布的《关于进一步做好当前旅游扶贫工作的通知》中指出：坚持精准扶贫精准脱贫基本方略，按照优质旅游发展要求，以深度贫困地区脱贫攻坚为重点，全面推进贫困地区旅游产业发展，有效带动贫困人口脱贫增收。乡村旅游扶贫是长期有效精准扶贫的方法，是实现乡村振兴的重要途径之一。三是养老领域，"新生代老人"消费能力超乎市场想象。四是教育领域，研学旅游已经成为旅游产业的市场热点。随着体验式教育理念的深入和旅游产业的跨界融合，研学旅游已经成为教育体系、校外培训、旅游产业的市场热点。"研学＋旅行"打破了传统教育对青少年的束缚，有益补充了学校和家庭的教育，是实施素质教育的重要载体，研学旅行是有系统、有主题、有深度的真实生活体验。研学旅游被教育部列为必修课，未来研学总体规模将超千亿元。

（四）科技赋能文旅产业创新发展

随着互联网、移动互联网技术的普及和发展，物联网、大数据、云计算等技术的兴起，旅游管理、旅游运营和旅游消费等都发生了巨大变化，智慧旅游已经从概念进入到实际应用层面，为旅游业带来了数字化的变革，使旅游业由传统服务业向现代服务业加速转变。移动旅游用户在移动互联网整体用户中的渗透率持续提升，截至2018年年底，移动旅游用户规模已经达到6.2亿人，移动旅游用户渗透率为42.6%，移动端成为了旅游重要销售渠道。

3G实现了人与人的连接，4G实现了人与信息的连接，而5G开启了"万物互联"的时代。随着技术创新日新月异，科技需要更多的实现载体，而旅游业有着极其丰富的应用场景、极强的跨界能力以及庞大的产业规模。未来将有越来越多的科技涌入，为游客带来更新颖、智能的体验和更高效、贴心的服务。移动互联网时代，以门户网站、门户类APP为代表的互联网公司逐渐成为传统，基于大数据算法的精准营销模式正在不断的兴起和迭代。借助于算法推荐的抖音、快手、火山等短视频营销方式正在不断地刷新着营销模式。①

（五）国企民企联合，融合破题

国企在32家A股文旅板块的上市公司占66%的主导地位。近5年，地方政府纷纷成立文投、旅投等大型文旅集团，通过整合政策、资金、资源等优势，领投文旅品牌项目，筑巢引凤，吸引了更多社会资本涌入文旅产业。国有旅游集团也强强联合成立细分领域旅游巨头，实现品牌、资源和产品服务升级。

旅游产业不仅能帮助传统文化焕发新生，还能引入现代新型的商业文明和管理文明，这对服务业和酒店管理业起到了巨大的推动作用。旅游业对景区、酒店、旅行社进行科学管理，通过景区和酒店评级，建立了行业标准，培育了市场，提高了管理水平，从而能够更好地与国际接轨、为公众服务。文化产业的发展也可以借鉴旅游产业的发展方式、传播手段、管理方式和运营模式。

二、文化旅游产业品牌发展重点

未来文化旅游产业品牌的发展重点主要表现在以下几个方面：

（一）传统景区转型升级

随着文化旅游消费升级，传统景区转型升级迫在眉睫。升级方向主要有：第一，业态结构优化。将单一的前端门票经济模式向侧重后端综合消费模式转移，构建丰富的后端产品体系，改善盈利模式。第二，空间结构优化。改变传统点线形式的区域发展结构，逐渐完善多轴网络结构，实现区域资源联动发展。第三，产品结构优化。结合景区资源特性，合理优化产品组合和布局，有效提高产品质量和产品吸引力。第四，服务结构优化。着力提升服务品牌，加大软硬件智慧化水平，提供便捷的旅途服务。第五，市场结构优化。锁定目标客源市场，基于主打产品，加大市场宣传和推广，有效提高市场知名度和市场占有率。

（二）跨领域、跨行政区协同发展

城市更新中对老厂房、老街区的提升改造；乡村振兴中的村落转型升级，在保存历史文化脉络的同时，嫁接新的功能，满足文化旅游消费时代对文化、艺术、休闲、创新创业的需求。

当前，我国的区域发展进入了新阶段，长三角、粤港澳、京津冀三大城市群成为引领中国高质量发展的动力源，以这些区域为标杆引领，可以带动全国经济发展，促进区域协调发展。交通的高效便捷可以促进区域旅游的协同发展，如杭黄高铁将极大促进长三角区域旅游的协同发展。

（三）乡村旅游纵深发展

乡村旅游是以旅游度假为宗旨，以村庄野外为空间，以人文无干扰、生态无破坏为特色的村野旅游形式。2015年中央"一号文件"提出，要积极开发农业的多种功能，挖掘乡村生态休闲、旅游观光、文化教育价值。2016年中央"一号文件"强调，要大力发展休闲农业和乡

---

① 奇创旅游规划.前瞻：2019年中国文旅产业发展趋势报告[R].2019-01-15.

村旅游;强化规划引导,采取以奖代补、先建后补、财政贴息、设立产业投资基金等方式扶持休闲农业与乡村旅游业发展。① 从2017年党的十九大报告提出"乡村振兴"战略开始,国家各个层面共同发力,推动乡村建设。2018年乡村振兴战略得到了迅猛发展,相关乡村政策也有所导向,2019年乡村振兴从产业融合、科技支撑、金融投入、完善基础设施、减免税等方面补齐乡村发展的短板。

(四) 文旅 IP 创新发展

文旅产品同质化现象成为发展困境,随着IP概念的引入和开发,游戏IP、文学IP、形象IP、小镇IP等类别逐渐丰富,未来将会有更多的原创IP出现。在传统文化的创造性转化和创新性发展过程中,故宫博物院的文旅IP做出了极大的成效。文旅产业不仅应该注重产业链的发展模式,更应该增强创新原创产品的能力,拓宽产品链的延伸渠道。

(五) 在线旅游(OTA)定制化与高品质服务

依托互联网、大数据、云计算等现代技术,实现旅游资源与多样化市场需求的高效对接。随着大众旅游从初级阶段向中高级阶段演化,少数人追求的旅游品质快速演化为愈加普遍性的品质旅游。从旅游体验角度来看,游客满意度是评价服务质量的关键。

国内和入境游客对于目的地旅游价格、旅游交通服务、旅游餐饮服务、旅游住宿服务、旅游购物服务、旅游娱乐服务、旅游景点服务、旅游公共服务等环节的质量感知,以及对目的地居民友好程度感知、对旅游营销的评价、对投诉处理满意程度等指标,都应纳入旅游服务质量的评价范畴,以提升游客的高品质体验质量。②

第三节 "故宫出品,必属精品":故宫文化旅游品牌营销

党的十九大以来,习近平总书记就传承优秀传统文化作出了一系列重要指示:让收藏在禁宫里的文物、陈列在广阔大地上的遗产、书写在古籍里的文字都活起来。习近平总书记的指示为故宫的发展指明了方向。

一、以品牌思维助推文化遗产保护与利用

文化遗产尤其是非物质文化遗产通过多元语言符号,多样性文本叙事,成为记录人类生存意义、生存智慧及生存方式的活态性记忆系统,成为承载着中华民族集体价值认同的重要载体,因此文化遗产的存续安全深刻关系到国家文化的安全。尤其是大运河文化带具有2500多年历史,沟通南北,形态多样,文化遗产高度富集,因而当前亟须推进文化带文化遗产的高质量保护、传承与利用。所谓高质量保护、传承与利用,其本质在于如何真正发挥文化遗产作为文化记忆的社会作用;如何利用它来维护、重构新时代的集体文化价值认同,尤

---

① 根据百度百科"乡村旅游"词条(https://baike.so.com/doc/6064952-6278011.html)内容整理。
② 奇创旅游规划. 前瞻:2019年中国文旅产业发展趋势报告[R]. 2019-01-15.

其是在多民族国家,如何维护民族共同体的集体文化价值认同。这是我们当下思考文化遗产高质量保护、传承与利用的出发点。

从本质上说,人类社会的发展归根结底是人的发展,而人的发展体现在物质需求和精神需求得到不断满足和丰富的过程中。人的精神需求的满足和丰富依赖于两种路径:一是不断完善公共文化基础设施和不断提高公共文化服务水平,促进公共文化服务均等化,不断丰富公共文化的有效传播和展示渠道、形式,普遍提高社会民众的文化素养,增强其文化认同感和归属感,最终提升社会文明的发展水平;二是以企业为供给主体,以民众需求为生产旨归,建立以市场为主体性配置和竞争导向的供需关系,不断满足民众个性化、多元化的文化需求,促进文化的丰富和繁荣,提升文化软实力。这两种依赖路径中前者称之为文化公益事业路径,后者称之为文化创意产业路径。两种路径的发展均离不开丰富的历史文化资源和现代思维的创新创造。这种发展凸显了三方面作用:一是通过对传统优秀文化的创新性发展和创造性转化,有助于实现传统优秀文化的传承,彰显地域特色、民族特色的文化发展脉络;二是实现不断满足民众精神需求的根本宗旨,真正体现了"以人为本"的发展理念;三是通过发展文化创意产业,引入市场竞争,不断提高文化产品的生产水平和服务水平,不断提升文化软实力。归根结底,此发展不断促进了文化的繁荣、社会的进步和人的发展,由此形成了"人的需求→社会发展→文化繁荣→人的发展"不断螺旋上升的辩证的历史的发展规律。而文化遗产作为优秀传统文化资源,其保护、传承与利用必须遵循上述规律。

文化遗产要想得到高质量保护、传承与利用,首先必须树立品牌思维。文化遗产是十分重要的无形品牌资产,其承载着社会历史记忆,凝结着传统历史文化符号表征、传统精神内核指导下人们的行为模式、传统价值取向和社会心理结构,这些可以赋予民族文化产品丰富的内涵,强化民族文化产品的情感价值,对于民族文化消费群体而言,这些品牌文化极易引起他们的认同,产生情感共鸣,形成品牌的忠诚度,其开发利用具有典型的 IP 效应(粉丝效应)。因此,文化遗产可以为民族文旅产业的品牌塑造提供丰富的精神资源和创意资源。不过,文化遗产 IP 效应要想在现实中真正实现,首先必须对文化遗产进行高质量地保护、传承与利用,必须树立品牌思维,其核心是要深入挖掘文化遗产的文化精髓,传承优秀文化。传承的原则是在保持原真性的前提下,按照新时代先进文化的价值导向和民众精神需求,推动文化遗产的创造性转化和创新性发展。在此要注意三点:一是必须认清文化遗产是否具有独特的现代价值,是否具有影响力、感染力等;二是选择富有影响力、感染力的文化遗产进行串联、整合、提升,梳理出一条文化带,即文化遗产资源主线,为文化遗产品牌提供丰富的内容内涵;三是深入了解挖掘文化遗产蕴含的民俗、名人、传说、神话等文化资源,理清文化资源之间的脉络内涵和联系,为文化遗产品牌的定位、传播以及产业业态提供依据。基于此,新时代下面向大众多元化、多样化的精神消费需求,可依托文化遗产资源优势,因地制宜,开发"文化遗产品牌 IP+现代创意"特色产业体系,促进文化遗产在新时代环境下创造性转化。

高质量开发博物馆式的"物质文化遗产品牌+IP 创意体系"。物质文化遗产重在保护,在保护的前提下,依托现代展示技术和体验技术,适当地开发高水平的文创项目。即以博物馆馆藏的优质文化遗产资源(即品牌 IP)为内容基础,实施线上线下联动,线下开辟博物馆文化旅游线路、研发博物馆文创纪念品、艺术品展览、艺术体验等,在保护的前提下深度挖掘物质文化遗产的经济潜质;线上借助于数字文化创意、数字技术、融媒体技术等,实施博物馆数字化战略,将博物馆馆藏资源数字化运作,实现文物遗产的数字化开发。档案馆、图书馆等亦可借鉴此开发路径。

高质量开发"非物质文化遗产品牌＋IP创意体系"。非物质文化遗产具有传承性、社会性和活态性等特征,因此既需要原生态理性保护,更需要现代化技艺创新,发掘利用非物质文化遗产品牌资源的差异性与经济价值,增强对文化资本的吸引力。非遗品牌IP的创意开发着重在两个层面:一是原生态的传统技艺基础,包括原料、技师、场所等因素的初步整合与复原;二是后期创新技艺,即传统技艺生产方式、原料及内容的改进与创新。具体而言,首先从生产环节来看,非遗生产包括产品研发与技艺演绎两部分。产品研发即在既有技艺经验与资金扶持的基础上,结合当前市场需求,通过科技技术和现代创意的介入,形成初步的产品样本,这也是知识产权的形成阶段;技艺演绎则是指非遗表演及相关联的服务。其次,从销售环节来看,此环节是突破性的关键环节。在营销环节,一般产品是通过产品竞争来培育和创造消费需求的,因而产品价值与创意能力是营销关键所在。由于非遗产品或服务是直接作用于人的情感、心灵和感觉的,所以它的销售必然更强调"以人为本",以满足大众需要和社会需求为己任,使他们在传统文化消费中真正得到身心的愉悦和满足。最后,在营销环节完成后,非遗产品或服务的劳动价值基本实现,但其产权价值只是初步实现,下一环节的重点就是知识产权的保护与增值,在防止产权被复制的同时,要积极推进产权的推广与转让,做大关联产业,延伸衍生产业,推进产权增值。

高质量开发文化遗产品牌IP的演艺演出类产业体系。立足于文化遗产品牌IP主线,深度挖掘适宜开展文化活动的自然景观、人文景观、历史传说和民俗趣事等,从美感度、奇特度和规模度,以及科学性、历史性、趣味性等纬度,挖掘非物质文化遗产内涵,开发文旅IP演艺演出主题项目,演绎文化意象,展示文化精华,重现文化遗产场景。

推动文化遗产品牌IP与相关产业融合发展。以文化遗产为核心,结合相关产业融合发展是实现文化遗产品牌IP利用的有益路径。如促进文化遗产品牌IP与其他相关产业如传统制造业、传统农业、传统服务业等的有机融合,使彼此相互补充,互利共赢;推动文化遗产品牌IP与会展业、节庆业等传统服务业相融合,通过举办文化遗产品牌IP主题文化节(博览会)、主题民俗文化节等,自我推销文化遗产品牌IP并主动加强与境内外的沟通交流,探索出文化遗产品牌IP利用的多元路径;文化遗产品牌IP与动漫、影视、网游等产业的深度融合,不断深化融合机制,能够有效促进文化遗产品牌IP的多元化开发利用。

高质量建设文化遗产品牌IP创意综合体。文化旅游已经成为当代城镇更新与转型升级的重要发展动力,"文化＋旅游"作为当代旅游开发的新蓝海,正成为特色文旅小镇发展的重要契机。以文化遗产品牌IP为对象,建立文化遗产创意产业综合体,以满足游客认知历史文化、体验娱乐的欲望。文化遗产品牌IP创意产业综合体集聚多种商业、办公、居住、旅店、展览、餐饮、会议、文娱和交通等现代城市的关联功能业态,形成了IP主题创意化、环境景区化、产品休闲化、空间集聚化、服务社区化的一种全新生活方式的载体。其综合价值在于活化文化遗产,推动文化传承与产业创新,减少政府投资,提高生活品质和拉动经济发展,改善城市形象及解决社会就业,联动区域城乡开发。

在充分保护的基础上,推动文化遗产品牌IP的有效利用,需要由内而外地创设条件。从内在方面来说,内容创意、品牌传播、人才培养、技术创新等是文化遗产有效利用的驱动力;从外在方面来说,政策引导、平台支撑、版权保护、市场规范等是文化遗产有效利用的良好环境。从根本上说,就是要积极构建文化遗产保护、传承与利用的生态圈,提升文化遗产的现代活力。一方面要提升文化遗产保护、传承与利用的内生动力,即从创意、生产、传播、整合运营、消费等方面激发文化的活力,实现文化价值的最大化;另一方面加强文化遗产保护、传承与利用的外在推力,包括政策激励、法治规范、媒体舆论宣传、社会资本扶持、民间组织(如WCCO(世界运河历史文化城市合作组织))参与、专业化组织(如版权代理)服务以及理论研究创新支持等,多方面整合发展,打造文化遗产经济聚集区,推动文化遗产的有效利用。

二、故宫文化旅游融合发展概况

北京故宫是中国明清两代的皇家宫殿,旧称紫禁城,位于北京中轴线的中心,是中国古代宫廷建筑之精华,是世界上现存规模最大、保存最为完整的木质结构古建筑之一。北京故宫被誉为世界五大宫之首,是国家5A级旅游景区。过去故宫有两个主管部门,一是原文化部,二是原国家旅游局,其原因在于故宫既是5A级旅游景区,也是文化机构。文化部和旅游局合并,使得"诗和远方走到一起",促进了故宫的事业发展更加顺畅。

文旅融合实际上拓展了旅游和文化发展的边界和形式,可以在很多传统的景区、乡村、特色小镇、主题公园中产生更多有生命力的IP,这就需要通过创意、科技、美学、生态、时尚等的植入与联动打造不一样的创新产品。如此,不仅能够引爆流量,也能够激活流量。文化的主题化是核心,要充分发掘当地化的人文、地景、产业、节庆等,提炼具有市场需求的文化主题,形成文化图腾,策划包装、创新打造。

作为一个拥有近600年历史的文化符号,故宫拥有众多皇宫建筑群、文物古迹,是中国传统文化的典型象征。近年来,在文创产业带动下,故宫化身成为了"网红"。据介绍,到2018年12月,故宫文化创意产品研发超1.1万件,文创产品收入在2017年达15亿元。

过去,故宫只开放30%的区域,而2014年成为一个重要的转折点,开放区域达到了52%。随后,2015年开放区域达到了65%,2016年达到了76%,2018年达到了80%。很多过去的非开放区,在今天变成了展区、展馆。比如午门雁翅楼——紫禁城最大的一处古建筑,有着2800平方米的巨大空间,过去一直都是仓库,如今成为世界上最有魅力、最大规模的临时展厅之一,这个展厅每天接待3.5万名观众参观。

让文物藏品更好地融入人们日常生活中,发挥其文化价值,是故宫追求的目标。由此,故宫开始举办故宫文化创意产品比赛,拓宽研发思路。2013年8月,故宫第一次面向公众征集文化产品创意,举办以"把故宫文化带回家"为主题的文创设计大赛。此后,"奉旨旅行"行李牌、"朕就是这样汉子"折扇等各路萌系路线产品问世,使故宫开始走向年轻化。

目前,故宫博物院拥有4家文创网络经营主体:故宫博物院文化创意馆,售卖创意生活用品的故宫博物院文创旗舰店,主打年轻化的故宫淘宝店,以及更趋于大众化的故宫商城。4家经营主体面向社会不同人群,产品风格各有特色,实现差异化经营,共同塑造故宫文创的整体形象。其中,故宫博物院文创旗舰店配合故宫博物院展览,做主题性的文化挖掘,研发了千里江山系列、清明上河图系列等产品,已积累193多万名粉丝;故宫淘宝产品萌趣而不失雅致,致力于以轻松时尚方式展现故宫文物、推广故宫文化,推出故宫娃娃、折扇团扇、文具用品等产品,目前拥有400万名粉丝。①

---

① 千龙网. 年轻人爱上故宫文化,故宫文创为什么这么潮[EB/OL]. [2019-03-01]. http://www.sohu.com/a/298448394_161623. 2019-03-01.

三、故宫文化旅游融合品牌营销

随着故宫文创产品热销,故宫文化也受到了越来越多年轻人的喜爱。最直观的反映体现在参观故宫的年轻人变多了;据故宫发布的统计数据,2018年故宫接待量突破1700万人次,其中30岁以下观众占40%,年轻观众尤其是80后和90后,已成为参观故宫博物院的"主力"。

2014年8月,一篇微信公众号文章:《雍正:感觉自己萌萌哒》,《雍正行乐图》GIF动态图加上"萌萌哒"的文案,使得48小时内阅读量达到86多万次,从此,圈粉无数。紧接着2015年8月,故宫推出了雍正行乐图周历等一系列故宫萌系周边文创产品。2016年1月,故宫再次凭借一个H5页面《穿越故宫来看你》成功刷爆朋友圈,明成祖朱棣戴着墨镜说Rap,自拍加自嗨,后宫妃嫔用VR眼镜玩游戏,边玩边分享等这些创新吸引了大量粉丝。随即一部《我在故宫修文物》的纪录片,在网络播出后点击量轻松破百万。2017年10月,百雀羚携手故宫文化珠宝设计师钟华跨界合作,"喜上眉梢"发簪传递东方美,开启了故宫文创跨界合作高峰,随后与卡地亚、Kindle、美食糕点等领域展开了跨界合作。2018年11月,故宫博物院与北京卫视联合推出的国产原创文化综艺《上新了故宫》以揭秘故宫隐藏文化为主线,由明星及嘉宾跟随故宫专家进宫探索寻宝,了解故宫珍宝及其历史文化。每期由嘉宾作为文创新品开发员将故宫稀有元素作为创意点来开发故宫文创衍生品,使得综艺衍生品制作直接从幕后搬到了台前。众筹跨界玩综艺,文创也能做综艺,《上新了故宫》第一期筹款就近600万元。

从2014年到2018年的故宫IP的网红发展历程,可以看出它的成功并非偶然,而是基于以文化创意为核心的大胆的不断的尝试与创新。截至2018年,故宫先后上线了9款App,涉及故宫资讯、游戏和导览等众多内容,将专家研究成果与观众感兴趣的题材密切结合,并把专家研究成果"翻译"成观众特别是年轻观众乐于接受的形式,使得推出内容更加口语化,形象更加亲和,不断拉近故宫博物院与广大观众的距离。故宫文创品牌的创建大致表现在以下几个方面:

(一)传统文化符号化

故宫文创在挖掘文创之根时,找到了其核心——皇家文化,并基于皇家文化的故事,将皇家文化中代表家族的皇帝作为皇家文化的符号,在其历史背景不变的基础上赋予其新的精神内核。人们在新的时代背景下由内而外重新认识了解和学习感受皇家文化,而不是像传统主题景区下的走马观花式从表面去被动接受和认知。让皇家文化火起来,将文化之根符号化,使皇家文化与大众更加亲近,说受众能听懂的话,而不是居庙堂之高远离其民。

(二)文创符号产品化

每个文物都是自带故事的IP,让刻板的文物活起来,创建故宫文化符号人设,使故宫里的所有文物,如书画、建筑、陶瓷等都被赋予生命和情感,与受众交流,而不仅仅是承担一个文物刻板的观览属性。比如:故宫结合宫廷建筑,创造出珠宝饰品和冰箱贴;结合历史人物设计出清兵跪着扶手机、容嬷嬷的针线盒等有趣商品;结合历史文化设计出六百里加急的行李牌;结合故宫里的猫咪创造出一系列文创精品。

(三) 文创产品商业化

文化产品跨品牌合作的过程,也就是文化产品商业化的过程,在多品牌异业跨界合作的过程中不断强化其品牌 IP,才是文创产品商业化的真正价值。故宫与腾讯合作举办了"表情设计"和"游戏创意"两个比赛,腾讯提供平台,开放了 QQ 8.77 亿月活账户,让更多人参与故宫文化创意,诞生了一批雍正剪刀手等好玩有趣的表情包和红极一时的朱元璋皇帝《穿越故宫来看你》的 H5 页面及有趣的互动小游戏。故宫还与稻香村、必胜客、小米手机、农夫山泉等品牌联合,积极寻求具有创意的现代化表达,使得故宫的文创产品更具有当代生活的语境,同时使得品牌互相导流最大化,促成了品牌间的共同成长和提升。

(四) 文旅商业综艺化

故宫文创不停地制造热点,延伸了故宫 IP 的维度,使故宫文创已成为一种现象级的传播。无论是之前的《我在故宫修文物》大型纪录片或《我在故宫修文物》大电影,还是将《千里江山图》名画作为国礼送出,抑或是正在热播的《上新了,故宫》综艺节目等,都表明了故宫文创 IP 进入了泛娱乐化综艺化的发展阶段。①

故宫品牌营销策略的创新点主要表现在以下几个方面:第一,品牌亲民化。故宫不再是冰冷的形象,而是跟随现代生活方式,通过文化创意产品的形式,把"紫禁城生活美学"融入当代生活,并在新媒体的助推下,变成一个会卖萌、爱吐槽的"网红"形象。第二,产品娱乐化。"故宫淘宝"商品的最大特点就是设计新奇有趣,紧跟潮流,令人耳目一新。H5、Rap、快闪等娱乐化产品配合流行元素,让娱乐充满趣味性,让故宫萌贱的品牌形象深入人心。第三,用户年轻化。如今占据文化消费市场的主力是 85 后、90 后群体,基于个性化需求、情感偏好、品牌忠诚度等重要因素,他们青睐于设计独特、原创性更强的产品。故宫博物院单霁翔院长被称为"故宫第一段子手",在他的带领下"故宫淘宝"自称"公公"在微博上与粉丝插科打诨,品牌形象更加个性化。拥有近"600 岁高龄"的故宫还将其受众定位为"有文化、有娱乐精神及热爱生活的年轻人"。②

故宫作为 5A 级国家旅游景区,在发挥旅游经济功能的同时,从市场需求出发,逐渐找准定位,培育其旅游教育功能和文化的传播功能。通过文创产品的设计和文化传播渠道的大胆尝试,故宫建立了具有广泛影响力的文创品牌。文创产品作为文化产业和旅游产业融合的直接产物,为旅游赋予了深刻的文化内涵,也因为文创产品的爆红,促进了旅游经济的不断增加。因此,故宫品牌的营销实践是文化和旅游深度融合的典范,具有持续的研究价值。

四、故宫文化旅游品牌营销启示

故宫,从怨声载道到充满"网红"体质,得益于故宫博物院院长单霁翔的不遗余力推广,不断探索文创产品的发展路径,让故宫文化从"活起来"到"火起来"。此外,也更得益于文旅融合现实与文旅市场的紧密结合,大胆实践,勇于尝试。

---

① 平成文旅. 历经 5 年破 10 亿! 从剪刀手到综艺秀,看故宫的文创之路能否解决 70% 主题景区亏损难题[EB/OL]. [2018-12-21]. https://xueqiu.com/1332803757/118638832. 2018-12-21.

② 吴迪,林刚. 新媒体环境下故宫品牌营销策略的创新及启示[J]. 文化与传播,2018(8):31-36.

（一）游客是主体，也是市场

不管是文化产业还是旅游产业，受众才是根本。再好的产品，没有受众的参与也无法体现其价值。故宫从游客最基本的买票开始，改变了之前排队一个多小时买票、验票、安检的状况，现在同时开放32个售票窗口，将购票时间缩短至三分钟完成，为游客节省了大量时间。故宫还增加标识牌的数量，完善了游客的方位体验。游客到故宫希望能看到的是具有悠久历史的文物，为此故宫不断开放体验区域，让游客真正了解故宫文化的魅力。同时，故宫加强对环境的整治，还游客一个原汁原味的古代建筑。为了让游客可以欣赏到花园般的美景，故宫还专门研发了一款手机寻花图。这些管理变革都是把游客作为主体，主体的认可就是市场的最大来源。

（二）旅游是体验，也是享受

在高品质旅游服务阶段，注重旅游体验极为重要。体验感的舒适度和满意度影响产品品牌。对高A级旅游景区来说，厕所是一种管理的革命。故宫通过大数据分析，按照男女1:2.6的比例设置卫生间，把厕所改造成最有文化的厕所。同时，改善座椅数量和质量，满足游客需求，仔细研究座椅细节。让游客在故宫体验的过程中能够获得有尊严的享受。

（三）品牌是营销，也是精神

文物建筑的修缮是一项科学的工作，不仅要最大限度地保留历史信息，不改变文物原状，还要进行传统工艺技术非物质遗产的传承，要极其细致，尤其是在修缮一些建筑密集的区域时要格外注意。故宫专门拿出361平方米的院舍，集中了200名文物医生，建立了人类第一个为文物建立的医院——故宫文物医院。这种工匠精神为故宫的品牌增添了光彩。品牌的建立需要市场营销，但更需要传达一种文化精神。故宫通过各种传播途径树立了为之钦佩的工匠精神。

第四节 "来过，未曾离开"：乌镇文化旅游品牌营销

一、乌镇文化旅游产业发展的概况

乌镇位于浙江省桐乡市北部，京杭大运河西侧，镇域面积67平方千米，交通区位优越，位于长三角"沪苏杭金三角"的中心区域，同时受到沪、杭、苏三大核心城市的辐射影响。乌镇是中国传统的江南水乡古镇。悠久的历史孕育了绚烂的历史文化和众多人文古迹，目前乌镇镇域内拥有全国重点文物保护单位两处，市县级文物保护单位十一处；乌镇的人文资源也十分丰富，从宋代到清代，乌镇共出过169位举人，64位进士。另外，乌镇还有三十多项民俗、技艺等项目分别被列入包括国家、省、市三级的非物质文化遗产名录。自建镇以来，乌镇一直保持着江南水乡原有的生活方式，家家临水，户户枕河，保留着大批具有明清时代特色的江南水乡建筑。经过十多年的旅游开发和运营，乌镇已成功地把古镇资源转化为旅游资

源,并已成为当下最受瞩目的旅游名镇。

乌镇作为中国首批十大历史文化名镇和中国十大魅力名镇、全国环境优美乡镇,素有"中国最后的枕水人家"之誉。2003年,乌镇被联合国授予亚太地区遗产保护杰出成就奖;2006年,被列入联合国世界文化遗产保护预备清单和中国世界文化遗产预备名单重设目录;2010年,乌镇旅游荣膺嘉兴市首个国家5A旅游景区称号。①

乌镇景区现已形成东栅、西栅两大景区和乌村景区。东栅景区即乌镇最开始实施保护与开发工程的一期建设项目。自1999年开始保护开发,2001年产品定位为"观光游"的乌镇东栅景区对社会大众开放。东栅水乡风貌完整,生活气息浓郁,手工作坊和传统商铺各具特色,特色展馆琳琅满目。游客们在欣赏原汁原味的水乡风景的同时也可以尽享旅游购物和美食饕餮之乐。相比于西栅,东栅小而精悍,适合忙里偷闲的游客们抽出一两日的时光来领略水乡古镇风情。

西栅景区即乌镇保护与开发的二期项目。乌镇于2003年开始西栅景区保护与开发工程,比东栅景区更完善、更彻底,人与建筑、环境的关系也更加和谐。西栅景区于2007年开园,确定了"休闲度假游"的产品定位。西栅景区历时四载磨砺,投资十多亿元,占地面积4.92平方千米,由12个碧水环绕的岛屿组成,真正呈现了中国江南水乡古镇的风貌。西栅街区存留了大量明清古建和老街长弄,这些古建筑外观上保留了古色古香的韵味,而在内部则有选择地充实了现代化的配套设施,在极大改善原住民生活居住条件的同时,也给游客提供了舒适的居住环境和全方位的休闲娱乐。在这里,你可以深入体验淳朴清新的水乡生活,也可安享现代生活的舒适与便利。可以说,西栅是一个远离都市喧嚣的安谧绿洲,是一个完美融合了观光与度假功能的旅游目的地。

乌村是乌镇打造的一个全新旅游景区,由乌镇旅游股份有限公司于2014年投资建设,于2016年正式开业,乌村的市场定位为"高端乡村度假游",游客可体验农产品种植、采摘、加工、售卖等多种乡村生活内容,是以回归乡村田野、体验田园生活为内容的高端乡村旅游度假区。②

二、乌镇文化旅游产业品牌的建设

乌镇的发展经历了从"修复老镇—恢复传统文化—融合当代文化—形成具有江南生活特性的文化小镇"的过程。从1985年茅盾故居修复并对外开放,乌镇开始了名义上的旅游开发。从1999年乌镇实施古镇保护与旅游开发前每年游客量不足2万人次,到2014年年底游客量达到700万人次,经营收入达到9亿多元,再到2017年游客量过1000万人次,经营收入达20亿元大关,乌镇连续多年成为中国旅游业景区综合收入第一名。乌镇文旅品牌建设的历程主要包含以下三个阶段:

(一) 古镇的保护与开发——观光小镇

乌镇对古镇的保护开发方式作了有效的探索,将先进的管理理念实践于对古镇的保护中,积累了成功的经验。如管线地埋、河道清淤、修旧如故、控制过度商业化等工作,这都是

---

① 根据乌镇官网(http://www.wuzhen.com.cn/web/introduction?id=2)信息整理。
② 李姣,赵素馨,邓徐燕,等.乌镇旅游开发运营模式研究[J].消费经济,2017(5):45-47.

在全国古镇保护开发中首创或成功运作的典范,受到了专家和同行的肯定,被联合国专家考察小组誉为古镇保护之"乌镇模式"。

古镇的保护讲究"原汁原味"。《威尼斯宪章》的开头说道:"世世代代人民的历史文物建筑,饱含着过去年月留下来的信息,是人民千百年传统的活的见证……我们必须完整地把它们的全部信息传下去"。

乌镇的发展经历了"古镇开发—静态修复—历史街区再利用"的过程,为了保护古镇的整体风貌,乌镇开发采取了总体规划、分段实施、统一管理和滚动发展的方法。乌镇把20多万平方米老房子里的居民都迁出,对房子进行修旧如旧,恢复原貌。陈向宏认为:"古镇风貌的保护,必须经得起历史的检验与推敲,以避免出现'破坏性保护'的现象。同时,在保护和建设过程中还必须坚持'高起点、高品位'的思路,创造性地加以实施,以达到历史性与现代化相融合的目标"。乌镇在开发过程中始终坚持尊重历史、尊重文化的理念,把保护放在第一位。

乌镇是全国第一个将所有高压线、低压线、电视电话线进行地埋的古镇,修旧如故,以存取真。为了还原江南水乡的古镇风貌,乌镇对河底进行大量清淤,对已基本坍塌的石桥进行大修。同时,乌镇还专门铺设地下排污管道,在整个历史街区重新铺设标准的消防设施及烟感探头。正是时刻以这种"精品"意识为指导,本着对乌镇负责、对历史负责的态度,乌镇旅游才始终定位在较高的发展层面上。乌镇通过保护开发,完成了从观光旅游向休闲度假旅游的转型。①

(二)恢复传统文化——度假小镇

传统文化是根本,因此要尊重历史,恢复保留乌镇的传统文化。从1999年陈向宏带领人马进驻乌镇的第一天起,"乌旅人"就把保护、挖掘、恢复、传承、演绎传统文化作为"历史遗产保护和再利用"的一件要务来抓。借传统文化的恢复来做旅游内容,主要表现在以下几个方面:

1. 修建文化名人故居(纪念馆)

乌镇保护挖掘文化名人,以文化名人为核心积极修建故居和纪念馆。其中茅盾故居和王会悟纪念馆是乌镇首先保护开发的对象。茅盾故居,是五四新文化运动的先驱者、伟大的革命文学家、中国共产党最早的党员之一茅盾(沈雁冰)诞生和度过童年、少年时代的地方。茅盾故居依照茅盾童年时代的面貌进行了整修和复原,修复后的茅盾故居,再现了茅盾童年时代的生活环境。故居东邻的"立志书院",即茅盾童年读书处,以"茅盾走过的道路"为陈列主体,展示了茅盾一生中大量而珍贵的照片、作品手稿、原版书刊、题字、信件及部分遗物,珍藏并陈列了他最早的墨稿——13岁时的作文本,以及他最后的手迹。

王会悟故居位于乌镇西栅景区观后街,古色古香,现在辟为纪念馆。馆内的展板、图片以及实物,带领人们认识了这位鲜为人知的历史人物。王会悟是桐乡乌镇人,党的一大代表,也是党的早期领导人李达同志的妻子。"一大"转到南湖开会的事务工作就是由她安排的。1921年8月初,代表们从上海北站坐早班火车来嘉兴,当即由王会悟带领,坐摆渡船到湖心岛,再由小拖梢船接上王会悟预雇的开会游船,会议就在中舱举行,王会悟则坐在船头放哨。"一大"之后,王会悟一直从事革命工作。解放初期,王会悟在政务院(后改名为国务

---

① 潘雅辉.乌镇文化旅游的开发与可持续发展[J].现代商业,2014(30):89-90.

院)做法制工作,之后一直在北京工作,直到离休。"开天辟地一女杰"七字,于她最为恰当。

2. "茅盾文学奖"颁奖仪式重回乌镇

茅盾文学奖是由中国作家协会主办,根据茅盾先生遗愿,为鼓励优秀长篇小说创作、推动中国社会主义文学的繁荣而设立的,是中国具有最高荣誉的文学奖项之一。奖项每四年评选一次,参评作品需为长篇小说,字数在13万字以上。早在东栅景区尚未营业的2000年,陈向宏三进北京,把"第五届茅盾文学奖颁奖仪式"请到乌镇,而这也是乌镇旅游业发展进程的最早定位和文化初衷。随后第六届、第七届"茅盾文学奖"都在乌镇举办,由此打开了乌镇的知名度。

3. 再现传统作坊工艺

乌镇传统工艺是乌镇居民智慧的结晶,也是其文化的体现。乌镇通过再现传统作坊工艺,如酱园、草木本色染坊、三白酒坊等,把明清时期的生活场景呈现在游客面前。

乌镇叙昌酱园已有150多年历史,清咸丰九年(1859)的时候,是乌镇商人陶叙昌以自己的名字为号创立的酱园,也是乌镇镇志记载中最早成立的酱园。叙昌酱园几经战火,复又重建。到如今,叙昌酱园几乎仍完整留存。

乌镇草木本色染坊位于乌镇西栅景区安渡坊18号,占地2500平方米,这里的晒布场景是由青砖铺就而成的,竖立着密密麻麻的高杆和阶梯式晒布架,规模庞大。在染坊内,游客可以看到这些工序的全过程演示,也可以在前面的店铺中带一些蓝印花布的成品回家。蓝印花布是中国民间传统印染技艺的工艺印染品,至今已有千余年历史,于唐宋时期兴盛,明清时期普遍流行于民间。除了以蓝草为原料制作蓝印花布工艺外,染坊内还有独特的彩烤工艺流程。

乌镇的三白酒坊位于东栅景区内,始创于清同治十一年(1872年),采用传统工艺酿造。三白酒坊采用的是"前店后坊"的形式,临街的店铺用来销货,作坊坐落在店铺后面。传统作坊工艺使得游客获得了更好的文化旅游体验。

4. 恢复乌镇传统"香市",融入更多民俗文化

乌镇在恢复传统民俗方面也有相应尝试,恢复了每年一次的农村狂欢节——"香市"。同时还有童玩节、春节长街宴等,并重现水龙会、水乡婚礼等传统节俗,将更多的民俗文化归于乌镇。

江南素有"丝绸之乡"的美称,乌镇的先民亦以种桑养蚕为生。《补农书》上记载:"咸丰年间,桐乡田地相匹,蚕桑利厚。"养蚕是当地农民的主要产业,蚕的好坏直接影响一年的生计,所以蚕农会选在清明至谷雨农闲之际,纷纷从水路、陆路赶至周边各大寺庙烧香祈求今年能够桑蚕丰收,因此这段时日的乌镇自是香客云集,随之而来的杂货摊、戏班子、小吃摊等皆是为香客服务的,一来二去,每年的"香市"就约定俗成了。

乌镇保护开发后,沉淀的民风民俗也得到了挖掘、整理和保护,如今"香市"活动已成了乌镇旅游民俗节庆的一个品牌。

5. 传统文化侵入式情景再现

水上社戏、高杆船、花鼓戏、评书楼、皮影戏、露天电影院等各种传统艺术展演,传扬了传统艺术。书场戏台等分布于景区的不同节点,游客可以驻足观看,也可以参与体验,这不仅使游客能够了解传统艺术,也体验了当地老居民茶余饭后的娱乐放松方式。评书场对当地人和外地游客有两种不同的收费模式,既能还原当地人的传统生活情景,也能够让外地游客浸入式体验乌镇的传统文化。这体现了乌镇旅游业既行走在文化之路上,更传承了千百年

遗留下来的"中华文脉"。

(三)当代文化平台构建——文化小镇

当人们还沉浸于感叹乌镇风光旖旎和古色古香时,"乌旅人"清醒地注意到,国内有数以百计的水乡古镇,都在效仿乌镇形态及其模式,同质化竞争让人不得不"思变求异"。于是,乌镇投资4亿元建设了乌镇大剧院,修缮了7个剧院、剧场和戏园子;结识了赖声川、孟京辉、黄磊等一批戏剧人,创办了包含国内外优秀剧目、青年竞演、小镇对话、街头剧演四大板块的"乌镇戏剧节",最终,把乌镇旅游业推向了国际化的文化高地。乌镇,已不仅是一个旅游胜地,更是一个传承展演中国文化的殿堂。

乌镇充分利用了历史遗存和传统文化的展示,始终以"文化"为核心,用文化作为放大景区IP的重大手段,创造度假客人的文化精神感受。同时,依托消费群体进行分层化,包括年龄的分层化和社会阶层的分层化。

1. 礼遇木心

乌镇是画家、文学家、诗人木心的故里,2011年,木心先生在临终前,与陈向宏确定了美术馆坐落于乌镇西栅的地点,并委托画家陈丹青(木心的学生)出任馆长。2015年11月15日,乌镇木心美术馆举行开馆典礼,正式对外开放。木心美术馆由贝聿铭弟子、纽约OLI事务所冈本博、林兵设计督造,全程历时四年。室内设计由OLI设计师法比安主持,为期一年半。全馆建筑坐北朝南,以修长、高度现代的极简造型示人,跨越乌镇元宝湖水面,与水中倒影相伴随,成为乌镇西栅一道宁静而清俊的风景线。如果说茅盾是乌镇的核心,那么木心就是乌镇最时尚的选择。

木心美术馆是让乌镇从"观光小镇"到"度假小镇",最终化身为"文化小镇"的重要一环,也是构筑乌镇有别于其他古镇,形成"竞争壁垒"的核心元素之一。木心故居纪念馆,取名晚晴小筑,分为生平馆、绘画馆和文学馆。木心作为乌镇人给乌镇的发展带来了巨大贡献,而乌镇也给予了木心先生家乡的呵护与温暖。

2. 构建地标性文化场馆

乌镇在建设文化小镇硬件设施上投入较大,构建了乌镇大剧院等地标性文化场馆。乌镇大剧院是在世界建筑史上首创以并蒂莲概念生发而设计的剧院建筑。观众席墙面和穹顶由乌镇传统的蓝印花布图案装饰。它还是中国首个完美融合南北方地域文化特色的,集演出、会议、展览、电影、文化艺术交流等多功能于一体的大型社会文化设施,剧院外部以厚重京砖及江南冰裂窗棂装饰,古朴沧桑的外观与历史悠久的江南水乡小镇和谐共存,相映生辉。

乌镇大剧院由七个大小功能各异的室内剧场和一个大型户外剧场组成,形成了独特的表演空间,不同类型的演出被安排在不同的空间内,戏剧、空间、建筑融合在一起,构建了一个新场景消费的景观。错落在景区的12个剧院,加上木心美术馆和满足不同需求的民宿、酒店,共同构成了乌镇西栅优良的硬件,无论是戏剧爱好者还是旅游者,都将在乌镇的演出视作一次与众不同的演出经历,把在乌镇的观剧当作一种特殊的文化体验,一种景观消费的体验,从而实现了从单纯观演经济到体验经济的转型升级。

3. 小镇办大节

"乌镇文旅产业有今天的成果和辉煌,得益于一群文化戏剧人相聚在乌镇,一群爱戏人追随在乌镇,为了一个共同的戏剧梦而进行的一次次文化旅程的探索和尝试。在乌镇旅游业成长的历程中,始终没有偏离和摒弃文化这个主题,这才有了今天乌镇旅游业的文旅和文创成果。这也是乌镇的文化三部曲。"

从源起定位上看,乌镇戏剧节是依托于乌镇古镇的建设开发的,这是早期古镇旅游向文化旅游与文化生产转型的结果。乌镇戏剧节是2013年由陈向宏、黄磊、赖声川、孟京辉共同发起的。四位发起人有一个共同的情怀——"让更多的人看到世界优秀戏剧的魅力,让戏剧走入寻常百姓家"。戏剧节在剧目品质、整体活动策划理念以及嘉年华活动的开展方面,都对标国际艺术节,但又与国外艺术节发展有所不同。乌镇戏剧节的出现,是古镇建设真正与文化结合的开始。策划者没有选择当时流行的实景演出,而是基于乌镇的自然地理人文重新思考,找到适合而又有独特气质的文化艺术项目,由此,乌镇戏剧节诞生。每一期戏剧节的主题都不同,从第一届的"映"、第二届的"化"、第三届的"承"到第四届的"眺"再到第五届的"明",乌镇戏剧节不断强化主题设计、扩展参与国家地区的广泛性以及在国际和国内邀请演出的定位方面也有所差异化,体现出其站在中国文化的角度面向世界的戏剧节立场。①

更为重要的是在戏剧节组织结构中,与艺术相关的不同模块都由艺术领域内的专业人士负责,确保了戏剧节在剧目选择上立足艺术及美学本体。"由专业的人做专业的事",是乌镇戏剧节展演、竞演及嘉年华活动等不同模块既能维护差异化的艺术追求与定位,也能在各自领域对标国际艺术节的重要原因。其中,特邀剧目环节的演出要代表世界前沿水平或以中国立场来探索思考。如2017年第五届乌镇戏剧节的特邀剧目,囊括了来自俄罗斯、德国、英国等12个国家和地区的24部特邀剧目,共计100场戏剧演出。其中包括《叶普盖尼·奥涅金》《海鸥》等世界一流剧目,来自美国的《黑夜黑帮黑车——影像的复仇》和中国的《风尘三侠》《裁·缝》均为全球首演作品。青年竞演环节已成为广大青年戏剧爱好者的舞台。

传统戏剧的演艺空间往往都在剧场内和舞台上,而乌镇戏剧节的一大特色是古镇嘉年华环节,即在乌镇西栅景区内所有非传统剧场内的公共空间进行综合性文艺表演。相比于传统剧场艺术,这种公共空间表演艺术,由于场地的限制被打破,古镇中的任何一处都可以成为演出的场所。从文化旅游发展的角度看,以乌镇嘉年华为代表的公共空间表演艺术是营造古镇戏剧文化氛围、打造文化沉浸式体验的重要方法。

据乌镇旅游公司数据统计,前四届乌镇戏剧节共有特邀剧目65部,演出225场,戏剧活动16场,嘉年华5100多场,吸引了嘉宾和媒体各700多人次、游客和观众共100多万人次。影响到五大洲共计24个国家。

2014年乌镇成为国际互联网大会永久会址,国际知名度迅速提高、海外游客量急增。承接世界互联网大会,也让乌镇在发展会展经济方面找到了新的经济增长点。

乌镇连接了传统、未来与生活,正在成为80后、90后、00后这些消费主力人群向往的小镇生活蓝本。系统化的经营和资源的整合利用,是成就新一代文化旅游目的地的关键。

"文旅"把文化融会贯通到旅游资源中,"乌镇戏剧节"一举成名天下知,成为人们耳熟能详的乌镇文化代表作;投资2亿多元的木心美术馆,成为著名的文化场馆;首届乌镇国际现代艺术邀请展、以传统村落保护为主题的乌村等,这些多元文化和国际文化领域的现代文化元素展示,使乌镇旅游业的"文旅"内涵更加丰富多彩。

---

① 依据陈向宏先生在上海音乐学院第二届中国演艺领袖高级研修班的演讲内容整理。

三、乌镇文化旅游产业品牌的启示

乌镇从观光小镇到度假小镇再到文化小镇，运营者对如何从资源产品和精神形态上制造差异性，生成商业模式，形成竞争壁垒的思考一直没有停止。戏剧节对于乌镇，是一个文化艺术的切口，给当地的文化生态带来了新的活力。乌镇依托于此进入整个文化艺术领域，从展演到孵化，从国际戏剧节到世界性的当代艺术展、建筑展，再到互联网大会，文化与古镇的融合不再停留在形式上，而是更加深入广泛，乌镇也因为包容、多元和不断创新而得到大家的认可。在内容与主题上不断创新丰富的同时，乌镇还在营销和服务上针对消费者的痛点，把用户体验做到极致。

（一）充足的前期投入

充足的前期投入不仅有利于景区品质的提升，更是增加决策执行力，方便景区转型的必要举措。只有旅游产品走个性化、高端化的发展路径，消费者才会愿意付出消费价值。

（二）打造专业的团队

一个景区能否有出色的管理人才和服务人才，是一个景点综合竞争力的体现。同时专业团队所带来的新型旅游产品更是扩大赢收的有效手段。乌镇从管理到服务都在极力塑造专业的以游客为核心的意识形象。

（三）古镇文化的重现

打造古镇景区绝不是单纯地将一个建筑群放到游客面前，而是要将一个活灵活现的古镇文化展示在游客面前。让游客真正体验到文化古镇的生活魅力，才能达到古镇建设的终极目标。

（四）商业模式的创新

西栅整体产权买断的行为使其产权完整清晰，前期规划使其实现了消费腹地半径的合理化，与东栅互补发展。东栅开发时，被文物保护学者誉为"修旧如旧"的乌镇模式，也被赋予了经营的新内容。[①]

在特色小镇不断兴起，文化旅游成为旅游产业转型方向的今天，乌镇模式被反复提及，但我们不能忘记的是，在乌镇模式形成的过程中，最根本的是不以周期商业目的做文化，文化艺术要保持其独立性与纯粹性，保留其独有的品格，同时积极探索文化旅游消费的乘数效应。乌镇戏剧节的成长给中国演艺产业、文化旅游、特色小镇的发展都提供了一种参考，即依托演艺或艺术节打造高品质综合型文化旅游目的地。系统化的经营和资源的整合利用，是成就新一代文化旅游目的地的关键。

---

① 前瞻产业研究院. 古镇旅游开发的乌镇发展模式及启示[EB/OL]. [2018-11-01]. https://mp.weixin.qq.com/s?_biz=MzIzOTExMTIxMA％3D％3D&idx=2&mid=2655699419&sn=556e9628daeaf9e8d041125cc83abcaf. 2018-11-01.

第五节 "无文创,不旅行":台湾文化旅游产业品牌营销

一、台湾文创之旅概况

近年来文创之旅正在悄然兴起,台湾是文创之旅的首选地。一碗街头的小吃、一首简单的民谣,都留存着历史缩影。游客可以在淡水老街艺人的浅吟低唱里,寻觅历史遗韵;在汉声巷的朗朗书声里,坚守传统精华;在不打烊的诚品书店里,体会繁华都市日益稀缺的人文情怀。

自2002年起台湾开始启动文创战略,在政策、产业与创意三引擎驱动下,产值已突破万亿新台币,占全台生产总值的5%以上,成为台湾经济的"中流砥柱"并在世界居领先水平。其成功的原因在于:除台湾当局扶外,民资进入,成为产业智变的重要因素。民资全面进入时,产业生态和市场通路已趋于成熟,台北华山/松山/西门、高雄驳二、花莲酒厂等文创基地遍布全台,文创品牌厚积薄发,源源不断的创造力和新技术涌入,奠定了台湾文创在华语文化圈不可撼动的领头羊地位。

每个宏观的生态系统,都由无数个微观单元组成,文创行业更是如此,深度理解台湾文创的最佳途径,是在宏观的背景下,聚焦各个品牌本身,通过对其核心价值、品牌风格及其产品、服务、社会和时代使命的综合理解,再回溯到宏观层面,看它们是如何建立以及向世界输出"台湾人的生活风格"的,通过了解台湾十大文创品牌,或许可以窥探到台湾文创旅游产业日益兴盛的原因。

(一)诚品书店——人文思维

凌晨2点,聚集在西门町的人潮早已退去,最热闹的台北夜市也已昏昏欲睡,而此时的诚品敦南店与其他时段相比,不过是少了些观光客,多了些埋头阅读的年轻人。这家台北唯一24小时营业的书店,已成为亚洲最具影响力的文化地标,而"诚品"也是台湾最具国际能见度的文化标志。吴清友先生曾说,诚品是这个社会时空环境下"台湾人的集体创作",他用26年时间和一以贯之的人文思维,从一家书店开始,打造了一个横跨人文、艺术、创意和生活多领域的文创平台,经营着台湾文创从业者的梦想。

(二)掌生谷粒——在地文化

绝大多数人会被掌生谷粒"设计金奖级"的包装和迷人的文字打动,认为掌生谷粒是在贩卖"台湾人的生活风格",而创始人程昀仪女士则说掌生谷粒有百分之六七十的功夫是用在行销上,因为:"我们卖的不是农产品,不是称斤论两,我们在讲华人的文化。象形文字是从记录农业、记录生活开始的,米谷有着5000年的时间,它养活了黄种人,有着厚厚的文化内涵,若我们好好讲,可能一辈子都讲不完。"

(三) 台北故宫博物院——传统新造

"传统新造"不是新鲜话题,而在华语文化圈里,能将馆藏衍生品开发的充满文创话题和经济效益的,只有台北故宫博物院。2013 年推出的风靡一时的康熙手书复制品"朕知道了"纸胶带,是台北故宫博物院由"传统馆藏仿制品"制造走向"现代文创"开发之路的重要标志。2015 年,台北故宫博物院再次推出"朕又来了"系列傲娇霸气的文创产品,包括夜光运动手环、圣旨文件夹、密奏文件夹等,随后"朕就是这样汉子"再一次火了台湾。

(四) 阿原肥皂——爱惜身体

2005 年成立的阿原肥皂工作室,秉持"爱惜人身,将心比心"的原则,把自己当做尝百草的神农氏,将台湾山坡的鱼腥草、田间的左手香和民间常用的艾草等天然生长的青草药材,拿来做肥皂。为了保持肥皂自然的能量与生命力,阿原坚持不用工业纯净水和过滤水,而是从万里山区接引活泉水来做肥皂,同时为了保证青草药材的从一而终的品质,阿原还开了农场。对自然深植到骨子里的信仰,让阿原坚定地站在了所有化学洗涤品的对面。

但台湾并不缺少手工肥皂,相反市场还比较成熟,而阿原能够脱颖而出的秘密,用品牌自己的话说,无非是比别人多了一份"爱惜人身"的信念、一份"将心比心"的坚持,以及在研发和行销方面多走了几步。如今阿原正在积极开拓大陆市场,要将台湾人美好生活的价值观和老天爷赐给人们的自然良方,分享给更多人。

(五) 食养山房——深度体验

果腹、饕餮、宴飨是芸芸众生的层次,纵使热闹、丰盛,仍属口舌之欢,这使得"深度体验"成为了食养山房追求的层次。没有菜单,而是选用当季食材;没有华丽的餐具,随意搭配的食器充满禅机,细腻而不拘泥,低调而不张扬;没有宣传,却让人趋之若鹜。食养山房把心灵的"深度体验"做到了极致,成为台湾文创不可不尝的一道文化名菜。

(六) 上引水产——跨界实验

之前,水产店就是水产店。直到上引水产用全新的思维,将传统水产店打造成一家集水产贩卖、日式料理、生鲜超市和生活家居为一体的跨界生活美学体验店,所有人才恍然大悟:原来水产店这样做也可以。

上引水产是一种全新的餐饮模式,既像卖场,又像餐厅,600 平方米空间共规划 10 个主题区域,透过批发自营、产地直送的模式,顾客在这里可以体验到多种美食享用模式。从水产区挑完海鲜后,若时间匆忙可以直接带回家,若时间充裕可以在这里享用美食。从精致日料到海鲜火锅、木炭烧烤,再加上蔬果、肉类、酒水饮料等,现场加工、烹煮、炭烧的方式使得吃客挤爆整个卖场。

(七) 日星铸字行——匠心手艺

在计算机排版成为印刷业主流之前,书籍报纸多采用铅字排版的活版印刷。那时的书页不像现在这样平滑,抚摸纸上的文字,还可以感受到淡淡的凸痕,那是活版印刷的压痕,是铅字的脚印。曾经遍布神州的铸字行,随着现代印刷业的飞速发展退出了历史舞台,偌大的台北,只剩下一家叫做"日星"的铸字行。日星传人张介冠先生说,如果日星没了,就等于断了中国四大发明之一活版印刷的命脉，子孙们将不知道祖先做的是哪项行业。

台北最后一家铸字行、拥有整个华语世界最后一批繁体铅字铜版模的"日星"，陆续受到出版和文创同行的青睐，设计兼具怀旧与创意的"铅字小礼盒"、开发活版字体库、向年轻人传授活字印刷技术，"日星"也开始成为华人旅客到台必须探访的汉字圣地。

（八）云门舞集——文化复兴

都说台湾最美的风景是人，其实应该是"人+文"，即台湾最美的风景是人文。今天台湾对中华文化的传续，得益于1966年台湾发起的"中华文化复兴运动"，这场文化运动为几代台湾人打下了良好的国学基础，包括创办"云门舞集"的林怀民。

英国《泰晤士报》评价云门是亚洲第一当代舞团，德国《法兰克福汇报》说云门是世界一流现代舞团，《中时晚报》则说云门是当代台湾最重要的活文化财产，而云门舞集最杰出的作品，绝大部分是向传统文化取材。如《九歌》改编自《楚辞》；《水月》取镜花水月之意，把偈语和太极的原理作为编舞的出发点，融入道教哲学中；《行草》三部曲的灵感来自王羲之《奉桔帖》、苏东坡《寒食帖》、张旭行草、怀素狂草等传世书法作品，林怀民认为，书法中气的流动、留白、书法的原则和舞蹈动作的原则是相辅相成的。每个时代都有独特的人文生态，文创领域所讲的文化复兴，绝不等同于回头走老路，而是借助当代语境和社会环境，创作出具有人文传续意义的作品。

（九）VVG好样集团——生活美学

在台湾，因为有"诚品"，所以做书店不太容易被关注，然而台湾有一家入选"全球最美的二十家书店之一"的书店，却不是"诚品"，而是"好样本事书店"（VVG Something）。

翻开VVG的履历，才知道走过十几个年头的"好样"，已经从一家藏在巷内的小店，发展成为多元化经营的事业体：每一家，都是台北生活美学的实践家，VVG把每一个角落都当成生活美学的实践来经营。在VVG，你能看见琳琅满目，能感受被美好包围，却没有丝毫的刻意与夸张，这就是体验生活美学的最佳状态。

（十）FRANZ法书店——融入国际

创立于2001年的台湾品牌法蓝瓷，是顶级礼品代工商陈立恒先生创立的品牌，其凭借着充满艺术创意的设计和巧夺天工的技艺，快速打入了海内外政商名流圈。法蓝瓷把生产基地设在中国景德镇，然而即使回到全世界陶瓷艺术的故乡，法蓝瓷作品也同样绝不拘泥，结合东方美学思考与西方新艺术（Art Nouveau）的装饰风格，用浮雕与雕塑的立体造型和浪漫梦幻的丰富色彩，主动融入全球美学元素，用东方哲学与美学的包容性，打造深具国际审美的作品。

如今，"新瓷器时代"的佼佼者法蓝瓷在全球多个国家开设了数千家门店，成为政商名流、精英阶层及瓷艺爱好者的上上之选。融入国际不等同于抛离或弱化原本的基因，而是取决于品牌文化的建立之初，是否具有足够包容的哲学和市场视野。

生机盎然的文创品牌，是整个生态系统良好运转的直观呈现，正是由于这些优秀的文创品牌，台湾的文创之旅才能日益取得成功，这才有了"无文创，不旅行"的口号。

二、台湾文化旅游产业品牌营销策略

(一) 根本——对中国传统文化的坚守、传承和创新

台湾一直坚持沿用繁体字,如此强调传统文化的行为,无疑是一种文化坚守和传承的体现。在学习日本、美国的经验中,台湾保留了传统中国的文化之根,并善于将中国传统文化创造性地加以转化,这体现在文化、艺术、产业各个方面。如今,台湾文化已形成了一种社会文化,一种全民文化,今天的台湾人大多给人一种儒雅、有礼的感觉,这种文化性格渗入到产业或事业中,也让台湾的产品或商品含有一种文化精神和内涵,这就是大家到台湾旅游,最受触动的不是它的独特景观,也不是产业规模,而是它营造的文化氛围和传达出来的文化精神的原因。

(二) 独特——突出自身特色,强调产品个性

寻找独具差异性的产品,哪怕只做一个产品,也要力求做精做强。例如台湾的双人徐炸酱面,他们用极简的黑白风格来包装传统美食,以高品质的食材与独特的料理而闻名。凭着对产品的深入挖掘和专注,以及前瞻性的战略布局,其逐渐发展成为了O2O模式(即在线离线/线上到线下)的时尚餐饮品牌。还有阿原手工皂,从各国进口千元起价的贵族肥皂到有机商店土法炼制的药草肥皂,从原汁原味的乡镇农会商品到时尚新贵的文化创意产业,专注于手工肥皂的阿原硬是走出了一条大道。

(三) 创意——静心寻找灵感,独特产品包装

文创需要好产品,更需要好的包装,一个符合产品同时贴心客户的包装,才是构建营销价值的前提。台湾的文创品牌,喜欢"走心",一个小小的细节和创意,便能让顾客惊喜、满意。例如采用原住民纺织的特色花布作为包装材质,可以让产品充满浓浓的文化气息;用古朴的牛皮纸制成传统口袋状外形,搭配上纸藤封口手柄,或者配上白色棉纸以及传统书法文字撰写,便可传达出古朴自然的品牌形象。

(四) 沟通——多讲品牌故事,用情感制造溢价

品牌故事的诉求往往会给产品本身带来更多具有特殊韵味的特质,当下营销的关键,是要会讲打动人心的好故事。"掌生谷粒"是台湾知名农产品品牌,其品牌创始人、文案高手程昀仪说过,"台湾,是懂得生活的人所走出来的一条道路,我们的核心价值在于创价,所以目前我做到的是,看到了米、看到了茶、看到了花蜜、看到了酒。米,我们要为台湾依旧美好的人事地物掌声鼓励;茶,我们要向台湾的高山流水致敬。"如此精辟的品牌解读,使看起来是、摸起来是、吃起来也是农产品的掌生谷粒,呈现给消费者的就不只是农产品本身而已了。

第六节 "心想狮城":新加坡文化旅游产业品牌营销

一、"心想狮城",诠释狮城真谛

近年来,中国经济的腾飞催化了中国游客旅游观念的成熟,旅游需求进一步释放和升级,并因年龄、区域及爱好产生了微妙的细分,变得日益多元。中国游客对旅游目的地的诉求已不仅停留在功能层面,更逐渐上升到情感层面。深度探访一个目的地,在旅行中寻求心灵契合和价值认同,已成为很多中国游客在选择旅游目的地时的新考量。狮城新加坡一直凭借其小而全的功能性优势深受中国游客的青睐,新品牌"心想狮城"的推出正是顺应游客需求的变化,借由多个不同领域的新加坡人讲述他们自己的故事,向游客展现新加坡精致外表下的热忱内在,使游客对狮城故事产生共鸣的同时,加深与中国游客的情感联系,加强新加坡旅游品牌的好感度和品牌相关性。

虽然新加坡是一个年轻的国度,但新加坡人却用他们的满腔热忱,以及不畏艰难、勇往直前的执著精神开创了如今的狮城新貌。越来越多的新加坡人在国际舞台上绽放光芒:无论是世界上首个摘得米其林一星的路边摊贩,还是与儿时偶像同台竞技的游泳奥运冠军,抑或是登上美国《福布斯》"亚洲30岁以下最具潜力的30名杰出人士"之一的科技大咖……在新加坡这个创造无限可能的平台,新加坡人用"热忱与激情"将这些"可能性"变成现实。为了更生动地展现热忱缔造无限可能的狮城精神,新加坡旅游局邀请他们作为狮城筑梦者,讲述他们的故事,用一颗颗匠心与怀揣梦想的游客达成心灵的共鸣。

而"心想狮城"这一全新旅游品牌,正是让游客通过了解狮城筑梦者的故事,体会到新加坡这座城市的内在魅力。这一品牌的推出,象征着新加坡旅游局全球战略进入新的纪元,旅游目的地营销策略从"向游客推荐景点景区"上升到"与游客建立情感共鸣"的层面。"心想狮城"一词蕴含非常丰富的涵义,不仅表达了游客对狮城的向往,还承袭了"心想事成"的吉祥寓意,让游客的心之所想和心之所向都可以在新加坡成为可能。"在这座城市,你会经常发现新的视角、新的景观,永远都有惊喜"。这便是狮城希望带给每一位游客的体验,也是"心想狮城"的真谛。

新加坡旅游局局长杨汉忠先生介绍:"随着新加坡全新旅游品牌'心想狮城'的发布,我们希望可以为大家呈现一个更饱满、鲜活的狮城形象。'心想狮城'不仅代表了新加坡作为旅游目的地的形象,更是对狮城故事背后的国家精神的完美阐释。我们希望这些故事可以唤起人们追求梦想的激情,从而在产生情感共鸣的同时,加深对新加坡的价值认同与情感联结。近年来,新加坡旅游局一直积极推进'品质旅游'的战略,这一次的品牌升级正是这一战略部署下的重要举措,旨在吸引更多热爱旅行的游客到新加坡来探索未知、找回自我和寻找灵感。"

二、新加坡文化旅游产业品牌营销策略

(一)精准营销,细分市场

近年来,新加坡旅游业的快速发展可谓引人注目。2016 年,中国市场访客量同比增长幅度高达 36%,以 286.4 万人次的总数排在新加坡访客量的第二位,并蝉联旅游收益榜的冠军。根据最新数据统计,2017 年第一季度,来自中国大陆市场的访客量共计 85.1 万人次,同比增长 14%,领跑所有入境市场,旅游收益共计 10.75 亿新元(约合人民币 52 亿元),增幅同比高达 30%,继续稳居旅游收益的首位。

而这样的好成绩离不开新加坡旅游局敏锐的市场洞察力。近年来,新加坡旅游局在中国市场不断进行着目标游客的市场细分,这是基于中国的"爱玩客"日益多元化的出游需求的考量。"爱玩客"在各年龄段人群中不断涌现,他们在出游时往往寻求一拍即合、说走就走的旅行,注重更多元的旅游目的地,以及更丰富、更频繁的出行经历。由此可看出,中国游客的出境游偏好已经从单一的观光游变为兴趣游,并追求越来越全面的深度体验。基于此,为吸引更多游客新加坡旅游局对自身资源和游客需求进行族群化梳理,分为美食主义者、城市探索者、精品收藏家、极限挑战者、狂欢发烧友和文化爱好者这六大类,着力打造个性十足的"心想狮城之旅"。

为了更好地满足中国游客的需求,新加坡旅游局已经与中国几十家传统旅行社和航空公司,以及携程、马蜂窝、途牛、飞猪等线上旅行机构达成长期战略合作伙伴关系,开展全面合作,共同推出亲子、闺蜜等面向不同人群的旅游产品;结合不同游客群体的出行习惯、需求及新加坡不同时期丰富多彩的节庆活动,按月推出更有针对性的旅行产品;大力提升新加坡旅游在中国二线市场的品牌认知度,与当地业者不断加强合作,共同打造定位清晰、特色鲜明的新加坡线路产品。同时,为顺应数字化的潮流,新加坡旅游局与腾讯、百度、大众点评等多家互联网领袖企业达成深度合作,借助大数据洞察游客的兴趣爱好,开展精准营销,同时提供更加便捷全面的服务,并将其细致入微到游客的行前、行中、行后整体消费体验中去。

(二)名人营销,吸引粉丝

新加坡在进行名人营销方面具有语言优势,新加坡的很多名人都能使用华语沟通,这为他们吸引中国的粉丝提供了便利条件。用这些名人为新加坡旅游做营销,显得更亲切、自然。最重要的是这些名人几乎能够赢得男女老少的一致青睐,这就更加有利于提升旅游营销的效果。前几年,国内一家知名调研机构——艺恩咨询就针对旅游营销中的名人效应进行过专题调研,发现新浪微博上新加坡旅游局的粉丝数超过 24000 名。之所以会有这样的营销成绩,与新加坡的名人营销关系很大,如新加坡旅游局曾经在微博上发布歌星孙燕姿购物用餐的图片,并承诺转发的粉丝将有机会获得孙燕姿签名 T 恤,这样的名人营销活动一经推出,就得到了粉丝的大量转发和评论。

另一位被新加坡旅游局看重的名人——歌手阿杜曾连续两年担任新加坡旅游形象大使,并成功使"非常新加坡,三天还不够"的理念深入人心。之后,2007 年新加坡旅游局邀林俊杰出任新一届旅游形象大使,不仅因为林俊杰本身是新加坡人,更因为他在亚洲越来越高涨的人气、活力热情的气质与极具亲和力的笑容,完全贴合新加坡旅游的卖点。而此次的旅

游品牌"心想狮城"则由深受国内歌迷喜爱的华语乐坛天后孙燕姿担任新一届的旅游形象大使,这也是利用其名人效应来对新加坡旅游业进行造势和宣传。

(三)活动营销,吸引游客

在新加坡,众多精彩的节目令人目不暇接。这里不光有众多展览会和体育赛事,同时还有音乐演出和夜生活娱乐等丰富活动可供游客自由选择。诸如妆艺大游行、马赛克音乐祭和组新加坡大奖赛等一年一度的著名活动始终是游客首当其冲的选择,而每年一次的新加坡热卖会则都是颇受游客欢迎的活动。此外新加坡还有奥迪时装节、新加坡艺术节、世界名厨会、zoukou沙滩派对、新加坡国际汽车大奖赛等节事活动,吸引了大量游客的参与。

三、新加坡文化旅游产业品牌营销启示

(一)树立良好的文化旅游产业品牌形象

新加坡城市建设的计划性、连贯性之强,在城市绿化建设上表现得最为充分。20世纪60年代,新加坡在道路、空地上大力种植高大的乔木,在短时间内实现了较高的植被覆盖率;70年代,制定了道路绿化规划,加强了环境绿化中彩色植物的应用,强调特殊的空间绿化;80年代种植果树,引进更多的色彩鲜艳、香气浓郁的植物种类;到90年代,发展各种各样的主题公园,并建设连接各公园的廊道系统。通过不懈努力,建设"花园城市"由最初的思想理念一步步变成了生动的现实,新加坡努力塑造了一个非常文明的国度,它给外来游客的共同印象是:清洁、安定、文明、亲和。在这样一种安静的国度里旅客会觉得非常安全、惬意,植入他们心底的不仅仅是阳光花园式的美景还有让人心醉的人文环境。新加坡旅游产业的软环境之优,即文明安全的文化旅游品牌形象可以说是游客纷至沓来的基本原因。

品牌形象是一个国家旅游业发展最重要的无形资产,对旅游业的发展有着举足轻重的作用。中国因没有树立旅游国际形象上的"中国特色",加之部分西方国家"妖魔化"中国,使得中国在国际上的旅游形象受挫。我国政府应注重在国际上树立良好的旅游目的地形象,通过良好的形象吸引游客。如侧重"东方华夏文明",深入挖掘文明古国的文化内涵。

(二)合理利用旅游资源,准确定位市场

大量旅游资源的无序堆砌并不能带来旅游业的发展。在发展旅游业的过程中,我国政府应根据不同的市场人群,结合旅游资源的实际情况,组合或开发不同的旅游产品。如针对上海这座国际化大都市,虽自然风貌有限,但其地处长江入海口,铁路、航空等交通运输业发达,同时是国家金融中心,商业繁华,这与新加坡很相像,是发展会展旅游和购物旅游的沃土。

除了利用现有的旅游资源,政府还应积极开发新的旅游资源以适应发展的需要。政府应根据实际情况,积极探索,努力创新,开发新的旅游产品。如深圳的中国第一个静态微缩景观型主题公园"锦绣中华",正是旅游资源"从无到有"的典范。

(三)加大旅游宣传和促销的力度

注重旅游宣传,提高新加坡的知名度和国际竞争力,是新加坡发展特色旅游的主要经验。首先,新加坡政府认为宣传工作的好坏是决定客源多少的关键。从2004年起,新加坡旅游局在大中华地区一直以"非常新加坡,三天还不够"作为宣传口号,收到了非常好的效果。其次,新加坡政府每年从旅游企业缴纳的税金中拨出1000万美元,用于旅游宣传。不仅如此,新加坡政府每年还派出成批的旅游促进团赴国外宣传、促销并与国外旅行社和旅游部门合作。值得一提的是,新加坡这次"心想狮城"文化旅游产业品牌的发布,再度携手新加坡著名歌手孙燕姿,以新加坡旅游代言人的身份亮相此次发布会,这也是利用其名人效应来对新加坡旅游业进行造势和宣传。

第七节 "原乡文化":乡村文化旅游品牌的定位与塑造

一、新时代乡村文化旅游品牌化建设背景

进入21世纪以来,中央"一号文件"聚焦"三农",明确"三农"问题是新时期党和国家工作的重中之重,强调推动富有巨大潜力的乡村文创产业的发展(见表7-1)。特别是党的十九大提出的"乡村振兴"战略,全方位推动乡村振兴,其中乡村文化振兴是重要一环。推动乡村文化振兴的核心是寻求乡村文化体质增效之路,不断提升乡村文化软实力,构成了历年来党和国家关于乡村文化建设的一条主线。

表7-1 党和国家谋划农村文创发展的重要政策

时间	政策文件	重要举措
2006.2.21	中共中央国务院关于推进社会主义新农村建设的若干意见(第8个中央"一号文件")	鼓励农民兴办文化产业
2016.1.27	中共中央国务院关于落实发展新理念加快农业现代化实现全面小康目标的若干意见(第18个中央"一号文件")	指出了重点产业门类,"依托农村绿水青山、田园风光、乡土文化等资源,大力发展休闲度假、旅游观光、养老、创意农业、农耕体验、乡村手工艺等产业,发展具有历史记忆、地域特点、民族风情的特色小镇
2017.10.18	党的十九大报告	提出实施乡村振兴战略,并写入党章

时间	政策文件	重要举措
2017.12.18	中央经济工作会议	乡村经济发展将成为我国未来社会经济发展的重要新方向、新蓝海和新引擎,意味着乡村经济发展面临着重大新机遇;农村的一二三产业融合、大数据、互联网、物联网等信息产业与农业融合将成为未来乡村经济发展的重要特征和技术支撑
2018.2.4	关于实施乡村振兴战略的意见(第20个中央"一号文件")	对实施乡村振兴战略进行了全面部署,提出"按照产业兴旺、生态宜居、乡风文明、治理有效、生活富裕的总要求,建立健全城乡融合发展体制机制和政策体系,统筹推进农村经济建设、政治建设、文化建设、社会建设、生态文明建设和党的建设"
2018.9.26	中共中央、国务院《乡村振兴战略规划(2018—2022)》	对发展乡村文化提出了详细规划,重点包括重塑乡村文化生态,发展乡村特色文化产业和健全公共文化服务体系。提出在原有传统工艺基础上实现品牌化、高质化的提升

发展乡村文创是提升乡村文化软实力的重要途径,而当前乡村文创亟须走品牌化之路。其一,新时期我国乡村经济亟待向提质增效转型发展。在这种环境下,乡村文创产品(服务)供给不足、质量不高,乡村文创品牌培育不够等,成为乡村振兴战略中需要重点解决的问题。其二,农产品的供给要以新时代人们的消费习惯和消费需求为导向,重视产品质量和附加值的方向转变,做好市场细分、市场选择和市场定位,而乡村文创及其品牌化建设是推动此转向的重要抓手。第三,中国乡村文化的价值和功能尚未完全发挥。乡村文化积累了丰富的文化要素和文化特色,形成了无法抹除的深厚文化记忆,这是中国乡村文化的显著特点。但伴随着现代化和城市化的过程,乡村文化的价值被忽视和遗忘,脱离乡村价值体系的项目建设往往忽视了乡村固有的社会结构和文化体系,使得乡村文创产业的功能、价值和优势尚未得到完全的发挥。第四,农村一二三产业融合发展深度不够。目前农村一二三产业融合发展的巨大价值不断显现,但与之对应的是农村在产业融合方面的探索还处于起步阶段,融合层次浅、融合程度低、融合主体带动能力不强、连接机制不够稳固等问题还没有得到彻底解决,阻碍和困扰了农村产业实现融合升级的目标,而促进乡村一二三产业融合的有力抓手就是乡村文创。总而言之,解决上述主要问题的一个重要抓手就是大力发展乡村文创及其品牌化建设。伴随着新一轮的技术革命和产业革命,以文创品牌为引领,推动乡村文化产业转型升级,从根本上提升乡村文化软实力,是新时期乡村文化振兴的重要路径。

二、乡村文创品牌塑造的核心、基点和要求

何谓乡村文创品牌?乡村文创品牌包含三个层面,一是体现鲜明的原乡文化特质和形象,能够使所代表的乡村组织和其他组织相区别。二是形成市场竞争效应,即能够在同品类项目(产品)市场竞争中赢得客户的心智。三是品牌可以使组织成为同类产品服务的典型代表,即打造乡土文化品牌,形成乡村文创的品牌效应,对内提升民众归属感与凝聚力,对外提

升文化影响力,在目标地域范围提升乡土文化的知名度与美誉度,实现乡村文创品牌对乡风文明的促进作用。

(一)原乡文化:乡村文创品牌塑造的核心

近年来,在乡村振兴战略的引导和作用下,乡村文化开始复兴并成为凝心聚力的重要力量,乡村文化产业经历了从无到有的快速发展。但是,从产业发展的品质视角来看,乡村文创产业的发展并不均衡和科学,在整体视域下的乡村文创产业潜力巨大,但也面临诸多现实发展困境,起步阶段依靠粗放式的资源红利、人口红利带来的动力、效益、优势逐渐丧失,低水平扩张、重复性模仿使得颇具特色的乡村个性逐渐丧失,这严重影响到人们对乡村文创的认同感和获得感。

原乡文化是增强乡民文化自信和文化认同的关键要素。何谓原乡文化?"原乡"原指台湾客家人对大陆故乡的称号,其文化形态后指传承着乡土历史记忆、原真记忆的乡村原生态自然历史文化。[1]"原乡文化"从本质上来说是一种产生于乡村土壤的地方性知识,包括乡村生产生活文化(如居住、交通、饮食、服饰、种植养殖、生产贸易等)、乡村历史文化(如乡村发展史、村志、历史文物、传说等)、乡村民俗文化(如乡风民约、节日习俗、婚姻、丧葬、祭奠、崇拜、禁忌等)、乡村艺术文化(如乡村工艺、文学、音乐、舞蹈、绘画、戏曲等)、乡村地理景观文化(如乡村自然环境、气候规律、人文景观、物产资源等)、乡村思想观念文化(如审美意识、思维习惯、伦理观、宗教观等)和乡村教育文化(如家长受教育水平、对子女的教育热情与能力、对子女的教育期待以及当地学生的学习愿望、学习能力、学习条件等)。

长期以来,传统乡村文化作为乡村长期持续稳定发展的一种重要内生力量,为中国传统文化的建构提供了价值、道德、情感、礼仪、风俗等多元规范,成为中国文化与精神的根基。因此,塑造乡村文创品牌,其核心是要深入挖掘原乡文化精髓,传承原乡文化。传承的原则是在保持原乡文化原真性的前提下,按照新时代先进文化的价值导向和民众精神需求,推动原乡文化创造性转化和创新性发展。传承原乡文化,首先必须认清乡村历史文化资源是否具有独特的现代价值,是否具有影响力、感染力等。其次,选择富有影响力、感染力的历史文化资源进行串联、整合、提升,梳理出一条乡村文化资源主线,为乡村文创品牌的文化内涵奠定基础。再次,要深入了解挖掘乡村民俗、名人、传说、神话等各种文化资源,理清各项文化资源之间的脉络内涵和联系,为乡村文创品牌的定位、传播以及产业业态提供依据。台湾眷村就是一个运用村落独特的文化资产开发设计具有原乡文化气息的农产品饮食文创包装的典型例子。眷村文创品牌"福忠字号"的"勿忘眷村"饮食包装设计,充分挖掘台湾二十世纪五六十年代的特殊建筑与居住形态的文化内涵,以眷村原乡文化印象为线索,展现乡村日常生活样貌,运用现代美术意象,表达最家常的眷村饮食风味。对居民而言,该产品设计承载了乡村记忆,具有很强的文化认同感;对游客来说,能感受到别具风格的原乡文化,具有较强的文化获得感。

(二)独特价值:乡村文创品牌塑造的基点和要求

已有研究发现,品牌是用户体验的一种聚合,是一个抽象概念。但对于具体客户来说,获取品牌知识需要经过个体化的体验,这是一个将认识碎片重整并结构化的过程。对某个

---

[1] 杨振之. 论"原乡规划"及其乡村规划思想[J]. 城市发展研究,2011(10):14.

品牌进行定位,本质上争夺的是用户的心智资源,终极目标是在预期客户心目中占据相较于竞品的有利位置。按照 Rik Riezebos 定位二维度理论,品牌所传达的是包含功能价值和非功能价值(情感价值)的一种综合的信息,在传统的营销活动中,功能价值是被宣传和放大的重点,但随着技术的进步和市场的竞争,品牌与品牌之间日趋走向同质化,单纯的功能视角会导致品牌价值空心化、品牌体验碎片化的问题,品牌价值和品牌体验之间会由于二次失真而形成"品牌鸿沟",从而影响品牌忠诚和品牌信任的形成。在移动互联的文化传播生态环境下,体验经济成为消费经济的主流,差异化成为核心竞争力的重要源泉,消费者情感上的需求将超越对产品本身的需求成为建构品牌价值的重要发力点。

乡村文创品牌作为乡村文化与消费者认知互动融合的产物,能够带来显著的溢出效应。在数千年的文明流转中,中国乡村文化形成了丰富遗存,拥有独特的生产过程、文化生态和传播模式,在形成机制上具有独特性,在具体内容上具有差异性,在表达形式上具有乡土性,其中所蕴含的无形文化价值是乡村品牌实现差异化的灵魂和关键。以此为出发点,塑造乡村文创品牌的定位策略,要解决的基础性问题是明确乡村文创品牌的定位原则,具体有:一是从品牌形象的角度,要充分体现乡土地域特点,能够展现作为地方性知识的原乡文化;二是从品牌识别的角度,要具有独特的乡土特征,能体现出与其他乡土文创品牌的差异;三是从品牌竞争的角度,要能够有效获得用户的注意,赢得客户的心智,在品类中成为第一。

如果说上述原则规定了乡村文创品牌定位的基本方向,即认识论的问题,那么在具体的定位实践上,我们还要解决乡村文创品牌定位的目标指向问题,即方法论的问题,具体有:一是在品牌定位方面,品牌标识是否有鲜明的原乡文化元素,这种标识应该是在深度挖掘原乡文化特色基础上建构的,能够体现乡村自身文化禀赋,也能与其他地域乡土文化有所区别;二是在文化传播方面,要体现双重作用向度,对内能够形成和展示乡民的集体价值观和集体意志力,提升乡民认同感、归属感和凝聚力,对外可以通过媒介传播,展示和提升品牌影响,在特定的目标范围内提升地域的知名度和影响力,从而实现文化发展和文化产业的同频共振;三是在产业带动方面,要能够以品牌建设带动农村一二三产业的融合发展,推动农村经济实现现代化转型升级;四是乡土文创产品或服务能够给消费者带来独特的、原乡的文化体验,使之有获得感,从而赢得其心智,形成"圈粉效应"。显然,乡村文化、乡村文创品牌与消费者体验之间互为因果关系,彼此共荣共生,故加强乡村文创品牌建设是推进乡村文化实现高质量发展的可行路径。

三、赢取心智:乡村文创品牌塑造的路径

乡村文创品牌能赢取客户的心智,首先是要凸显原乡文化基因,呈现出乡村文创品牌的价值核心,这是赢取客户心智的核心要素;其次是原乡文化基因的符号表达和品牌叙事,借助于现代化的媒介传播体系,向全球充分传播,扩大品牌的影响力,这是引起客户注意的必要手段;最后要形成以品牌为引领的乡村文创业态和产业体系,生产和提供丰富的业态体验、服务体验和产品消费,满足消费者多样化、多层次化的消费需求。

(一)原乡基因:形成基于乡村记忆、文化认同等历史文化元素的乡村品牌特色定位

就乡村特色文化而言,其元文化要素是基于乡村特定文化环境和文化基础所生产的,鲜明的地域特色是其体现差异化的关键定位点,也是激发乡民文化自信与文化认同的关键要素。基于此,我们认为进行内容创意定位的策略在于两个层面:首先,要改变定位机制,走出简单化、粗放式、低层次的发展模式,通过精心选取特色历史文化元素,在深度挖掘其历史文化内涵的基础上,重新划定品牌边界,打造基于共同文化记忆和文化认同的特色品牌和项目。概括言之,就是按照"品牌核心价值→讲好品牌故事→品牌故事的媒介演绎→品牌项目和产品→商业价值"的作用机制,增强品牌的规模效应、积累效益和辐射效益,打造文化品牌和实现品牌的资产化。这种定位策略具有双重作用向度,既可以涵固乡村传统文化的内涵,也可以激发民众的自豪感和归属感,形成内向传播的凝聚力和外向传播的亲和力,从而显著提升品牌传播的效果。其次,要打造品牌集群,积极尝试品牌产业集群的发展路径,通过改变以行政村(镇)等小单位开展品牌定位的做法,由省市一级专门机构牵头,对某一地域的文化品牌进行统一规划、统一设计和统一宣传,形成超越传统自然村落的大文化品牌,使其更具有代表性和说服力。在大品牌的框架之下,还可围绕具体的镇(村)等形成二级、三级小品牌,在保持整体战略一致的基础上实现差异化的多元定位,从而建构起品牌集群,这种做法既可以避免小品牌各自为战带来的重复建设和低效率竞争,同时也能在整体框架的基础下保护和彰显地方特色,扬长避短,形成互补,形成个性鲜明、优势突出的乡村文创品牌,并推动本地文化和品牌走出去,提升地方文化感召力、知名度和美誉度。

(二)形象推广:构建自媒、融媒、智媒等形象传播矩阵

品牌形象是一种符号体系,对其的宣传和推广需要按照融合传播规律来进行。在新时代移动互联传播和全球传播环境中,开展品牌传播的方式方法有很多,报纸、电视、网络均可以成为其介质,大型活动、影视作品、政府活动等也能够成为其载体,此外社会交往传播、社区传播、组织传播等也能够发挥独特作用。在这样的背景下开展品牌传播,要大胆打破以往单一介质传播的思维定式,综合使用"低头媒体"和"抬头媒体"、落地活动和线上活动、直接宣传和植入宣传等多种模式,针对某个乡村文创品牌的宣传,可以采用新闻报道、影视作品、休闲娱乐、现场活动等多种业态的组合,形成全方位的宣传模式。我们以微信公众号为例,其在本质上是一种社交工具,能够降低信息发布和生产的成本,还具有基于社交圈层将读者转换为潜在用户的功能,拥有较强的变现能力。基于这样的特点,以微信公众号为载体开展品牌传播,其定位策略是从微信公众号的质量建设出发,通过整合现有微信传播平台的效用,发挥其在乡村治理中的作用,形成更好的宣传效果。具体而言,在体系层次上,要减少品牌传播的中间层级,将传统政府官方微信公众号体系中市级—区(县)—乡镇—村(组)的四级结构简化为三级或二级结构,以市级或乡镇大品牌作为微信公众号的基本单位,通过高质量的内容推送与受众建立亲密的关系,从而有效塑造和提升乡土文化形象,提升区域影响力和知名度。第二,在功能建设上,要强化品牌叙事,有学者指出:"讲故事"已成为互联网时代专业媒体、机构媒体和个人自媒体增强传播力的重要方式[1],作为一种话语实践的创新,讲故

---

[1] 姜红,印心悦."讲故事":一种政治传播的媒介化实践[J]. 现代传播 2019(1):37-40.

事可以打破传统宏大叙事的外壳,以一种更灵巧的方式进入受众心目之中,所以在乡土文化的传播过程中,要重视和塑造品牌的故事叙事,既要讲"好品牌故事",更要讲好"品牌故事",要有机地把家族历史、典型人物、家风家训、乡贤事迹等融入品牌故事之中,从而与受众建构起更多的连接和互动,实现将文化特点转化成为话语优势的目的。第三,在信息类型上,要加强服务供给,要充分开发微信公众号的终端接近性优势,突出服务功能,从村民密切关注和需要的内容出发,提供创新创业、产业信息、政策发布等方面的信息,通过满足村民的信息需要来增强与村民日常生活的黏性,吸引大家自觉关注、使用、扩散公众号的信息,进而形成对家乡文化、乡土品牌的关注,提升村民的归属感和认同感。

(三)品类支撑:以品牌为引领,形成乡村文创品类生产和市场供给体系

从世界经济社会发展趋势来看,文化经济化和经济文化化的特征日趋明显,文化作为一种特殊形态的生产力,能够为其他产业的发展提供强大支撑力量。自2015年中央"一号文件"提出推动农村一二三产业融合发展以来,促进农村产业融合已经成为供给侧改革的重点。有学者这样定义:农村一二三产业融合是以农业为依托,通过产业联动、产业集聚、技术渗透、体制创新等方式,延伸农业产业链,扩展产业范围和增加农民收入的业态[①];农村一二三产业融合能够逐渐改变传统农业的生产方式、运营状态和利益联结机制,推动农产品加工业转型升级、农产品流通市场的建设、休闲农业的发展以及田园综合体的建设,有效实现农民增收[②]。在此视域下,文化产业不仅可以作为新的产业门类和经济增长点,还可以通过与其他产业的有机融合,将自身影响延伸到各个产业领域中,建构起基于文化创意的产业链条,为社会经济拓展出新的发展空间。乡村文创品牌是区域文化品牌的一个代表,是一个地区文化内涵和文化形象的综合体,能够反映和体现区域的文化传统和文化价值,也是最具活力的增长源泉。开展乡村文创产业的定位和布局,要在充分认识乡村生活、生产、生态的基础上,重新梳理确立文创产业与农业生产、工业生产、乡民生活之间的关联,在做强农业基本盘的基础上,实现"接二连三"的产业融合升级,形成以农业为基础向制造业和服务业延伸的产业结构。在这种结构的驱动下,可以通过关系的构建形成产业布局的协调机制,推动产业优化升级、协同发展。一个比较好的例子就是很多地方会将农业生产与乡村旅游、生态旅游进行嫁接和融合,以"采摘节""旅游节""花卉节"等形态,将农业生产规划打造成为文化品牌,并进一步延伸到农产品销售加工、旅游、住宿、餐饮等多元产业,形成特色鲜明、内涵丰富、带动力强、覆盖面广的品牌产业集群。在整体产业集群的结构中,还可以通过产业细分来协调和建筑不同村落、不同品牌之间的竞合关系,模糊和融合产业边界,促进各产业在融合实体的视域下实现同步发展,带来新的品牌价值和价值链条,并提升品牌产业的经营效果。

此外,我们还要认识到推动乡村文创产业品牌化发展是一个系统工程,涉及许多方面的问题,如乡村干部队伍、广大乡民要树立品牌意识,提升策划能力,在策划、维护、践行文创品牌中体现更多的主体性;要形成专业、稳定的人才团队,以专业视角为乡村文化品牌的发展锚定方向;要加快形成配套的管理机制、服务机制、经营机制等,形成系统化、整体化的运营

---

① 马晓河.推进农村一二三产业深度融合发展[J].中国合作经济,2015(2):43-44.
② 曹祎遐,等.农村一二三产融合对农民增收的门槛效应研究:基于2005~2014年31个省份面板数据的实证分析[J].华东师范大学学报,2019(2):172-182.

管理体系,实现乡村文创品牌的高质量发展等,这些问题都需要学界和业界立足时代要求和具体问题进行持续的思考和总结,提出更好的解决方案。

在体验经济不断发展的今天,打造文化品牌既是建构文化自觉和文化自信的必然需要,也是文化发展进入优势阶段,文化软实力发生作用的外在表现,是文化产品和文化市场走向成熟的标志。在推动乡村文化产业发展的过程中实施品牌化战略,是实现乡村文化供给侧改革的必由之路。实施品牌化战略的核心是进行科学定位和有效传播,两者是一体两面的互构关系,其作用效果能够在文化产业发展的成果中得以彰显。在新时代实施乡村文创品牌化战略,应该从人的情感心理出发,以富含地方性知识的原乡文化的天然接近性为纽带,通过具有选择性的符号在传者和受者之间传播并建构一种媒介现实,以实现乡土文化资源整合和优化,达到传递知识、唤起情感、促成态度、诱发行动的作用,并在客观上推动实现农村产业的融合与升级,为促进实现推动农村经济现代化的宏大目标提供正向动力。

◆ **内容提要**

中国文旅产业在文化和旅游部正式挂牌后,呈现出迅猛发展的态势。31个省(市)纷纷宣布文化和旅游厅(委)正式挂牌或宣布新的领导班子。文化产业与旅游产业的融合,能够发挥"1+1>2"的效果。消费升级,促使旅游收入逐步增长。文旅产业对传统产业的结构转型起着推动作用,对城市消费市场有很强的拉动能力,对相关产业资源整合利用、效益增值有促进作用。当前,文旅产业迎来了"黄金时代",未来我国将由旅游大国向旅游强国迈进。文旅新业态的发展使得文旅产业不断探索新的模式。故宫和乌镇作为文旅融合的典范,在发展旅游业的过程中,不断注入新的文化内涵,这不仅有利于提升文化魅力,树立文旅产业品牌,也产生了积极的社会效益和经济效益。

◆ **关键词**

文旅产业　品牌　营销　故宫　乌镇

◆ **复习思考题**

1. 我国文旅产业的融合背景是怎样的?
2. 文旅产业的发展现状及发展趋势如何?
3. 故宫品牌营销的创新思路有哪些?
4. 乌镇品牌建设的历程包含哪几个阶段?

◆ **思考案例**

浙江:建设全国文旅融合样板地

2019年2月1日,浙江省召开全省文化广电旅游局局长会议,这也是浙江文旅融合第一次召开全省会议。

会议提出,2019年浙江文化和旅游工作要着力推进文化建设和旅游发展再上新台阶,建设全国文化高地、中国最佳旅游目的地、全国文化和旅游融合发展样板地。

会议明确,2019年,浙江省文化和旅游工作要着力提升系统党建工作的质量和水平;深入推进全域型的文化和旅游融合发展;大力推动艺术事业发展取得新突破;提供更丰富优质高效的文化和旅游公共服务;深入实施文化遗产保护、利用和传承工程;高质量高水平培育双万亿主导型产业;不断挖掘、开发和丰富文化和旅游产品供给;进一步强化市场监管;持续打造国际和与港澳台合作交流的新品牌;深化改革和强化保障取得新成果,全面谱写文化浙江、诗画浙江,建设新的篇章。

会议指出,为创建文化浙江、诗画浙江,2019年浙江要着力推进十大重点工作:

1. 推进良渚古城遗址申遗；
2. 扎实推进富民强省十大行动计划落实；
3. 推进政府数字化转型；
4. 深化文化市场综合行政执法改革；
5. 基本实现公共文化服务标准化；
6. 加大全域旅游示范区创建力度；
7. 打造文化和旅游融合发展IP工程；
8. 搭建文化和旅游投融资平台；
9. 做实做好"百县千碗"品牌；
10. 启动实施"111"人才计划。

◆**应用训练**

调研你所在城市的4A、5A级旅游景区，了解并分析文旅融合后旅游景区所做出的战略调整。

第八章　艺术品产业品牌

本章结构图

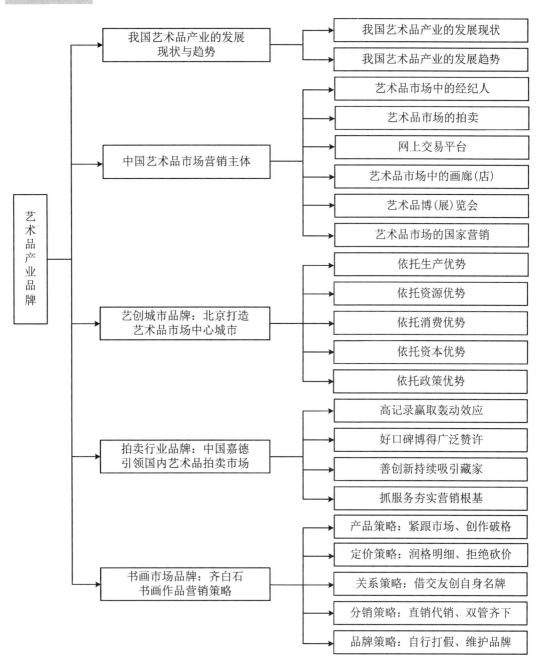

学习目标

1. 了解我国艺术品产业发展的现状与趋势。
2. 了解我国艺术品市场营销中的常见主体。
3. 能够结合艺术创意城市、艺术品拍卖行、艺术品市场等典型案例,分析艺术品产业品牌打造的具体路径与方法。

近年来,随着我国经济的快速发展,越来越多的资金开始涌向房地产、股票以外的新兴市场。其中,艺术品市场因大量资金的注入以及各类鉴宝节目的渲染而变得异常火爆。一般认为,艺术品市场是指由艺术品的需求方(投资者、收藏者)与艺术品的供应方(销售者、画廊、拍卖行)共同运作,形成的微观层面的艺术品交易市场,以及艺术品的生产、消费、流通、管理及环境等关联运作形成的宏观层面的艺术品市场。① 原文化部在发布的相关报告中称,艺术品是指艺术创作者以线条、色彩或者其他方式创作的具有审美意义的造型艺术作品,包括绘画、书法、雕塑、雕刻、摄影、装置等作品。② 艺术品有广义与狭义之分。广义上,艺术品是指历史上一切具有艺术价值并表达和传承人类对美的认知、理解、探求、创造的客观物质载体;狭义上,艺术品是指凝聚有人类各种形式的艺术劳动,有某一具体表征和特定的经济价值、文化价值、审美价值、科学价值的物品。艺术品的内涵十分丰富。艺术品有别于日用器物的主要原因在于它们一般拥有更大的历史价值、经济价值与审美价值。

第一节 我国艺术品产业的发展现状与趋势

一、我国艺术品产业的发展现状

(一)艺术品产业交易异常火爆

巴塞尔艺术展和瑞士银行联合发布了2018年全球艺术品市场的研究报告。报告显示,全球艺术品市场在2018年的交易额达674亿美元,仅次于2014年的682亿美元,比2017年增长了6%。报告认为,全球艺术品市场仍然处在一个相对活跃的周期中。2018年中国艺术品市场的交易额为128亿美元,占全球艺术品市场的份额为19%,英国的年度艺术交易额为141亿美元,占全球艺术品市场份额的21%,美国2018年艺术品市场的交易额达到297亿美元,占全球市场的份额达44%。

仅从拍卖市场来看,中国目前是全球成交额第二大的艺术品拍卖市场。2018年全球艺术品拍卖市场交易额为291亿美元,而中国艺术品拍卖市场的交易额为85亿美元,占全球拍卖市场的29%,美国艺术品拍卖市场的交易额为116亿美元,占全球拍卖市场的40%。

另外,报告显示,尽管全球艺术品市场总销售额增加了6%,但仍有57%的艺术品经销

---

① 西沐.中国艺术品市场概论(上)[M].北京:中国书店出版社,2010:7.
② 文化部文化市场司.中国艺术品市场年度报告2009[M].长沙:湖南美术出版社,2010:1.

商在 2018 年面临销售业绩下滑的窘境。过去 10 年间，艺术品销售额增长了 9%，而艺术品销售数量却减少了 9%。2018 年，不到 5% 的艺术品经销商的销售额占到了该行业总销售额的 50%。

从最近几场重量级的拍卖会的情况来看，艺术品作为一种重要的投资品种，已经日益为各方所接受。尤其是一些具有很高的艺术价值、历史价值和审美价值的稀缺性艺术品，足以支撑其成为一种重要的资产类型。

从往年拍卖市场的成交情况来看，能够购买亿元以上的艺术品的购买者，有些是对艺术品感兴趣的顶级富豪，有些是拥有丰富收藏经验的大藏家，或者是一些大的企业集团，还有一些是资金实力雄厚的艺术品基金管理人。

"乱世黄金，盛世典藏"，伴随着改革开放的大潮，中国艺术品产业获得全面复苏，日趋繁荣兴盛。改革开放 40 多年来，随着画廊业、拍卖业、艺术博览会三位一体的市场经营主体结构的建立，中国的艺术品市场从无到有，由小到大，并从毫无经验可循到初步走向规范化，乃至在国际艺术品市场上成为一股不可忽视的力量。

新世纪以来，中国艺术品市场成为了全球艺术品市场"为数不多的亮点之一"。2004 年始，中国艺术品市场完全摆脱了 1997 年以来的低谷状况。随着我国经济总量的放大，艺术品市场也随之放大，亿元拍品成为"家常便饭"。2009 年秋拍中，有 4 件艺术品拍卖过亿；2010 年有 11 件艺术品拍卖过亿，其中，北宋黄庭坚的《砥柱铭》手卷拍出 4.368 亿元天价；2011 年拍卖过亿的艺术品达 13 件之多，其中，齐白石的《松柏高立图·篆书四言联》以 4.225 亿元落拍，创造了中国近现代书画拍卖的新纪录。2010 年我国艺术品市场的整体规模继续呈现快速增长，市场交易总额达到 1694 亿元，比 2009 年增长 41%。据欧洲美术基金会统计，2010 年我国艺术原创作品和古董艺术品的交易总额为 989 亿元，占全球市场份额的 23%，首次超越英国上升至全球第二位。[①] 2011 年中国在全球艺术品市场所占的份额由 2010 年的 23% 上升到 30%，首次超越了美国，成为世界最大的艺术品与古董市场。[②]

（二）从业人员及收藏群体为数众多

随着我国艺术品行业的迅猛发展，社会关注度的不断提高，使得参与艺术品收藏的投资者不断增加，艺术品行业的深度与广度也不断拓展。艺术品生产公司、古玩市场、拍卖公司、信贷公司、文物商店、画廊、美术馆等机构与单位的艺术品从业人员有增无减；艺术家、鉴定师、经纪人、策展人、小商贩遍布全国。以古玩市场为例，如今各大省市几乎都有古玩市场，可谓遍地开花，仅北京一地就有 10 余处之多，如位于大钟寺的邮币卡市场、和平门附近的琉璃厂、德胜门城楼的古钱币博物馆、松西口的潘家园旧货市场、天坛公园的红桥市场、亮马桥路的亮马收藏品市场、报国寺内的报国寺文化市场、朝阳东三环南路的北京市古玩城、西二环的官园市场、石景山区的北方旧货交易市场等。每个古玩市场都可以吸纳艺术品从业人员数十人乃至上百人不等，活跃在全国数百个古玩市场以经营艺术品为业者，其人数之众自不待言。

在艺术品收藏方面，据说全国目前有 7000 万名收藏大军，分布在社会的各个角落，人员

---

① 文化部文化市场司. 2010 中国艺术品市场年度报告[M]. 长沙：湖南美术出版社，2011.
② 新华网. 中国超越美国成为全球最大的艺术品与古董市场[EB/OL]. [2012-3-16]. http://news.xinhuanet.com/2012-03/16/c_111665950.htm.

构成极其复杂。他们中有政府官员、商界大亨、艺坛名流,也有专业的倒爷和走街串巷的捎客。按类别来说,主要有以下收藏机构与群体:①

1. 国家机构收藏

基本上为国家以及各个省市设置的专业收藏机构,如美术馆、博物馆、图书馆、画院、美术院校等,收藏资金由财政拨款。作品一旦被它们收藏,流入市场的可能性就很小。例如北京故宫博物院1995年以1980万元收购北宋张先的《十咏图》;2009年以6171.2万元收购宋徽宗的《写生珍禽图》等。

2. 国营、私营、民营企业收藏

自2003年始,中国不少民营、私营企业进入拍卖市场。它们凭借雄厚的经济实力以及在商场上的成功经验,出手大方,动作威猛,许多拍场上的新纪录都由它们创下,令人刮目相看。北京的保利集团、大连的万达集团、浙江的小小集团、江苏的天地集团、新疆的广汇集团、深圳的博雅集团等为其中代表。这些成功投资艺术品的企业往往设有专门的机构,有专业的美术馆会聘请艺术顾问,也会出版刊物等。

3. 以鉴赏为主的传统投资者

我国自古以来就有收藏的传统,许多艺术品爱好者购藏的主要目的是满足自己的鉴赏需要,提高自己的审美眼光,让生活充满情趣和诗情画意。所以多数人选购作品常常从自己的爱好出发,以艺术质量作为是否选购的第一标准,当然也不排除有些藏家兼带投资。

4. 将书画作为礼品的公关族

因为收藏书画风雅,能够彰显自己的文化档次和品味,而且书画本身也具有较高的艺术价值等,所以一些公关族喜欢选其作为公关手段。

5. 以赢利为目的纯粹投资者

艺术品投资的高回报率吸引了许多投资者,每年35%的涨幅让不少人欣喜若狂。倘若有闲钱或是资金厚实,不少人会选择艺术品作为投资方向。他们除了买作品捂起来等待升值,以时间换价格之外,还会利用地域性差异,赚取差价。

6. 艺术品消费者

消费艺术品,就像看电影、听音乐会一样,本身是为了陶冶情操。有资料显示,凡发展中国家,用于艺术品消费的,一般仅占艺术市场份额的30%。除了满足个人的欣赏需求,近年来大量拆迁,乔迁新居的人与日激增,这中间有不少居民为美化居室,纷纷选购艺术品,特别钟情原创艺术品以提高生活品位。

7. 学习、研究者

这类人收藏的目的是学习或者研究。他们一般不受市场干扰,不为名利左右,不大会随波逐流,在对待作品收藏上完全由自己的实际需求决定取舍。

(三) 书画产业独领风骚

中国古代书画是我国传统绘画的精髓,艺术价值极高。它们源远流长、博大精深,蕴含了不可复制的历史故事和文化意味。2009~2011年,在国内拍卖市场中,中国书画份额已连续3年占据60%以上。2011年,中国嘉德、北京保利、北京匡时等10家文物艺术品拍卖

---

① 纪太年. 艺术品的收藏群体有哪些[N]. 江南时报,2012-07-08.

公司的拍品中,中国书画依然占据整个市场的绝对性份额,达 62.35%。①

宋元绘画较为稀缺,它们一旦亮相在拍卖场上必将是藏家和投资人关注的热点。"元四家"除王蒙外,倪瓒、吴镇、黄公望的精品都有过亿拍价的可能。"明四家"沈周、文徵明、唐寅、仇英,以及董其昌、蓝瑛、陈洪绶的作品都炙手可热。北京荣宝 2011 年春季拍卖会推出的《吴门雅集》24 开册页,以 1.48 亿元成交,体现了"吴门画派"在学术界的影响和巨大的经济价值。清代绘画是古代书画拍卖市场的中坚力量。② 清初六家"四王吴恽"和"四僧"的作品与近代张大千、齐白石等人的作品相比,仍有很大的升值空间。"扬州八怪"中,除了郑板桥、金农之外,罗聘、李方膺、李鱓、黄慎、华喦、汪士慎的作品目前价格偏低。清末"四任"任伯年、任阜长、任渭长、任预的作品也是收藏界关注的热点,其中海派领军人物任伯年在人物画和花鸟画方面的成就更是无人可比,影响着自清末以来近百年的中国画创作。③

古代书画作品的升值潜力巨大。明代仇英的《谏图》在西泠印社 2005 年春季拍卖会上以 121 万元成交,该画在北京瀚海 2011 年春拍上以 2876 万元天价易主,六年增值 23.8 倍。清代乾隆的《妙法莲华经》2002 年成交价为 110 万元,在中国嘉德 2011 年春季拍卖会上以 5577.5 万元天价成交,九年增值 50 多倍。清代郑板桥的《竹石兰蕙图》在 2004 年中国嘉德拍卖成交价为 539 万元,2011 年在北京匡时拍卖成交价飙升为 4600 万元,短短七年中增值 8.5 倍。④ 可见,中国古代书画显现出强劲的上升势头。北京保利 2011 年春季拍卖会上,元代王蒙的《稚川移居图》不负众望,以 4.025 亿元成交,成为中国古代书画新的拍卖纪录。⑤

较之其他艺术品,中国近现代书画更易于欣赏,受众面大,因而被广泛认可。许多投资者在缺乏专业知识的情况下通常会选择从中国近现代书画入手,且这方面投资的丰厚利润也已被多次证实。例如,黄胄 1976 年创作的《牧马图》,分别于 1996 年北京瀚海春季拍卖会上以 22 万元成交,2001 年在中贸圣佳春季拍卖会上以 50.5 万元成交,2004 年在北京瀚海春季拍卖会上以 165 万元成交,2011 年在北京荣宝春季拍卖会上以 6037.5 万元创出黄胄作品的个人成交纪录,且在 15 年涨幅达 274 倍。齐白石《松柏高立图·篆书四言联》在 2005 年上海道明秋季拍卖会上以 616 万元成交,该画在中国嘉德 2011 年春季拍卖会上以 4.25 亿元天价易主,更是创下中国近现代书画世界纪录。

近现代书画之所以会成为各个拍卖公司的主力业务,一方面是因为古代书画鉴定困难,另一方面是因为当代书画价格不甚稳定。近现代书画大师中,吴昌硕、齐白石、张大千、傅抱石、徐悲鸿、潘天寿、林风眠、黄宾虹、石鲁、李可染、黄胄等大师的作品,一直是拍卖市场的骄子,他们的作品今后的走势将持续上涨,并主导整个中国书画拍卖市场。陆俨少、谢稚柳、吴湖帆、刘海粟、吴作人、于非闇、叶浅予、李苦禅、亚明、魏紫熙等大家的作品也随着其他大师作品的高涨而不断攀升。

---

① 崔吕萍. 2011 拍卖成交回顾:中国书画连续 3 年占六成以上[EB/OL].[2012-2-3]. http://news.163.com/12/0203/10/7PB5KV1G00014AEE.html.

② 杭春晓,张燕飞. 吴地风流:明四家绘画[M]. 天津:天津人民美术出版社,2005:8.

③ 鲁力. 古代书画[M]. 北京:中国书店出版社,1997.

④ 龚平. 郑板桥书画价值几何[N]. 扬州日报,2011-12-01.

⑤ 佚名. 王蒙《稚川移居图》4.025 亿元成交[EB/OL].[2011-6-5]. http://www.chinanews.com/cul/2011/06-05/3090829.shtml.

(四) 艺术市场赝品泛滥、乱象丛生

目前艺术品收藏市场赝品泛滥已成为圈内人士公认的事实，而大部分赝品来自以营利为目的的造假，并形成了专门造假的作坊和机构。像前几年引发中国画坛震荡的"石鲁假画风波"，几百幅卖出的"石鲁遗作"假画均是由一造假团伙所为。在成都的收藏市场上，同样有伙不法之徒，他们经常在市场上大量收购各类新仿古玩艺术品进行人为做旧加工处理，然后再以高价在古玩市场上卖出，甚至与各拍卖公司私下串通，最终通过拍卖会流向社会。

据统计，在中国仅文物艺术品的造假工作人员及营销者就多达三四十万之众[①]。2012年3月，《中国文物造假版图》一文的出现在新闻界、商业界及收藏界中引发了较大反响。该文虽然主要关注的是玉器造假，却也顺道揭示了其他艺术品造假地区的地理分布。根据该文内容，陶瓷造假的重灾区以江西、河南、福建、广东的某些地区为重；青铜器造假重灾区则是以河南洛阳伊川县某村为代表的制假村；玉器造假重灾区有河南（南阳）、安徽（蚌埠），这些地区主要是汉代玉器造假地，辽宁是全国90%的仿制红山玉的聚集地；书画造假重灾区为天津鼓楼地区、北京潘家园、琉璃厂等地。[②]

上述这些现象都是不顾个人良心和道德底线所产生的文化灾难。中国艺术品市场要想真正走向繁荣，就应该健全法制，惩治不法分子，消弭或减少各种丑恶现象。

除了赝品充斥外，我国艺术品市场还出现了过分渲染、伪专家、拍假与假拍等种种乱象。

首先是收藏媒体乱象。随着收藏市场的火爆和收藏爱好者队伍的不断壮大，国内越来越多的电视台为适应观众口味，开办了与收藏有关的节目。据统计，目前国内至少活跃着十几档收藏类电视节目。在收视率直线攀升的同时，民间收藏也随之频频升温。但有的鉴宝节目却忽略了艺术品的文化情趣、历史渊源、艺术品位，而在价格上大做文章，让老百姓走入误区。不少人在看过鉴宝类节目之后，总想着觅宝、捡漏或是一夜致富，得了"寻宝综合征"。

有的节目甚至通过当场锤砸赝品来制造看点，信口开河的估价、装模作样的表演，甚至请演员当"托儿"，如此做法只会让知识性强、高雅的收藏节目变得无知化、庸俗化。[③] 这些做法不注重艺术品的艺术内涵和科学知识，而是单纯把真与假、经济价值当成可以吊足观众胃口的噱头。

其次是专家鉴定乱象。文物商人谢根荣巨额贷款诈骗案引出的"金缕玉衣"虚假鉴定事件，在收藏界引起极大震动。[④] 文物鉴定乱象再次被震撼揭示：5名顶级鉴定专家，为假玉衣评估出24亿元的天价，实在是匪夷所思。以他们的学术水准，辨别真伪并非难事。文物鉴定界的专家卷入骗贷案，动摇的是整个文物鉴定及收藏行业的公信力。一些鉴定专家之所以甘冒自毁前程的风险，一是经不起金钱利益的引诱；二是就算鉴定有偏差也没有责任追究，当然也有自恃文物界权威而不知商界之奸诈凶险为何物者。其实，当一个专家没有职业操守或离开自己的专业时，就只能是伪专家了。目前文物鉴定乱象可分成两类情形：一是伪

[①] 朱凯. 揭开文物造假的黑幕[EB/OL]. [2010-4-27]. http://news.china.com.cn/rollnews/2010-04/27/content_1825369.htm.

[②] 佚名. 揭秘中国文物造假版图：河南安徽成玉器重灾区[EB/OL]. [2012-3-1]. http://finance.qq.com/a/20120301/004176.htm.

[③] 胡亮. 我国艺术品市场亟须法制规范[N]. 中国经济时报, 2012-06-18.

[④] 罗彦, 项楚卿. 24亿元假"金缕玉衣"揭开文物艺术品行业乱象[N]. 人民日报, 2011-09-09.

专家满天飞,二是真专家也做伪鉴定。两种情况都暴露了民间文物鉴定中制度和监管的缺失。伪专家大行其道的重要原因,是发放文物鉴定资格证书的机构多、渠道乱、门槛低。但比伪专家更可怕、更可鄙的是真专家做伪鉴定。

再次是拍卖市场乱象。近年来,艺术品收藏市场疯狂发展,艺术品投资市场一片红火景象,拍卖品价格也屡创新高,令人咂舌。但繁荣背后掩藏的许多乱象和陷阱,让买家雾里看花,难辨真伪。许多无知之徒更是抓住"商机"制造赝品,在拍卖会上滥竽充数、以假乱真,使得整个拍卖品市场混乱不堪。假拍、做局、欺诈,甚至洗钱,艺术品拍卖市场乱象丛生,导致诚信缺失,令人触目惊心。有些拍卖公司还雇用"拍托"进行假拍,这早已是公开的秘密。

(五) 艺术品行业监管趋于完善

当前,我国的艺术品市场虽然呈现出了不少问题,但我国政府和有关职能部门一直很重视此事,先后出台了一系列文件与政策,取得了一定成效,对某些不良现象起到了一定的遏制与管制作用。

1. 出台政策,保护艺术家的著作权

我国宪法确认了公民从事艺术创作的自由。在对作品保护方面,1990年我国颁布了《中华人民共和国著作权法》(2010年修正公布,以下简称《著作权法》),依据此法艺术家的作品保护期达到作者去世后的50年,在此期间创作者的著作权不得受侵犯。创作者享有作品的所有权、发表权、修改权、修复权、保护作品完整权,以及合法取得报酬的权利。这就为作品进入市场提供了可靠保障。当进入市场的艺术品著作权受到侵害或擅自被复制、修改、假冒时,艺术家可以依据法律武器捍卫自己的合法权益。《著作权法》规定:制作、出售假冒他人署名的美术作品的为侵权行为,应当承担停止侵害、消除影响、公开赔礼道歉、赔偿损失等民事责任,并可由著作权行政管理部门给予没收违法所得、罚款等行政处罚。另外,《中华人民共和国刑法》中还规定:对于以盈利为目的制作、出售假冒他人美术作品行为的人,最多可处3年以上7年以下的有期徒刑。这些规定,为艺术家提供了一个良好的创作氛围。同时,《著作权法》在作品所有权转移方面也作出了有关规定,在一定程度上为艺术消费者提供了法律依据。使消费者明确自己的艺术消费权利,即当作品所有权发生转移后,展览权、所有权属所有人享有。

2. 规范艺术品市场的经营管理

1994年文化部颁布了《美术品经营管理办法》(文化部令第8号)。它对于加强美术品经营管理,保护创作者、经营者、消费者的合法权益,促进艺术事业健康发展有着积极意义。《美术品经营管理办法》明确了艺术品市场的行政主管部门;规定了设立画廊、画店、美术品公司的申办程序;对于举办美术品比赛、展览、展销、拍卖等活动条件和履行的手续也有较为详细的规定;同时在经营管理方面,明确了经营者的权利和义务,规范了艺术品的经营活动。但随着市场经济的发展,艺术品市场出现了许多新问题、新情况,尤其是我国加入世界贸易组织以来,文件中很多条款已不再适应市场的需要,与世贸规则也相悖。同时,画廊、画店的蓬勃兴起,外资的进入,艺术品拍卖的发展,艺术品经纪人队伍的迅速壮大等新情况的出现也要求对原文件尽快完善。[①]

经多方面调研,原文化部在《美术品经营管理办法》的基础上起草了《艺术品经营管理办

---

① 中华人民共和国文化部. 中华人民共和国文化法规全书[M]. 北京:文化艺术出版社,2008:229.

法》(以下简称《办法》),旨在规范艺术品市场,促进艺术品市场的发展,推动艺术创作的繁荣。修改稿在《美术品经营管理办法》的基础上,进一步扩大市场准入,允许个体、私营、民营包括外商投资艺术品经营活动;在减少审批、简化审批环节方面,主要是放宽设立艺术品经营单位和举办艺术品经营活动的申报条件,取消对地方性或全国性艺术展览的审批;同时制定经营规范,加强对艺术品经营单位的监督管理,在建立信用制度、限制不公平交易方面作了相应规定,以最大限度地保障当事各方的权益。《办法》的修改经过了两年多的调研和论证,期间还多次征求了国家经贸委、外经贸部、海关总署等相关部门的意见,并召开专家和经营者座谈会,对《办法》的各条款进行深入论证。随后,原文化部也在积极促进《办法》的早日颁布。

3. 起草《文化经纪人管理办法》,建立艺术经纪人制度

起草《文化经纪人管理办法》,是我国文化市场法制化进程中的重要一步。《办法》建立的文化经纪行业规范,为文化经纪活动的健康发展和繁荣提供了保障。艺术品经纪人作为市场的中间纽带和桥梁,正发挥着越来越重要的作用。随着改革开放的深入,我国的艺术交流和贸易将逐渐转向社会化、市场化。但我国艺术经纪人制度尚处于自发状态,缺乏行业自律和监督,一些不规范的操作,影响了国际信誉和形象。为此,原文化部起草了《文化经纪人管理办法》,目的是从立法建章、规范运作、实行文化经纪人职业资格制度入手,积极推动文化经纪业的发展,并在起草过程中,重视立法的科学性、可操作性、导向性和预见性,继承了目前文化市场管理的主要制度,又根据市场的发展趋势作了一些新的规定,即建立文化经纪人登记制度、文化经纪人资格认定制度、文化经纪人从业记录备案制度等。目前,《文化经纪人管理办法》正在广泛征求各方面意见。

4. 关于艺术品进出境的管理

促进文化艺术的国际交流,保护民族文化,是文化市场管理的重要职能。关于艺术品进出境的法制建设,多年来行政管理部门一致在进行着不懈的努力,并取得一系列成果。1993年文化部发布了《文化艺术品出国和来华展览的管理细则》,加强了对文化艺术品进出境展览的归口管理。对于主办跨国展览的单位作了资格限定,规定了相应的报批程序。随着时代的进步,改革开放的进一步深入,国际间的文化交往日益频繁,对于这方面的管理需要也有更高的立法需求。1997年海关总署发布《中华人民共和国海关对进口展览品监管办法》(以下简称《办法》),规定了进口展览品需向海关申报的具体程序,包括明确《办法》所涵盖的进口展览品的范围;规定进口展览品来华举办展览会的单位,应将有关的批准文件,事先抄送展出地海关,并向展出地海关备案;对于进口展览品应履行的手续作了较为详细的规定。1997年文化部又发布了《文化部涉外文化艺术表演及展览规定》[①],明确了文化部负责全国涉外文化艺术表演及展览活动的归口管理和宏观调控的职能,规定了申请从事涉外商业和有偿文化艺术表演及展览(展销)活动资格的经营机构和经营场所需具备的条件及其资格认定程序,并制定了相应的处罚措施。这些政策法规为艺术品进出境的管理提供了法律依据,虽然在很多方面仍需完善,但在一定程度上避免了艺术品进出境的随意性,促进了艺术交流,有力遏制了民族艺术精品的流失。

总的说来,艺术品市场立法层次低和立法滞后的问题严重制约了管理部门的监管,也使得社会十分关注的制假、售假、行为艺术、利用招展诈骗等问题一直得不到有效解决。例如,1997年《中华人民共和国拍卖法》正式实施,该法对拍卖当事人的权利义务、法律责任、拍卖

---

① 肖扬.中华人民共和国法库:2004年卷[M].北京:人民法院出版社,2005:110.

程序等方面都作出了原则性方面的规定,使拍卖活动做到了有法可依。但该法将艺术品和一般商品同样看待,没有明确主管部门。艺术品市场的管理部门,只能对艺术品市场的其他环节进行管理,而对于艺术品拍卖的管理却没有依据,因此管理部门很难对艺术市场进行宏观调控,造成整个艺术市场管理是分散的,不成系统的。可见,艺术品拍卖急需理顺管理体制,制定艺术品拍卖管理的实施细则,加强对艺术品拍卖市场的宏观调控能力,确保艺术品拍卖市场的健康发展。

各种情况表明,完善艺术品市场的法制体系势在必行。我国政府正逐步出台更多政策来规范艺术品行业。2010年3月中国人民银行会同中宣部、财政部、文化部、广电总局、新闻出版总署、银监会、证监会和保监会九部委联合发布《关于金融支持文化产业振兴和发展繁荣的指导意见》(以下简称《指导意见》)。在《指导意见》的推动下,我国证券、银行、保险等金融机构积极采取措施支持文化产业发展,如证券系统大力支持文化企业上市融资,银行系统由单一银行信贷支持逐步转变为建立全领域投融资体系的"部行合作"机制。2010年年底文化部、保监会联合下发《关于保险业支持文化产业发展有关工作的通知》,要求保险机构积极推进文化产业保险的创新发展,努力开发适合文化企业特点和文化产业需要的保险产品,逐步建立文化产业保险市场运行机制和制度。2010年7月1日《文物艺术品拍卖规程》正式实施,这是我国拍卖行业恢复发展20多年来的第一部行业标准,对推动艺术品拍卖市场的行业规范具有重要意义。2011年年底文化部发布了《文化部关于加强艺术品市场管理工作的通知》,规定明确禁止类证券化交易。准备出台的《艺术品行业管理条例》拟建立艺术品市场从拍卖交易、画廊经纪、销售、展览展销、进出口,到鉴定评估、产业聚集区等全产业链的管理制度,目前条例草案基本形成。

二、我国艺术品产业的发展趋势

(一)国际化趋势

亚洲金融危机过后,中国艺术品市场经过一段时间的调整后,整合能力迅速增强,以大中华圈为中心的推动,再加上印度艺术品市场的不断兴起,特别是香港与北京的呼应,使得亚洲艺术品市场复苏与整合发展的步伐不断加快,逐步成为世界艺术品市场发展的一个新亮点。在国运的牵引与巨大消费能力的推动下,大中华圈的文化认同感进一步增强。同时,随着中国艺术品市场国际化与国际艺术品市场中国化进程的推进,北京作为世界文化艺术中心之一的地位正在浮出。从全球经济和文化的发展局势来看,中国及亚洲区扮演着越来越重要的角色,其政经实力和文化主导权进一步提升,不但在全球拍卖市场中占据着重要份额,而且国际藏家对中国艺术品的需求也呈稳定上扬的趋势,中国艺术品市场有了更大的发展潜力和空间。近几年,国内投资者频频出现在国际拍卖市场中,越来越多的中国投资者在伦敦、纽约、香港等地的佳士得拍卖会上参与竞投。在香港拍场,近半数的竞投者来自中国内地。中国投资者参与拍卖的成交额占佳士得中国器物拍品总成交额的23%。中国投资者拍卖的成交额分别占纽约佳士得总成交额的10%、香港佳士得总成交额的19%,这反映出中国经济的快速发展使得中国内地的投资者有了很强的经济实力和投资能力。① 预计未来三五年内,国内买家在国际拍场上成交的比例还会成倍放大。中国拍卖行业已经走过了二十多个年头。当中国经济逐步融入世界,各行各业均以国际化作为标杆的时候,中国艺术品拍卖业也在走向国际市场,一种国际化的理念在业内渐次流传开来。

纵观近几年的中国拍卖业,最显著特征是拍卖市场的逐渐国际化。不论是北京永乐国际拍卖公司得到了佳士得商标使用许可、引进了国际化管理模式,还是拍场跨国交易的力度不断加大,或是北京华辰拍卖与美国蒂姆·雅戈画廊联合主办的包括毕加索、雷诺阿、夏加尔等大师经典作品的秋拍展售,都成为中国拍卖业走向国际化的有力例证。

(二) 金融化趋势

随着中国艺术品市场及中国资本市场的迅速发展,中国艺术品市场金融化的宏伟蓝图已经开始描绘,中国艺术品资本在不断地壮大与积累,中国艺术品资本市场也在此基础上不断泛生与发育。在此背景下,如何解放思想,在文化战略的支撑下,进一步放大市场发展的规模,建立面向资产及资本市场规范化的运行机制及与此相匹配的政策与体制是一个关键问题。对于进行艺术品投资的企业家来说,艺术品可能首先是一种消费,但也不排除把它当作一种投资,甚至是金融工具。企业进行艺术品投资正成为一种资本运作的新方式,这也是中国艺术品资本市场成长的一大支撑。从世界范围内艺术品市场的基本经验来看,资本的介入程度往往标志着艺术品市场的规模及其成熟程度。从这种意义上来说,艺术与资本的对接不是选择而是必须。在中国艺术品市场逐渐产业化的今天,艺术与资本结合会为中国艺术品市场注入一剂强心针;艺术与资本结合也会改善中国艺术品市场的运作结构,为市场提供空间扩展的支持,提升市场自身的价值;艺术与资本结合更会为中国艺术品市场带来新的运营模式和运作手段,促进市场强势运转。然而,现实的问题却是,中国艺术品市场与资本还是两条不相关的平行线,难有交集,这使得市场仍保持一种长不大的稚嫩姿态。在中国艺术品资本市场不断壮大的过程中,艺术品资本市场不断拉动与扩张中国艺术品市场的规模已成为一种不可回避的趋势,具有强大的动力。目前,中国艺术品经营机构正在大力改制,朝上市的方向加速前行,特别是拍卖公司的上市会进一步提速。可以看到形形色色的理财产品、信托投资、各种基金,以及各种各样的交易平台,例如近几年兴起的文交所等,都是金融参与艺术品市场的一个重要方面。

(三) 规范化趋势

以诚信体系为核心的中国艺术品市场体系的建设越来越受到关注,秩序化、规范化运作的观念与认识须有相应的体系与体制来保障已初步成为共识,市场体系的发育面临着巨大挑战。中国艺术品市场主体发育面临新的困境,网上交易成为中国艺术品市场的一个重要看点。如果市场主体不能持续、有效地发育,则意味着市场体制及市场机制无法形成,中国艺术品市场的成长、壮大之路就会变得漫长遥远。而围绕中国艺术品市场发展的四大瓶颈展开的攻坚又有进一步的深入进展。首先,以资产评估及资产化为核心的中国艺术品资本市场的发育与发展已不断有所突破;其次,以征信体系为核心的中国艺术品市场诚信体系的建设已引起了广泛的重视与关注;再次,以市场主体的发育与发展为核心的市场体系的建设

---

① 梁志坚. 艺拍走向国际化[EB/OL]. [2007-07-11]. http://finance.sina.com.cn/money/collection/yspmarket/20070711/19533775781.shtml.

与发展已逐步纳入到各级政府的议事视野,其中,推动文化产业的发展是一个重要的突破口;最后,以审美文化重建为核心的中国艺术品市场环境建设也日益引起了学界、政府及藏界的热议与关注,如何构建既充分体现本民族审美取向,又与面向世界的审美文化体系同步的市场环境,已成为中国艺术品市场发展的热点问题之一。同时,中国艺术品市场标准化工作也在积极开展当中。

(四) 大众化趋势

艺术品同其他投资的最大区别在于它背后包容了具有更多人文因素的文化精神,每件艺术品都各具特色、与众不同,它是特定民族在特定时期的文化见证,是人类文明生息传承的载体,也正是由于艺术品的这种独特价值使得它开始被更多的人所认识,并慢慢渗入经济流通领域演变成投资的对象。就目前艺术品投资表现出来的较高回报率和相对低风险来看,更多人被激发着走入艺术品领域亦是大势所趋。

改革开放以来,随着社会经济的不断发展,百姓生活已由原来的以物质文化需求为重点,转换为以精神诉求为核心的更高层次需要。随着这一变化,文化艺术领域也得到了发展契机,社会中有越来越多的人开始关注收藏、拍卖、展览、交流研讨等有关中国艺术品市场的信息,整个市场在不断的人流涌入后,迅速得到膨胀扩张。艺术品的大众化趋势越加明显,艺术品收藏投资以不同形式、不同艺术领域等面貌进入了寻常百姓家,被越来越多的人所接受。文化艺术品交易所的不断涌现,为更广泛的人群参与高端艺术品投资市场拓宽了渠道,使艺术品市场的发展更加多元化。同时,以投资带动文化,也使得更广泛的人群关注、参与文化,为普及文化艺术品知识、提升全民文化品位提供了平台。

第二节 中国艺术品市场营销主体

中国艺术品市场营销的最关键问题是其营销体系的建设,在体系建设中,最为核心的问题是主体建设。经纪人(艺术商)、网上营销、画廊企业、拍卖、展览展示、国家营销等共同构成了中国艺术品市场的营销主体。[①]

一、艺术品市场中的经纪人

(一) 艺术经纪人的分类

艺术经纪人一般细分为两类:一类受拍卖行、画廊等中国艺术品市场企业委托,按照委托者的要求和某种交易条件,推销艺术品或联系拍卖品买主,从艺术品成交中获取收益——佣金。另一类具有更大的个体艺术商性质,奔走于艺术品交易双方,成交后收取佣金作为收益。[②]

[①] 西沐. 中国艺术品市场概论:下[M]. 北京:中国书店出版社,2010:408.
[②] 翟连升. 十二种经纪人[M]. 合肥:安徽人民出版社,1996:330-334;国家工商行政管理局市场管理司. 经纪人业务教程[M]. 北京:中国书籍出版社,1993:153-163.

（二）艺术经纪人的作用

艺术经纪人扮演着催化剂或中转者的角色，可使艺术品买卖双方较快地建立起市场联系，进而完成市场交易过程，从而使得经纪人所代理的艺术家的作品、艺术服务的市场价值得以实现。艺术经纪人是帮助艺术家获得市场成功的重要力量。对于艺术新人来说，由于在中国艺术品市场上一时还没有自己的定位，在中国艺术品市场经营企业中还没有自己的信誉和知名度，使得新人很难将自己的作品在中国艺术品市场上流通。这时，艺术经纪人便可为他们进行宣传"包装"。艺术经纪人充当联系的桥梁，使艺术品找到合适的买主，艺术消费者买到称心如意的艺术品，从而使艺术生产者通过作品接近艺术消费者。同时，艺术经纪人在帮助艺术投资者克服盲目性，使艺术投资者与艺术家及其生产产品有机结合等方面，也能够发挥积极作用。总而言之，艺术经纪人是在调查、分析艺术消费市场，了解艺术品投资市场和投资动向的基础上，有针对性地联系买主、推销适销对路的艺术品，使艺术商人、拍卖行主和艺术品投资者、艺术收藏家双方各取所需。

（三）艺术经纪人的市场行为方式

1. 经纪艺术品

艺术经纪人与被代理人或委托人之间就艺术品或艺术服务项目签订经纪合同，作为艺术经纪活动的依凭。艺术经纪人与他所联系的艺术品交易双方可以保持长期的联系，成为艺术品经营企业相对长期的合作者，并代为招揽生意，或者成为艺术家作品长期的受委托人。

2. 经纪艺术家

经纪艺术家或称代理艺术家，一般包括五种方式：买卖代理、代销、风险代销、展销代理和长期代理。经纪人与艺术家之间可以根据中国艺术品市场情况和双方愿望意向，就代理艺术品交易签订短期合同或长期合同，而经纪艺术家必须签订长期合同，它是艺术经纪人长期经纪艺术家、全面代理艺术家在中国艺术品市场的市场行为和市场利益的文件。

3. 开办艺术经纪公司

以经纪艺术品交易为专门业务的市场机构是经由注册固定的、公开的经济实体，可使艺术家避免盲目寻找经纪人的困扰，通过与艺术经纪公司或艺术经纪人事务所联系，选择与自己的条件相适合、比较有利的艺术经纪条件。

（四）艺术经纪人的个体条件

艺术经纪人需要有能够发现、预测市场变化和挖掘艺术新人的敏锐眼光，当机立断的胆识魄力，理性分析能力和直觉判断能力，抓住时机和及时应变的能力，商战策略的制定和运用能力，而这一切又与经纪人的实践经验密不可分。

具体而言，艺术经纪人需具备如下条件：一是艺术品鉴赏知识；二是经济头脑与市场意识；三是市场信誉与法制观念；四是公关策略；五是眼光与胆识。

二、艺术品市场的拍卖

(一) 艺术品拍卖方式

艺术品拍卖指以委托寄售为主的艺术企业,按规则公开出价和竞价的方式当众出卖寄售的艺术品,将它转让给最高应价者的买卖形式和市场主体。艺术品拍卖方式主要有三种:① 传统方式即价格上行式拍卖。主要程序为潜在的买主事先看货,然后在拍卖现场中,艺术拍卖师先报出起拍价,再由众多竞买人连续提高出价争购,直到无人再出高价时,就接受此最高价格成交。② "荷兰式拍卖",即价格下行式拍卖。拍卖师先喊出拍品之最高价,逐步降低,直到拍卖现场的顾主中有人接受时为止。③ 密封投标式或称招标式拍卖。拍卖行事先公布某批艺术品的估价,然后由竞买人将密封标单寄交拍卖行,由后者选择出价最高者而达成交易。①

(二) 艺术品拍卖的作用

第一,推动艺术发展。艺术品拍卖充当了联系艺术生产者与艺术消费者的桥梁。艺术家可以从市场角度了解自己创作的作品在社会上的反应,了解艺术消费者的需求,同时还可以从作品拍卖中得到一定的经济收益,通过拍卖宣传和拍卖活动本身,提高知名度。更重要的是,艺术品拍卖趋向于高雅艺术品,名家精品的高价位竞拍促进了艺术家精品意识的形成。

第二,保证艺术收藏,活跃中国艺术品市场。

第三,促进文化艺术交流。国际性的拍卖公司的艺术品拍卖无疑是一次次不同时期、不同国家或地区、不同艺术风格流派的艺术品大汇展。通过拍卖宣传、预展以及竞拍,不同的文化艺术得到了某种交流和传播。

第四,推出趋向成熟或已经成熟但尚不为公众所知的当代艺术家,从而提拔艺术新秀,支持、促进他们的成长。

(三) 艺术品拍卖程序及策略

1. 总体策略

总体策划,即对拍卖的市场目的和其他社会目的、拍品来源、规模大小、拍卖范围、拍卖档次、竞买人的组织、拍卖时间和地点,以及拍卖预期具体目标等做全面的考虑谋划。

2. 准备拍品

拍卖行准备拍品,即吸引委托拍卖者或艺术品持有者向拍卖行提供拍卖的艺术品,主要有两种方式:一是送拍,二是征集拍品。拍卖行应当场仔细检查、鉴定艺术品,然后根据卖家提出的底价,提出估价。设定底价时,应考虑拍品的艺术质量、作者的市场形象和价位、该拍品可能购买力、同类作品的拍卖价等。委托人和拍卖人双方应当在彼此沟通的基础上签订书面委托拍卖合同,其中应载明以下事项:委托人、拍卖人的姓名或名称、住址,拍卖标的名称、规格、数量、质量,委托人提出的底价,拍卖的时间、地点,拍卖标的的交付或转移的时间、

---

① 中国拍卖行业协会.拍卖通论[M].北京:中国财政经济出版社,2002:22-25.

方式,佣金及其支付的方式、期限,违约责任以及双方约定的其他事项,如成交佣金是多少,若不成交佣金是否要付,以及鉴定费、图录费、公证费、运输费、保管费、保险费等如何计算,且以何种币种结算;如果委托人在拍品预展期间退出拍卖,须向拍卖公司交纳底价金额20%的罚金等。①

3. 确立信誉

确立信誉的手段有很多,由著名拍卖机构、企业主拍是其中重要的一种。另一种确立信誉的手段是名家鉴定。专家对参拍艺术品逐件鉴定,以保证其可靠性。更多的是由著名鉴赏家、鉴定专家为成交艺术品"名誉落锤"。

4. 宣传展览与个别推销

拍卖公司应当精印拍品集或图册目录,包括这些作品作者的背景材料,对于欲推出的美术新秀最好有较详细的经历、艺术介绍乃至权威美术批评家的推荐文字,让买家有充分的时间和空间来了解拍品的品位、价位和它们的作者,并选择投资目标,从而促成他们的竞买。

5. 拍卖成交

艺术品拍卖效果如何关键是看拍卖现场的竞拍和成交情形。关于拍卖还有一些需要解释的地方:一是底价保密。拍品估价要高于底价,而底价本身应只有委托人和拍卖人清楚。二是预约订购。欲购者可以采用正式书信或电子邮件的形式预先订购。对于素有信誉的艺术收藏家也可以用电话订购的形式,向拍卖公司申请,以表明拍品在某一幅度内欲购。三是叫价,也称报价。指报出艺术品价格让拍卖参加者竞买。

6. 交付结清

拍卖行与买受人、委托人结算时,一般以拍卖落槌价为基础。用何种币种结算也早已在与委托人或货主的合同和须知中确定下来,照章办理。拍出后拍品买卖双方都必须向拍卖公司交纳代理费、佣金。通常所说的拍品成交价是指买受人为得到该拍品而支付给拍卖行的总费用,即落槌价加佣金。

(四) 艺术品拍卖注意事项

第一,拍卖行忌盲目开拍。细致而又充分的准备对一场拍卖来说至关重要,在没有做好征集拍品、宣传及相关运作之前,不宜仓促开拍,以免造成不必要的损失。

第二,卖方忌自视过高。送件方要对自己拍品的价格有理性化的评判,不能盲目追高,造成流拍发生,贻误商机,关键是要在定价上做到适时、合情与合理。

第三,买方忌盲目接拍投资。主要是不要受现场气氛的影响,头脑发热,做出不理性的判断与决策,造成不必要的损失。

三、网上交易平台

随着全球数字化的到来、中国网络普及率的极大提高,以及虚拟商店等网络电子方式的繁荣与活跃,网上艺术品交易市场正在成为一种新的交易平台进入到中国画市场当中。数据显示,我国互联网发展在多个方面呈现出蓬勃发展的势头,进入了一个快速发展期。截至2006年6月30日,我国网民人数达到了12300万人,与上年同期相比增长了19.4%。网络

---

① 西沐.中国艺术品市场概论:下[M].北京:中国书店出版社,2010:410.

已经成为很多人工作生活的好帮手。经常上网购物的人数达到了3000万人,占到网民总数的26%。另外,与上年同期相比,网上购物的网民增长了50%,显示出这一新兴购物方式良好的潜力和前景。[①]

我们生活在一个信息时代,互联网将全球的人们紧密地联系在一起。网络购物已经成为一个超越传统购物渠道的新兴购物方式,并在全世界范围内得到了普遍认可。它与画廊、拍卖行形成了一个互补、多元的交易平台。毫无疑问,艺术品网络交易平台的诞生,是当前全球范围内一个极具时代特色的标志,并跨越了时空、国界、地域,不受人员和规模限制,为艺术品交易和展示提供了一个崭新的舞台。作为一种全新的交易渠道,网络突破了传统渠道的限制。绘画作为最重要的视觉艺术品之一,可以通过网络平台形成很好的展示。此外网络也可以不受绘画作品的数量、时间、空间、地域等限制和制约,向消费者进行全天候服务。网络交易跨越时空的特点,决定了其市场容量相对于传统交易具有无限性。绘画作品通过网络展示,不仅可以减少资金压力,而且没有空间的局限性。[②]

网络交易可以使信息尽可能广泛、迅速地向社会传递。网络同时集几种角色为一体:画廊、拍卖行、信息发布平台,可以轻松使消费者获得对市场的认知和了解,使信息最大化地到达用户。不仅如此,绘画作品的网上交易还有助于在更大范围内实现其价值,从而更大程度地体现公正、公开、公平的交易原则。

随着中国网络环境的逐步完善和成熟,网络购物在电子支付环节、交易手段、网络安全,以及消费者心理等各个方面都步入了成熟阶段。实际上,经过几年的发展,中国的网上购物环境已初具规模,并成为当今社会人们喜爱的一种购物方式。它不仅快捷,而且高效,与传统的交易渠道相比,网络具有成本优势。

与传统的交易环境不同,在一个新的、虚拟化的网络环境下,如何更好地为消费者提供全面、及时、准确的有关画家、作品、价格等方面的信息,如何通过新的技术手段在网络环境中更加真实地展示绘画作品,以及在网络支付、配送流程中进行缜密的思考和保障,将是确保中国绘画作品网络交易平台畅通的根本,而网络交易平台所显现出的优势将与传统的交易渠道形成互补。人们通过网上和网下的交易方式,可以填补画廊、拍卖行等在数字化时代的鸿沟,成为新的核心竞争力。

四、艺术品市场中的画廊(店)

(一) 画廊的种类

第一类,侧重推出创意性作品。即作者的创造性能力和表现欲体现的比较多,此类作品艺术个性较为鲜明。第二类,专营名家作品。第三类,侧重推出一般艺术家的作品。这类画廊专门代理虽无大名,但技艺精湛的二三流艺术家,接受他们的作品,面向社会的中产阶级买主。第四类,侧重营销商品画。这里说的商品画特指那些作者从一开始制作就打算让它们进入中国艺术品市场流通,获取经济利益的作品,当然作者在制作过程中也少有创意,如果好销,也不惜重复制作或仿作。它们也称为市场性艺术,其中,成批复制的就是我们习惯

---

① 西沐. 中国艺术品市场概论:下[M]. 北京:中国书店出版社,2010:411.
② 孔伟成,陈水芬. 网络营销[M]. 北京:高等教育出版社,2005:7.

所称的"行货"。第五类,以综合性为特点。这类画廊实际上是既经营纯艺术品又经营工艺品或古董文物的综合商店,可以有侧重,譬如说主要经营绘画雕塑作品,兼营古董珍玩或工艺品,或者反过来将纯美术作品作为兼营。若依据狭义画廊的经营形式来划分,又可以将画廊大致归成四类:其一,代理画廊。这类画廊对艺术家作品的展览、销售进行长期(有时短期)代理并负责包装,推出所代理的艺术家。其二,代销画廊。这类画廊在自己固定的经营、展示场所代销艺术家的作品,按合同从出售作品的所得中扣除一定比例作为代销佣金。其三,展销画廊。这类画廊负责举办一次性的艺术家个人或艺术团体的市场性展览,按合同从销售所得中提成。其四,场地画廊。这类画廊只向举办艺术品展览、展销的艺术家、艺术团体或货主出租展出场地,收取场地费。①

现代意义上的规范的专业画廊需要满足三个条件:一是主要以代理制度为标志。画廊有其相对固定的被代理艺术家群体,以代理对象为一种依托,而不能类同于一般艺术品代销店或是兼卖书画的工艺品商店,也更非"行货"批发中心。二是有其相对明确的定位。这种定位不仅体现在所经营的艺术品和所代理的艺术家的文化、美学层次和市场层次上,还体现在画廊的经营理念、经营风格、经营特色和审美取向上。三是规范操作。这就是所谓按画廊的"游戏规则"办事,例如有专业人员队伍,为艺术消费者提供专业服务、咨询;定期推出有一定学术水准和市场层次的展览;对签约艺术家进行规范化的代理。

(二)画廊的性质

画廊是艺术品交易一级市场,是一个以盈利为主要目的、购买艺术品再转卖出去的市场场所。画廊在中国艺术品市场中展现的性质有:首先,美术品主要在画廊里成为现实的中国艺术品市场,并且在画廊里完成它的所有权转移,从而实现其市场价值,与此同时,在顾主的选择中和购买以后的收藏欣赏中,作品的文化价值也得到了实现。其次,画廊有助于推出美术家,帮助其扩大影响、取得市场成功,甚至促进其艺术成功。最后,画廊可为消费者提供大量的美术市场信息,美术市场的行情,常常充当了美术市场的晴雨表,在很大程度上起到了联系美术品生产者和消费者双方的作用,调节着美术商品的供需双方的关系。

(三)画廊的形象

画廊形象指由画廊的经营个性、在市场上的知名度和信誉所形成的经营面貌。提高画廊服务水平必须遵守以下服务原则:

第一,诚信原则。不售假画,不以劣充好,信守合同。

第二,交流原则。不局限于单纯的买卖交易,努力进行感情、艺术交流。

第三,权威原则。力图树立自己的权威性,培养有权威的眼光,不要滥用"著名",推出真正有艺术实力和市场潜力的艺术家。

(四)画廊的市场定位

画廊的市场定位就是画廊通过各种努力,为自己及自己所经营的中国艺术品市场在中国艺术品市场中谋取并确定一个醒目的、富有竞争力的、符合相应艺术消费群体需要的地位。画廊完成其市场定位的主要途径是帮助有合作关系的艺术家树立鲜明的市场形象,以

---

① 魏飞.中国画廊业经营现状和问题分析[J].郑州航空工业管理学院学报,2011(2):28-29.

及使自己所经营的中国艺术品市场达到一定水平、档次和信誉度。

(五) 画廊的作用

一是吸引货源和货主合作,画廊在吸引货源方面常见的方式有买断、代销或寄售、风险代销、展销代理和长期代理五种。买断,又称了断、买卖代理。对于一些有较大把握可以出售的艺术品,画廊会付出一定金额将它从作者或拥有者手中买下,一次性完成艺术品的所有权转移,再提价出售。二是建立客户联系和销售网络。

五、艺术品博(展)览会

(一) 艺术博览会的性质

艺术博览会是大规模、高品位、综合性的中国艺术品市场集中展示交易形式、买卖场所和组织活动,具有浓厚的文化氛围和鲜明的时代特点,将艺术审美与商品经济有机地结合在一起,是社会经济高度发展后带动文化消费需求增长的必然产物,也是一个国家、地区中国艺术品市场走向成熟的重要标志之一,还是一种经常性的艺术品促销和艺术家、艺术品经营企业广告宣传、交流公关的手段。[①]

(二) 艺术博览会的功能

第一,促销中国艺术品市场。艺术博览会可以吸引较多的艺术机构、画廊、艺术家、收藏家和广大公众。而广大公众正是现实的或潜在的艺术消费者。艺术博览会以艺术活动来促进中国艺术品市场,又借市场的行为来推动艺术。

第二,推动艺术文化交流。这既指艺术家之间的交流,又指中国艺术品市场经营企业、收藏家等之间的交流。艺术博览会无疑是来自各地的艺术商、艺术家、收藏家、艺术批评家相互结识,切磋艺术,交流经营经验和收藏心得,研讨中国艺术品市场,建立和加强相互联系的一个适合场所和一次有益机会。

第三,培育中国艺术品市场。艺术博览会从策划筹备、具体运作到最后完成,历时较长,同时,以其"精品原则"和高成交额作品,还有通过作为艺博会一个组成部分的艺术讲座、研讨、咨询等,艺术博览会具有培养公众的艺术兴趣和购买欲望,拉动艺术消费的作用和较强的审美导向性。艺术博览会的规范化操作和有序交易,为画廊机制的完善和专业艺术经纪人的培养做出了巨大贡献,并有助于健全和完善中国艺术品市场。

第四,提高举办城市知名度。成功的艺术博览会一般都是有世界声誉的国际性博览会,它们在提高当地人们的文化生活质量的同时,对提高举办城市的知名度、塑造其现代文化形象和推动其经济发展等方面都可以发挥重要作用。

(三) 艺术博览会的规范化

艺术博览会的规范化应考虑以下方面:第一,拥有正规的组织机构及严谨合理的工作机制。第二,严格吸纳以画廊为代表的中国艺术品市场经营实体参展。第三,坚持高质量、高

[①] 武洪滨.当代中国艺术博览会研究[M].武汉:华中师范大学出版社,2011:19.

格调的艺术水准定位。第四,坚持专门化和力争有自己的风格特色。第五,采用正规的操作程序和手段。艺博会的各个具体环节,从策划、宣传、招展、评审、签约到布展、管理、服务、后期工作等,都应参照国际惯例和通则,同时还应考虑中国国情,进行规范化操作。第六,建立艺术博览会本身严格的审批、监督制度。对于中国各地艺博会的举办,不能完全听凭市场经济杠杆来导向和调节,而是应从文化政策、行政手段等方面来加以宏观调控。国家有关部门既要保护各地举办艺博会的积极性,扶持尚不成熟的新生的艺博会市场,又要对艺博会的举办加以规范,逐渐建立严格的健全的审批、管理、监督制度,其中首先应是申办资格审查。

六、艺术品市场的国家营销

中国艺术品市场国家营销是指在国家层面上所进行的一些营销活动,主要分为跨国营销与国内艺术品市场的营销。从总体来看,国家营销所应有的上限是指中国艺术品的国家营销,虽然容许所有权的异国转让,但却是存在上限的,即艺术品所有权转让所创造的财富必须小于营销艺术品访问机会所创造的财富,不然国家将面临亏损,这是一个经济学的基点。①

(一) 中国艺术品市场的国家订件

中国艺术品市场中的订件营销,特别是国家意义上的订件是近年来兴起的一项重要的国家营销手段,随着国力的增强,其会在中国艺术品市场的发展中起到应有的作用。

(二) 离析博物馆藏品,参与市场营销

中国艺术品国家营销中出现了新力量,即博物馆,其参与艺术品营销已真正登上历史舞台,成为继画廊、拍卖行和艺术博览会之后的第四大营销力量。

(三) 中国艺术品国家营销与个体艺术品营销的差异

在中国艺术品国家营销中,个体艺术品营销居于不可逆的访问机会营销的下端,两者的区别在于:

第一,个体艺术营销是一种涉及艺术品所有权转让的营销,而中国艺术品国家营销不仅包括"物"的营销,还涉及访问机会的生产与营销。不仅如此,访问机会的营销还是国家艺术营销的主要形式。并且,访问机会的经营者为博物馆或美术馆,而这两者通常属国家所有。

第二,在国家营销中,为努力实现可持续的最大访问价值而对艺术品所实施的保护,可以说是一种全面保护,包括对地上和地下文物的保护及对具有未来访问价值的"现在"艺术品的保护。一般的艺术品营销是力求让顾客满意而进行的艺术品保护,保护的是要出让所有权的艺术品,它既不负担文物的保护责任,也不参与艺术的赞助,即经营者除了对经营商品负责外,其责任范围要单纯得多。

第三,中国艺术品国家营销是一种关乎国家文化和国家形象的展示型营销,而这一营销尽管同样着眼于预期利润,但它巨大的先期投资所获得的收益却远远超过货币利润的范围,其他如政治、经济、教育等领域均可获得收益;不仅如此,受益者也将远远超越具体的操作

---

① 西沐.中国艺术品市场概论:下[M].北京:中国书店出版社,2010:415.

者,而惠及其他产业及国民。但一般意义上的艺术品营销却是一种点对点营销,即追求的是货币投资的收益,而这时最终的受益者即为投资者。

(四) 中国艺术品市场国家营销与国家竞争

国家竞争的本质是维护国家利益的财富竞争,而财富分为固有财富和他人财富。固有财富主要包含自然财富、人力财富和文化财富。固有财富若不能实现与他人财富的交换,并在交换中创造利润以吸纳他人财富,那么国家财富的增长将受到严重制约。目前,中国面临的最为关键的问题是,中国到底拥有多少文化财富?这种财富具有怎样的优势与劣势?如何避免劣势和利用劣势确立国家文化营销战略?经济学是建立在资源稀缺之上的,文化经济学以及文化与艺术品营销学也同样以文化资源的稀缺为基础。没有一个文化经同化后,还能显出它的稀缺价值,更别说形成资源稀缺矛盾。

文化财富的调查、优势与劣势的分析可以推动文化营销战略的制定。但在整个文化营销战略的制定中,应确立发展的层次,可以分模块、分步骤地展开工作,以点带面,实现文化的全面营销。应该注意的是判断文化优先营销类型,还要看该文化是否具备高度的同质性,在优先营销的文化类型中,艺术因其凝结了固有文化最本质的特征,是固有文化的最高形式,因此具有满足人们审美需要的高度营销性,对此应给予充分的重视。

(五) 中国艺术品市场国家营销竞争优势的建立

1. 发展基础设施

站在经营中国艺术品国家营销的竞争优势的立场,所要发展的相关基础设施分为发展物质基础设施、发展研究基础设施和发展人力基础设施。其中,发展物质基础设施的内容主要包括:第一,扩充、完善和新建国家、省、市(县)的博物馆。第二,鼓励私人注资建立私立博物馆或参与博物馆基础设施的建设。第三,扩充、完善和新建文物保护部门的看护基础设施、通信基础设施和交通设施。

发展研究基础设施的内容包括:第一,建立博物馆、美术馆、文物保护部门、艺术品经营机构的信息中心和监督审计中心。第二,建立针对文物保护技术、艺术品质量保障技术、知识产权保护和艺术法的制定与实施的研究机构。第三,建立支持中国艺术品市场开发、文化产业营销的研究机构。

发展人力基础设施则主要在于:第一,建立和完善正规教育体制,重点是培养相关博物馆管理,文物鉴定、保护与修复,艺术品经营与管理,中国艺术品市场开发等领域的专门人才。第二,建立和完善对相关领域的就业或失业人员以及大中专教师的教育培训机制,实现国家劳动力的再循环利用。第三,建立从国外引进相关领域的高级管理人才和技术人才的机制。[1]

2. 完善体制构架

健全法律体制。法制的完备与执行情况是防止内耗和资源流失的重要手段,更是中国艺术品国家营销是否能够取得国别竞争优势的关键,其内容主要涉及著作权法、文物保护法、拍卖法的制定与完善等。

建立监督体制。所谓监督体制也就是第三方旁审体制,包括对文物保护情况的监督、艺

---

[1] 西沐. 中国艺术品市场概论:下[M]. 北京:中国书店出版社,2010:416.

术品经营者的监督、市场管理者的监督和教育监督等。在建立监督体制过程中,还必须建立财产审计机制。

完善教育体制。建立科学、完善、循序渐进的教育体制是确立中国艺术品国家营销人才优势的关键,其措施包括建立专业人才与教学人才的培养机制,教育资源的整合与共享体制、人才再培训体制等。

健全管理体制。管理体制分为管理体制和激励管理体制两个层面。管理体制旨在避免固有艺术财富的损耗与负增长,其范围主要包括文物的保护管理和绩效管理。激励管理体制包括:建立经营者等级管理制度;向优秀经营者提供信贷和税收优惠;鼓励经营者开拓国际中国艺术品市场,参与国际竞争;鼓励博物馆和美术馆的境外展出活动;鼓励私人境外回购文物和创建私立博物馆;鼓励企业购藏艺术品的经营企业文化;培育中小型艺术品生产企业等。

3. 制定国家投资政策

关于中国艺术品市场的营销,旧的市场模式已经解体,基于中国艺术品国家营销战略所应制定的投资政策包括:物资基础设施的投资政策;教育投资政策;国外人才的引进投资政策;文物和艺术品的析取投资政策;私人投资政策;外商投资政策;研究、开发、转让文物保护、修复和鉴定技术的投资政策等,这些都是非常重要的。

第三节 艺创城市品牌:北京打造艺术品市场中心城市

一般认为,艺术品市场的"三足"是京津、沪杭、深广,三者正好是中国三大经济圈的龙头城市,曾被称作内地的三大艺术品拍卖中心。然而近年来,艺术品拍卖市场的南北差异日益明显,北京市场几乎一家独大。2011年,全球艺术品交易额中,中国排名第一,占全球市场的40%,几乎相当于第二名美国与第三名英国的交易额总和。中国连续两年成为全球第一大艺术品市场,其中,北京的艺术品交易额在中国居首位。①

一、依托生产优势

北京作为全国艺术教育的中心,形成了阵容强大的艺术创作队伍,中央美术学院、清华大学美术学院、首都师范大学美术学院、中国人民大学徐悲鸿艺术学院等一大批高水平的艺术院校每年为国家培养了大批艺术创作的人才,还有中国国家画院、北京画院、中国艺术研究院等国家级的艺术创作与研究机构,这些创作与学术研究的力量为艺术品市场提供了丰富的作品资源。此外,美术展览的举办情况也在一定程度上说明了一个城市艺术创作的活跃程度,根据雅昌艺术网"机构展览"栏目提供的数据可知,2008年至2009年北京市各级美术馆、博物馆及非营利性艺术机构举办美术展览的情况,选取机构主要包括中国美术馆、今日美术馆、炎黄艺术馆、国家画院美术馆、北京画院美术馆、中央美术学院美术馆、首都博物

---

① 佚名. 北京成为世界四大中国文物艺术品交易中心之一[EB/OL]. [2012-5-8]. http://www.chinadaily.com.cn/hqcj/xfly/2012-05-08/content_5853316.html.

馆、中国人民革命军事博物馆、故宫博物院等。2008年上述机构共举办美术展览211次，2009年举办展览293次，在全部504次展览中国内艺术家的展览占87%，国外艺术家展览占13%，这一数字充分说明了北京已成为全国美术展览与创作的中心，在中外美术交流方面扮演了重要的角色，为北京艺术品市场的繁荣提供了丰富的产品资源。

二、依托资源优势

北京的文化资源优势首先体现在悠久的历史文化层面。北京有800年建都史，在漫长的岁月中积累了丰富璀璨的文化遗产，历朝古迹达3550多处，位于全国首位。此外，近现代一大批文化名人、思想家、教育家、艺术家曾在这里生活与创作，同样成为了北京文化遗产的重要组成部分。丰富的文化资源成为支持北京当代艺术创作繁荣与活跃的重要灵感来源，悠久历史与现代文明的交相辉映为艺术与商业的融合创造了得天独厚的优势条件。例如，最早进入中国的四合苑画廊、红门画廊等外资艺术机构都不约而同地利用了四合院、城门楼等古建筑，与现代艺术作品巧妙结合，创造出颇具特色的商业环境。其次，体现在北京作为国际文化交流中心的人才优势。对于艺术品产业来说，人才的优势即等同于文化的资源，高素质人才的交流意味着能为产业的发展带来更多的智慧与创造力，北京在这方面显然已展现出不可比拟的优势条件。2010年，英国莱坊房地产公司与美国花旗银行根据经济活力、政治影响力、科研基础以及生活水平等方面进行评估得出结论，中国北京在世界十大城市中排名第九，首次进入前10名的位置。① 北京拥有1600万名常住人口与500多万名流动人口。另据北京市旅游局统计显示，2009年北京共接待入境外国游客412.5万人次，每年外籍人员申请定居北京的人数也在持续增长。不同国家、不同民族、不同阶层的人们在同一个城市工作与生活，带来了文化资源的丰富与多样性，以及开阔的视野与创造的精神，必然推动北京的艺术品产业进入蓬勃发展的时期与创意和想象的时代。

三、依托消费优势

随着北京经济的发展，近年来城镇居民的人均收入快速增长，对包括艺术品在内的文化产品的需求也呈现出逐年递增的态势，每年人均文化消费支出从1998年的239.8元上升至2005年的1261.9元，2008年北京城镇居民人均教育文化娱乐服务、其他商品和服务消费支出已达到2383元。按照国际通行的惯例，一个国家人均GDP达到1000～2000美元时，艺术品市场开始启动；人均GDP达到8000美元时，才可能大规模形成艺术品消费与收藏的趋势。而北京2004年人均GDP达到4300美元，2008年达到9075美元，2009年人均GDP收入更是突破了1万美元大关，达到10070美元，这充分表明了北京的艺术品市场不但具备了启动的基础，并且已具备了大规模与快速发展的必备条件。②

---

① 佚名. 世界十大消费最高城市：东京居首北京排名第九[EB/OL]. [2009-7-20]. http://news.xinhuanet.com/life/2009-7/20/content_11739104_2.htm.

② 张舵，殷丽娟. 2009年北京人均GDP首次突破万美元[EB/OL]. [2010-1-21]. http://news.xinhuanet.com/fortune/2010-01/21/content_12852301.htm.

四、依托资本优势

北京是世界许多著名金融机构的总部所在地,也是国内大多数中央企业的总部所在地,在中国主要城市中总部经济的发展能力位居第一。截至 2010 年 2 月,全球 500 强企业总部在京落户 26 家,已跃居全球第三大总部之都。2010 年英国伦敦金融城发布的全球 75 个金融中心的调查报告显示,北京已升至全球金融中心的第 15 位。在利用外资方面,2010 年北京实际利用外资突破 50 亿美元。与此呼应的是北京外资画廊的活跃与迅速发展,据艺术市场分析研究中心的调查显示,截至 2007 年,北京拥有来自全球 17 个国家和地区的外资画廊,专业意义上的画廊共 67 家,画廊的类型同时呈现多样化的发展态势,国外艺术机构的分支占 60% 之多。

五、依托政策优势

北京市 2005 年首次提出了发展文化产业的政策,2004 年编制的《2004~2008 年北京市文化产业发展规划》强调"将文化产业发展成首都经济新的支柱产业"。为加快文化产业的建设,2006 年成立了由党委和政府主要领导负责的高层次议事协调机构——北京市场文化创意产业领导小组,同年 12 月首次认定了"798 艺术区""中关村创意产业先导基地"等 10 个文化创意产业聚集区,2008 年 3 月再次认定了 11 个文化创意产业聚集区,至此共批准 21 个文化创意产业聚集区。① 其中 4 个属于与艺术品交易密切相关的产业区,包括"北京 798 艺术区""宋庄原创艺术与卡通产业聚集区""北京潘家园古玩艺术品交易园区""琉璃厂历史文化创意产业园区",政府的认定使产业区拥有了名副其实的"户口本"和"身份证",具备了长期发展的条件,避免了因房地产开发或其他设施建设导致产业区面临拆迁的结局。与此相比,目前全国各地自发形成的产业区大都由于城市化浪潮的冲击难逃衰败的厄运。

北京市在产业区建设方面同时给予了资金的支持,截至 2008 年 12 月,共安排公共设施建设资金 3.06 亿元。在政策的积极扶植下,北京的艺术品产业区得到了快速发展。以"潘家园古玩艺术品交易园区"为例,目前该区域建筑面积已达 11.96 万平方米,包括潘家园旧货市场、北京古玩城、北京古玩城书画艺术世界、兆佳古典家具市场、北京正庄国际古玩城、华声天桥民俗文化市场、君馨阁古典家具市场 7 个古玩艺术品交易区。区域内企业的经营产生了较高的关联度,产业链条进一步完善。据不完全统计,2005 年区域内有经营人员 1.5 万名,摊位 5400 多个,交易额 19.23 亿元,纳税 1034 万元,日客流量 9.9 万人,境外游客达 2.4 万人;2007 年,产业区交易额更是达到 30 亿元,上缴利税 2000 万元。② 市场优势产业聚集的中心城市在艺术品交易金额、品种、档次等方面都占有优势,例如拍卖业的成交额可以

---

① 新认定者分别是:北京 CBD 国际传媒产业集聚区、顺义国展产业园、琉璃厂历史文化创意产业园区、清华科技园、惠通时代广场、北京时尚设计广场、前门传统文化产业集聚区、北京出版发行物流中心、北京欢乐谷生态文化园、北京大红门服装服饰创意产业集聚区、北京(房山)历史文化旅游集聚区。参见:贾薇. 北京文化创意产业集聚区再添 11 个[EB/OL]. [2008-4-16]. http://finance.sina.com.cn/g/20080416/10194756495.shtml.

② 杨惠方. 艺术品交易不能再"打游击"[N]. 内蒙古晨报,2009-05-20.

体现北京在国内市场中具有的领先优势。2008年秋拍,北京、港澳台地区及长三角地区拍卖总成交额占国内市场的83.25%,北京和港澳台地区占据南北两个中心的地位。此外,从北京和港澳台地区拍卖成交额的变化情况来看,中国艺术品交易的中心有由纽约、香港向北京转移的趋势,其结果与中国经济增长及全球经济格局变化的趋势几乎同步。

国内拍卖市场份额的变化同样也紧随区域经济发展的特征而变化。2000年以来,北京在中国艺术品拍卖市场中所占的份额一直稳步攀升,逐渐瓜分了长三角及港澳台地区所占的份额。

第四节　拍卖行业品牌:中国嘉德引领国内艺术品拍卖市场

中国嘉德的全称是中国嘉德国际拍卖有限公司。该公司成立于1993年5月,是以经营中国文物艺术品为主的综合性拍卖公司,公司总部设于北京,并在中国的上海、天津、香港、台湾及日本的东京和美国的纽约设有办事处。该公司每年定期举办春季和秋季大型拍卖会,以及嘉德四季拍卖会(季拍)。该公司常设的文物艺术品拍卖项目包括:中国书画、瓷器、工艺品、油画雕塑、古籍善本、碑帖法书、邮品、钱币、铜镜等大类。截至2007年,中国嘉德已成功举办了300多场国际性文物艺术品专场拍卖会,拍品总数近20万件。经过中国嘉德的努力,诸多国宝级的珍品如"翁氏藏书""宋徽宗写生珍禽图""唐摹怀素食鱼帖""宋高宗手书养生论""朱熹春雨帖"和"出师颂"等拍品,或从海外回归大陆,或从民间流向重要收藏机构;同时,各项目不断取得区域性以及世界性艺术品拍卖成交最高价的纪录,如古代艺术部分的"清乾隆钦定补刻端石兰亭图帖缂丝全卷"(2004年春拍)和"清乾隆粉彩开光八仙过海图盘口瓶"(2006年春拍);油画及当代艺术部门的油画《毛主席视察广东农村》(2005年秋拍)、《在新时代:亚当夏娃的启示》(2006年春拍)、《黄河颂》(2007春拍)等;邮品钱币门类的多项珍品均创造了各项目的历史最高价。在2007年秋拍中,《赤壁图》以人民币7952万元的成交价创造了中国绘画作品拍卖的世界纪录。

1994年中国嘉德首创为社会大众收藏服务的"大礼拜拍卖会",它在秉承规范操作的基础上,以平易朴实的风格带给人们全新的市场机遇,享誉京城内外。1995年"大礼拜拍卖会"更名为"周末拍卖会",即在单月的第二个周末定期举行,拍品门类更加丰富。2005年,为适应艺术品市场的发展需求,"周末拍卖会"变更为"嘉德四季拍卖会",每季度举行一次,征集拍品的档次和市场定位较之以往有较大的提高,中国书画、瓷器工艺品及古籍善本等项目,无论在拍品质量、交易规模还是成交总额等其他方面都取得了非常优异的成绩,在文物艺术品市场中占有十分重要的地位。自成立以来,中国嘉德始终以公正诚信为准则,坚守行业道德,追求优质、专业化的服务方向,遵从良性竞争规则,倡导行业规范自律,积极配合政府管理部门探索文物艺术品拍卖发展思路,参与并促进了诸如境内民间珍贵文物"定向拍卖"和"海外回流文物复出境"等系列政策法规的出台,赢得了行业内外的支持与信赖。中国嘉德首批并连续被评为中国拍卖企业"AAA"级最高资质,且被工商行政管理部门授予"守信企业"称号。

多年来,中国嘉德与北京保利、北京翰海、北京匡时等公司一直被认为是"全国十大拍卖公司",且常处于艺术品拍卖行业领头雁地位。中国嘉德现任总裁王雁南认为其公司的成功因素有"拍品质量、诚信经营、客户满意度"。① 仔细梳理中国嘉德发展的历程,可以发现其成功是多种因素共同作用的结果,其中,"多渠道"营销是中国嘉德维系"龙头地位"的关键因素。

一、高纪录赢取轰动效应

高纪录主要指两个方面:拍品的成交总额与单个拍品的成交价额。从近几年的情况来看,中国嘉德在这两个方面都经营的风生水起。2009年,中国嘉德共有中国书画、瓷器工艺品、油画雕塑影像、古籍善本、邮品钱币铜镜以及珠宝翡翠六个门类的艺术品上拍,成交拍品总数两万两千余件,总成交额高达27.12亿元人民币,为公司成立16年以来的最高成交纪录,比2008年全年18亿元人民币总成交额提升了50%。这一成绩,使得中国嘉德跻身全球五大拍卖公司之列。2009年,中国艺术品市场能够呈现出复苏的趋势,完全归功于中国书画对于市场大盘的贡献,而中国嘉德的表现更是功不可没,全年共计上拍中国书画作品8800余件,总成交额高达19.14亿元,位列全球艺术品拍卖中国书画类榜首。在2009年春拍中,三件清宫旧藏书画共拍出1.1亿元,其中宋人(旧题:萧照)《瑞应图》以5824万元成交,明代吴彬《临李公麟画罗汉》以4480万元成交,董邦达《雪后悦心殿诗意图》也拍出795.2万元,使得中国嘉德整个书画部分的总成交额达到3.47亿元。而在2009年秋拍中,中国嘉德在书画方面的优势更是得到了全面的展现,总成交额超过11亿元。其中,收录于石渠宝笈初编的董其昌《龙神感应记》拍得4480万元,宋克《草书杜子美壮游诗卷》以6832万元易主,朱熹、张景修等七家(宋元时期)《宋名贤题徐常侍篆书之迹》更是创造了1.008亿元的天价。这个价格随同1.01亿元成交的曾巩《局事帖》(北京保利)、1.69亿元成交的吴彬《十八应真图》(北京保利)以及1.34亿元成交的徐扬《平定西域献俘礼图》(中贸圣佳)一起,将中国书画价格提升至"亿元"大关。②

2010年以来,随着中国艺术品市场的强势回归,以中国嘉德为代表的内地拍卖公司开始全面超越香港苏富比和香港佳士得,成为新的市场增长点。与此同时,随着整体市场份额的不断扩大,中国嘉德也面临着内地同行的竞争,也让出了年度成交总额榜首的位置。但是,中国嘉德在书画拍卖方面的优势依然稳固,并不断为市场带来惊喜,其中,2010年秋拍以3.08亿元成交的王羲之草书《平安帖》以及2011年春拍以4.225亿元成交的齐白石《松柏高立图·篆书四言联》更是连续把中国艺术品的单价拉至新的高点。

二、好口碑博得广泛赞许

中国嘉德对社会口碑的高度重视是其营销策略的重要组成部分。自成立之后,中国嘉德始终坚持弘扬中国艺术品传承与保护的理念,在积极拓展艺术品市场的同时,还积极投身到社会公益与教育事业当中。中国嘉德之所以能获得良好口碑和舆论与它的善行义举密不

---

① 王雁南. 带领嘉德创造奇迹[EB/OL]. [2011-10-31]. http://collection. sina. com. cn/cjrw/20111031/115143434. shtml.

② 李健亚. 中国古代书画拍卖最高价纪录被刷新[N]. 常州日报,2009-10-26.

可分。反过来,这些惠民行为也为该公司的形象提升、品牌塑造及宣传造势创造了条件。

2000年,在中国嘉德的努力下,翁氏家藏珍贵古籍善本五百余册入藏上海图书馆,此次活动是中国嘉德再次助力与翁氏收藏相关的文化盛事。2005年1月,中国嘉德向印度洋海啸灾区捐赠救灾善款10万元人民币。2008年3月,中国嘉德与中华慈善总会合作,共同主办了"真情无价·真爱永存——中国当代艺术品慈善拍卖会",所募集的中国当代艺术品全部无底价上拍,174件拍品全部拍出,总成交额逾808万元,所有善款全部捐赠给中华慈善总会"救助白血病儿童"专项基金。2008年5月14日,也就是四川省汶川大地震发生的第二天,中国嘉德与东方视觉网共同发起了"共同渡过·中国当代艺术界赈灾义拍"活动。近200名最具国际知名度和影响力的当代艺术家积极响应。该义拍活动是国内当代艺术界规模最大的赈灾义拍之一,共有近200位艺术家的194件精品力作上拍,全场总成交额突破5100万元人民币,拍卖全部所得均通过中华慈善总会捐献四川地震灾区。此外,中国嘉德还出资支持中国美术学院成立八十周年相关纪念活动。

中国嘉德在投身社会公益事业的同时,也积极助推大型学术活动的举办。2008年1月,中国嘉德在中华世纪坛举办了"盛世雅集——2008中国古典家具精品展暨国际学术研讨会"。展厅汇集了近60件来自海内外著名私人珍藏的明清家具珍品,首度公开了中国古典家具研究领域的重要文献资料,学术研讨会举办的十分成功。2008年年底,中国嘉德与中华世纪坛世界艺术馆、文物出版社共同主办了"传承与守望——翁氏六代珍藏展",展出翁氏家族留待珍藏,让这批作品在离开祖国六十年后,首度回国展示,并邀请国内外著名专家、学者举办相关研讨会。这也是继2000年促成翁氏藏书回国后,又一次助推翁氏收藏文化的活动。2011年,中国嘉德与国家文化部在恭王府管理中心协办"中国古典家具展览及学术研讨峰会""读往会心"——侣明室藏黄花梨家具展作为重要组成部分,展出比利时收藏家菲利浦·德巴盖先生的珍藏,来自海内外的中国古典家具研究学者、收藏家汇聚一堂,此次活动被赞誉为古典家具领域又一个地标。此外,为配合2011年秋拍,中国嘉德还在世纪坛举办了规格较高的中国古典家具大展"姚黄魏紫——中国古典家具展"等。此类活动对于嘉德征集海外艺术精品具有很大的帮助,也有助于提升嘉德品牌的影响力。

中国嘉德也一直非常关心国内的文物保护事业,积极配合政府管理部门开拓文物艺术品拍卖的发展思路,参与并促使诸如境内民间珍贵文物"定向拍卖"和"海外回流文物复出境"等系列政策法规的出台,赢得了行业内外的尊重和信赖。在中国嘉德的努力下,诸多国宝级的珍品如翁氏藏书、宋徽宗《写生珍禽图》、唐摹怀素《食鱼帖》、宋高宗《手书养生论》、朱熹《春雨帖》和《出师颂》等重要拍品,或从海外回归大陆,或从民间流向重要收藏机构。在这方面,中国嘉德不仅得到了国内各大馆藏机构的认可,还得到了海外的认可。

三、善创新持续吸引藏家

不断创新,适时推出拍卖专场,中国嘉德既赚足了腰包也赢得了市场。适应市场、有建设性地引导市场,是中国嘉德一贯努力的目标。多年来,中国嘉德通过不断地尝试和创新,拍卖门类被不断丰富,品种日渐齐全,拍卖层次也逐年提升。

1994年,中国嘉德每年仅设春、秋两季拍卖会,每季仅有两个专场;2005年时中国嘉德以"嘉德四季"的名义增设四次拍卖会,原有的春、秋两季拍卖会一般均有10余个拍卖专场。1994年时,中国嘉德开始重视拍品的宣传活动,并于当年赴香港展览。随着内外联络处的不断增多,中国嘉德总能不失时机地做好宣传工作。2007年3月,嘉德四季第九期拍卖会推出波士顿美术馆馆藏瓷器专场拍卖,开创了中国拍卖公司接受海外博物馆委托的先河。同年5月,中国嘉德2007春季拍卖会继续推出"波士顿美术馆藏中国清早期瓷器"专题拍卖。9月,嘉德四季第十一期拍卖会又推出"美国波士顿美术馆藏中文古籍"专场。两大门类共316件波士顿美术馆馆藏精品全部拍出,总成交额超过1000万元人民币。

在各种创新手段中,中国嘉德创造性地拓展拍卖专场取得的成效最为显著。以2008年为例:2008年春拍中,中国嘉德推出了现当代工艺品的"现当代陶瓷艺术"和"现当代雕刻艺术"两个专场,得到了市场的积极回应,两专场总成交额超过2400万元人民币。2008年秋拍中,中国嘉德再接再厉,倾心打造出"国石国艺""至味涵硕·紫玉金砂名品"两个现当代工艺品专场,受到藏家热烈欢迎,成交比率均超过90%。这几个专场的拍卖解决了众多爱好者对于现当代艺术品"见不到、收不着"的问题,给众多收藏家和爱好者提供了能够大量接触和选择现当代艺术精品的平台,得到了藏家的一致欢迎和认可。2008年秋拍中,中国嘉德还重磅推出了"中国雕塑系列专场·西南雕塑"专场,该专场为中国嘉德"中国雕塑系列专场"的首个专场,中国嘉德以专场形式梳理中国雕塑的整体发展,为雕塑艺术创作及雕塑艺术市场的发展带来了许多积极信息,这一市场中独树一帜的专场最终表现不俗,雕塑巨匠叶毓山的汉白玉雕塑山鬼创出72.8万元人民币的成交价。

此外,2008年春拍中推出的"盛世雅集——清代宫廷紫檀家具"专场堪称目前全球规模最大、级别最高的一次宫廷紫檀家具专场,总成交额达8878万元人民币;12月中旬结束的嘉德四季拍卖会上,新推出的陈年普洱专场也可圈可点,颇具创新意义,为藏家称道。这些专场均在市场上难得一见,开业界之先河,再次展现了中国嘉德业界翘楚的专业水准和锐意创新的精神,为艺术品拍卖行业打开了更为广阔的市场,拓展了收藏平台。

虽取得了这些傲人成绩,但中国嘉德并未停止创新的脚步。2012年5月,中国嘉德国际拍卖有限公司率先推出"注册客户计划"。中国嘉德董事、总裁王雁南表示,此举是为了更好地维护客户利益,提升客户服务水平。依照该计划,凡在嘉德拍卖会办理过竞买登记手续并按时完成付款结算的,将成为嘉德注册客户,如能持续保持良好付款结算记录,注册客户资质将长期有效,并有权推荐新客户。而尚未在嘉德办理过竞买登记手续或曾办理过竞买登记手续但尚未成功竞买的客户,如果没有注册客户向嘉德书面推荐,须缴纳双倍保证金后才能领取竞买号牌。

四、抓服务夯实营销根基

拍卖业说到底也是服务业。拍卖业最重要的两项服务是"为买家提供好拍品""为卖家提供好价格"。在买卖两家的服务方面,中国嘉德的工作在拍卖领域堪称典范。

嘉德自1994年第一场拍卖会以来,就一直与海外藏家保持密切联系,十多年来坚持在中国台湾、香港地区征集,美国的纽约、洛杉矶、旧金山等地也是重要的拍品征集地。好的拍品有时候并不容易觅得,耐心也是成功的要素。公司总裁王雁南和许多收藏家都保持着很好的关系。有时收藏家可能三四年都没有东西出手,但中国嘉德的工作人员并不急功近利。中国嘉德经常会将收藏方面的信息、趋势与收藏家分享,如果他的艺术品需要专家意见,公司则可以帮助联系,如果有破损需要修复,中国嘉德也可以提供这方面的服务。诚信是服务的重要组成部分。1998年,有人委托嘉德拍卖一幅署名清初宫廷画师张为邦的《乾隆御骑图》,卖家说这是仿品,希望按"旧仿"的价格转让,四五千元就行。然而,经过中国嘉德的专家鉴定,确认该画是张为邦原作,嘉德随即告知卖家实情,这幅作品最终以130多万元成交。① 在提供服务的同时,中国嘉德一般避谈拍卖一事,但多数情况下,藏家往往为中国嘉德的热情服务所打动,因此中国嘉德获得了其他拍卖公司所不易获得的拍品。拍品的增多,使得中国嘉德可以更游刃有余地将几年前就准备好的拍品不慌不忙地投入拍场,当其他公司在为征集不到重量级拍品犯愁时,中国嘉德所要做的只是持续地向藏家提供良好服务,这是一个良性循环。2001年嘉德的拍卖额还只有1.5亿元,而2006年已经增长至接近18亿元,足足增长了11倍,几乎每年都取得了拍卖额接近翻倍的快速增长。②

在买方服务方面,中国嘉德很注重同公司的老顾客及潜在顾客处好关系。公司征集到的好拍品会第一时间告知他们;公司掌握的最新拍卖行情及拍卖动态也都会与他们分享;节庆问候、外出旅游、藏家聚会等活动也是服务的重要组成部分。例如,王雁南曾两次亲赴四川参加成都餐饮业老板的聚会活动,并给予较高评价"许多人都认为西南地区,特别是四川的藏家,偏爱瓷器类藏品,其实不然,他们对书画等许多艺术品都有研究,是个综合性的收藏群体,艺术都是相通的。""他们爱分享,买到好的东西都会乐于拿出来展示,更是难能可贵!"③

为更好地提供服务,中国嘉德还注册了专业网站,开通了网上拍卖预览及在线拍卖等主题板块。经过公司的努力,"嘉德在线"成为了国内最大的艺术品交易平台之一,"中国嘉德2008春季拍卖会于北京圆满落槌……26个专场异彩纷呈,各类精品层出不穷,拍品价格屡创新高,总成交额超过9.93亿元人民币,成为中国嘉德成立15年来单季拍卖会最好成绩。"④

第五节 书画市场品牌:齐白石书画作品营销策略

齐白石艺术作品一直是近现代书画的指标股,其作品在2009年缔造了单幅作品近亿元的神话。2011年,在中国嘉德春拍中,齐白石最大幅作品《松柏高立图·篆书四言联》(见图8-1)拍出了4.255亿元天价。雅昌指数显示截至2011年,在2000年春季到2010年春季10年间,齐白石作品的价格指数上升了10倍,从每平尺5万多元上升到每平尺50多万元。在国际艺术品拍卖市场中,齐白石作品的拍卖成交总额仅次于毕加索,成为中国艺术大家的杰出代表。毕加索和安迪·沃霍尔的市场营销策略已经成为经典案例。反观齐白石,这个全世界华人耳熟能详的艺术家,其艺术市场地位是无心插柳还是精心策划呢?⑤

---

① 佚名.嘉德:我们只赚取佣金[EB/OL].[2004-9-29].http://news.mycollect.net/info/12087.html.
② 佚名.嘉德拍卖:中国最大拍卖公司的成功秘诀[EB/OL].[2007-4-6].http://news.zhuokearts.com/newsview.aspx?id=63141.
③ 滕.拍卖行"大姐大":成都餐饮老板中有大藏家[N].成都晚报,2011-05-10.
④ 佚名.中国嘉德2008春拍总成交额超过9.93亿元人民币[EB/OL].[2008-4-30].http://news.artron.net/20080430/n44351_2.html.
⑤ 徐翠云,关予.看齐白石的市场营销策略[EB/OL].[2010-5-13].http://amma.artron.net/show_news.php?column_id=302&newid=105544.

图 8-1　齐白石《松柏高立图·篆书四言联》拍出 4.255 亿元

（图片来源：新华网.http://news.xinhuanet.com/shuhua/2011-05/23/c_121446452.htm）

一、产品策略：紧跟市场、创作破格

齐白石作为当时的"蚁族"，卖画营生，曾自述到："草间一粥尚经营，刻画论钱为惜生。安得化身千万亿，家家堂上挂丹青。"但在卖画初期（20世纪初），生意并不如意，其作品不被民众所爱，使得书画处于滞销状态。在好友陈师曾的劝告下，齐白石按照市场需求改变画风，实现了创作上的突破和转变，即著名的"衰年变法"，艺术创作雅俗共赏，使得其艺术作品逐渐成为人们竞相购买的对象。

除了风格上的变化，齐白石在题材上也进行了相应的改变。在创作初期，其作品以人物画为主，并且仕女画的定价比花鸟、山水画的价位都要高。到20世纪初期，其山水画获得了一部分人的认可，收入比较可观。1900年，齐白石受邀为江西藉某盐商作青绿山水《南岳全图》十二条屏，获润笔费白银320两，平均每幅约白银37两，其山水画的价位得到了一定提升。到20世纪20年代，其艺术作品在中国艺术品市场中已占据了一定的地位。1922年春，陈师曾赴日本参加中日联合绘画展览，带去的几幅齐白石画作在日本东京全部售出，作品价位创当时历史新高，一般的画作卖到100银元，而2尺长的山水画可卖到250银元。自此，齐白石影响力增强，其作品成为当时的畅销品。

二、定价策略：润格明细、拒绝砍价

在定价方面，齐白石有自己的一套营销策略。除了根据市场需求不断调整自己的创作之外，他还根据市场变化制定一系列的润格（编者注：标价）。20世纪初，著名诗人樊增祥（樊山）为其制定了篆刻润例："常用名印，每字三金。石广以汉尺为度，石大照加。石小二分，字若黍粒，每字十金。樊增祥"。这份润格成为齐白石之后十年篆刻价位的主要参考表。此时，书画的润格为："花卉加虫鸟，每一只加10元，藤萝加蜜蜂，每只加20元。减价者，亏人利己,余不乐见。庚申正月除十日"。

20世纪30年代,齐白石的艺术水准更上一层楼,作品价位不断上升。他自己也写了《齐白石卖画及篆刻规例》:"画刻日不暇给,病倦交加,故将润格增加。"此时的润格增加至"花卉条幅:二尺10元,三尺15元……八尺72元……石侧刻题跋及年月,每十字加四元,刻上款加10元。"定价十分明确。到晚年,一方面是由于其艺术成就达到了一定的高度,在艺术界也建立起了自己的品牌;另一方面,由于齐白石年老体弱,创作辛苦,其作品润格自行增加。同时"无论何人,润金先收。"齐白石可以说是极为讲究市场规则的人,他除了明码标价外,卖画还不论交情,其在客厅中悬挂着1920年写的商业标语:"卖画不论交情,君子有耻,请照润格出钱。"这对他作品的市场营销具有重要的推动作用。

三、关系策略:借交友创自身名牌

名人圈,对于"初出茅庐"的艺术家而言,具有重要的意义。当初,吴昌硕在上海打出一片天地,主要借助其在上海建立的强大交游网络而逐渐声名鹊起,并最终登上此时期海派艺坛领袖的位置,并且其作品价位也有了大幅度的提高。齐白石也领悟到了这一道理,他到北京后广交各界有名之士,不断扩大自己的交友圈,以扩大自己的名声,提高自己在艺术圈中的地位。他与陈师曾、梅兰芳、林纾、林风眠、徐悲鸿、胡佩衡、王缵绪、须磨(日本驻华使节)、朱屺瞻、李宗仁等名流建立了友好关系,而这些名流在齐白石艺术发展和市场拓展的道路上产生了重要影响,如陈师曾把其书画推向日本,为其打开了海外艺术市场;通过徐悲鸿在法国、比利时、德国、英国、意大利等国举办展览,扩大了齐白石在欧洲的影响力。

齐白石通过逐步建立起的交友圈,在北京打响了自己的品牌,扩大了自己的艺术市场;并且通过与朋友的交往,开阔了眼界,实现了创作水准提高和市场收益的双赢。

四、分销策略:直销代销、双管齐下

齐白石刚开始卖画时,只采取单纯的自行销售方式,但对于初涉市场不久的生手而言,直销的收入是微薄且不稳定的,如何打开作品的销路呢?齐白石可谓费尽心思,除了以画抵债来开发市场外,他还把目光转向了画店,采取直代销双管齐下的营销策略。通过考察筛选,齐白石和琉璃厂画店以及荣宝斋画店建立起了良好的合作关系,之后荣宝斋成为其作品主要的销售点。通过这种方式,齐白石的客户群迅速壮大,相应地其经济收益当然也不在话下。这种销售方式可谓早期的画廊代理制的雏形。

五、品牌策略:自行打假、维护品牌

齐白石出名之后,其作品被大量伪造,为了维护自己的合法权益,他采取了有力的防假措施。如不断更换印章,齐白石为了提醒收藏者,篆刻"齐白石"铜印、"吾画遍行天下伪造居多""吾画遍行天下蒙人伪作尤多"的图章和"指纹印"。同时,他还自行收购假画。齐白石曾在一家古玩店里花费3500元买下了赝品《蔬香图》,以免他人上当受骗;为藏家鉴定书画真伪,他在原画上题下:"此余旧作,某某年重见记之。"尽管齐白石想尽了办法打假,维护自己的品牌,但他的赝品仍很泛滥。这也为艺术品收藏家带来了很大的收藏风险。但齐白石对自身品牌的维护意识是值得认同的。

齐白石书画作品取得今天如此的拍卖成绩,除了归功于其卓越的艺术成就、相对成熟的艺术市场环境和庞大稳定的收藏群体外,还与其自身对艺术市场的把握和艺术营销有着密切关系。可以说,齐白石是艺术市场营销的高手,在创作与市场之间实现了两者的完美结合,艺术造诣不断提高,艺术作品价位也在不断提高。但领悟之余,也要看到齐白石虽为了生存不断地在艺术市场中周旋,但他并没有被市场所淹没,而是把艺术与市场灵活巧妙地结合起来,在艺术的道路上不断创新进取,最终确立了他在中国艺术史上的旗帜地位,并成为艺术市场中的常青树。

◆ 内容提要

中国的艺术品市场逐步走向规范化,在国际艺术品市场上成为一股不可忽视的力量。我国艺术品市场营销主体主要有艺术品经纪人、拍卖行、艺术画廊(机构)、网络交易平台、艺术博(展)览会等。艺术品产业品牌的打造类型丰富,方法多元,从总体上来说,艺术创意城市品牌的建设为艺术品产业创造了良好的城市空间;艺术拍卖行品牌的塑造能够带动艺术品产业市场的活跃;艺术家的品牌在市场交易中往往起到关键性的作用。

◆ 关键词

艺术品　艺术品市场　艺术品经纪人　艺术拍卖　艺术网络交易平台　艺术品博览会　艺创城市品牌　拍卖行品牌　艺术家品牌

◆ 复习思考题

1. 艺术品产业的概念是什么?
2. 常见的艺术品市场营销主体有哪些?
3. 我国艺术品产业的发展现状如何?
4. 我国艺术品产业发展呈现出怎样的趋势?
5. 如何打造一个艺术创意城市品牌?
6. 如何塑造一个艺术品拍卖品牌?
7. 艺术家作品如何形成个人品牌?

第九章　新媒体产业品牌

本章结构图

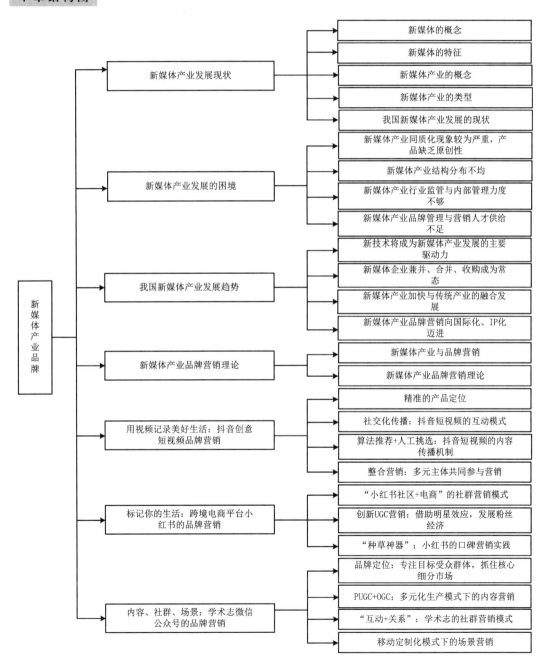

学习目标

1. 掌握新媒体的概念、特征;掌握新媒体产业的概念、类型。
2. 了解我国新媒体产业发展现状,面临的困境与未来发展趋势。
3. 掌握新媒体产业品牌理论,并能够运用相关理论分析国内外新媒体产业品牌建设与营销实践活动。

当我们在谈及文化产业时,无法避免的一个话题就是新媒体的运用。随着科技的不断更新迭代,新媒体和文化产业之间的关系越来越密切。新媒体推动了文化产业的创新发展和结构性转型,同时文化产业的发展使得新媒体更具人文关怀和文化内涵。新媒体产业是文化产业中最具前沿性和代表性的新兴产业。新媒体产业的发展关系到文化产业未来的发展趋势、文化产业政策的修订与执行、社会文化的前进方向以及与之密切关联的其他产业的发展。因此,对新媒体产业文化实践层面的考察十分必要。本章旨在通过把握新媒体产业发展的现状与困境,根据当前市场环境的变化以及对用户需求、心理特征与消费行为等进行了解,对新媒体产业未来的发展趋势进行预测。同时,根据营销学、广告学、传播学等学科的知识,对新传播技术发展的背景下新媒体产业品牌营销理论进行概述,并结合新媒体相关产业营销案例,剖析其中的营销策略,期望促进我国新媒体产业更好地将产品与营销服务相结合,为大众提供种类丰富、形态多样、富含创意的文化产品与服务。

第一节 新媒体产业发展现状

一、新媒体的概念

新媒体(new media)这一概念于 20 世纪 60 年代由哥伦比亚广播电视网技术研究所所长戈尔德马克(P. Goldmark)首次提出。而后,1969 年美国传播政策总统特别委员会主席 E. 罗斯托(E. Rostow)在向尼克松总统提交的报告书中也多次提到"new media"这一概念。此后,新媒体这个词便开始在欧美国家广泛传播,并出现了大量关于新媒体研究的成果。然而,对于新媒体到底是什么,不同人有着不同的定义。新媒体本身就处于动态的变化过程中,受到技术变迁的影响。因此,学界目前还没有一个明确的说法。美国《连线》杂志将新媒体定义为"所有人对所有人的传播"。联合国教科文组织也曾对新媒体下过一个定义:新媒体就是网络媒体。与之类似的是把新媒体定义为"以数字技术为基础,以网络为载体进行信息传播的媒介"。清华大学熊澄宇教授认为,所谓新媒体是一个相对的概念,"新"相对"旧"而言。从媒体发生和发展的过程当中,我们可以看到新媒体伴随着媒体发生和发展在不断变化。广播相对报纸是新媒体,电视相对广播是新媒体,网络相对电视是新媒体。今天我们所说的新媒体通常是指在计算机信息处理技术基础之上出现和影响的媒体形态。[①] 廖祥忠教授认为新媒体是"以数字媒体为核心的新媒体"——通过数字化、交互性的固定或移动的

---

① 石磊. 新媒体概论[M]. 北京:中国传媒大学出版社,2009:2.

多媒体终端,向用户提供信息和服务的传播形态。① 上海交通大学的蒋宏和徐剑从内涵和外延两个方面对新媒体做出了界定。他们认为,就内涵而言,新媒体是指20世纪后期在世界科学技术发生巨大进步的背景下,在社会信息传播领域出现的建立在数字技术基础上的能使传播信息大大扩展、传播速度大大加快、传播方式大大丰富的,与传统媒体迥然相异的新型媒体。就外延而言,新媒体包括了光纤电缆通信网、有点电视网、图文电视、电子计算机通信网、大型电脑数据库通信系统、卫星直播电视系统、互联网、手机短信、多媒体信息的互动平台、多媒体技术广播网等。② 也有学者将目前关于新媒体的概念进行了综合评述,并将目前学界的主流观点分为"技术派""传播派""实务派""调和派"四大派别,分别从时间维度、技术维度与具体特征等层面去界定新媒体。③ 从以上观点可见,目前关于新媒体应包含以下层面,一是新媒体的具体形态是动态发展的,是相对的概念;二是新媒体在技术上具有一定的科技优势;三是新媒体开创了新的传播方式、传播渠道与传播模式;四是新媒体在内容呈现上形式多样。因此,综上所述,本文认为新媒体存在广义和狭义之分。从广义上说,新媒体是一种相对的概念,是时间上相较于旧的媒体而言在技术上有所突破,媒体形式和内容呈现上有所改良的新型媒体。例如,电视较于广播是一种新媒体,电脑较于电视是一种新媒体,平板较于电脑是一种新媒体,手机较于平板是一种新媒体等。而从狭义上来说,新媒体是指基于数字通讯技术、计算机科学技术、互联网技术之上,运用多种传播手段,以多种方式呈现内容,全时段、全天候、全方位覆盖传播的一种新兴媒体,既包括一种新的媒介形态,也包括新的媒介平台和媒体机构,创造了新的社会变革、改变了人们的生活方式。如搜索引擎、数字媒体、即时通讯软件、手机报、移动媒体、智能音箱、云媒体等媒介形态,以及互联网三巨头企业BAT等媒介平台和媒介组织(百度、阿里巴巴与腾讯公司)。就本文而言,与新媒体产业结合密切度最大的是新兴媒体,因此采用狭义上的新媒体概念。

二、新媒体的特征

(一) 即时性

新媒体在技术上打破了传统媒体在时间和空间上传播的限制,可以实现信息实时的传播。信息发送者可以在互联网覆盖的任何地点、任何时间内发送信息,信息接受者也同时可以在第一时间内接收到信息。正因为新媒体传播的即时性特点,使得信息的流动性和可见性大大增加。如网络直播就是一种实时的信息和内容传播平台,使得人们"足不出户"即可在同一时间了解天下大事。

(二) 交互性

不同于传统媒体一对多的传播,新媒体还包含了一种多对多或者多对一的传播模式,交互性更强。在新媒体传播模式下,信息传受关系已经不再是传统意义上的互动关系,而变成了一种互为主体性的关系。或者说,新媒体的使用者应被称为"用户"更为合适,用户不仅是

---

① 廖祥忠. 何为新媒体? [J]. 现代传播(中国传媒大学学报),2008(5).
② 蒋宏,徐剑. 新媒体导论[M]. 上海:上海交通大学出版社,2006:14.
③ 周茂君,彭铁鑫. 新媒体概念辨析[J]. 中国媒体发展研究报告,2014:236-241.

信息的接受者、消费者，同时也是信息的生产者。也就是说，用户不再是被动地接受信息，而是主动地寻找信息、发现信息、处理信息和使用信息，用户的选择权和主动权得到大幅度提高。

（三）多媒体

新媒体实现了集"文字、语音、图像、视频"于一体的传播方式，突破了传统媒体在传播方式上的单一性，极大提高了用户的信息阅读与感官体验，提高了用户的想象空间，对于文本的理解层面也有了一定程度的提高。同时，各种传播方式的融合不仅丰富了信息的呈现方式，还加强了彼此之间的互动。

（四）数字化

数字化是指信息领域的数字技术向人类生活各个领域逐渐蔓延的过程，包括通信领域、传播领域在内的传播技术手段以数字制式全面替代传统模拟制式的转变过程。[①]计算机技术实现了信息的数字化存储、加工、传播与呈现。而数字化信息的传播介质，就是新媒体。今天的数字技术也渗透到了传统媒体的生产环节，例如报纸出版中的激光照排技术、电视编辑中的非线性编辑技术等，这些技术是传统媒体向新媒体延伸或转型的前提。但仅有这些技术并不意味着传统媒体就变成了新媒体。我们所说的数字化，更多的是指最终传播介质的数字化。

（五）个性化

俗话说"一千个人有一千个哈姆雷特"。每个人理解和看待事物的角度是不同的，他们对于信息的接受、理解和传播方式等都不尽相同。而新媒体则可以根据用户不同的性格、特征、爱好、兴趣等推送定制化的信息服务，让用户可以体验到专一化、精确化的信息服务。如今日头条即是一家基于算法技术的互联网信息分发平台，可以根据用户的订阅喜好或阅读痕迹绘制出"用户画像"，为每位用户推送定制化、个性化的信息服务，大大提高了信息服务输出的效率和准确性。

三、新媒体产业的概念

新媒体产业是文化产业中的一大重要组成部分。目前也没有一个较为明确的概念。有学者认为新媒体产业是指以数字化智能网络为基础，以点对点互动传播和社会化平台服务为核心模式与增值动力，立足于平台经济和双边市场实现生存和盈利（Jean Tirole,2003），直接拥有或直接依附于用户第一入口的软件或硬件技术开发商、内容提供商和数字网络运营商等信息传播主体，以及由这些行为主体所提供的产品、服务，所创造的用户和网络社区构成的复杂市场。[②]亦有学者从产业形态上来界定新媒体产业，认为新媒体产业是以信息和数字技术为主导，以传播理论为依据，将信息传播技术应用到文化、艺术、商业、教育和管理

[①] 殷俊,等.新媒体产业导论:基于数字时代的媒体产业[M].成都:四川大学出版社,2009:16.
[②] 周笑.新媒体产业年度趋势解析及战略远景展望:平台全能化成为新动力机制[J].新闻大学,2016(3):68-79.

领域的技术与艺术高度融合的产业形式,是在以"产业和共享"为标志的新经济形式下,由文化创意产业、信息产业、传媒产业相融合产生的一种新的产业形态。① 简而言之,新媒体产业就是信息传播主体为用户提供规模化、市场化的网络产品与服务而实现主体价值增值和扩张的一种经济活动。

结合上述新媒体产业的概念,我们可以从以下几个维度来把握新媒体产业。首先,新媒体产业是文化产业中的新兴产业。在2009年国务院颁布的《文化产业振兴规划》中明确指出采用数字、网络等高新技术,大力推动文化产业升级,加强数字技术、数字内容、网络技术等核心技术的研发,加快关键技术设备改造更新。因此,对新媒体产业的理解需在文化产业的宏观背景下把握。其次,新媒体产业是以经济利益为目的而开展的文化实践。新媒体产业旨在将一定规模的文化产品和服务推向市场,在商业活动中获取一定的经济利益,以实现更长远的投资和发展。再次,新媒体产业是以高科技为主导的融合产业。新媒体产业立足于数字化和信息化技术,将各种先进的传播技术融入到各大产业中去,是文化创意产业、信息产业、传媒产业的高度融合,具备商品、信息、艺术品等属性,以最大程度的提高产品与服务的价值,实现文化产业的转型升级。

四、新媒体产业的类型

新媒体产业是多个行业的交叉与融合。因此,新媒体行业包含的范围与种类十分广泛,在国内有关新媒体产业的相关论著和论文中也鲜有将新媒体产业的类型做一个明确的区分。譬如,国家行政学院郭全中教授在2013~2018年度系列《新媒体产业发展回顾》中主要论述了网络广告产业、互联网金融产业、电影产业、网络游戏产业、知识付费产业、网络直播产业、短视频产业、互联网内容产业、大数据产业、VR产业等新媒体产业。曾静平、杜振华(2014)将新媒体产业分为互联网媒体、手机媒体、车载媒体、楼宇广场媒体与星空媒体等。② 周曾(2013)认为新媒体产业通常包括网络信息业(含内容网站、电子杂志、网络视频、博客、微博、网络社区、网络广告等)、数字出版业、数字电视业(含有线和无线)、手机媒体、户外媒体、楼宇电视等行业。③ 除此之外,还有一些学者提及了社交媒体产业、数字动漫产业、网络文学产业、数字电影产业、视听新媒体产业、自媒体产业、搜索产业、新媒体教育产业、新媒体医疗产业、可穿戴设备产业、共享经济产业、网约车产业、电子商务产业、智能语音产业、智能家居产业、人工智能产业、云计算产业等产业。

上述列举的新媒体产业虽在数量上较为庞大,但其实还未囊括新媒体所涉及的全部产业。为了对各式各样的新媒体产业进行辨别,我们有必要对其进行科学合理的分类。我们对上述列举的新媒体产业进行统计观察后不难发现,各种产业可根据一定的属性进行分类。本文将新媒体产业分为内容和信息服务类、软件技术类、终端类、运营商平台类、企业类五大类,基本可以囊括大部分的新媒体产业。

---

① 张晓梅.新媒体与新媒体产业[M].北京:中国电影出版社,2014:103.
② 曾静平,杜振华.中外新媒体产业论[M].北京:北京邮电大学出版社,2014:9-16.
③ 周曾.我国新媒体产业的市场结构、行为与绩效研究[M].北京:经济科学出版社,2013:16.

五、我国新媒体产业发展的现状

(一) 国家政策大力扶持

近年来国家在发展新媒体产业方面给予了大力的政策支持。在原国家文化部发布的《国家"十三五"时期文化改革发展规划纲要》(以下简称《纲要》)中明确指出,"加快发展网络视听、移动多媒体、数字出版、动漫游戏、创意设计、3D 和巨幕电影等新兴产业,推动出版发行、影视制作、工艺美术、印刷复制、广告服务、文化娱乐等传统产业转型升级,鼓励演出、娱乐、艺术品展览等传统业态实现线上线下融合。"该《纲要》强调,"推动文化产业结构优化升级。继续引导上网服务营业场所、游戏游艺场所、歌舞娱乐等行业转型升级,全面提高管理服务水平,推动'互联网+'对传统文化产业领域的整合。落实国家战略性新兴产业发展的部署,加快发展以文化创意为核心,依托数字技术进行创作、生产、传播和服务的数字文化产业,培育形成文化产业发展新亮点。"《纲要》还指出,国家将从文化财政保障、落实文化经济政策、健全文化法律制度、加强文化领域知识产权保护和建立健全文化安全工作机制五个层面有效发挥引导、扶持、激励、规范作用,营造良好的制度环境,确保各项工作顺利推进。在"十三五"期间,国家将引导文化企业和社会资本境外投资,拓展海外文化市场,扩大境外优质文化资产规模。提升民族文化品牌内涵,突出"中国创造"理念,建设核心文化产品资源库。这表明,国家在"十三五"期间将以推动文化产业成为国民经济支柱性产业为目标,以新媒体产业作为推动传统产业转型升级的重点工程,成为文化产业发展的新动力。国家政策的扶持为新媒体产业的发展提供了制度性的保障。除此之外,习近平总书记在党的十九大报告中指出,要坚持中国特色社会主义文化发展道路,激发全民族文化创新创造活力,建设社会主义文化强国。要深化文化体制改革,完善文化管理体制,加快构建把社会效益放在首位、社会效益和经济效益相统一的体制机制。健全现代文化产业体系和市场体系,创新生产经营机制,完善文化经济政策,培育新型文化业态。

(二) 新媒体产业总体发展势头较快

根据中国互联网络信息中心发布的第 42 次《中国互联网络发展状况统计报告》显示,截至 2018 年 6 月,我国网民规模达 8.02 亿人,普及率为 57.7%;2018 上半年新增网民 2968 万人,较 2017 年末增长 3.8%;我国手机网民规模达 7.88 亿人,网民通过手机接入互联网的比例高达 98.3%。[①] 根据艾瑞咨询发布的《2018 年中国互联网产业发展报告》,2017 年中国网络广告规模预计近 4000 亿元,在中国广告市场中占比将超过 50%。受网民人数增长,网络视听业务快速增长等因素推动,未来几年报纸、杂志、电视广告将继续下滑,而网络广告市场还将保持较快速增长。2018 年上半年,互联网泛娱乐产业需求强烈,相应政策出台以鼓励和引导互联网娱乐产业的健康成长。网络原创音乐作品得到扶持,网络文学用户阅读方式多样,网络游戏类型的多样化和游戏内容的精品化趋势明显。短视频应用迅速崛起,74.1% 的用户使用短视频应用,以满足网民碎片化的阅读需求。2018 年上半年,我国搜索

---

① 中国网信网.第 42 次《中国互联网络发展状况统计报告》[EB/OL].[2018-8-20].http://www.cac.gov.cn/2018-08/20/c_1123296882.htm.

引擎用户规模达 6.57 亿人,使用率为 81.9%,用户规模较 2017 年末增长 1731 万人。搜索引擎市场竞争更加激烈,虽然移动流量规模消减,搜索引擎企业获取用户流量成本在增加,但通过人工智能技术可优化竞价产品,提高广告主的广告投放效率,增强商业化能力并实现营收增长。① 在网络游戏领域,据《2017 年中国游戏行业发展报告》,2017 年,中国游戏行业整体保持稳健发展。移动游戏进入存量市场阶段,增幅有所回落,对行业整体增长仍有较大带动作用。社会对游戏娱乐消费支出不断增加,有效带动了游戏及家用游戏机行业高速发展。从整体来看,2017 年游戏行业营业收入平稳提升。2017 年,中国游戏行业整体营业收入约为 2189.6 亿元,同比增长 23.1%。其中,移动游戏市场保持上升趋势,市场规模达 1489.2 亿元,同比增长 45.6%。用户规模达 6.03 亿人,同比增长 15.7%。在网络直播领域,据《2017 中国网络表演(直播)发展报告》,2017 年我国网络表演(直播)市场整体营收规模达到 304.5 亿元,比 2016 年的 218.5 亿元增长 39%。网络表演(直播)已经成为网络文化内容供应、技术创新、商业模式创新的代表,是网络文化市场的重要组成部分。在短视频领域,作为一种立体式的信息承载方式,短视频内容丰富多样、互动性强,满足了用户碎片化的消费需求。截至 2018 年 6 月,我国短视频用户达 5.94 亿人,占整体网民规模的 74.1%。在 2017 年短视频市场规模达 57.3 亿元,较 2016 年同比增长 183.9%,预计到 2020 年市场规模将超 300 亿元。在大数据领域,据国家信息中心《2018 中国大数据发展报告》,在国家政策的推动鼓励下,数据交易从概念逐步落地,部分省市和相关企业在数据定价、交易标准等方面进行了有益的探索。随着数据交易类型的日益丰富、交易环境的不断优化、交易规模的持续扩大,数据变现能力显著提高。2017 年大数据市场规模已达 358 亿元(具体各领域所占比例见图 9-1),年增速达到 47.3%,其规模已超过 2012 年的 35 亿元的 10 倍。预计 2020 年,我国大数据市场规模将达到 731 亿元。

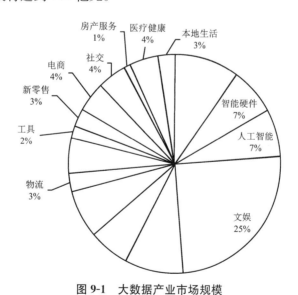

图 9-1 大数据产业市场规模

从上述数据可见,新媒体产业无论是在用户规模、技术提升还是盈利模式方面都有了较

---

① 艾瑞网. 2018 年中国互联国产业发展报告[R]. http://report.iresearch.cn/report/201801/3131.shtml.

大的提升。在过去一年中,互联网广告和网络游戏已成为新媒体产业中的支柱行业,网络视频、手机游戏、数字音乐与数字阅读是增长潜力最大的细分市场。内容付费、粉丝经济、数据跨境贸易或将成为新媒体产业新的经济增长点。虽然过去一段时间里网络直播、短视频、直播答题、互联网金融等产业因野蛮生长以及遭遇一系列社会伦理、风险危机等方面的问题而受到严格的管制,且政府对这些产业网络监管力度持续加大,部分产业的发展遭遇滑铁卢式的不断下跌,但最终生存下来的产业通过改变发展与经营模式,加大与其他产业的融合,寻找"变现"的盈利模式,最终在市场上占据了一席之地。因此,总体来看,近年来我国新媒体产业发展势头较快,市场与用户规模不断加大,对新媒体产业未来的发展前景普遍较为看好。

(三)互联网巨头纷纷布局新媒体产业

由于新媒体产业偏向于技术导向,且发展空间十分宽广,因此互联网企业对于新媒体产业的争夺成为其开拓新领域,寻找新的发展模式,扩大企业版图的重要策略。尤其是互联网三大巨头,俗称BAT(百度、阿里和腾讯)几乎占据了中国互联网行业的所有领域。通过投资、并购、入股等手段,互联网企业巨头的触角已遍布新媒体产业,成为互联网行业的商业独角兽。以2017年为例,2017年百度投资并购涉及36家公司,主要分布在6个相关领域:VR/AR与智能硬件,智能汽车与人工智能,大数据,电商与汽车,房产服务,媒体。2017年阿里投资并购涉及68家公司,主要分布在7个相关领域:VR/AR与人工智能,汽车,云计算与云服务,共享经济,生活服务,新零售,金融科技。2017年腾讯投资并购涉及122家公司,主要分布在12个相关领域:动漫,游戏,短视频与电影,阅读与内容付费,社交与工具,教育,医疗,生活服务与电商,金融,汽车交通,企业服务,机器人与智能硬件。

如图9-2、图9-3、图9-4所示,从投资结构上来看,腾讯公司不仅在投资数量上最多,在投资领域上也是分布最广,其中在互联网文娱产业、出行产业、人工智能产业、企业服务与智

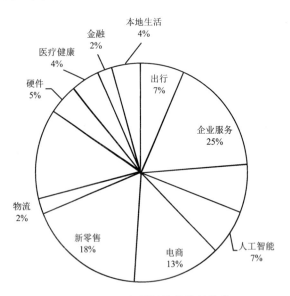

图9-2　2017年腾讯的投资结构①

---

① 数据来源:公开资料整理。

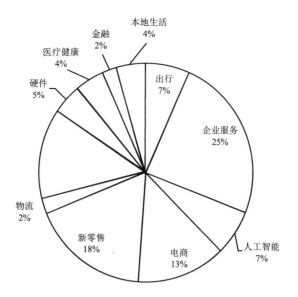

图 9-3 2017 年阿里的投资结构①

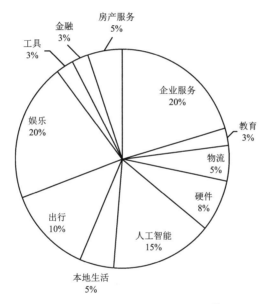

图 9-4 2017 年百度的投资结构②

能硬件产业投资占比最多。阿里投资结构主要集中在企业服务、新零售、文娱、电商四块,其中文娱产业占比最大,凸显了阿里对于文娱产业的必争决心。百度的重点投资领域与腾讯类似,也是文娱、企业服务、人工智能、出行等领域。以人工智能领域的"智能音箱"为例,2017 年小米推出 AI 音箱"小爱同学"、阿里巴巴售卖智能音箱"天猫精灵"、百度发布视频智能音箱"小度在家",科大讯飞与京东合资成立灵隆科技并发布了"叮咚音箱",联想推出了"联想智能音箱"等,互联网企业不断将科技与人文融合,将互联网技术融入到传统产业中去,实现传统产业的"互联网化",使之成为消费市场中炙手可热的产品。当然,除 BAT 巨头

---

①② 数据来源:公开资料整理。

外,互联网企业还涌现出了一批新巨头企业,瓜分剩余的新媒体产业市场,如京东、华为、小米、今日头条、美团、滴滴、360、网易等企业,在电子商务、智能终端、文化娱乐、生活服务、安全、智慧城市、大数据、金融、交通等领域争夺新媒体产业市场。

第二节 新媒体产业发展的困境

虽然新媒体产业的市场份额、用户规模不断增加,产品形态、营销策略等不断改善,且其技术运用更加成熟,成本不断下降,但新媒体产业在发展中仍然面临一些困境与瓶颈。具体而言,新媒体产业在产品创新、产业结构、行业监管、盈利模式与人才供给等层面存在一定的发展困境,亟须政府、新媒体企业、市场专家以及学界业界一起共同商议,制定相应的制度与政策,以推动新媒体产业持续稳定的发展。

一、新媒体产业同质化现象较为严重,产品缺乏原创性

目前,我国新媒体产业尚处于探索和成长期,新媒体产业同质化现象较为严重。同一产业的业务与产品之间存在模仿、抄袭等行为,产品与产品之间的功能与特点也大同小异,在缺乏产权保护与存在制度性盲点的背景下,极有可能出现劣币驱逐良币的风险。究其根源,新媒体产业的核心竞争力应该是产品的原创性。原创性是创新意识的体现,创新意识不仅需要长时间的经验积累和知识储备,更需要进行大量的实践。我国新媒体产业由于发展时间短,在规模化、产业化的途中不可避免地会出现急功近利的心态。对国内外创新性较好的新媒体产品的模仿、抄袭是新媒体企业规避投资风险、争夺市场份额、拓展产业领域的主要措施。比如在共享单车领域,2016年年底以来,国内共享单车突然火爆,最早进入共享单车行业的是摩拜和ofo。而后,一大波共享单车企业如雨后春笋般涌入市场。据统计,2016年有25家企业进入市场,这些共享单车品牌包括摩拜单车、ofo小黄车、小鸣单车、小蓝单车、智享单车、永安行、北京公共自行车、骑点、奇奇出行等、CCbike、7号电单车、黑鸟单车、Hellobike(哈罗单车)、酷骑单车、1步单车、由你单车、踏踏、Funbike单车、悠悠单车、骑呗、熊猫单车、云单车、优拜单车、电电Go单车、小鹿单车、小白单车、快兔出行、雷杰斯单车、智享出行等。然而,这些共享单车在功能和经营模式上存在严重的同质化,缺乏创新。在短短一年后,悟空单车、3Vbike、町町单车、小鸣单车、酷骑单车、小蓝单车、卡拉单车等陆续宣布倒闭或资金链断裂,退出共享单车市场,现在共享单车市场就只剩摩拜、ofo、哈罗等几家。因此,新媒体产业若想在市场上长久生存就必须提高产品的创新力以及与其他产品的差异性,找准自己的核心竞争力。

二、新媒体产业结构分布不均

虽然从整体来看我国新媒体产业尚处于高速发展的状态,但从内部的产业结构来看仍存在严重的分布不均衡的状态。这种分布不均衡体现在同一产业之间以及不同产业与不同产业之间。结构分布不均所导致的结果是"一超多强"的"马太效应",即强者越来越强,弱者

越来越弱,会给新媒体产业整体的多样性发展,包括产业与产业之间的融合与创新带来一定的困境。处在下游的新媒体产业还面临被互联网企业寡头吞并的风险。这不仅给从业人员带来职业认同度的降低,还给产业的健康发展带来一定的弊病。例如,据《2018 年中国传媒产业发展报告》,2017 年我国传媒产业市场结构较以前已有较大变化(见图 9-5),出现"一超多强"的局面,移动互联网的市场份额接近一半,传统媒体总体规模仅占五分之一。虽然传统媒体在不断寻找媒介融合的空间,积极投资新媒体产业,拓展新媒体产业业务,但此局面也反映出:一是严重挤压了传统传媒产业的生存空间,二是传统传媒产业与新媒体产业之间相互借鉴、共同发展的形势越来越严峻。除此之外,不同地域之间新媒体产业的分布情况差异也非常大,经济发达地区如长三角、珠三角、沿海地区、东部地区的新媒体产业的发展水平、产业规模和支持政策等远超中部、西部地区的新媒体产业,严重加深了地域之间发展不平衡不充分的格局,影响了国家全面综合发展的大局,对我国实现全面小康的奋斗目标带来了一定的压力。

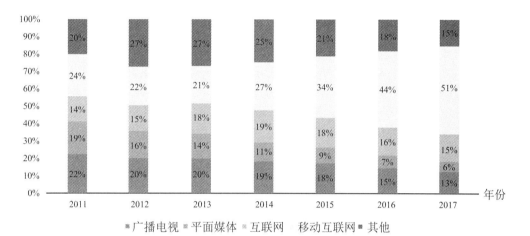

图 9-5　2011~2017 年传媒产业市场结构变化①

三、新媒体产业行业监管与内部管理力度不够

新媒体产业涉及多个行业、多个领域,因此,对新媒体产业的监管就成为了一大难题。一是因为新媒体产业数量多、范围广,产业边界较为模糊,需要耗费多个部门的共同监管,部门与部门之间的管理方式与政策也不尽相同;二是,新媒体行业监管需要耗费大量的人力资源,而在目前的体制范围内缺乏这方面的人才供给,导致了行业监管力度不够。除了外部监督之外,新媒体产业的内部管理也存在一定的弊病。一方面,新媒体企业耗费大量财力物力投入到新媒体产业的研发、生产、营销等环节,而对产品内容的把关和审核放松了警惕,最终会导致用户的合法利益受到伤害。例如,2018 年 5 月初的滴滴顺风车空姐遇害事件与 2018 年 8 月 20 岁的温州女孩乘滴滴顺风车被奸杀事件,引发了全社会对于互联网企业平台监管问题的问责和讨论,这些事件充分暴露出新媒体企业在运营中存在内部管理方面的不力,需要认真反思,加强管理。另一方面,部分新媒体产业过分追求市场份额以及市场利润,为了

---

①《2018 年中国传媒产业发展报告》2018 年。

吸引一定规模的用户点击量会有意无意选择一些打擦边球的产品,包含一些低俗、暴力和性暗示的隐喻信息。低俗化问题更加凸显出新媒体的盈利心切,为了更快地崭露头角、博取点击率,一些新媒体平台不惜违背社会公德从事传播低俗内容的活动。[①] 因短视频产业存在内容低俗化倾向,紧接着国家网信办约谈了今日头条旗下火山小视频、快手两家网站的主要负责人,随后火山小视频、快手被下架整改,内涵段子被永久关停。因此,需要新媒体企业内部、主管部门、社会媒体与大众等共同监督,不仅要考虑新媒体企业的经济效益,更重要的是发挥新媒体产业的社会效益,才能促进新媒体产业的良性发展。

四、新媒体产业品牌管理与营销人才供给不足

随着新媒体产业不断向各行各业延伸,新媒体产业之间的竞争力逐渐增大。而新媒体企业之间最主要的竞争就是新媒体人才的竞争。人才是核心竞争力,人才关系到产业的兴衰和未来的发展方向。一个对人才不重视的企业注定会被时代所抛弃。而在新媒体产业,一直以来都存在专业人才短缺的现象。这是因为新媒体产业较为复杂,新媒体产业链涉及产品的设计、策划规划、生产加工、制作、运营管理、营销推广、物流、售后服务等领域,且新媒体产业不同于传统产业,新媒体产业一直秉持的理念是互联网思维。因此,相关从业人员不仅应熟悉并且掌握新媒体产业,还必须具备经济学、法学、营销学、管理学、传播学、计算机科学、心理学、社会学等多个学科和交叉学科领域的知识,才能成为真正意义上的复合型人才。事实上,目前我国高等院校在新媒体产业人才培养机制方面还不够成熟,培养方案还不太明确,学校培养与市场期望之间存在一定的脱节,培养出来的新媒体人才远远达不到市场对于新媒体人才的需求,人才供给和需求之间存在严重的失衡情况。而这种失衡情况势必会影响我国新媒体产业的长远发展。

第三节 我国新媒体产业发展趋势

在国家宏观政策的大力支持下,我国新媒体产业迎来了新的爆发点和增长点。而新媒体产业中最关键的就是互联网技术。在2015年3月5日召开的十二届全国人大三次会议上,李克强总理在政府工作报告中就首次提出"互联网+"行动计划,推动移动互联网、云计算、大数据、物联网等与现代制造业相结合,促进电子商务、工业互联网和互联网金融健康发展,引导互联网企业拓展国际市场。"互联网+"行动计划将发展壮大新兴业态,打造新的产业增长点,为大众创业、万众创新提供环境,为产业智能化提供支撑,增强新的经济发展动力,促进国民经济提质增效升级。由此可见,从某种意义上讲"互联网+"代表的就是新媒体产业,是将互联网的创新成果深度融合到各大产业中去,以提高产业的创新力和生产力。因此,"创新力"和"生产力"的提升将成为未来新媒体产业可持续发展的主要目标,我们从中可以分析和归纳出新媒体产业未来的发展趋势。只有把握新媒体产业的发展规律、预测新媒体产业的未来发展趋势,新媒体企业才能更好地在市场上发挥自己的特长和优势,国家才能

[①] 陈兵.新媒体产业发展的现状、问题与突围[J].中国广播电视学刊,2009(11):25-26.

更好地制定未来新媒体产业的发展方向和着力点并制定和落实相关政策,社会才能更好地享受到新媒体产业所带来的新的社会变革和生活方式,让广大人民充分体验到科技与人文相融合的魅力与精彩。

一、新技术将成为新媒体产业发展的主要驱动力

科学技术是第一生产力,新技术的使用与引进将会大大提高社会生产力。新媒体产业是技术导向,纵观人类的科技发展史,每一次新技术的发明和应用都大大解放了社会生产力。如电视终端从黑白电视、彩色电视、有线电视到网络电视、数字电视、智能电视等;电脑终端从大型计算机到PC到笔记本,再到平板电脑等;手机终端从大哥大、翻盖手机、触屏手机到今天的智能手机等。这些新技术的不断更新和应用不仅改变了人们的生活方式,还改变了人们交往和沟通的方式,成为人们"在世存有"①的一种符号象征。因此,人们对新技术和新媒体产品的需求在不断增长。此外,技术更新迭代的速度较快,往往在旧技术大批投入使用之前新的技术又孕育而生。新媒体产业亦是如此,产业不仅要面对市场竞争,还要面对新技术新产品的挤压,产品的生命周期不断缩小,但同时也促进了产业内部的创新,增进了产业发展的活力。

今日头条可谓是将新技术应用于新媒体产业的典型案例。今日头条创立于2012年,目前用户量超7亿人,市值估计1800亿元人民币,而新浪微博市值只有1089亿元人民币,也就是说今日头条目前已超过了老牌社交媒体新浪微博的市值。今日头条创始人张一鸣曾经描述今日头条是一家有媒体属性的科技公司。看上去是媒体公司,但本质上是科技公司,而其他移动资讯客户端,看上去是科技公司,本质上却是媒体公司。它是一款基于数据挖掘技术的推荐引擎产品,它为用户推荐有价值的、个性化的信息,提供连接人与信息的新型服务,是国内移动互联网领域成长最快的产品之一。今日头条所依托的即是大数据和算法技术。具体来说,今日头条推荐引擎是依赖人工智能、机器学习等技术,根据数百万位用户标签以及相关性、环境、热度、协同等模型特征,了解用户的状态变化从而推荐最合适的信息。② 今日头条改变了传统媒体的内容生产和运营模式,将信息过滤的权力让渡给算法,使信息与用户达到最佳匹配。目前,今日头条还充分利用智能分发平台和算法获取的用户数据,充分利用技术和数据的优势,全面布局内容产业,同时将个性化推荐算法积累的分发渠道优势延伸到更多细分领域,建立超越传统价值链的内容生态平台。③ 例如,2013年,今日头条APP推出了头条号功能,搭建了媒体和自媒体内容创作平台。2016年、2017年又推出"抖音+火山小视频+西瓜视频",争夺短视频市场。2017年1月,今日头条中国第一批新认证的8组独立音乐人入驻今日头条;2月,全资收购美国短视频应用Flipagram。今日头条主要产品如表9-1所示。由此可见,今日头条积极利用大数据和算法推荐技术,从原先的资讯分发产业一步步拓展到内容产业、短视频产业以及教育产业中,实现了新媒体产业的扩张。今日头条抓住了大数据和人工智能兴起的技术红利,实现了高速发展。因此,目前国内一些其他资讯

---

① 孙玮.微信:中国人的"在世存有"[J].学术月刊,2015,47(12):5-18.
② 建文.智能推荐:认知和改进完善都需要时间:访今日头条总编辑张辅评[J].新闻战线,2017(23):70-71.
③ 王晓霞.大数据技术驱动下"今日头条"的嬗变[J].青年记者,2017(15):85-86.

平台以及内容分发平台纷纷效仿今日头条,紧跟时代步伐,抓住时代机遇,利用好人工智能和大数据等技术,为新媒体产业的发展提供更好的技术支撑。

表 9-1　今日头条主要产品介绍

典型	产品名称	上线时间	产品简介
资讯分发	今日头条	2012 年 8 月	基于数据挖掘的资讯分发引擎为用户提供个性化的新闻资讯
内容社区	内涵段子	2012 年 5 月(已关停)	含各类短视频、脑洞神评论、图片、段子、精华等多主题多体裁的社交软件和搞笑娱乐社区
内容社区	头条号	2013 年	煤体/自煤体平台,帮助企业、机构、媒体和自媒体在移动端获得更多曝光和关注,生产优质内容
内容社区	悟空问答	2016 年 7 月	为所有人服务的问答社区,2017 年 6 月升级为悟空问答
内容社区	微头条	2017 年 4 月	社交媒体产品,可以发布短内容,与人互动,建立粉丝关系,类似于微博
短视频	火山小视频	2016 年 4 月	原创生活小视频社区
短视频	抖音	2016 年 9 月	音乐创意短视频社交软件
短视频	西瓜视频	2017 年 6 月	在线视频播放软件,包含搞笑、体育、纪录片、经典动画等视频
海外	Topo Buzz	2015 年 8 月	今日头条海外版
海外	Tik Tok	2017 年 8 月	抖音海外版
海外	Ltypstar	2017 年 7 月	火山小视频海外版
海外	F11pagram	2017 年 7 月	照片+音乐制作视频故事短片
海外	Muscial.ly	2017 年 11 月	北美 15 秒音乐短视频
其他	gogokid	2018 年 5 月	在线少儿英语教育平台

(数据来源:公开资料整理)

二、新媒体企业兼并、合并、收购成为常态

当一个新兴媒体产业开始兴起时,为了快速抢占市场份额,在最短时间内争取用户,新媒体企业往往会进行"烧钱大战",即通过平台资金补贴或者价格折扣的方式补贴用户,以吸引用户对平台的持续性使用。在新媒体行业有个说法,在一个新行业兴起时要以最快速度做到市场前三,排名越靠前所获得的用户量会远远超过排名靠后的所有用户量总和,这类似于"二八定律"或"帕累托法则",即 20%的企业会占据 80%的市场份额。因此,新媒体企业先投入巨额资金进行价格补贴抢占市场,后期坐稳市场后再慢慢从用户身上收回利润,从短期角度看这不失为一个最快赢得用户量的办法。然而,若新媒体企业一直打价格战而没有

雄厚的资金链做支撑,一旦资金链出现断裂,则会前功尽弃,最终导致新媒体企业面临被兼并的风险,或被新媒体巨型寡头所垄断。第二种情况是新媒体企业之间的互相合并,合并是企业与企业之间的一种战略合作,是为优化资源配置、形成规模经济、增强企业的市场竞争力、提高经济效益的一种方式。第三种情况是收购行为,即企业通过一定的程序和手段取得某一企业的部分或全部所有权的投资行为。购买者一般可通过现金或股票完成收购,取得被收购企业的实际控制权。企业收购可以拓展原企业的业务和产业链,增加自身的竞争力。从全行业来看,新媒体产业采用兼并和联合行为来扩大经济效益规模,能够提高市场占有率,形成核心竞争力。通过生产要素向优势新媒体企业集中,能够提高新媒体企业的规模经济水平和竞争能力,有效提升产业集中程度,进而达到优化新媒体资源配置目的。这种行为对改善市场结构和提高市场效率具有至关重要的影响。①

从 2015 年年初起至今天,众多互联网业务细分领域纷纷由"群雄逐鹿"走向领军企业"合并同类项"。如交通出行领域,市场份额最大的滴滴公司继 2015 年 2 月合并快的打车后,2016 年 8 月又宣布合并优步中国;在线旅游领域,领先者携程网在 2015 年 5 月合并艺龙网之后,当年 10 月又合并去哪儿网;网络团购领域,领先者美团网与大众点评网合并;网络婚恋领域,领先者百合网与世纪佳缘网合并。此外,线上线下延伸布局成为新方向,如万达集团全资收购电影门户网站时光网,完善电影生态圈;阿里巴巴重金收购在线视频领军企业优酷土豆集团等,布局传媒娱乐产业等。② 另据《新京报》报道,2018 年 4 月初,摩拜召开股东会议表决通过美团收购案,美团以 27 亿美元作价收购摩拜,其中包括 65％现金和 35％美团股票。而在此之前,饿了么则被阿里以 95 亿美元收购,中国互联网史上最大规模的一笔收购就此尘埃落定。纵观中国企业合并、收购的历史,从来没有像今天这样由新媒体企业掀起合并、收购的浪潮。这是因为新媒体企业是由资本驱动的产业,海量的用户能使得技术的应用在较短时间内普及,资本实力越雄厚,就越有机会以投资、收购等形式进入一个新的领域。因此,虽然部分新媒体企业在某些领域的市场规模暂时还处于领先地位,但同时也面临"螳螂捕蝉,黄雀在后"的风险,可以预见未来新媒体企业的合并、兼并、收购等将成为常态。

三、新媒体产业加快与传统产业的融合发展

随着数字化进程的推进和数字经济的发展,新媒体产业所能承载的服务越来越多,应用场景不断扩大,新媒体产业不断向传统产业扩张、融合发展,促使传统制造业、农业、服务业等产业不断向现代化、数字化、智能化的方向转变,传统产业的社会生产力得到大幅度提升。一方面,由于新技术的普适性、便捷性、开放性,人类对于新技术的不断向往和追求,使得新媒体产业发展势头不断增快,进而促使新媒体产业必然会逐渐渗透到传统产业中去。另一方面,新媒体产业与传统产业融合发展不仅是时代向前发展的应有之义,还是传统产业加快自身适应新的产业环境的一种变革和策略,提高传统产业的生产和流通效率,对于新媒体产业而言也是提高自身竞争力和创新力的一种手段和方式。再次,国家在宏观层面上也对传

---

① 鲍枫,沈颂东,王以宁. 我国新媒体产业分析及发展策略研究:基于产业组织理论 SCP 范式分析[J]. 当代传播,2012(2):64-66.
② 马骏,马源. 分析:当前互联网企业合并的主要特点及影响[EB/OL]. [2017-3-15]. http://www.ec.com.cn/article/dsyj/yjsd/201703/15073_1.html.

统产业与新兴产业的融合发展作了一定的规划,如原国家文化部发布的《国家"十三五"时期文化改革发展规划纲要》中明确指出,要推动文化产业结构优化升级,推动"互联网+"对传统文化产业领域的整合,落实国家战略性新兴产业发展的部署,加快发展以文化创意为核心,依托数字技术进行创作、生产、传播和服务的数字文化产业,培育形成文化产业发展新亮点。2018年10月25日,习近平总书记在广东省考察时明确提出,要发挥企业创新主体作用和市场导向作用,加快建立技术创新体系,激发创新活力。要推动制造业向数字化、网络化、智能化加速发展。从习近平总书记的话语中我们可以理解到新媒体产业和传统产业的融合发展是大势所趋,是人心所向,是激发创新和发挥市场导向的重要渠道。

综上所述,新媒体产业与传统产业并不是谁取代谁、一山难容二虎的矛盾和对立关系,而是相互促进、相互吸收、相互依存、你中有我、我中有你的融合关系,应当抛弃偏见、互相借鉴、取长补短、相互转化,发挥各自的优势。唯有如此,才能在变幻莫测的市场风云中共同探索发展道路,创新发展模式、盈利模式和运营模式,为社会的进步与人类文明的前进做出自己的贡献。

四、新媒体产业品牌营销向国际化、IP化迈进

国际化是指新媒体企业为提高企业在国际上的知名度和影响力,而加快国际化布局。国际化要求新媒体企业跟紧国际发展趋势,且对企业的技术和产品质量也有一定的要求。因此,新媒体产业向国际化迈进对于新媒体企业而言是一项挑战。当然,机遇与挑战是并存的。新媒体产业的国际化有利于争夺国际市场份额,积极拓展海外业务,壮大企业产业链,同时还可以寻找低成本、廉价的劳动力资源,大大降低新媒体产业的生产成本。例如,腾讯在海外的布局主要有:腾讯斥巨资入股"阅后即焚"视频社交App SnapChat母公司Snap超过12%的股权;腾讯领投加拿大线上故事阅读与写作分享平台"Wattpad"4000万美元D轮融资等。[①] 如此一来,腾讯企业的产业链更加庞大,国际化程度愈高,企业的竞争力也就越强。品牌是消费者用来区分和辨别不同产品之间差异的,也是消费者对于产品评价和感受的内容总和。所谓品牌化就是新媒体产业的"品牌传播",即通过广告、公共关系、新闻报道、人际交往、产品或服务销售等传播手段,以最优化地提高品牌在目标受众心目中的认知度、美誉度、和谐度。[②] 新媒体产业不仅要提高产品质量,也要做好品牌的传播。品牌传播有利于新媒体企业确立在消费者心中的地位和价值,有利于企业实现在市场上可持续发展的目标,有利于企业注重自身形象的维护,重视消费者的体验、感受和评价,提高新媒体企业的人文关怀和价值导向。

IP化是企业利用自身品牌文化不断拓展产业链的过程,是一个将事物差异化、人格化的动态过程。IP化能够有效提高产品的魅力,让消费者在不知不觉间形成对品牌的依赖和信任,有利于新媒体企业不断提高自身的影响力。例如,安徽芜湖的"三只松鼠"是一家互联网坚果企业,但"三只松鼠"通过将品牌塑造成人性化的"松鼠萌物",赋予了松鼠人性化的特征,用松鼠品牌去和用户打交道,以"卖萌"赢得用户的欢心和喜爱,不断进行口碑营销、广告营销,投资拍摄松鼠动漫、投资电视剧电影植入广告、建立三只松鼠文化小镇、开设三只松鼠

---

① 郭全中.快速进化中的中国新媒体产业[J].新闻与写作,2018(7):55-63.
② 余明阳,舒咏平.论"品牌传播"[J].国际新闻界,2002(3):63-68.

线下投食店等,让用户不断接触到三只松鼠的品牌,让三只松鼠的形象成为人们日常生活中的一部分,实现IP产业的商业价值转化。让用户在消费中不仅体验到产品,更体验到情感、价值和关怀,这就是IP化的魅力所在。在2014~2016年"三只松鼠"分别实现了营业收入9.24亿元、20.43亿元、44.23亿元,营收增长率均超过100%。2016年,成立仅4年的"三只松鼠"开启了自身的IPO(首次公开划募股)征程,未来还将积极拓展海外业务,提高国际影响力。① 综上所述,国际化、品牌化和IP化必然是新媒体产业的未来追求和发展趋势,也是国家提高自身文化软实力和自身国际形象的渠道之一,新媒体企业要肩负起这样的责任和使命。

第四节　新媒体产业品牌营销理论

一、新媒体产业与品牌营销

品牌是消费者对于某个产品总体认知的总和。美国市场营销协会认为品牌是指"一个名称、术语、标志、符号或设计,或者是它们的结合体,以识别某个销售商或某一群销售商的产品或服务,使其与它的竞争者的产品或服务区别开来。"②品牌不仅包括功能设计、外观、质量等物质层面的元素,还包括理念、价值、情怀、美观、个性等精神层面的元素,品牌向消费者传递出产品的形象、品质和文化,并吸引消费者产生购买行为。从营销学上讲,品牌又是营销的核心竞争要素。而所谓品牌营销是指企业通过利用消费者的品牌需求,创造品牌价值,最终形成品牌效益的营销策略和过程,是通过市场营销使得用户对品牌和产品产生认知的过程。③ 品牌营销就是企业利用各种策略和方法,通过品牌展示,把企业的美誉度、吸引力、知名度等传达给用户,使得用户对品牌产生好感和青睐,从而把用户向消费者转变。品牌营销是企业立足于市场,增强核心竞争力,获得商业价值和人文价值的重要渠道。品牌营销一方面可以通过营销提高企业的品牌资本,另一方面又可通过品牌的价值为企业增添收益,以此达到企业开拓市场,长远生存和发展的目的。

随着新媒体技术的不断发展,新媒体在产业化的过程中也离不开品牌营销的作用。新媒体可以为品牌营销提供新的营销渠道,如微博、微信等为品牌营销提供了平台,许多企业在微博、微信上纷纷开设了官方认证号来吸引用户关注。品牌营销同时也给新媒体的可持续发展提供了一定的资本支持。例如,新浪微博2018年第四季度广告和市场费收入总计4.17亿美元,相比较上年同期3.32亿美元,增长26%;广告和市场收入占总收入的86.5%,是微博的主要收入来源。由此可见,企业的品牌营销对于新媒体平台的稳定发展具有非常重要的作用。新媒体产业是为用户提供规模化、市场化的网络产品和服务而实现企业主体

---

① 三只松鼠:互联网品牌IP化与人格化[EB/OL].[2018-9-5]. https://www.jiemian.com/article/2424666.html.
② 菲利普·科特勒,凯文·莱恩·凯勒.营销管理[M].王永贵,等译.上海:格致出版社,2009:466.
③ 叶明海.品牌创新与品牌营销[M].石家庄:河北人民出版社,2001:3-5.

价值增值和扩张的一种经济活动。因此,新媒体产业属于市场营销的范畴。当新媒体企业为树立良好的品牌形象、构建品牌信誉度和美誉度、建立品牌集群和矩阵时,会采取系列策略和方法维护品牌形象和品牌价值,并不断通过品牌营销向消费者传递出品牌的内涵、理念和精神。

二、新媒体产业品牌营销理论

新媒体产业品牌营销从属性上讲属于网络营销,是相对于传统营销而言依据新媒介的属性和特点而进行的品牌营销。传统市场营销的理论如4P、4C、4R、4I等理论已不能完全解释新媒体背景下的营销行为,需要有新的营销理论去阐释。目前,新媒体产业品牌营销可结合网络营销的相关理论如互动营销理论、病毒营销理论、关系营销理论、数字营销理论、IMC理论等,具有一定的指导意义。

(一)互动营销理论

互动性是新媒体区别于传统线性传播模式最为主要的特征之一,意味着传播者和受传者之间存在某种联结、沟通、反馈的机制。以往的营销活动主要是企业单向对消费者进行宣传推广而未重视消费者的意见和建议,在新媒体环境下媒介赋权使得消费者的信息生产和信息传播的权力得到大幅度提升,信息传播的结构不再被企业所主导,而变成多节点的复杂网状传播格局。互动营销就是企业在进行营销的过程中充分考虑消费者的意见和反馈,并积极和消费者频繁互动交流,从而获得消费者的信任,提升品牌在消费者心目中的好感度。企业在充分吸收消费者的意见后将其用于产品的改良加工和再生产,为消费者提供开放、共享、平等的交流平台。互动营销不仅要求企业时刻保持与消费者的友好沟通关系,还要在互动中发现消费者的需求,了解消费者的喜好,为消费者提供完善的服务。互动营销有利于拉近企业和消费者的距离,增加消费者对企业和品牌的认知度、信任度和好感度,提升品牌的影响力和传播力。

新媒体产业是新兴技术产业,它打破了时间和空间的传播障碍,使得人与人之间的互动连接成为可能。因而,新媒体产业品牌营销是一种高互动性的营销活动。互动营销为消费者和企业提供了沟通的桥梁,大大加速了信息的流通。与此同时,互动营销还加强了企业与消费者之间的情感纽带,一旦消费者与品牌建立情感关系,就意味着品牌在消费者心中占据一席之地,这种关系不会简单地随着时间轻易消失。以新媒体产业中的短视频为例,短视频营销具有即时性、互动性、沉浸性等优势,消费者可通过在线转发、评论、点赞、送礼物等行为与企业品牌进行互动,一方面增加了品牌的影响力、传播力和知名度,另一方面增强了消费者的参与度,又可将潜在的用户转变为消费者,建立起消费者的品牌意识,进而将品牌价值变现为实际收益。

(二)病毒营销理论

病毒营销(viral marketing)是近年来随着互联网等新媒体迅速发展而流行的一种营销手段,是指通过用户的口碑宣传网络,信息像病毒一样传播和扩散,利用快速复制的方式传向数以千计、数以百万计的受众。① 病毒营销是一种最快捷、最高效、成本低廉的营销手法，它可以在短时间内触及大量受众，可以迅速将营销信息传播出去，效果十分显著。病毒营销可以充分利用传播节点的力量，每一个传播节点都由一个个用户组成，企业只需要引爆"病原体"，即找到最能触动、刺激、打动和吸引用户眼球的议题，用户就会自发、自愿、主动传播信息源，成为众多传播中心中的一个节点。病毒营销主要是在以社交媒体为中心的新媒体平台上进行，"在O2O时代，病毒营销借助社交媒体能取得更大的利用空间，多对多的裂变式传播，形成社交网络圈。"②同时结合口碑营销和关系营销的效应，病毒营销的影响力能在短时间内呈现几何倍增长，形成舆论导向和话题效应，引发全民围观，对于企业的品牌建设和品牌传播有着非常强大的作用力，消费者对品牌的好感度和认同度也会不断增加。因此，企业需要加大力度策划和设计出具有创意性、能够打动消费者、与众不同却又满足不同消费者需求和喜好的营销点。

以《人民日报》微信公众号为例，2017年《人民日报》在微信公众号推出的《快看呐！这是我的军装照》被称为最毒插件。7月29日，为庆祝中国人民解放军建军90周年，《人民日报》策划推出一款换脸"军装照"H5。用户扫描二维码，上传自己的照片，就可以生成帅气的军装照。这款H5一经推出，浏览量呈井喷式增长。截至8月2日17时，"军装照"H5的浏览次数累计达8.2亿次，独立访客累计1.27亿人，一分钟访问人数峰值高达41万人。这支H5将1929~2017年这些年间的11个阶段22套军装全部呈现出来，用户上传照片选择年限即可制作专属自己的军装照，强大的图像处理技术——国内首创"人脸融合"既能突出用户的五官特点，还自带美颜滤镜能呈现出非常自然的图片效果，使用户产生一种对军旅梦的向往和在朋友圈展现自我的欲望，满足了受众炫耀的需求。在建军节这个爱国氛围日益浓烈的时间段，此行为能让大家以一个崇敬的心态参与、分享，沿着每个人的社交链相互传染，在移动社交平台实现裂变式传播。③

（三）数字营销理论

所谓数字营销是指以数字化技术为基础、通过数字化手段调动企业资源进行营销活动以实现企业产品和服务的价值过程。④ 其中，"数字化"是数字营销的核心，它是建立在庞大的数据存储空间、快捷的传播渠道、强大的计算能力、便捷的运输通道等新兴技术之上的营销活动。进入网络化时代，数字营销以高效率、低成本、受众到达率高、匹配度高逐渐取代传统营销成为企业首选的营销方案。数字营销，就其本质而言，"属于推广产品和服务的一种营销活动，目的是通过数字化技术向全球范围内的目标受众传递产品和服务信息，最终实现品牌价值增值和企业经济收益增长的互动效应。"⑤不同于传统营销，数字营销充分抓住了移动化、智能化等先进传播技术发展的机遇，通过将产品和服务"数字化"，同时将潜在的目标消费者"数据化"，利用大数据和算法推荐等机制分析消费者的喜好，生成消费者用户画像，

---

① 邓少灵.网络营销学教程[M].广州：中山大学出版社，2015：7.
② 陈致中，石钰.病毒营销的理论综述与研究前瞻[J].现代管理科学，2016(8)：33-35.
③ 简书.2017年最经典的十大病毒营销案例[EB/OL].[2017-12-22].https://www.jianshu.com/p/a981dfc88399.
④ 姚曦，秦雪冰.技术与生存：数字营销的本质[J].新闻大学，2013(6)：58-63.
⑤ 黄燕银.技术驱动视域下数字营销传播的发展进程研究[D].广州：暨南大学，2017.

通过对数据的分析后再把产品和服务信息传播给与之匹配的消费者。与此同时，企业亦可根据数字营销的效果对产品的生产和服务等进行完善，相比传统营销相对滞后的信息反馈机制，数字营销实时更新的数据和海量的用户消费行为为数据库大大节省了企业市场调研的时间，企业营销部门因此可以投入更多精力在提升消费者的消费体验当中。

新媒体产业品牌营销更是离不开数字营销。从新媒体产业的种类来看，其包括网络游戏产业、短视频产业、互联网内容产业、VR产业、人工智能产业、大数据产业等。这些新兴产业无一例外不是以智能化、数据化的传播技术为载体，通过对用户数据的分析采用智能化的营销手段精准匹配，使得定制化营销和个性化营销成为可能，加强了用户对该品牌的信任度和熟悉度。以互联网内容产业中的微信公众号产业为例，某一品牌的微信公众号的订阅者或关注者可被数字化，品牌可按照年龄、性别、学历、地域分布、转发、评论、点赞等信息加工为可以操作和量化的数据，并将其可视化呈现，企业或品牌可根据用户的个人阅读喜好或点击时间分布等数据有针对性地推送品牌营销活动，还可根据用户的反馈评论和互动表现对品牌营销活动作适当调整，为品牌形象建构和品牌传播添砖加瓦。

（四）IMC 理论

IMC，全称为 integrated marketing communication，即整合营销传播。该理论诞生于20世纪80年代，美国西北大学克拉克·卡尔伍德、唐·舒尔茨和保罗·王提出了整合营销传播的概念，"整合营销传播是一个营销传播计划概念，它要求充分认识用来制订综合计划时所使用的各种带来附加价值的传播手段——如普通广告、直接反应广告、销售促进和公共关系，并将之结合，提供具有良好清晰度、连贯性的信息，使传播影响最大化。"[①]其核心思想是企业在营销活动中运用多种传播手段和营销工具，包括公关、推广、服务、广告等一系列流程，根据不同营销过程的属性和特点选择多种传播介质实现多元化传播，共同服务于企业品牌传播。整合营销传播理论最初强调企业营销传播诸要素的系统整合，以及营销传播资讯的一致性，目标的集中性，各营销传播要素及手段的协调性、统一性，在实现与消费者的沟通中，追求与消费者建立起长期的、双向的、稳固的关系，其核心概念是整合、一致与沟通。[②] 整合营销传播重视营销目标的一致性，即多种传播渠道共同发出一个声音，这个声音要有利于树立企业良好的品牌形象，通过多渠道传达一个理念，让消费者不断加强对品牌的认知、接触和理解，加大消费者对企业品牌的依赖度。与此同时，不同的传播渠道的优势和特点不尽相同，同一营销理念支撑下的传播根据渠道的不同发挥不同渠道的特点，让消费者接触同一品牌的不同类型的信息，既是差异化传播的要求，也是对同一品牌理念的不同阐释，丰富了消费者对品牌的认知和把握。

新媒体时代的整合营销，尤其是新媒体产业品牌营销传播更是对整合营销的模范实践。新媒体产业以新兴传播技术为支撑，这就为新媒体产业品牌的多元化、一体化传播提供了条件。多元化传播是指多种传播模式，比如线上＋线下传播模式，自媒体＋官方媒体传播模式，微博、微信、贴吧、百家号、B站等不同媒体间的跨媒介传播模式，今日头条、西瓜视频、抖音短视频、火山小视频等同一品牌不同产品之间的互动营销模式，社群传播、口碑传播等社

---

① 初广志. 整合营销传播在中国的研究与实践[J]. 国际新闻界，2010(3)：108-112.
② 张金海，程明. 从产品推销到营销与传播整合：20世纪广告传播理论发展的历史回顾[J]. 武汉大学学报（人文科学版），2006(6)：812-817.

交化传播模式等。而一体化传播即多种传播模式形成的传播矩阵具有共同的目标,服务于整体品牌的核心架构,促进品牌形象的多维度打造和维护,充分吸收和运用多种传播手段的优势,达到良好的营销效果。从用户角度看,新媒体产业品牌营销是以消费者高度主动化为特征的传播形态,消费者不再像传统营销那样处于被动的信息灌输状态,而是处于主动参与品牌传播、品牌建构、品牌形象维护的全过程。整合营销有利于协调构建品牌认知,充分利用多种传播渠道的属性特征与消费者保持高度互动的状态,加强消费者对于品牌的认同度和忠诚度。

第五节　用视频记录美好生活:抖音创意短视频品牌营销

　　2017 年是短视频当之无愧的爆发元年,短视频一般指播放时长在 5 分钟以下,基于 PC 和移动端播放的视频内容形式。与直播视频相比,短视频虽然在时间上有所缩短,但短视频契合了移动互联网时代碎片化信息发展的需要,内容丰富多样,互动性和社交属性较强,能够满足用户碎片化的娱乐需求,是用户表达自我的一种呈现方式。据《第 42 次中国互联网发展报告》数据显示,截至 2018 年 6 月,我国热门短视频用户规模达 5.94 亿人,占整体网民规模的 74.1%。据艾瑞咨询《2017 年中国短视频行业研究报告》,2017 年短视频市场规模达 57.3 亿元,同比增长 183.9%,预计到 2020 年短视频市场规模将超过 300 亿元。一时间,各大互联网巨头纷纷布局短视频产业。据不完全统计,仅 2017 年就有腾讯、阿里、百度、新浪、今日头条等互联网企业布局短视频平台(图 9-6)。

图 9-6　2017 年巨头互联网企业短视频布局情况①

---

① 艾瑞咨询:《2017 年中国短视频行业研究报告》2017 年.

而在这些短视频 App 里面,市场表现最佳,用户反馈最好的短视频之一就是今日头条旗下的"抖音"短视频。抖音,是一款主打 15s 音乐创意短视频的社交软件,用户可以通过这款软件选择歌曲,拍摄音乐短视频,并加以创意式的特效和剪辑,形成自己的作品。抖音于 2016 年 9 月上线,短短两年时间,在国内的日活用户突破 1.5 亿人,月活用户超过 3 亿人。据应用市场研究公司 Sensor Tower 的数据显示,今年一季度,抖音下载量达 4580 万次,超越 Facebook、Youtube、Instagram 等,成为全球下载量最高的 iPhone 应用。在如此短的时间内,抖音短视频是如何成为短视频行业的领头羊?抖音短视频在设计和推广产品时其中蕴含着哪些创意营销策略?以上问题值得我们深入探讨和分析。

一、精准的产品定位

(一)瞄准目标用户群体

一个产品的用户群体体现了一个产品的文化特色与市场定位。据抖音用户研究报告显示,抖音上 90%的用户是青少年群体,可见抖音是一款聚焦年轻人的音乐社交短视频 APP。抖音的产品负责人王晓蔚曾透露,抖音的用户除了地理位置在一二线城市外,年龄构成也非常典型,85%以上是 95 后、00 后。那么,抖音为何将目标人群瞄准年轻人?又为何主打音乐类短视频?这两者之间存在着怎样的密切关系?

首先,抖音短视频的图标 logo、功能设计等都是为年轻人群量体裁衣的。如图 9-7 所示,抖音 APP 的 logo 是一个"抖动"的音乐符号,顾名"抖音"。音乐类短视频迎合年轻人用户群体的倾向明显,再加上"抖动"的符号象征,更昭示着抖音短视频是一款面向年轻人的产品。

图 9-7　抖音 APP 图标(图源:抖音官网)

其次,在功能设计上,抖音短视频内包含全球潮流音乐,搭配舞蹈、表演等内容形式,富含多种原创特效、滤镜与场景。据抖音短视频在 Apple Store 上的官方介绍,抖音短视频是一款刷爆朋友圈的魔性短视频。脑洞有多大,舞台就有多大!由此可见,"魔性"和"脑洞"最符合年轻人的气质和风格,年轻人对新鲜事物的接受能力、模仿能力、认知能力较强。个性化的、新潮的、标新立异的、与众不同的产品总能俘获年轻人的芳心。他们追求酷炫、个性和创意,爱好运动、音乐和舞蹈,而"抖音"恰好为他们提供了这样一个平台,可以让他们任意选择歌曲,配上鬼畜表情、肢体动作或动感的舞蹈,以及富有创意的情景。①

---

① 孔宵. 基于网络民族志调查的"抖音"短视频 APP 用户研究[D]. 济南:山东大学,2018:35-36.

再次,年轻人的内容生产和消费能力更强。他们不再是传统意义上只会单向消费的"受众",在技术赋权的影响下,他们不仅是内容的消费者,同样也兼具内容生产者的角色。抖音为用户提供了一个自由发挥的舞台,用户为了吸引更多人关注和互动,会挑选更加富有创意、个性化、与众不同的内容作为自己的作品。而用户在观看到其他创意内容视频时也会自发分享到社交媒体平台供他人观看。

(二)差异化内容定位:创意内容与时尚理念

目前市场上除了抖音短视频外,还有腾讯微视、一条、梨视频、快手、小咖秀、美拍、好看视频、快视频、秒拍、muse,以及同样是今日头条旗下的火山小视频、西瓜视频等。如此之多的短视频应用在争夺短视频市场,那么抖音短视频是如何冲出重重包围,成为短视频应用领域的领头羊?"差异化内容定位"是抖音短视频的制胜策略,主要包括创意内容与时尚理念两个方面。

在创意内容方面,抖音短视频区别于美拍(基于美图秀秀的美颜功能)、小咖秀(模仿秀)等短视频的功能定位,它主打15秒,即用15秒钟时间来进行叙事,因此用户需要在15秒内完成系列动作,这和其他的短视频时长形成了鲜明的对比。也正因为此,抖音短视频又重新定义了什么是短视频,它抓住了注意力经济时代眼球经济的效应,在最短的时间内吸引用户,在快节奏的都市生活中节省用户时间,不仅可以浏览其他风格种类的视频,还增加了视频的流动性和可读性。此外,抖音短视频将创意内容分解到内容生产中的各个环节。例如,抖音在拍摄界面中为用户提供了大量的原创素材,比如场景、滤镜、特效等,这些创意素材组合起来就形成了独一无二的创意视频风格。抖音为用户提供了一个巨大的想象空间,在这个空间中用户可以自由搭配自己喜欢的音乐风格和视觉特效,充分发挥用户的想象力和思维空间。其次,抖音为了吸引用户参与,还签约了许多才华横溢的视频创作者进行内容创作,将音乐与生活相结合,让音乐成为人们日常生活中必不可少的一部分,引发全民跟风效仿的狂潮。再次,抖音会为用户提供创意视频的拍摄指南。很多用户一开始并不知道如何将自己的创意理念融入视频生产中,这也是最为困难的步骤。而抖音则通过拍摄指南给用户进行拍摄指导,一步步引导用户按照抖音设定的风格去拍摄相应的视频,等于变相地成为抖音自我宣传的一部分。同时,这也充分调动起了普通用户参与创意内容生产的积极性,增加了他们对抖音的认同度与依附性。①

在时尚理念方面,抖音短视频主打时尚风格,为年轻人量身定制。从对音乐的选择上看,抖音短视频为用户提供了至少20类音乐种类(表9-2),包含流行、电音趴、搞怪、激萌等,都是年轻人喜闻乐见、紧跟时尚潮流、充满青春活力的音乐作品。在特效上,抖音短视频具有滤镜特效、时间特效和道具特效三类(表9-3),每一种特效都富有魔幻效果,能让人体会到新奇、朝气和搞怪的特质。这些特质迎合了年轻人的审美口味,能够体现出他们与众不同、接受程度高、独特化、标新立异的个性。在视频录制上,抖音短视频支持多种录制方式,包括控制视频拍摄快慢,提供多种剪辑模式等,多种选择模式可以最大程度上发挥用户的创意思维。

---

① 赖宇.使用与满足理论下的短视频社交应用研究:以抖音为例[J].青年记者,2018(24):82-83.

表 9-2 抖音短视频音乐选择分类

歌单分类			
流行	电音趴	原创音乐	欧美
国风	激萌	生活	舞蹈
搞怪	运动	说唱	影视原声
中西碰撞	ACG	日韩	民谣
经典	配乐	热歌榜	飙升榜

(数据来源:公开资料整理)

表 9-3 抖音短视频特效

滤镜特效	灵魂出窍	抖动	毛刺
	幻觉	闪白	霓虹
	缩放	70s	X-Signal
时间特效	时光倒流	闪一下	慢动作
道具特效	装饰	搞笑	新奇

(数据来源:公开资料整理)

二、社交化传播:抖音短视频的互动模式

抖音虽然是一款音乐短视频 APP,但其具备很强的社交属性。首先,抖音在短视频观看界面设置了关注、转发、分享、点赞、评论、@、回复等功能。其中,关注、转发、点赞、评论、回复是与短视频上传者进行互动的过程,关注则成为上传者的粉丝,转发与点赞是对短视频内容的认同和喜爱,转发量、点赞量高则会提升上传者的满足感,而用户在观看短视频的同时可以随时在评论区评论,短视频上传者也可在评论区对用户评论进行回复,这极大拉近了观看者与上传者之间的距离。@功能是在评论区用户与好友进行互动的方式,只要输入好友在抖音上的昵称就可以提醒对方观看视频,加强与好友的互动。分享则是用户将自己喜欢的短视频分享到朋友圈、微信、QQ 空间、微博、今日头条等社交媒体平台。如此一来,将会有更多的群体看到抖音短视频,提高了抖音的曝光率。

由上述可见,抖音的社交化传播极大提高了用户的主体性和主动性,用户不再是被动地进行观看,而是有选择性地进行观看和传播。用户在使用抖音时不仅是观看视频这一单个行为,其中更包含了人与人之间的互动和交流。用户在互动的过程中实现了情感的分享与共鸣,其自我认同和身份认同也得到了提升。视频上传者在与他人互动过程中积累了人气、赞赏和鼓励,自我效能感和自信心不断提高,成为他们继续拍摄更富有创意、更具有吸引力的短视频的一种原动力。因此,在抖音中用户与用户之间的互动加强了彼此之间的情感纽带,实现了自我价值,以及对美好生活的向往和追求。

三、算法推荐+人工挑选:抖音短视频的内容传播机制

抖音是今日头条旗下的分支产品,依托于今日头条的算法推荐技术,抖音短视频能够通

过大数据分析,精准刻画用户喜好,通过智能分发的推荐机制"投其所好"让每一个用户都能"各取所需"。抖音通过分析用户在某一类型视频停留时间的长短来精确描绘用户的兴趣图谱,再通过算法机制将短视频内容和用户进行高度匹配,实现短视频内容的精准传播。算法推荐的好处是能够充分利用短视频上的内容资源,在个性化和碎片化时代每个用户的喜好可能是不同的,而一些处于边缘化的内容资源在算法推荐的机制下也能够找到对应的用户群体,这样一来就能够充分汇聚和吸收不同兴趣爱好的用户,最大化地实现内容资源的充分利用。

除了算法推荐技术外,抖音还同时结合了人工挑选的内容推送机制。算法推荐固有一定的优势,能够从用户的浏览习惯分析用户的个人喜好,进而为用户推送与之相关的视频内容。但算法推荐也会带来"信息茧房"和"回音室"效应,即用户在算法推荐的机制下看到的都是与自己个人喜好相关的内容,这对于专业的研究人员来说无可厚非,但对于普通用户来说,花费过多时间在相同主题的内容上就会产生消费过度的情况,用户会沉浸在算法推荐营造的信息世界中无法自拔,进而缺乏对世界的感知和对其他主题的了解,不利于用户对不同主题信息的认知。而抖音短视频破除了唯算法论的路径,同时还结合了人工挑选的内容推送机制。这样做的好处是能够消解算法推荐的局限性,可以人工挑选一些精品的短视频内容给用户,使用户可以接触到经过筛选的,在质量上有所追求、在内容上有所创新的,深受大众喜爱的短视频内容,可以培养用户对其他主题视频的兴趣和爱好。此外,算法推荐结合人工挑选内容传播机制可以增进用户群体对抖音的依附性和依赖性,增加用户黏度,为抖音带来可观的用户流量,为实现流量的变现提供了一定规模的用户基础。

四、整合营销:多元主体共同参与营销

(一) 抖音与其他平台合作营销

一款产品成为爆款不仅与自身的营销有很大关系,与其他平台合作营销也不失为一种两全其美、一箭双雕的营销策略,合作营销不仅可以开拓一种新的互利共赢的局面从而避免正面的市场竞争,又能降低营销推广的成本,是平台抱团取暖、互利互惠的一种营销手段。例如,抖音与网易云音乐进行合作,在网易云音乐上开设抖音短视频官方账号,发布听歌排行,创建歌单等。网易云音乐和抖音都是音乐类社交软件,两者合作会充分吸收和利用对方平台的优势,进行资源互补,同时也能吸引到更多的用户关注和使用。除和网易云音乐合作外,抖音还与自家平台进行合作营销。抖音、西瓜视频、火山小视频等都是今日头条旗下的短视频平台,用户定位和风格有所不同,虽存在一定的竞争关系,但从整体上看都是同一家平台的不同产品,他们之间的合作营销更为常见。例如,2018 年春节前后"直播答题"风靡全国,用户在短视频界面与主持人实时互动并参与答题,若顺利通关就能和其他用户平分奖金,一时间吸引数百万用户积极参与,各大短视频纷纷开设直播答题活动。而抖音自身没有单独开设直播答题活动,而是与"西瓜视频"的《百万英雄》进行合作,设置百万英雄抖音专场,以及将某一场次的百万英雄放在抖音平台,这种做法既较好地对用户进行了引流,降低了自己专门开设新的答题栏目的资金投入,又宣传了抖音的产品,是一种效果极佳的营销方式。

（二）广告营销

抖音的广告营销分为以下两种：一为品牌赞助，如 2017 年抖音赞助了综艺节目《中国有嘻哈》，成功将自己作为音乐视频软件与该节目实现无缝对接。《中国有嘻哈》节目强大的热度让更多的人知道了抖音 APP，热门选手在抖音 APP 上的互动也为抖音 APP 带来了更多喜欢酷、炫的受众群体，同时也为抖音 APP 后来的爆发奠定了基础。① 除此之外，抖音还密集赞助了《歌手 2018》《明星大侦探第三季》《我们来了》《快乐大本营》《天天向上》《中餐厅》《高能少年团》《明日之子》等系列节目，抖音重点赞助的是音乐类选秀类节目，这也和自身的用户定位有较大的关联，精准投放到音乐用户群体。同时，借助这些品牌综艺节目的影响力可以让抖音越来越被更多的人熟知和了解，达到产品营销的效果。二为广告植入，如抖音在新浪微博、贴吧、微信、QQ 空间等社交媒体平台，优酷、爱奇艺、芒果、腾讯视频、Bilibili 等视频平台，一点资讯、今日头条等资讯平台，虾米音乐、网易云音乐等音乐平台进行广告植入，实现抖音广告全媒体矩阵的布局。

（三）流量明星推广

流量明星是指具有一定人气和魅力，能够带动粉丝群体、吸引用户参与的人群，主要包括明星和网红等。流量明星做推广的优势是能够在短时间内引发粉丝用户群体的围观、狂欢与模仿，带来可观的流量效应。例如，抖音在 2017 年 3 月刚开始做推广时就邀请了岳云鹏做推广，岳云鹏在微博上转发了一条其模仿者的视频，引起粉丝轰动，于是第二天抖音的百度指数就涨到 2000 多。2018 年春节期间，抖音又邀请何炅、王嘉尔、关晓彤、Angelababy、周冬雨、杨洋等这些人气较高的明星在抖音上发春节红包，在短期内让抖音的用户活跃量得到了大幅度提升。此外，抖音还邀请鹿晗、Angelababy 等巨星入驻抖音，在抖音上经常发动态，也引发了粉丝们纷纷下载使用抖音的热潮。当然，明星做推广需要耗费巨额的推广费，并不是抖音发展的长久之计，为此抖音还邀请了一些草根明星和网红们来为抖音做推广，一是因为草根明星和网红也都有其各自的粉丝群体，且粉丝分布的范围更广泛；二是因为他们自身有发展的需求，想利用抖音作为吸引人气的平台，在抖音上与粉丝们保持互动，拉近与粉丝群体之间的关系；三是因为抖音邀请他们做推广的成本要远远小于邀请人气明星的成本，这样可以在低成本范围内邀请更多的人来参与品牌推广活动。

（四）线上＋线下举办创意大赛

由于抖音自身定位于音乐创意短视频 APP，故对创意素材的运用和把握则成为抖音区别于其他短视频 APP 的核心竞争力要素。抖音为了激发更多的用户参与创意视频的生产和传播，在线上和线下举办了多场创意大赛吸引用户的关注。在线上，抖音举办了多场挑战赛活动，比较常见的是与时下热门话题、热门电视剧、热搜等结合，发掘创意性的素材进行内容营销，吸引用户参与。例如，抖音将时下流行的 cilicili 舞、海草舞、多心变异手指舞搭配上节奏明快动感十足的音乐，用户再搭配具有创意性的动作和舞蹈，足以吸引大量用户群体纷纷效仿。又如，抖音发起线上挑战赛＃泡泡舞尬出小美好＃，用户只要跟着品牌原创歌曲

---

① 艾瑞咨询. 如何获得更理想的综艺节目赞助效果？抖音和快手短视频告诉你！[EB/OL]. [2018-3-27]. http://report.iresearch.cn/content/2018/03/273870.shtml.

《我有我的小美好》的轻快节奏模仿创意舞蹈发布视频即可参与话题挑战。通过眨眼触发的泡泡雨专属贴纸以别具一格的创新营销方式引爆眼球。挑战赛上线首日话题热度即火爆攀升,最终话题视频总播放量 8491.1 万次。① 除了线上,抖音还结合线下举办了各种争霸赛。例如,2018 年抖音设置了《抖音 iDou School 高校街舞争霸赛》,赛事主张大学生应该勇于接受挑战、自我表达、追求美好生活,用舞蹈表达自己的热爱与理想。在全国设置了东部、西部、中部、南部、北部五大赛区,赛事不仅在全国 30 余个城市 100 余所高校设立展开海选赛,还设立了线上挑战赛区,线下五大赛区加线上挑战赛区,六大赛区同步开启;这也是抖音短视频 APP 推出的中国高校首档人人参与、全公开制的大型高校街舞赛事,为年轻有活力的大学生群体们创造了一个良好的表演平台。

第六节 标记你的生活:跨境电商平台小红书的品牌营销

近年来,随着电子商务平台产业的不断发展,跨境电商的产业链逐渐完善,由于国内消费结构的升级换代,"海淘"逐渐成为一种时尚的生活方式,随之而来的是我国"海淘"用户以及规模的不断扩大,产品种类也从最初的母婴类产品扩展到美妆服饰、食品、电子产品以及日用生活品等。在我国,跨境电商主要有 B2B、B2C 和 C2C 三种模式,自 2013 年以来,我国跨境电商平台逐渐发展壮大,天猫、京东、小红书、唯品会、网易考拉等跃跃欲试。在此期间,被称为"海淘版知乎"的小红书脱颖而出,凭借自身独特的 UGC 跨境电商平台营销模式,实现了海外购物分享社区和跨境电商平台的完美结合。

一、"小红书社区+电商"的社群营销模式

2013 年,小红书在上海成立,与其他电商不同的是,小红书是从社区开始起家的,当时主要是邀请一些达人分享自己的购物心得,然后为有出境旅游以及海淘需要的人群提供出行以及购买攻略。2014 年,小红书的"购物笔记"以垂直社区形式上线,小红书的社区功能使得用户在获取信息质量这一方面得到了很大的提升。

近几年来互联网的快速发展使得社区网络文化得到了进一步发展,网络社区作为一种虚拟化的交流分享空间,能够让消费者在社区里无拘无束地畅所欲言。消费者往往希望通过一种匿名的方式在社区空间内发表自己对于一些产品以及消费观念的看法,与此同时,他们也希望能够搜索相关领域其他消费者的意见以及使用体验。一开始最先入驻小红书的用户只是喜欢将自己在海外购物的体验和心得分享到社区里,后来除了美妆护肤外,小红书上出现了越来越多的关于旅游、餐饮、家具、婚礼、学习等信息分享,涉及生活的许多方面,社区成为了小红书独一无二的壁垒性标志。小红书的宗旨就是在全世界标记美好生活,通过 UGC 的形式分享到社区平台,将消费者的冲动从线下转移到线上,可以足不出户地轻易获得海外购物经验以及产品使用体验。2014 年 8 月,小红书获得中国旅业互联网风云榜的"最

---

① 搜狐. 京东抖音线上挑战赛 贝壳视频助力激发立体式圈层联动[EB/OL]. [2018-9-25]. http://e.gmw.cn/2018-09/25/content_31366380.htm.

佳海外购物分享 App";2015 年 7 月,小红书在 2015 第一财经跨境电商投资峰会上,获得"新锐成长"奖;2017 年 12 月,小红书被《人民日报》评为"中国品牌";截至 2018 年 3 月,小红书的全球用户已经达到 9300 万人,每天新增用户约 20 万人左右,成为目前最大的电商社区平台。

在这样的背景下,小红书可以说是开辟了一种全新的虚拟性社区跨境电商平台,其核心就是始终把购物分享社区放在首位。与传统的电商平台推荐网站不同的是,小红书则是通过互动交流的方式进行产品的推广以及购买。小红书的主页面主要包括两大板块,一是 UGC 海外购物分享社区,二是跨境电商售卖商城。

小红书最初是由社区起步,用内容驱动社交,积累了大量的用户,通过去中心化的方式鼓励大家积极发声,营造出舒适的弱关系特质的社群。首页的"小红书发现购物笔记"是一个跨境垂直社区,小红书在 App 的板块设计上就突出了随时随地标记产品和生活的特性,迎合了用户在平台上进行分享与交流的需求。其贴纸和标签功能能很快让用户们在搜索上找到自己心仪的以及与自己志趣相投的人,另外平台也会定期推出社区活动,引导用户参与社区互动,培养大家一起晒生活的习惯,提升社区平台的活跃度。"小红书发现购物分享笔记"促使大家进行购物交流体验,以往用户在购买商品前很难得知产品的体验效果,且商品的广告内容也不足以打消购买前的疑虑和困惑。随着消费者对于生活质量的高要求,购物的选择范围也越来越大,绝大多数购买者在进行商品选择时并没有过于清晰的目标,就算选中了某类产品也会存在对其品牌信息认知度不高的情况。另外,海淘的购物行为有极为强烈的心理暗示,由于消费者购物信任感的缺失,商品本身的质量因素尤为重要,而消费者对于商品的认知主要来源于广告以及使用者的分享。虽然淘宝、京东等电商平台上有相应的评价体系和内容分享,但在大多数情况下都是几句话的短评,对于意欲购买者没有起到多大的帮助,而在小红书上,购买者可以根据详细的用户购物分享笔记,收集产品信息,并通过反复的比对以及个人筛选做出购物判断,在这个过程中购买者逐渐产生信任感,另外小红书电商平台少有的私信功能可以促使消费者与使用者进行深层次的沟通,在沟通了解的基础上进而会有意愿在该平台上购买所需产品。除此之外,小红书在进行内容笔记分享的过程中,会附上产品的实物图以及产品标签,能将产品更加精确且快速地推广,小红书作为一种生活方式天然入驻人们的日常生活中,为用户们搭建了一个平台,大家自愿发布内容,使得消费者可以不仅凭商家宣传来产生消费行为。最后,小红书根据用户搜索、浏览、讨论、收藏、心愿单等数据在后台进行数据运算,从而进行商品的采购。

二、创新 UGC 营销:借助明星效应,发展粉丝经济

近些年来,小红书的消费群体越来越呈现年轻化的趋势,其主体主要集中在 90 后和 00 后群体。首先,这一类群体注重自身个性化,具有较强的消费潜力;其次,该类群体注重体验式消费,喜欢分享自己的生活方式。而小红书的目标定位群体主要是一些年轻女性,这些人要么具有极强的消费意愿,要么拥有较强的购买能力。该消费群体讲究生活品质,视野开阔,认知能力较强,对海外潮品具有很强的青睐性。比起其他的电商平台,小红书对她们来说更是一种学习交流社区,这种女性学习社区不再是传统意义上的文化学习,更是一种对于自身气质的培养。在这里,她们更喜欢通过晒物、晒体验感来传达自己的生活方式和消费习惯,通过分享阅读来提升自己对于时尚和美的理解,除此之外,她们还希望通过这种虚拟社

交平台来吸引更多人的关注,获得较多的认可,结识更多志同道合的朋友,所以对于年轻人而言,小红书不仅仅是一个平台,更是一个引领生活潮流的时尚学习平台。

随着消费群体在跨境消费平台上的不断壮大,如何抓住用户和潜在消费者的注意力成为各大平台争取的目标。而小红书的内容生产者主要有三类,一是平台邀请的达人团队;二是小红书自身培养出来的用户达人,绝大多数的优质内容也都是他们提供的;三是入驻小红书的资深明星达人,他们为小红书带来了大量的粉丝。经常使用小红书的小红薯们会发现,随着时间的推移,愈来愈多的明星开始入驻小红书,推荐身边好物。之前的小红书是各位小红薯们种下的小草,而现在的小红书是各路明星种下的一片草原,可见,明星的入驻给小红书带来的影响可谓是巨大的。我们都知道,时尚的潮流往往是由少数人引领的,在这其中,明星成为这类少数群体中最为重要的一环,尤其是在当下粉丝经济大肆盛行的时代。而且随着消费群体以及消费心理的变化,情感消费和标签消费越来越成为消费者所青睐的消费意向。在大多数人看来,明星享有这个社会上优质的生活资源,所以他们的穿衣护肤可谓是时尚生活的范本,明星入驻小红书可以说是为普通人的生活提供了"美丽、健康和时尚"的解谜通道。小红书的明星入驻不同于往常意义上的商业代言,在这里,明星们褪去了自己的光环,在自己的家居室或者工作室将自己的生活爱用品通过文字、视频或者以图文的形式分享给大家,这些更多是偏向于个人化的推荐,商业气息不那么浓厚。这些被推荐产品给用户们带来了一定的信任度,同时更增加了小红书本身的实用性。入驻的明星有很多,如林允、江疏影、蔡徐坤、刘嘉玲、欧阳娜娜等,由于她们自身的影响力也给小红书带来了一大批粉丝用户,即使是路过的明星路人粉,也不会拒绝她们的爱用品推荐,所以明星入驻小红书不仅仅带来了极大的传播影响力,更带来了巨大的商业价值。"社交+电商"一直是小红书的运营模式,在此之前,小红书的社交功能一直大于其商业功能,因此明星的入驻无疑提升了小红书的商业价值。小红书凭借明星的入驻,一方面提升了自身的销售营业额;另一方面,也吸引了更多的品牌商入驻小红书。

2017年,小红书邀请江疏影入驻其平台,开展了为期一年的营销合作——红唇日记。在此期间,江疏影会不定期地分享一些自己的"红唇日记视频",向大家推荐自己喜欢的口红以及其他唇部产品,同时也会将自己平时从化妆师那里学来的护唇、唇妆小技巧传授给大家。这些富有生活化气息的视频经由小红书播放,立即吸引了大量粉丝群体以及用户们的学习和购买。而演员林允更是通过小红书达到口碑逆转,转型为"美妆小博主",在这里她分享了自己的日常生活,比如穿搭笔记、护肤化妆视频、美妆爱用品、吃播分享,就连泡脚剪刘海等生活琐事也会分享在小红书上,使得明星生活的神秘感顿时被消磨,这样的行为让同一圈层以及年龄段的女性产生了极大的新鲜感和好奇感,继而化为好感以及生活上的认同感。这样的人设也为林允带来了一大批粉丝,其超强的带货能力使得很多产品都相继断货,而这些不定期的更新内容会不断被编辑和二次发酵,激励小红薯们标记和分享自己的购物生活体验,而这些都会增强小红书自身的用户黏性,确保了社区内容的活跃度和丰富度,通过娱乐化的方式聚拢更多潜在的用户群体,不断滋生新的热点。

三、"种草神器":小红书的口碑营销实践

在信息化大数据的背景下,消费者不再是信息的被动接受者,UGC媒体平台的出现,不仅使消费者获得了解产品信息的主动权,更使他们也成为信息的加工生产者。基于这种技

术的便利性,消费者在购物方面不再囿于空间和时间的限制,能够足不出户便买到自己心仪的产品。这种购买前的行为以消费者不断收集的信息和交流作为基础,通过他人的使用体验来展开消费行为。在这样的发展背景之下,小红书的UGC口碑传播主要是基于平台上数量庞大的消费体验记录,消费者可以从相应的标签以及UGC口碑传播中筛选出适合自己的信息,同时这也促进了品牌的发展。小红书凭借数以万计的消费体验,毫无疑问地成为一个口碑库帝国,也成为品牌商赖以传播的智库基地,更成为人们在消费过程中的知乎平台。

小红书以明星效应和达人分享为核心策略,通过使用测评、购物笔记、商品链接等方式引导消费者进行购买。用户真实性的购买体验和使用体验能够激发消费者的购物冲动,真实用户的口碑更能够获得消费者的喜爱。在小红书里,占比例最多、最主要的传播者就是小红书里的普通用户们。这些小红薯们既是小红书的传播者,也是小红书的信息接收者。他们可以在小红书里自由地发表言论,其中包括护肤、彩妆、婚礼、养生、时尚、健身、读书、宠物、家居、美食、数码以及母婴等,可以说是涵盖了生活的方方面面,对于自己购买的爱用品以及雷品,小红薯们畅所欲言。不管是好评还是差评,运营商们都会将这些信息进行归类,用专题的形式来对消费者们进行引导。每位使用者在发布笔记后,其他的小红薯们便会依据地点、时间、品牌等标签进行查询,而且也可以在发布内容下面进行评论和点赞,询问产品的具体性能和价格。小红书的笔记版块通过"晒物"和分享把平时闺蜜聚会聊天以及线下购物的场景迁移到线上进行。在用户发布的每一条记录之上,品牌和产品的关注度越高,小红书就会跟该品牌商进行谈判合作,让品牌入驻平台之内,在原先已经形成的口碑之上进行销售。对于每一个在小红书福利社销售的产品,小红书运营团队的后台都会对该品牌以及产品做一个简要的介绍,同时把用户们的笔记附着在其后,对于购买者来说,购物笔记是决定购买行为进行的重要环节,有些评价是在产品上新之前就已经存在的,所以这些评价相对而言会更为客观。小红书除了通过专题以及福利社的形式来引导用户外,还会采用线上投票的方式来传递产品的口碑。比如片状面膜口碑榜、滋润唇膜口碑榜、口碑宠物零食等,这些投票活动每次都会有上万人参加,最终形成产品榜单,消费者可以根据这些榜单进行学习购买。在小红书社区内,无论是推荐的还是吐槽的,消费者都会给予采纳,正是凭借着优质的原创内容资源,小红书才能够成为消费者心里的种草基地,成为美好生活的引导者。

第七节　内容、社群、场景:学术志微信公众号的品牌营销

学术志(原学术中国)是由北京思高乐教育科技有限公司打造的一款文化类公众号,创立于2014年3月,是我国用户量最多、影响力最大,也是目前唯一进入微信500强的学术类微信公众平台,目前已有60多万订阅用户。该平台发布的文章类型主要包括学术培训、学术资讯、励志故事、知识分享、人才招聘等,在学术圈有较大的影响力和知名度。学术志以盈利为目的,除为用户提供学术资讯等信息外,主营业务为学术类培训,如考研考博类讲座、学术论文写作、研究方法培训、学术会议与论坛、留学服务等,基本覆盖了科研群体的日常学习、生活、工作等方面,这些培训也同时为学术志带来了不菲的收入。从本质上讲,学术志所提供的学术培训服务实质上属于一种内容服务,是在学术行业的垂直领域中为用户提供稀缺的、高知识增量的、可操作性的知识产品,用户为了节省自己付出的时间精力而自愿付费

来提高自我的知识储备,挖掘、培养以及满足学术科研群体的实际需求,从而更好地应用于学术实践。而学术志为了提高用户购买学术培训服务的付费意愿和参与度开展了系列的营销活动,这些营销活动的目的之一是实现盈利,二是树立品牌形象,两者相得益彰,共同形成了学术志的品牌营销实践。本节借鉴喻国明等提出的知识付费的三种类型,[1]将学术志的品牌营销分为内容、社群及场景三个部分,为其他类型微信公众号的品牌构建与盈利模式提供了一定的参考和借鉴。

一、品牌定位:专注目标受众群体,抓住核心细分市场

品牌定位就是某品牌在消费者心中形成的区别于其他品牌的某一特征,该特征反映了品牌的独特价值与核心优势,能够给消费者留下独特的印象。品牌定位是品牌在市场上与其他品牌相区隔,构建品牌形象,塑造品牌个性的重要战略。一个市场占有率高的产品都具有明确的品牌定位,比如著名的苹果手机就代表了创新与时尚,也代表了手机行业发展的最新趋势;快餐代表麦当劳和肯德基聚焦都市青年人群,用快捷、方便、高效的理念传递了品牌的核心价值,深受都市青年群体喜爱。品牌定位的维度包括价格定位、人群定位、行业定位、地理定位、市场定位等,定位的目的是将品牌放置于一个最容易引起消费者关注的环境中,加深消费者对品牌的印象。品牌定位是构建品牌形象的基础,是品牌传播的重要前提。

微信公众号运营的目的是扩大自身影响力,进而实现其盈利目的,因此,每个微信公众号都有着明确的市场定位和目标人群。学术志自创立以来就有着非常明确的市场定位,这点从其口号"以学术为志业,矢志不渝!"中可见一斑,学术志专注于学术市场,通过扩大自身在学术类公众号的影响力打造学术品牌,从而为市场盈利提供保障。学术志的目标人群是学生群体、教师群体、科研工作者、学术研究者、学术爱好者以及从事学术科研领域的企事业单位等。这些人群遍布祖国各地,在互联网的互联互通下,这些群体并不会因地理位置的不同而受到影响;相反,互联网加速了该人群的聚集。学生群体关注学习、升学、就业等信息,教师、科研工作者关注学术素养提升、项目申报、职称申请等信息,企业事业单位关注人才政策与高校人才培养等信息。可以说,这些信息都是从事学术领域必须关注的对象。学术志抓住了当前我国高等教育快速发展,硕博群体不断扩招,求学压力不断增加,科研需求不断增大的契机,这些普遍拥有较高学历的知识人群愿意为提升自我学术素养买单,为此,学术志所推送的信息的题材大都关于高校发展、学术资讯、学术人群的日常生活、知识经验分享等信息,满足了目标人群的学术科研等需求。

除此以外,学术志还开通姊妹公众号,目标瞄准并抓住学术科研人群细分市场,通过多个微信公众号构建新媒体传播矩阵。新媒体矩阵有利于实现信息共享,渠道畅通,上下一心,集中资源,形成合力。在差异化定位的情境下能够以不同类型内容吸引不同目标人群,实现差异化传播,避免发布同质化内容,合理利用有效资源,促进传播效果最大化。[2] 这些公众号包括"量化研究方法""质化研究""考博圈""不发表就出局""知深"等系列公众号,公众号与公众号之间虽定位不同,但也存在互相宣传实现互联互通的效果。故此,学术志同姊妹公众号一起,为学术科研人员提供学术服务,抓住了大部分学术科研潜在市场,构建了良好

---

[1] 喻国明,郭超凯.线上知识付费:主要类型、形态架构与发展模式[J].编辑学刊,2017(5):6-11.
[2] 谷学强.新媒体视域下高校媒体联动发展研究[J].新闻研究导刊,2016,7(12):304-305.

的品牌形象，一旦目标人群有学术需求就会立刻联想到学术志等公众号，为品牌营销打下了坚实基础。

二、PUGC＋OGC：多元化生产模式下的内容营销

学术志所提供的学术类服务本质上是一种知识付费，而知识本身就是一种内容产品，是在互联网上充斥的海量化信息中能够为用户带来潜在价值增量的，帮助用户节约时间获取自己想要得到的内容。内容的优劣程度是决定用户是否购买的核心因素，微信公众号就是内容的提供者，通过内容营销实现品牌营销。所谓内容营销，是指"以多种形式的媒体内容，通过多种渠道传递有价值、有娱乐性的产品或品牌信息，以引发顾客参与，并在互动过程中建立和完善品牌的一种营销战略。"① 由此可见，内容价值是内容营销的基础。内容价值是由生产者花费一定的时间和精力生产创造出来的，而不同生产模式下内容价值的高低也不尽相同。

学术志的内容来源分为原创与转载，是多元化生产模式的融合。学术志除节假日外几乎每天都保持着持续稳定的更新，每日平均推送内容4～6条，在学术热点期间每天能达到8条（微信公众号每天至多推送8条），这样稳定持续的内容输出和知识生产提高了用户每日接触公众号的频次，培养了用户每天翻看公众号的习惯，提高了用户黏性。据统计，学术志所推送的文章类型包括学术培训、学术资讯、励志故事、知识分享、人才招聘等几大类型，原创内容以"用户投稿＋职业写稿"为主，转载以转载知名公众号的优质内容为主，故学术志的内容生产是PUGC与OGC的融合模式。所谓PUGC（professional generated content＋user generated content）是专业用户生产内容，学术志的用户群体是接受过高等教育的高知群体，专业化程度高，其内容生产的价值不容小觑。学术志鼓励用户积极投稿，对优秀稿件会优先发表，一般薪酬为500～1000元一篇，在基础薪酬外，学术志还根据文章所产生的影响力对优质文章进行奖励，此举大大提高了用户内容生产的积极性。OGC（occupationally generated content）是职业生产内容，是接受过一定训练的内容生产者专门从事内容生产工作，学术志的部分原创推文都是源自自己培养的职业生产者，部分是经过专业招聘提供的正式工作岗位，享受职工待遇福利，如《全国高校C刊论文发表数量排行榜（2018）》就是学术志职业生产者整理出来的内容，阅读量达到了10万多次，还有部分是邀请知名的写手长期兼职，如2019年9月发表的《不开玩笑，我真的用抖音学英语！》就是邀请中国传媒大学传播研究院副教授龚伟亮撰稿的，这两种内容生产模式为学术志提供了稳定的优质内容，是吸引用户持续关注的核心竞争力。除原创内容外，学术志还大量转载知名公众号的优质文章，与这些公众号保持着长期的稳定合作关系，如此才能尽可能地获取转载权限，提高优质内容的传播力和影响力。一些知名公众号和学术志一样，为学术类运营公众号，以内容营销实现盈利目的，如慕格学术、学术格子、考博圈、青塔、学术星球、中外学术情报、经管之家、小木虫等，公众号之间常互相转载，实现了优质文章的互联互通；还有部分公众号为科研院所以及社会类公众号，这些公众号也会有一些契合学术志定位的优质内容，如十点读书、《中国青年报》、共青团中央、知乎等。某些转载的优质内容常常受到用户高度关注，比如《最新版C刊＋C扩投稿方式大全（2019～2020）》阅读量就达到了6万次。但这些知识经验分享类型的内容并不能直

---

① 周懿瑾，陈嘉卉.社会化媒体时代的内容营销：概念初探与研究展望[J].外国经济与管理，2013（6）.

接变现,真正能够变现的是学术培训,而学术的内容营销目的就是扩大自身在学术圈的影响力,制造学术需求,从而为目标人群提供专业化的学术服务。但从另一方面来说,学术志推送的知识经验类文章亦可间接实现盈利,这是微信公众号研发的尾条广告功能,该功能针对有一定影响力的公众号开通,每条广告约投放 0.2~0.5 元,用户点击广告后方可计算在内,虽然转化率一般只能达到 5%,但在数量庞大的用户基数面前还是能够为公众号带来一定收益的,不过这种方式并不是最为核心的。

三、"互动+关系":学术志的社群营销模式

社群是人类生活的一种组织形态。滕尼斯认为社群是"人类社会生活的共同体",以地域、意识、利益等为特征。[①] 传统的社群的维系往往建立在乡土社会中以血缘、地缘、业缘等关系联结基础上面对面式的关系交往。随着网络社会的崛起,传统社群由线下扩展到了线上,成为一种网络社群。美国学者 Howard Rheingold 于 1993 年在其著作《网络社群:电子疆域的家园》中率先提出网络社群的概念,即"网络社群是一种社会集合体,是足够多的人、相似的情感体验以及人际关系情形下在网络空间中展开长时间互动、交流、讨论形成的社会团体。"[②]网络社群突破了传统社群时间和空间的局限性,同时也打破了传统社群以熟人社会为关系网络的社群结构,更多的是建立在共同的兴趣、共识、爱好、价值观等基础之上的一种社会组织。它是现实社会组织方式在网络空间的延伸以及基于某种共识意识超越现实交往条件缔结而成共同体的组合。[③] 网络社群业已成为"新媒体时代基本的社会组织单元"。[④]比较常见的网络社群主要包括以微信群、QQ 群为代表的即时通讯工具类,以微博、博客为代表的社交媒体类,以豆瓣、知乎、贴吧为代表的兴趣小组类,以直播、游戏为代表的娱乐休闲类等。亦有学者根据内容生产和人际互动维度将网络社群分为知识型、娱乐型、资源型和情感型四类。[⑤] 而所谓社群营销就是指将一些拥有相似兴趣爱好的用户群体集结成小的社区团体,在社群中提供产品和服务而满足群体需求的商业形态。

学术志所提供的学术培训服务主要以社群营销为主,其中又分为社群互动营销与社群关系营销。首先,在互动营销上,学术志公众号的菜单栏第一栏就有"加群"选项,供不同地区、不同兴趣爱好的用户群体找到自己感兴趣的社群。据初步统计,学术志所创办的社群分为交友群、课程群、专业群等,交友群以地域为依据分为地区高校交流群、高校学术交流群等;课程群是以具体学术专题为主导而建立的群,比如论文写作群、课题申报群、Nvivo 讲座群等;专业群以专业细分为依据分为新闻传播交流群、人类学交流群、社会学交流群等,而用户粉丝只有在添加学术志工作人员助手微信后回复想要加入的社群才能进入对应的社群,此举一方面扩大了学术志的品牌影响力和目标群体,另一方面用户群体的分流能够更加精确地帮助学术志针对不同用户群体特定需求实现精准营销。学术志工作人员在微信朋友圈

---

① 彭兰.从社区到社会网络:一种互联网研究视野与方法的拓展[J].国际新闻界,2009(5):87-92.
② Rheingold H. The Virtual Community: Homesteading on the Electronic Frontier[M]. Cambridge: MIT press,2000:6.
③ 庞正,周恒.场域抑或主体:网络社群的理论定位[J].社会科学战线,2017(12):184-191.
④ 蔡骐.网络社群传播与社会化阅读的发展[J].新闻记者,2016(10):55-60.
⑤ 周琼.社群经济时代新兴网络社群的特点及其影响[J].浙江工业大学学报(社会科学版),2018(4).

更新学术志最新学术课程介绍和具体链接,用户群体可通过扫码或私信助手了解课程情况并加入对应的课程群。在社群营销中,学术志工作人员除举办线上学术培训外,还积极筹办线下学术会议和学术培训,如学术论文写作前沿论坛、网络爬虫实战训练营、社会科学研究方法高峰论坛等,线下线上培训促进了学员与学员之间、学员与教师之间的互动、合作与交流,增加了他们对学术志社群的认同感,提高了社群的活跃度和稳定性。

其次,在社群关系营销上,学术志充分利用微信平台的强关系属性,将社交关系变成品牌营销的手段和工具。学术志的社群关系营销分为"付费拼团模式""免费拉人模式""免费分享朋友圈模式",学术志常常将一些付费课程以免费、折扣的方式促进用户群体主动参与学术志的品牌营销,利用用户群体的社交圈人脉扩大自身影响力,吸引更多潜在消费者加入内容付费阵营,实现学术志品牌的裂变式传播。付费拼团模式是指学术志将一些精品课程以折扣价售卖,前提是要求消费者邀请好友加入拼团才可享受折扣价;免费拉人模式是指学术志将部分付费课程免费提供给消费者,前提需要消费者邀请若干好友关注学术志公众号,在邀请人数达到要求后方可购买免费课程;而免费分享朋友圈模式则是学术志最常用惯例,学术志要求消费者将学术课程以海报图片的形式分享到朋友圈,并配上相应的宣传文字,获取一定的好友点赞数或者好友通过扫取定制的邀请二维码后方可取得免费资格,在这种情况下,用户在分享朋友圈过程中不断有新人涌入,新人再发朋友圈获取资格,循环往复,实现了朋友圈的品牌裂变传播和病毒式传播。例如,学术志研发的学术论文拆解班、学术文献领读班、研究方法讲解班等。

四、移动定制化模式下的场景营销

"场景"一词本来是影视用语,指在特定时间、空间内发生的行动,或者因人物关系构成的具体画面,是通过人物行动来表现剧情的一个个特定过程。① 罗伯特·斯考伯、谢尔·伊斯雷尔将场景的概念应用到传播学领域,在其著作《即将到来的场景革命》中指出,场景时代的到来需要技术支撑。这种技术包括五个要素("场景五力"),即移动设备、社交媒体、大数据、传感器和定位系统。互联网时代争夺的是流量和入口,而移动互联网时代争夺的是场景。② 因此,场景的本质就是为用户提供精确化、定制化的服务。场景营销就是运用大数据或社交媒体连接用户,洞悉用户的具体需求,为其提供匹配化的、定制化的服务,与用户建立长久的情感联结,最终实现产品的精准化营销。在移动互联时代,场景营销的关键就是发掘用户的个性化需求,为用户提供适配场景下的服务,这种适配性建立在充分了解和掌握用户喜好及需求的基础上,能够给用户带来沉浸化的、情景化的消费体验,增强用户的体验感与参与感。

学术志从为用户提供精准学术服务、移动化的阅读场景、沉浸式体验三个方面实现场景营销。首先,在提供精准服务方面,学术志对后台用户粉丝的种类、性别、地区等进行细分,描摹用户画像,将微信推送的文章分为知识型、情感型、资讯型、娱乐型、生活型、工具型等几

---

① 蒋晓丽,梁旭艳.场景:移动互联时代的新生力量:场景传播的符号学解读[J].现代传播(中国传媒大学学报),2016(3):12-16.
② 斯考伯,伊斯雷尔.即将到来的场景时代[M].北京:北京联合出版公司,2014:11.

大类型,[1]对所推送的文章传播效果进行统计分析,若某一类型文章阅读量高,反馈互动效果好,则会针对用户的喜好和需求增加该类型文章的比例。学术志还通过新媒体矩阵为用户提供差异化的学术服务,如质化研究推送的多为使用质化研究方法的文章以及学术培训,量化研究方法推送的为量化方法类型的研究以及学术培训,考博圈推送考博培训课程以及考博经验等类型文章,如此,学术志可为不同喜好的用户提供精准化的学术服务,从而提高了资源整合力度与知识变现的转化率。其次,在移动化阅读场景方面,学术志针对社交媒体时代阅读特征在内容、形式上做出一定的调整,与传统纸质阅读相比,微信阅读是一种移动化的、碎片化式的阅读形式,在此基础上,学术志在大部分文章开头都进行了小部分的介绍,且以叙事、热点新闻题材的文章类型居多,这也契合了移动阅读时代阅读短、平、快的特征。在形式上,学术志通过对推送文章进行二次加工,配上相应的图片、音频、链接等多媒体内容,加大了移动阅读的趣味性,丰富了阅读形式,深化了不同的阅读体验,同时也方便了用户收藏与转发。最后,在沉浸式体验方面,学术志所提供的线上学术培训服务主要以直播形式开展,通过自主开发的知深平台进行直播,在视频直播界面分为直播区与互动区,直播区为讲师讲课区域,互动区为学员在线互动区域,学员可就课程细节在互动区进行讨论、提问、交流互动,而主讲人在看到互动区提问后亦可随时就学员所提出的疑问进行针对性回答,此种在线互动授课模式大大增强了用户的沉浸式体验,虽然用户群体身处不同场域,但媒介延伸了用户的感官能力,使其有"不在场亦有在场"的体验,因此实现了良好的场景营销效果。

◆**内容提要**

新媒体产业是以高新技术为主导的融合产业,立足于数字化和信息化技术,将各种先进的传播技术融入到各大产业中去。目前我国新媒体产业在国家政策的大力支撑下,其总体发展势头较快,各大互联网巨头们也纷纷布局新媒体产业,争夺新媒体产业的生存空间。然而,新媒体产业在发展过程中也面临同质化现象严重、新媒体产业结构分布不均、行业监管与自我监督管理不足、人才供给严重缺乏等困境,很大程度上阻碍了新媒体产业的高速发展。未来新媒体产业的发展将继续以新技术为驱动力,新媒体企业兼并、合并等频繁,新媒体产业与传统产业融合发展势头不容小觑,并朝着国家化、IP化和品牌化迈进。新媒体产业品牌营销主要包括病毒营销、整合营销、互动营销、数字营销等,学习这些理论能够帮助我们分析和理解新媒体产业品牌营销的相关案例。

◆**关键词**

新媒体产业　发展现状　发展趋势　品牌营销　品牌传播　营销实践

◆**复习思考题**

1. 新媒体产业的概念是什么?
2. 新媒体产业的类型有哪些?
3. 新媒体产业的发展现状?
4. 新媒体产业的发展困境?
5. 新媒体产业的发展趋势?
6. 新媒体产业品牌营销理论主要包括哪些?

---

[1] 郭泽德,赵瑞交.移动互联网情境下学术传播路径创新:以"学术中国"微信公众号传播实践为例[J].中国出版,2015(21):6-9.

7. 结合品牌营销理论分析网易云音乐的营销实践？

◆ **思考案例**

三只松鼠的 IP 之路

安徽三只松鼠电子商务有限公司成立于 2012 年，是一家以坚果、干果、茶叶等森林食品的研发、分装及网络自有 B2C 品牌销售的现代化新型企业。先后获得 IDG 的 150 万美元 A 轮天使投资和今日资本的 600 万美元 B 轮投资。其发展速度之快创造了中国电子商务历史上的一个奇迹。在 2012 年天猫"双十一"大促中，刚成立 4 个多月的"三只松鼠"当日成交近 800 万元，一举夺得坚果零食类日冠军宝座；2013 年的坚果销售额超过 3 亿元；2016 年"双十一"更是进入全品类销售总额全国前十强。"三只松鼠"正在成为一家实力雄厚的互联网电商食品领导品牌。

2016 年 9 月 30 日，三只松鼠首家投食店在芜湖开业。除了萌萌的口号，宠萌的松鼠卡通公仔，萦绕耳边的"主人您好"，以及触手可及的商品外，店内最突出的特点在于体验。"三只松鼠"的线下拓展，不仅在于新的销售渠道的开辟，更在于品牌文化的推广，新一波松鼠粉丝的圈定。目前，"三只松鼠"已经在芜湖、蚌埠、苏州、南通、南京等地开设投食店。

"三只松鼠"在影视剧合作方面也进行了大量投入，如《欢乐颂》《微微一笑很倾城》《小丈夫》《好先生》，甚至是韩剧《W 两个世界》，引起观众注意的，除了剧情，还有剧里被摆在客厅茶几或被主演拿在手上的"固定道具"三只松鼠。章燎原说："我们应该用更好的方式去替代广告，也就是最好的营销一定要看不出营销的痕迹。"

在五周年庆典现场，"三只松鼠"发布了全新品牌——松鼠世界潮牌服饰，表示进军服装领域。此次上线的新品涵盖 6 款潮 T，3 款包包，4 款帽子以及手机壳。接下来，松鼠潮牌还会推出不同风格、不同类型的穿着服饰以及相关配饰。

此前，"三只松鼠"已经推出过牙膏、眼罩、抱枕等周边产品，这次跨界进入服装市场，是进一步做大 IP 的举措。

讨论：试根据案例或自身体验分析"三只松鼠"的品牌营销策略。

参考文献

[1] 埃里克·乔基姆塞勒,等. 品牌管理[M]. 北京新华信商业风险管理有限公司,译校. 北京:中国人民大学出版社,2001.

[2] 菲利普·科特勒. 营销管理[M]. 梅清豪,译. 上海:上海人民出版社,2003.

[3] 唐·舒尔茨,斯坦利·田纳本,罗伯特·劳特朋. 新整合营销[M]. 吴磊,等译. 北京:中国水利水电出版社,2004.

[4] 罗伯特·西奥迪尼. 影响力[M]. 陈叙,译. 北京:中国人民大学出版社,2006.

[5] 米歇尔·舍瓦利耶,等. 奢侈品品牌管理[M]. 卢晓,译. 上海:上海人民出版社,2008.

[6] 戈拜. 情感化的品牌:解开品牌推广的秘密[M]. 王毅,等译. 上海:人民美术出版社,2011.

[7] 戴维·阿克. 管理品牌资产[M]. 吴进操,译. 北京:机械工业出版社,2012.

[8] Keller K L. Strategic Brand Management Building, Measuring, and Managing Brand Equity[M]. 4th Ed. Upper Saddle River:Prentice Hall,2012.

[9] David A. Aaker - Building Strong Brands[M]. Upper Saddle River:Pearson Education Inc.,2013.

[10] 道格拉斯·霍尔特,等. 文化战略:以创新的意识形态构建独特的文化品牌[M]. 王凯,译. 北京:中国商务出版社,2013.

[11] 德博拉·J. 麦金尼斯,等. 品牌关系指南[M]. 贺远琼,等译. 北京:经济管理出版社,2017.

[12] 艾·里斯,杰克·特劳特. 定位[M]. 机械工业出版社,2017.

[13] 孙日瑶,刘华军. 品牌经济学原理[M]. 北京:经济科学出版社,2007.

[14] 胡越. CI品牌设计[M]. 上海:上海人民美术出版社,2008.

[15] 金元浦. 文化创意产业概论[M]. 北京:高等教育出版社,2011.

[16] 罗军. 数字媒体品牌形象推广[M]. 重庆:西南师范大学出版社,2011.

[17] 刘群,陈亦钦. 品牌:新闻式传播实战:媒体变局下的新传播战略[M]. 上海:复旦大学出版社,2011.

[18] 赵泓. 媒介品牌传播学[M]. 北京:中国社会科学出版社,2012.

[19] 过宏雷. 品牌形象的体验营造[M]. 北京:中国建筑工业出版社,2014.

[20] 聂晓梅. 品牌帝国:跨学科视角下的美国品牌形象理论演进[M]. 北京:清华大学出版社,2015.

[21] 谢京辉. 品牌经济论:理论思辨与实践解析[M]. 上海:上海人民出版社,2016.

[22] 程宇宁. 品牌策划与推广:策略规划与整合传播的流程、工具与方法[M]. 北京:中国人民大学出版社,2016.

[23] 沈婷,郭大泽. 文创品牌的秘密:从创意、设计到营销[M]. 南宁:广西美术出版

社,2017.
[24] 张持.品牌重建[M].北京:中国财富出版社,2017.
[25] 谭新政,等.品牌总论[M].北京:知识产权出版社,2017.
[26] 薛生辉.形象设计与品牌塑造[M].合肥:中国科学技术大学出版社,2017.
[27] 公克迪.互联网视域下的品牌传播问题研究[M].北京:中国财富出版社,2017.
[28] 卢晓.品牌赋能:国际精品品牌战略[M].北京:中信出版社,2018.
[29] 余明阳.中国品牌报告:2018[M].上海:上海交通大学出版社,2018.
[30] 王子言.国家品牌形象与国民购买意愿的关系研究[M].大连:东北财经大学出版社,2018.
[31] 汪海波.品牌符号学[M].长春:东北师范大学出版社,2018.
[32] 南开大学课题组.品牌价值评价体系研究:理论视角[M].北京:中国经济出版社,2019.